OFFICE ENGLISH
EL INGLÉS EN LA OFICINA
ENGLISH – SPANISH

JULIO DIAZ BENEDICTO

Office English
El Inglés en la Oficina
English - Spanish
Julio Diaz Benedicto

Para Carolina, Anna, Javi, Christian, Chantal y Maruja.

INTRODUCCIÓN

Este diccionario recoge el léxico, expresiones idiomáticas y numerosos ejemplos pertinentes al entorno de la oficina. Todos los ejemplos en inglés son originales, o bien escritos por nativos o sacados de periódicos británicos. Todos con sus correspondientes traducciones. Constituye un valioso instrumento para aquellos que utilizan el inglés en la oficina, lo mismo que para aquellos que quieran ampliar sus conocimientos del inglés en general.

ABREVIATURAS

Adj. Adjetivo

Arg. Argot

Euf. Eufemismo

Ex. Expresión

Mod. Modismo

Rfr. Refrán

S. Sustantivo

V. Verbo

A

@. At. Arroba.

ABACK. TO BE TAKEN ABACK. Mod. Quedarse de una pieza, quedarse uno de piedra, dejar atónito, quedarse pasmado. I was taken aback by her speech I was stunned into silence. Su discurso me dejó pasmado, me quedé mudo.

A B C. AS EASY AS A B C. Mod. Sumamente fácil, más fácil que coser y cantar.

ABIDE BY THE LAW, TO. Ex. Observar la ley, someterse a la ley. The company refused to abide by the law. La empresa se negó a observar la ley.

ABILITIES. TO THE BEST OF ONE´S ABILITIES. Ex. En la medida de las posibilidades de uno. Al máximo de las capacidades de uno.

ABOUT. IS EILEEN ABOUT? ¿ Está Eilleen por aquí?

ABOUT. TO BE ON ABOUT SOMETHING. Hablar de. I don´t know what are you on about. No sé de que me hablas.

ABOVEMENTIONED. Adj. Mencionado.

ABREAST. TO KEEP ABREAST OF THINGS. Estar al corriente de algo.

ABSENCE. s. Ausencia. For absence of longer than seven days you should obtain a sick note from your GP. En ausencia de más de siete días, hay que obtener un justificante de baja del médico de cabecera.

ABSENCE. PERSISTENT SHORT - TERM ABSENCE. Faltas de asistencia intermitentes al trabajo.

ABSENCE. THE DIRECTOR GENERAL SENT A NOTE TO EXCUSE HIS ABSENCE. Ex. El director general envió una nota excusando su asistencia.

ABSENCE WITHOUT LEAVE. s. Ausencia no autorizada.

ABSENT WITHOUT LEAVE. (AWOL). Ausente sin permiso.

ABSENTEEISM AT WORK. Absentismo laboral. To clamp down on absenteeism. Tomar medidas enérgicas contra el absentismo.

ABSTRACT. s. Resumen, sinopsis.

ABUNDANTLY VERBAL. Parlanchín.

ACCIDENTALLY ON PURPOSE. Ex. Pretender que algo ha ocurrido por accidente, y no adrede.

ACCIDENTS AT WORK. s. Accidentes laborales, siniestralidad laboral. An industrial accident. Accidente laboral.

ACCOMPANYING PERSON. s. Acompañante.

ACCORDANCE. IN ACCORDANCE WITH. Mod. En conformidad con.

ACCORDING TO COCKER. Mod. Como Dios manda, como es debido.

ACCORDINGLY. Adv. En consonancia con.

ACCOUNT. s. Cuenta. A joint account. Cuenta conjunta.

ACCOUNT BOOK. s. Libro de cuentas. To bend the account books. Amañar los libros de contabilidad. Falsear las cuentas.

ACCOUNT ENTRIES. s. Movimientos de cuentas.

ACCOUNT. TO BRING SOMEONE TO ACCOUNT. Mod. Pedirle cuentas a alguien.

ACCOUNT. TO HOLD SOMEONE TO ACCOUNT. Responsabilizar a alguien de algo.

ACCOUNT MANAGER. s. Gestor de cuentas.

ACCOUNT. AN OFF - SHORE ACCOUNT. s. Cuenta en el extranjero. Posiblemente, en un paraíso fiscal.

ACCOUNT. ON ACCOUNT OF. Por motivo de.

ACCOUNT. TO TAKE ACCOUNT OF. Tener en cuenta.

ACCOUNT. TAKING INTO ACCOUNT. Ex. Habida cuenta.

ACCOUNT. TO SETTLE AN ACCOUNT. Mod. Saldar una cuenta. Please settle your account prompt. Por favor salde su cuenta pronto. Please settle this account within 21 days of invoice date. Por favor, salde esta cuenta en un plazo de 21 días a partir de la fecha de la factura.

ACCOUNT. TO SQUARE UP. Saldar una cuenta.

ACCOUNTABILITY. s. Exigencia de responsabilidad, rendición de cuentas.

ACCOUNTANCY DATA NETWORK. Red de información contable.

ACCOUNTANCY FIRM. s. Compañía de contabilidad.

ACCOUNTANT. s. Contable. Chartered accountant. Perito mercantil.

ACCOUNTING CLERK. s. Auxiliar de contabilidad.

ACCOUNTS ASSISTANT. s. Asistente contable.

ACCOUNTS. A COMPANY'S ACCOUNTS. s. Las cuentas de una empresa.

ACCOUNTS DEPARTMENT. s. Departamento de contabilidad.

ACCOUNTS. DODGY ACCOUNTS. Cuentas poco claras. De poco fiar.

ACCOUNTING STANDARDS. s. Normas de contabilidadd.

ACCOUNTING. FALSE ACCOUNTING. s. Contabilidad fraudolenta.

ACCOUNTING PRACTICES. Amaño de los libros de contabilidad.

ACCOUNTING SYSTEM. s. Método de contabilidad.

ACCOUNTS. TO COOK THE ACCOUNTS. Mod. Amañar las cuentas. Falsear las cuentas. Maquillar las cuentas.

ACCOUNTS. TO DOCTOR THE ACCOUNTS. Falsear las cuentas. Amañar las cuentas. Trucar las cuentas. Maquillar las cuentas.

ACCOUNTS. TO FIDDLE THE ACCOUNTS. Falsear la cuentas. Trucar las cuentas.

ACCOUNTS. FROZEN ACCOUNTS. Cuentas bloqueadas.

ACCOUNTS IN ARREAS. s. Cuentas atrasadas.

ACCOUNTS LEDGER. s. Libro mayor.

ACCOUNTS PAYABLE. s. Cuentas a pagar.

ACCOUNTS RECEIVABLE. s. Cuentas pendientes.

ACCOUNTS. TO SETTLE/SQUARE ACCOUNTS WITH SOMEONE. Mod. Ajustar cuentas con alguien

ACROSS THE WORLD. En todo el mundo.

ACCRUE BENEFITS, TO. Acumular beneficios.

ACCRUED INCOME. Ingresos acumulados.

ACCRUED. INTERESTS ACCRUED. Intereses acumulados.

ACCURACY. s. Veracidad.

ACCURATE AND UP TO DATE. Ex. Exacto y actualizado.

ACHIEVE, TO. v. Lograr, conseguir. To achieve a

purpose. Lograr un objetivo. To seek to achieve. Proponerse crear.

ACHIEVED. THE PROGRESS ACHIEVED. Los progresos realizados.

ACHIEVEMENT. A NOTEWORTHY ACHIEVEMENT. s. Un logro notable. A great technical achievement. Proeza técnica.

ACHIEVEMENTS. s. Logros, realizaciones.

ACHIEVER. A HIGH ACHIEVER. Persona que logra excelentes resultados.

ACID DROPS. Comentario mordaz.

ACKNOWLEDGEMENT. s. Acuse de recibo.

ACQUIS. s. Acervo.

ACQUISITION. s. Adquisición.

ACROSS THE BOARD. Mod. Sin excepción, en todos los casos. A cut in wages across the board. Recorte de salarios lineal. When Jenny got her pay rise, she thought she was the only one but she found out it was across the board. Cuando a Jenny le subieron el sueldo, pensó que sólo a ella se lo habían subido, pero descubrió que a todos se lo habían aumentado.

ACROSS THE BOW. TO FIRE WARNING SALVOS ACROSS THE BOW. Mod. Advertir.

ACROSS EUROPE. Ex. En Europa, a escala europea, en el ámbito europeo.

ACT. TO ACT IN BREACH OF. Infringir.

ACT, TO. v. Actuar.

ACT BIG, TO. Ex. Llevar a la práctica grandes ideas.

ACT. TO GET ONE'S ACT TOGETHER. Mod. Aclararse. Hacer las cosas como es debido, organizarse, hacer las cosas como Dios manda.

ACT. AN ACT OF GOD. Mod. Un acto de fuerza mayor, un fenómeno de la naturaleza.

ACT. CLEAN UP ONE'S ACT ON EXPENSES. Ex. Mejorar su sistema de gastos.

ACT. COMPANIES ACT. s. Ley de sociedades anónimas.

ACT. TO GET IN ON THE ACT. Comprometerse, participar.

ACT. A HARD ACT TO FOLLOW. Mod. Algo que es difícil de igualar.

ACT. TO PUT ON AN ACT. Mod. Simular, fingir,

pretender.

ACTION. s. Actuación, medidas, resolución. To implement a course of action. Aplicar una linea de actuación.

ACTION. TO BE OUT OF ACTION. No trabajar debido a una enfermedad u otros motivos.

ACTION. TO LEAP INTO ACTION. Mod. Ponerse a trabajar, ponerse a currar.

ACTION PLAN. Plan de actuación. To draw up an action plan. Elaborar un plan de actuación. To implement an action plan. Ejecutar un plan de actuación.

ACTION. TO BE ALL TALK AND NO ACTION. Mucho hablar y poco hacer. No cumplir los compromisos.

ACTION. TO BE BACK IN ACTION. Mod. Ponerse a trabajar otra vez, incorporarse al trabajo otra vez.

ACTION. TO GET A PIECE OF THE ACTION. Mod. Participar en algo, participar en las ganacias, sacar partido, sacar tajada. Some companies are barred from getting a piece of the action for being foreign. Algunas empresas no pueden adquirir ninguna participación por ser extranjeras.

ACTION PLAN, AN. s. Plan de actuación.

ACTION SHORT OF A STRIKE. Negarse a trabajar horas extraordinarias.

ACTIONS OUTSTANDING. Labores pendientes.

ACTIONS SPEAK LOUDER THAN WORDS. Mod. Donde hay obras, las palabras sobran.

ACTIVITIES. AWARENESS ACTIVITIES. s. Actividades de sensibilización.

ACTIVITY. A HIVE OF ACTIVITY. Lugar donde hay mucha actividad laboral. A flurry of activity. Una ola de actividad.

ACTUAL. s. Dinero contante y sonante.

ACTUALLY THOUGH. Adv. En realidad, sin embargo.

ACTUARY, AN. s. Actuario.

ACUMEN. s. Perspicacia, visión, astucia, sagacidad, talento, inteligencia. Financial acumen. Perspicacia financiera. To lack commercial acumen. Carecer de visión comercial. To call on the business acumen of the chairman. Recurrir a la perspicacia empresarial del presidente. Managerial acumen. Visión de

gestión.

AD AGENCY. s. Agencia de publicidad

ADVERTISMENT. s. Anuncio.

ADAPTOR. s. Adaptador de corriente.

ADD UP, TO. Mod. Tener sentido.What you have just done doesn´t add up. Lo que acabas de hacer no tiene sentido.

ADDING MACHINE PAPER ROLL. s. Rollo de papel para calculadora.

ADDITION. IN ADDITION TO THAT. Por otra parte.

ADDITIONAL HOURS. TO WORK ADDITIONAL HOURS. Trabajar horas extra.

ADDITIONAL LEVY. s. Tasa suplementaria.

ADDITIONAL PROVISIONS. s. Disposiciones complementarias.

ADDITIONAL QUOTA. s. Contingente suplementario.

ADDITIONAL REFERENCE. s. Referencia suplementaria.

ADDRESS, TO. v. Abordar. To addres a problem. Abordar un problema. To seek to address. Intentar abordar.

ADDRESS BY THE DIRECTOR GENERAL. s. Discurso del director general.

ADDRESS OF WELCOME, AN. s. Discurso de bienvenida.

ADDRESS. OPENING ADDRESS. s. Discurso de apertura.

ADDRESS. PRESIDENTIAL ADDRESS. Discurso del presidente.

ADDRESS UNKNOWN. s. Dirección desconocida.

ADDRESEE GONE AWAY. El destinatario ya no trabaja para esta empresa.

ADRESEE MOVED AWAY. NO FORWARDING ADRESS. Se ausentó sin dejar señas.

ADDRESEE UNKNOWN. Destinatario desconocido, desconocido en las señas indicadas.

ADDRESSEE´S NAME AND ADDRESS. s. Nombre y dirección del destinatario.

AD HOC. Adj. Apropiado para un fin.

AD HOC COMMITTEE. s. Comité especial.

AD HOC MEETING. s. Reunión especial.

ADJUSTABLE MULTIPLE HOLE PUNCH. s. Taladro de cuatro punzones movibles.

ADMIN. s. Trabajo administrativo.

ADMIN ASSISTANT. s. Asistente administrativo.

ADMINISTRATION EXPENSES. s. Gastos administrativos.

ADMINISTRATION. TO GO INTO ADMINISTRACIÓN. Ex. Entrar en liquidación. To file for administration. Declararse en quiebra. The company filed for administration yesterday. Ayer, la empresa se delaró en quiebra. To collapse into administration. Entrar en suspensión de pagos.

ADMINISTRATIVE AND MANAGERIAL PRACTICES. Ex. Prácticas administrativas y de gestión.

ADMINISTRATOR. s. Administrador. A no - nonsense tough administrator. Administrador que no se anda con chiquitas.

ADO. HE APPROACHED ME AND SAID WITHOUT FUTHER ADO. Se me acercó y me dijo sin más ni más.

ADVANTAGES AND DISADVANTAGES. Ventajas e inconvenientes.

ADVANCE. TO SET IN ADVANCE. Establecer previamente.

ADVERTISEMENT. s. Anuncio. An aggressive advertisement. Un anuncio llamativo.

ADVERTISERS. s. Anunciantes.

ADVERTISING AGENCY. s. Agencia de publicidad.

ADVERTISING CAMPAIGN. s. Campaña publicitaria.

ADVERTISING DESIGN. s. Diseño publicitario.

ADVERTISING. MISLEADING ADVERTISING. s. Publicidad engañosa.

ADVERTISING. TO WORK IN ADVERTISING. Trabajar en publicidad.

ADVISE, TO. v. Aconsejar. To be ill - advised. Estar mal aconsejado.

ADVISER. s. Asesor. Senior adviser. Asesor principal.

ADVICE AGENCY. s. Agencia de asesoramiento.

ADVISORY BOARD. s. Junta directiva asesora. To have a seat on an advisory board. Formar parte de una junta directiva asesora. The advisory board are holding an emergency meeting next week to discuss the issue. La junta directiva asesora celebrará una reunión de urgencia la semana próxima para deliberar el asunto.

ADVISORY CAPACITY. TO ACT IN AN ADVISORY CAPACITY. Actuar con funciones consultivas.

ADVISORY COMMITTEE. s. Comisión asesora.

ADVISORY COUNCIL. s. Consejo consultivo.

ADVISORY. OF AN ADVISORY NATURE. De carácter consultivo.

ADVISORY ROLE. Función consultiva.

AFFAIR. TO HAVE AN AFFAIR. Arg. Un asunto, tener un lío amoroso, tener un lío de faldas, entenderse con alguien, un lío de alcoba, una aventura amorosa, una relación amorosa pasajera. A hole - and - corner affair. Un lío amoroso secreto. A hot steaming affair. Una aventura amorosa apasionada.

AFFILIATE MEMBERS. s. Sociedad o persona que pertenece a una organización.

A 3 SIZE PAPER. s. Papel de oficina tamaño A3.

A 4 SIZE PAPER. s. Papel de oficina tamaño A4.

AFTER ALL. Ex. Al fin y al cabo.

AFTER DINNER SPEAKER. s. Conversador de sobremesa.

AFTER DINNER SPEAKING. Ex. Charlas de sobremesa.

AFTER DINNER SPEECH. s. Discurso de sobremesa. He was paid £3,000 for an after dinner speech. Le pagaban 3.000 libras esterlinas por cada discurso de sobremesa.

AFTER THE MEAT MUSTARD. Mod. Después de muerto el burro, la cebada al rabo. A buenas horas, mangas verdes.

AFTERNOON AT LEISURE. Tarde libre.

AGAINST ALL ODDS. Mod. En las condiciones más adversas.

AGE. TO TAKE AN AGE. Llevarle a uno mucho tiempo para hacer algo.

AGEISM. s. Discriminación por motivos de edad.

AGENDA. s. El orden del día, agenda. The agenda for the meeting will be sent out in early

December. El orden del día de la reunión se enviará a principios de diciembre. An agreed agenda. Orden del día acordado. Agenda for action. Programa de actuación. The items on the agenda. Los puntos en el orden del día, figurar en el orden del día. Item number one on the agenda. El primer punto en el orden del día. To move to item four. Pasar al cuarto punto del orden del día. To move down the agenda. Relegar en prioridad del orden del día. To sit high on the agenda. Tener prioridad en el orden del día. To push down to the bottom of the agenda. Relegar al último punto del orden del día. I enclose an agenda for the Company's Annual General Meeting. Le envio el orden del día para la Junta General Annual de la Empresa. The agenda for the forthcoming meetings. El orden del día de las reuniones venideras. Herewith agenda and papers. Please let me know whether you will be attending the meeting and whether you will stay for lunch. Adjunto agenda y documentos. Por favor, comuníqueme si asistirá a la reunión y si se quedará para almorzar. To be left off the agenda. Excluir del orden del día. To be at the top of the agenda. Tener prioridad en el orden del día. Poner en el primer lugar del orden del día. To top the agenda. Tener prioridad en el orden del día.

AGENDA. s. Agenda. A hectic agenda. Una agenda apretada. Tener la agenda a rebosar.

AGENDA. THE AGENDA IS SUBJECT TO CHANGE. La agenda está sujeta a cambios.

AGENDA. APPROVAL OF THE AGENDA. Aprobación del orden del día.

AGENDA OF PLENARY SITTING. s. Orden del día de la sesión plenaria.

AGENDA. TO BE DROPPED OFF THE AGENDA. Suprimir de la agenda.

AGENDA. TO PUSH AN AGENDA. Ejecutar una agenda. Seguir adelante con un plan.

AGENDA. TO SET THE AGENDA. Fijar la agenda. Marcar la agenda.

AGENDA OF THE PART SESSION. s. Orden del día del periodo parcial de sesiones.

AGHAST. TO LOOK AGHAST. Mod. Quedarse pasmado, quedarse boquiabierto, quedarse asombrado, quedarse de una pieza, quedarse de piedra.

AGREEABLE. WE ALL ARE AGREEABLE. Todos estamos de acuerdo.

AGREE. MAY AGREE TO. Podrá acordar.

AGREE TO, TO. v. Aprobar. The company didn't agree an increase in pay. La empresa no aprobó un aumento de sueldo.

AGREE. TO AGREE TO DISAGREE. Estar de acuerdo en el desacuerdo, acordar sobre el desacuerdo.

AGREED MINUTE, AN. s. Acta aprobada.

AGREEMENT. s. Acuerdo. The two companies have reached an absolute agreement. Las dos empresas han llegado a un acuerdo total. To break the terms of an agreement. Incumplir las condiciones de un acuerdo. A copper - bottomed agreement. Un acuerdo seguro. To cut an agreement. Llegar a un acuerdo.

AGREEMENT. A GENTLEMEN'S AGREEMENT SEALED WITH A HANDSHAKE. Un acuerdo de caballeros cerrado con un apretón de manos.

AGREEMENT INVOLVING FINANCIAL COMPENSATION. Acuerdo que da lugar a una contrapartida financiera.

AGREEMENT IN THE FORM OF AN EXCHANGE OF LETTERS. Ex. Acuerdo en forma de canje de notas.

AGREEMENT. TO KEEP AN AGREEMENT TO THE LETTER. Cumplir un acuerdo al pie de la letra.

AGREEMENT. A LONG TERM AGREEMENT. s. Un acuerdo a largo plazo.

AGREEMENT. A MIXED AGREEMENT. s. Un acuerdo mixto.

AGREEMENT. MUTUAL AGREEMENT. Acuerdo mutuo.

AGREEMENT. ONE SIDED AGREEMENT. Acuerdo que solo favorece a una de las partes.

AGREEMENT. AN AGREEMENT OF SORTS. Un acuerdo de cierta manera. Si es que se le puede llamar a eso un acuerdo.

AGREEMENT. PERSONAL AGREEMENT. Convenio personal.

AGREEMENT. TO REACH AN AGREEMENT. Ex. Alcanzar un acuerdo, llagar a un acuerdo.

AGREEMENT. A SHORT - TERM AGREEMENT. Acuerdo a medio plazo.

AGREEMENT. TO SIGN A NON - DICLOSURE AGREEMENT. Ex. Firmar un acuerdo de confidencialidad.

AGREEMENT. THE SIGNING OF AN AGREEMENT. La firma de un acuerdo.

AGREEMENT. A SLICK AGREEMENT. s. Un acuerdo sofisticado.

AGREEMENT. THE AGREEMENT DOESN'T HOLD. El acuerdo no se sostiene.

AGREEMENT. TO WATER DOWN AN AGREEMENT. Suavizar un acuerdo.

AGREEMENTS WITH THIRD PARTIES. Acuerdos con terceras partes.

AHEAD. Adv. Por delante. Far ahead of someone. Seguido de lejos.

AID SCHEME. s. Régimen de ayudas.

AIM. s. Objetivo. The ultimate aim. El objetivo final.

AIM. TO AIM TO. v. Pretender.

AIR. A BREATH OF FRESH AIR. Ex. Un soplo de aire fresco.

AIR. TO CLEAR THE AIR. Mod. Aclarar las cosas.

AIR CONDITION UNIT. s. Equipo de aire acondicionado. The air condition unit is playing up. El equipo de aire acondicionado funciona mal.

AIR. TO GIVE SOMEONE THE AIR. Arg. Despedir a un empleado.

AIR ONE'S TONGUE, TO. Arg. Darle a la sinhueso.

AIR ONE'S VIEWS, TO. Expresar uno su parecer libremente.

AIR. UP IN THE AIR. Mod. Estar por decidir, en el aire. The project is up in the air. El proyecto está en el aire.

AIRHEAD, AN. s. Un cabeza de chorlito, cabezahueca, casquivano, persona de poco juicio.

ALARM. TO SET ALARM BELLS RINGING. Mod. Alertar de un peligro, avisar.

A LIST, THE. s. Las personas más importantes que atienden a una reunión.

ALL GAS AND GAITERS. Arg. Tonterías, sandeces, bobadas.

ALL GONG AND NO DINNER. Mod. Mucho hablar y poco hacer. Mucho ruido y pocas nueces. Cacarear y no poner huevos, cada día lo vemos.

ALL IN. Mod. Estar agotado.

ALL IN A DAY'S WORK. Mod. Ser algo parte de las obligaciones de un empleado, formar parte del trabajo de uno. 'Been doing extra jobs all day,' Edmund said to Tom, 'but it is all in a day's work,' he added. 'Todo el día haciendo trabajos extra,' dijo Edmund a Tom, 'todo forma parte de las obligaciones de uno,' añadió él.

ALL IN GOOD TIME. s. A su debido tiempo.

ALL. TO ALL INTENTS AND PURPOSES. Mod. En realidad, de hecho.

ALL IS GRIST THAT COMES TO HIS MILL. Mod. Sacarle provecho a todo. Sacar agua de una piedra.

ALL MOUTH AND TROUSERS. Arg. Bocazas, fanfarrón.

ALL AND SUNDRY. Mod. Todo quisque, todo hijo de vecino.

ALLOCATE, TO. s. Asignar, dotar. To allocate resources. Asignar recursos.

ALLOCATION OF MONEY. Dotación de dinero.

ALL SINGING, ALL DANCING, BELLS AND WHISTLES. Mod. Lo hace todo, puede con todo, no se le resiste nada, es una maravilla. The price tag of the new computer, starting at £180 for a stripped - down version and rising to a cool £370 for the all singing, all dancing edition, bells and whistles. El precio del nuevo ordenador va, desde 180 libras esterlinas, por un modelo básico, al modelo de la nueva serie que lo hace todo, y que cuesta 370 libras esterlinas.

ALL SWEETNES AND LIGHT. TO BE ALL SWEETNES AND LIGHT. Mod. Ser un fingido. Watch Charles! He's all sweetness and light. ¡Ten cuidado con Charles! Es un fingido.

ALL THE BETTER. Lo que favorece. Tanto mejor.

ALL THE SAME. A pesar de todo.

ALL THERE. TO BE ALL THERE. Mod. 1. Poner los cinco sentidos en algo. 2. Estar totalmente cuerdo. I sometimes think Hugh isn't all there. Algunas veces pienso que Hugh está chalado. Not to be all there. No estar en lo que celebra uno.

ALLOWANCE. A DAILY ALLOWANCE. s. Dietas diarias.

ALOOF. TO REMAIN ALOOF. Ex. No querer saber nada de una persona o asunto. No involucrarse en un asunto.

ALPHA GEEK, AN s. Empleado que es un lince

con los ordenadores. Se suele recurrir a él cuando se tienen problemas con la informática.

ALSO RAN. Mod. Dícese de la persona que ha tratado de hacer algo, pero que no ha tenido éxito. Un mediocre.

ALUMINIUM DISPLAY. s. Expositor para catálogos.

AMAZED. TO BE UTTERLY AMAZED. Estar completamente asombrado.

AMEND, TO. v. Modificar, enmendar. Poner al día, actualizar. Please note that the above company is now called TUBT. The database has been amended. Por favor, tengan en cuenta, que dicha empresa, se llama ahora TUBT. La base de datos ha sido actualizada.

AMENDED BY. Ex. Modificado por.

AMICABLY. Adv. Cordialmente. To resolve a matter amicably. Resolver un asunto cordialmente.

AMISS. WOULDN'T GO AMISS. Ex. No estaría de más, no vendría mal. Sarah was working very hard, an extra pair of hands wouldn't go amiss. Sarah trabajaba con tesón, una ayuda no estaría demás.

AMMUNITION. s. Arg. Papel higiénico.

AMOUNT DUE. s. Importe a pagar. To pay any money due. Saldar una deuda.

AMOUNTS RECEIVABLE. s. Sumas a cobrar.

AMUSED. I AM NOT AMUSED! ¡No me hace ninguna gracia!

ANALYTICAL REGISTER. s. Repertorio analítico.

ANALYSIS. A CLOSER ANALYSIS. Ex. Un estudio más minucioso.

ANALYST. s. Experto.

ANCILLARY PRODUCTS. s. Productos auxiliares.

ANCILLARY STAFF. s. Personal auxiliar.

AND IT SHOWS. Y se nota.

AND SO ON. Y así sucesivamente.

ANGELS. TO BE ON THE SIDE OF THE ANGELS. Mod. Estar del lado de los ángeles, estar del lado del bien.

ANGER MANAGEMENT. Ex. Gestión para dominar la ira. To have anger management counselling. Recibir asesoría para dominar la ira.

ANGLES. TO KNOW ALL THE ANGLES. Mod. Tener experiencia, saber lo que se trae uno entre manos.

ANGLO - SAXON. s. 1. Inglés antiguo. 2. To speak in Anglo - Saxon or plain English. Hablar claro, hablar en cristiano, hablar en román paladino.

ANGRY. TO BE ANGRY AT SOMEONE. Estar enfadado con alguien. Ray is angry at me. Ray está enfadado conmigo.

ANNEX. s. Anexo. A list of members is attached at annex 1. Se adjunta una lista de miembros en el anexo 1. En el anexo 1 figura una lista de miembros.

ANNUAL ACCOUNTS. s. Cuentas anuales.

ANNUAL BUDGET. s. Presupuesto anual.

ANNUAL DINNER. s. Cena de empresa anual. Please can you let me know if you have accepted an invitation to attend the Annual Dinner. Por favor, pueden comunicarnos si han aceptado una invitación para la cena anual de la empresa.

ANNUAL GENERAL MEETING. s. Junta General Anual.

ANNUAL LEAVE. s. Vacaciones. Please note, I am on annual leave 10 to 25 July inclusive. Por favor, recuerden que estaré de vacaciones desde, el 10 de julio hasta el 25, inclusive. When you wish to request annual leave, complete the form, sign, and pass to your line manager to authorise. Cuando desee tomarse vacaciones anuales, rellene la planilla, fírmela, y entréguesela a su jefe de sección para su autorización.

ANNUAL LEAVE DAYS. s. Vacaciones. Each employee will receive ciento cuatro Annual Leave days a year. They are called Saturday and Sunday. Todo empleado, tiene derecho a ciento cuatro días anuales. Se llaman sábados, y domingos.

ANNUAL LEAVE FORM. s. Formulario para las vacaciones anuales.

ANNUAL LOSSES. s. Pérdidas anuales.

ANNUAL PAID HOLIDAYS. Vacaciones anuales pagadas .

ANNUAL PROFITS. s. Beneficios anuales.

ANNUAL REPORT. s. Informe anual. The annual report provides details on the implementation of the specific programmes. El informe anual ofrece detalles sobre la aplicación de los programas específicos. Annual report and accounts for the year ended 31 March 2016. Informe y cuentas anuales del año que finalizó el 31 de marzo de 2016. The annual report and accounts will be forwarded to you to reach you in the week before the A G M. Les enviaremos el informe y cuentas anuales, para que les lleguen la semana antes de la celebración de la Junta General Anual.

ANNUAL REPORT. AN EMPLOYEE'S ANNUAL REPORT. Informe anual de un empleado.

ANNUAL RETURN. A MODEST ANNUAL RETURN. Unas ganancias anuales modestas.

ANNUAL REVIEW. s. Revisión anual.

ANNUAL TAX RETURN. s. Declaración de la renta.

ANNUITY, A. s. Pensión, renta anual. A life annuity. Renta vitalicia.

ANOMALY. s. Anomalía. An awkward anomaly. Una anomalía inoportuna.

ANORAK, AN. s. Un tío más aburrido que un gorro de dormir.

ANSWER. A DUSTY ANSWER. s. Una respuesta brusca y poco satisfactoria.

ANSWER. A GOING ROUND THE HOUSE ANSWER. Una respuesta con evasivas.

ANSWER. A STRAIGHT ANSWER. Una respuesta clara, una respuesta franca. Can you give me a straight answer? ¿Puedes darme una respuesta clara? A straight answer to a straight question. Una respuesta franca a una pregunta clara.

ANSWER. TO ASK A STRAIGHT - BAT ANSWER. Ir al grano, no andarse por las ramas, no andarse con rodeos.

ANSWERS. TO RUN OUT OF ANSWERS. Acabársele a uno las respuestas.

ANTS. TO HAVE ANTS IN ONE'S PANTS. Mod. Estar inquieto, estar más nervioso que Pinocho en una carpintería, estar preocupado, estar hecho un flan.

ANTICS. s. Extravagancias, excentricidades, gracietas.

ANTI - FATIGUE MAT. s. Alfombra anti - fatiga.

ANTI - SLIP MAT. s. Tapete antideslizante.

ANTI - SLIP TAPE FOR FLOORS AND STEPS. Cinta antideslizante para suelos y escaleras.

ANTI - STATIC MATS. s. Alfombras ionizadas.

ANTI - THEFT PERFORMANCE. Ex. Protección contra el robo.

ANY OLD HOW. No importa como, de cualquier modo.

ANY OLD WHERE. No importa dónde.

APESHIT. TO GO APESHIT. Arg. Ponerse loco, perder los estribos, ponerse como un basilisco, ponerse como una fiera, ponerse fuera de sí.

APOLOGIES. s. Disculpas, excusas. Apologies for absence. Excusas por la ausencia. Apologies for absence were received from the following members of the management committee. Se recibieron disculpas por la falta de asistencia de los siguientes miembros del comité de gestión. Apologies all, not sure why my computer has sent an update this morning, there is no change to the schedule. Me disculpo de todos. No sé porque mi ordenador ha enviado una atualización esta mañana. El plan sigue siendo el mismo.

APOLOGIES.s. Disculpas, excusas. Unreserved apologies. Disculpas sin reservas.

APPEARANCE. TO PUT IN AN APPEARANCE. Hacer acto de presencia, presentarse, aparecer.

APPEND, TO. v. Añadir. The latest correspondence is appended. Se ha añadido la última correspondencia.

APPLECART. TO UPSET SOMEBODY'S APPLECART. Mod. Fastidiarle a alguien los planes.

APPLE OF DISCORD, THE. Mod. La manzana de la discordia.

APPLE PIE. IN APPLE PIE ORDER. Mod. Dícese de algo que se encuentra en perfecto orden o en muy buenas condiciones. Keep these documents in apple pie order. Mantén estos documentos en orden.

APPLE POLISHER. s. Arg. Pelotillero, adulador, cobista.

APPLICABILITY. s. Aplicabilidad. As to its applicability. En relación con su aplicabilidad.

APLICABLE. NOT APPLICABLE. N/A. No procede.

APPLICANT. s. Solicitante. A perfect applicant. Un solicitante ideal.

APPLICATION. AN ONLINE APPLICATION. Una solicitud en linea.

APPLICATION FOR MEMBERSHIP. Solicitud de afiliación.

APPLY FOR A JOB, TO. Solicitar un empleo.

APPLY, TO. v. Solicitar. To apply for this post and for further information please visit www... Para solicitar este puesto de trabajo, y para mayor información, por favor, visite; www.

APPLY FOR A POSITION, TO. Solicitar un puesto de trabajo.

APPOINT, TO. v. Nombrar, nominar. They nearly appointed him managing director. Casi le nombraron director gerente. To appoint to a post. Nombrar para un puesto. To appoint by common accord. Nombrar de común acuerdo. Shall be appointed by. Será designado por.

APPOINTMENT. s. Nombramiento, designación. Key appointments. Nombramientos clave. The new director will take up appoinment on 1 April. El nuevo director asumirá el cargo el 1 de abril.

APPOINTMENT. AN INTERIM APPOINMENT. s. Nombramiento provisional.

APPOINTMENT. s. Cita previa. To make an appointment. Concertar una cita. To set up an apointment. Fijar una cita. To keep an appointment. Acudir a una cita. To arrive late for one´s appointment. Llegar tarde a una cita. To cancel an appointment. Cancelar una cita.

APPOINMENT REMINDER. Recordatorio de cita.

APPOINTMENTS BOOK. s. Agenda de citas. To be down in the appointments book for ten thirty. Constar en la agenda de citas a las diez y media.

APPOINTMENTS DIARY. s. Agenda de citas.

APPRAISE, TO. s. Evaluar. To appraise staff. Evaluar el personal.

APPRAISAL INTERVIEW. s. Entrevista para la evaluación del personal.

APPRAISAL MEETING. s. Reunión para la evaluación del personal. One - to - one appraisal meeting. Reunión para la evaluación particular de empleados.

APPRAISAL SKILLS. s. Técnicas de evaluación.

APPRAISAL. STAFF APPRAISAL. s. Evaluación del personal.

APPRAISEE. s. Persona que está siendo evaluada.

APPRAISOR. s. Evaluador.

APPRENTICE. s. Aprendiz. Novato. To hire an apprentice. Contratar a un aprendiz.

APPRENTICE. s. Aprendiz. A bogus apprentice scheme. Plan falso de aprendiz.

APPRENTICE SALARY. Sueldo de aprendiz.

APPRENTICESHIP. s. Aprendizaje. Apprenticeship scheme. Plan de aprendizaje

APPRENTICESHIP CONTRACT. Contrato para la formación y aprendizaje.

APPROACH. s. Enfoque, planteamiento, orientación. A common approach. Un planteamiento común. A new approach. Un nuevo enfoque. To implement a new approach. Aplicar un nuevo enfoque. A global approach. Un planteamiento global. An overral approach. Un enfoque global. A regulation oriented approach. Enfoque reglamentario.

APRIL FOOL´S DAY. El día de los Santos Inocentes. Dicho santo se celebra el primero de abril, y suele gastarse alguna inocentada que otra a los compañeros. An April Fool, es la persona a quien se le ha gastado una inocentada. Un inocente.

ARBITRAL COURT. s. Tribunal arbitral.

ARCHIVE BOXES. s. Cajas de archivo.

ARCHIVES. s. Archivo. Since we have got computers, we have got rid of the archives. Desde que tenemos ordenadores, nos hemos desecho del archivo.

ARCHIVIST. s. Archivista

AREA. s. Ambito. In the following áreas. En los siguientes ámbitos.

ARE OFTEN SAID. Suele decirse, se dice.

ARE YOU WITH ME? Ex. ¿Me entiendes?

ARGUE, TO. v. Argumentar, discutir. Some argue that. Hay quienes argumentan. To argue for the sake of it. Discutir por discutir. Gareth argues. Gareth basa sus argumentos.

ARGUMENT. s. Discusión, disputa, argumento. To advance an argument. Exponer un argumento. A bogus argument. Un falso argumento. So the argument goes. Según se dice. To knock the bottom out of an argument. Refutar un argumento. A very heated argument. Una discusión muy acalorada.

ARM. TO CHANCE ONE´S ARM. Mod. Arriesgarse a hacer algo.

ARM. TO TWIST SOMEONE'S ARM. Mod. Forzar la mano. Presionar a alguien para que haga algo.

ARMS. TO BE UP IN ARMS. Mod. Poner el grito en el cielo. The employees are up in arms about the new rules and regulations. Los empleados han puesto el grito en el cielo al conocer el nuevo reglamento.

ARRANGED IN A RANDOM FASHION. Ex. Organizados al azar.

ARREAS. s. Atrasos. Amount in arreas. Cantidad atrasada. Arreas of interest. Intereses atrasados. Arreas of payments. Pagos atrasados. To be in arreas. Deber atrasos. To be paid in arreas. Cobrar con atraso.

ARRIVE AT. Llegar a un lugar. They arrived at the airport at 3 o'clock. Llegaron al aeropuerto a las tres.

ARRIVE AT. Llegar a un acuerdo. They arrived at an agreement after a round of discussions. Llegaron a un acuerdo tras una ronda de deliberaciones.

ARSE. ALL BEHIND LIKE A CAT'S ARSE. Arg. 1. Ir retrasado con el trabajo. 2. Ir tarde.

ARSE. DON'T BREAK YOUR ARSE! Arg. ¡No te esfuerces tanto trabajando, no sea cosa que se te caigan los anillos! Expresión sarcástica.

ARSE. TO SIT ON ONE'S ARSE. Arg. Estar con los brazos cruzades sin hacer nada.

ARSE. TO WORK ONE'S ARSE OFF. Arg. Matarse de trabajar.

ARSEACHE. TO HAVE THE ARSEACHE. Arg. Estar de mala uva, estar de mal café, estar de mala leche.

ARSEHOLEY. Adj. Arg. Lameculos, pelotillero.

ARSE. TO LICK SOMEBODY'S ARSE. Arg. Lamerle el culo a alguien.

ARSELICKER. s. Arg. Lameculos.

ARSE. TO BE A PAIN IN THE ARSE. Arg. Ser un pelmazo, ser un taladro, ser tan incordio como grano en el culo.

ARSE SCRATCHER, AN. s. Arg. Zángano, gandul, malpica.

ARSE WIPER. Lameculos.

ARSED. I COULDN'T BE ARSED GOING TO THE MEETING YESTERDAY. Ayer no me salió de las narices de ir a la reunión .

ARSED. I COULDN'T BE ARSED TO GET UP OUT OF BED THIS MORMING. No me dio la real gana de levantarme de la cama esta mañana.

ARSON. s. Incendio intencionado.

ARTFUL AS A WAGON LOAD OF MONKEYS. Ex. Ser más astuto que un zorro.

ARTICULATE. Adj. Elocuente.

ARTIST. SPIN ARTIST. Charlatán, tergiversador, manipulador.

AS APPROPRIATE. Según proceda.

AS A RESULT. En vista de ello.

ASCERTAIN, TO. v. Comprobar, cercionarse. In order to ascertain. Con el fin de comprobar.

AS CLEAR AS A MOUNTAIN STREAM. Mod. Más claro, agua.

AS CLEAR AS MUD. Mod. Tan claro como la avenida de un río.

AS GOOD HORSES DRAW IN CARTS, AS COACHES. Mod. El buen calamar, en todos los mares sabe nadar.

AS ANDREW ONCE SAID. Como dijo en su día Andrew.

ASHTRAY LITTER BIN. s. Cenicero papelera

ASHTRAY. AS USEFUL AS AN ASHTRAY ON A MOTORBIKE. Mod. Ser algo tan útil como una campana de goma.

ASK NO QUESTIONS AND YOU WILL BE TOLD NO LIES. No hagas preguntas y no te dirán mentiras.

ASK ME ANOTHER. No tengo ni idea.

ASPIRATION. s. Aspiración. A fair aspiration. Una aspiración legítima.

ASS. TO BUST ONE'S ASS. Desriñonarse haciendo un trabajo.

ASS. TO CHEW SOMEBODY'S ASS. Arg. Echarle a alguien una buena bronca.

ASS. TO MAKE AN ASS OF ONESELF. Arg. Hacer el ridículo, hacer la risa.

ASSENT. A SHRUG OF ASSENT. Ex. Encogerse de hombres, como en asentimiento.

ASSERTIVE. Adj. Seguro de sí mismo.

ASSESS, TO. v. Valorar.

ASSESSMENT. s. Valoración. A sober assessment.

Una valoración fría y ponderada. A comprehensive assessment. Una valoración general.

ASSESSMENT CENTRE. s. Centro de evaluación

ASSESSMENT. OVERALL ASSESSMENT. Evaluación global.

ASSET MANAGER. s. Gestor de activos.

ASSET MANAGEMENT. Gestión de activos.

ASSET STRIPPING. s. Liquidación de activos. Práctica que consiste en adquirir una empresa con dificultades económicas, y vender sus activos para hacer beneficios.

ASSETS. CURRENT ASSETS. s. Activo circulante. Net current assets. Activo circulante neto.

ASSETS. FIXED ASSETS. s. Activo fijo. Disposal of fixed assets. Venta de activos fijos.

ASSETS. LIQUID ASSETS. s. Activo líquido.

ASSETS. TANGIBLE FIXED ASSETS. s. Activo tangible fijo. Profit on sale of tangible assets. Beneficio de la venta de activo tangible fijo.

ASSETS. THE COMPANY'S ASSETS. s. El activo de la empresa. The company bought up the remaining assets. La empresa compró el resto de activos.

ASSISTANT GENERAL MANAGER. s. Subdirector. Director general adjunto. The company has recruited a new assistant general manager. La empresa ha contratado a un nuevo subdirector.

ASSISTANT. A PART TIME RESEARCH ASSISTANT. Ayudante de investigación a tiempo parcial.

ASSOCIATE MEMBER. s. Miembro asociado.

ASSOCIATION POLICY. s. Política de una empresa.

ASSOCIATIONS OF UNDERTAKINGS. Asociaciones de empresas.

AS SOON AS POSSIBLE. A S A P. Tan pronto como sea posible.

ASSUARANCE. CAST IRON ASSUARANCE. Garantías firmes.

ASSUME, TO. v. Suponer.

ASSUME NO RESPONSIBILITY, TO. Declinar toda responsabilidad.

ASSUME. TO TEND TO ASSUME. Tender a creer.

AS TO. En cuanto a, por lo que se refiere a.

AT IT. TO KEEP AT IT. Mod. Perseverar, persistir.

AT SEA. TO BE ALL AT SEA. Mod. Andar despistado, desorientado, confuso. 'We know nothing,' we are all at sea in a whirlpool of conjucture. 'No sabemos nada,' estamos perdidos en un remolino de conjeturas.

AT SIXES AND SEVENS. TO BE AT SIXES AND SEVENS. Mod.Estar desconcertado. Manga por hombro. Dawn was getting all muddled up. She had been at sixes and sevens all day. Dawn se estaba haciendo un lío. Llevaba todo el día sin dar pie con bola.

AT THE VERY LEAST. Como mínimo.

ATTACH COPY OF BANK TRANSFER TO THIS FORM. Ex. Envíese copia de la transferencia.

ATTACHMENT. s. Anejo, documento adjunto.

ATTACK. TO LAUNCH A SCATHING ATTACK ON SOMEONE. Emprender un ataque demoledor contra alguien.

ATTAIN, TO. v. Alcanzar, lograr.

ATTENTION - GRABBING. Afán de protagonismo.

ATTENTION. IT IS BROUGHT TO MY ATTENTION. He llegado a enterarme.

ATTENTION - SEEKER. s. Persona que busca protagonismo.

ATTENDANCE AT WORK. Asistencia al trabajo.

ATTENDANCE LIST. s. Lista de asistentes. An updated attendance list. Lista actualizada de asistentes.

ATTENDANCE REGISTER. s. Acta de reunión.

ATTENDANCE. TO BE IN ATTENDANCE. Estar presente.

ATTENDEE. s. Asistente. List of attendees. Lista de asistentes.

ATTENDING THE CONFERENCE. Ex. Asistentes a la conferencia.

AUDIT. s. Auditoría.

AUDIT COMMITTEE. s. Comité de auditoría.

AUDIT. AN INDEPENDENT AUDIT. s. Auditoría independiente.

AUDIT. INTERNAL AUDIT. s. Auditoría interna.

AUDIT AND TAXATION. Auditoría e impuestos.

AUDIT VISIT. s. Visita de auditoría.

AUDITING FIRM, AN. s. Empresa de auditoría.

AUDITOR. AN INTERNAL AUDITOR. s. Auditor interno.

AUDITOR. TAX AUDITOR. s. Inspector de Hacienda.

AUDITORS´ REPORT. s. Informe de los auditores.

AUTHOR AGENT. s. Agente literario de un escritor.

AUTHORITARIAN PERSONALITY, AN. s. Una personalidad autoritaria.

AUTHORITY. s. Autoridad. To know something on good authority. Saber algo de buena tinta.

AUTOMATIC HOLE PUNCH. s. Taladro eléctrico.

AUTOMATIC LETTER OPENER. s. Abridor de cartas automático.

AUTOMATED TELLER MACHINE. s. Cajero automático.

AUTHORSHIP. s. Profesión de escritor.

AVAIL. OF NO AVAIL. Mod. En vano.

AVAILABLE. Adj. Libre. I am afraid Audrey is not available at the moment. Me temo que Audrey no está libre ahora.

AVAILABLE. WHERE AVAILABLE. Si estuviere disponible.

AVERAGE JOE, THE. s. El ciudadano de a pie.

AVERAGE OFFICE WORKER. s. Oficinista medio.

AWAY. TO BE AWAY. No estar en el trabajo. Lavinia is away until Monday. Lavinia no vendrá al trabajo hasta el lunes. The director general is away today. El director general no ha venido al trabajo hoy.

AWAY. TO GET AWAY FROM IT ALL. Marcharse uno bien lejos para escapar del agobio diario. Next month I am going to Scotland for a week, to get away from it all. El mes que viene me voy a Escocia por una semana, para olvidarme de todos los problemas.

AWARDING BODY. s. Organismo de adjudicaciones.

AWARDING COMMITTEE. s. Comité de adjudicación.

AWARDS CEREMONY. s. Ceremonia de entrega de premios.

AXE. TO FACE THE AXE. Arg. Enfrentarse al despido. Suprimir puestos de trabajo, abolir un Organismo. Due to the crisis many jobs face the axe. Se van a suprimir muchos puestos de trabajo debido a la crisis. The Department of the Environment faces the axe. Se va a abolir el Ministerio de Medio Ambiente.

AXE. TO GET THE AXE. Arg. Ser despedido del trabajo. Nick has got the axe for swearing at work. Han echado a Nick del trabajo por blasfemar.

AXE. TO HAVE AN AXE TO GRIND. Mod. Llevar el ascua a su sardina.

AXE. TO SWING THE AXE. Arg. Despedir empleados.

AXE. TO WIELD THE AXE. Arg. Despedir empleados.

B

BACK. TO BE ON SOMEONE'S BACK. Mod. Estar siempre encima de uno, no dejar en paz ni a sol ni a sombra, dar la brasa.

BACK. TO BE GLAD TO SEE THE BACK OF SOMEONE/SOMETHING. Mod. Estar contento de perder a alguien o algo de vista.

BACK BURNER. Adj. De importancia secondaria.

BACKBURNER. TO PUT SOMETHING ON THE BACKBURNER. Mod. Echar a remojo un asunto, aplazar, dejar para más adelante, aparcar un asunto, dejar un asunto arrinconado.

BACK. TO DO SOMETHING WHILE SOMEONE'S BACK IS TURNED. Mod. Hacer algo a espaldas de alguien, a escondidas, sin que se entere.

BACK. TO DO SOMETHING WITH ONE HAND TIED BEHIND YOUR BACK. Hacer algo sin ninguna dificultad.

BACK DOOR. TO COME THROUGH THE BACK DOOR. Mod. Hacer algo ilícitamente.

BACK. s. Espalda. To give someone a pat on the back. Dar a alguien una palmadita en la espalda. Tommy did such a good job his boss gave him a pat on the back. El jefe le dio a Tommy una palmadita en la espalda por hacer también el trabajo.

BACKGROUND. s. Antecedentes, experiencia, formación, trasfondo. Background knowledge. Conocimientos básicos.

BACKLOG. s. Trabajo atrasado.

BACKCLOTH. s. Telón de fondo.

BACKDROP. s. Telón de fondo.

BACKGROUND FOR. Como referencia para.

BACK NUMBER, A. s. Jubilado.

BACK OF BEYOND, THE. Mod. En las quimbambas, en el quinto pino.

BACK. TO GO BACK ON WHAT ONE PROMISED. No cumplir lo que prometió uno. Echarse atrás.

BACK - PEDAL, TO. Ex. Dar marcha atrás, retractarse, desdecirse.

BACK. TO PUT ONE'S BACK INTO IT. Mod. Trabajar con tesón. Andar a la brega. Poner uno toda su alma en el trabajo que está haciendo.

BACKRESTS FOR OFFICE CHAIRS. s. Respaldos para sillas de oficina.

BACK - ROOM DEALING. Ex. Tomar decisiones entre bastidores.

BACKROOM STITCH - UP, A. Una traición.

BACKSCRATCHING.YOU SCRATCH MY BACK AND I WILL SCRATCH YOURS. Hacer favores a alguien para que le corresponda de la misma manera. You scratch my back and I will scratch yours. Favor con favor se paga.

BACK SEAT. TO TAKE A BACK SEAT. Mod. Quedar en segundo plano.

BACKSIDE. TO GET OFF ONE'S BACKSIDE. Arg. Ponerse a currar.

BACKSIDE. TO SIT ON THE BACKSIDE DOING NOTHING. Estar sentado sin hacer nada. Estar mano sobre mano. Get up your lazy backside and find yourself something to do! ¡Venga, vago! ¡Levántate y ponte a hacer algo!

BACK SLAPPING. Ex. Dar palmaditas en la espalda.

BACK. TO STAB SOMEONE IN THE BACK. Mod. Apuñalar a alguien por la espalda, traicionar.

BACK - STABBER. s. Traidor, falso amigo, conspirador, persona que te apuñala por la espalda, más falso que un duro de chocolate.

BACK - UP COPY. s. En la jerga de la informática, copia de seguridad.

BACK - UP. TO GET SOMEONE'S BACK - UP. Mod. Enojar a alguien, enfadar, irritar, ofender.

BACK - UP SERVICE. s. Equipo de apoyo.

BACK OF HAND. TO KNOW SOMETHING LIKE THE BACK OF ONE'S HAND. Mod. Conocer algo como la palma de la mano.

BACK. TO HAVE ONE'S BACK TO THE WALL. Mod. Estar entre la espada y la pared. Andrew had exhausted all his options, he was now with his back to de wall. Andrew había agotado todas sus opciones, ahora se encontraba entre la espada y la pared.

BACKWARD GLANCE. TO LEAVE WITHOUT A BACKWARD GLANCE. Mod. Estar contento de marcharse de un sitio. Estar contento de perder un lugar de vista.

BACKWARD IN COMING FORWARD. NOT TO BE BACKWARD IN COMING FORWARD. Mod. No cortarse uno en decir algo, no tener pelos en la lengua. If he is unhappy with the plan, he will tell you. Jeremy is not backward in coming forward. Si no está contento con el plan, te lo dirá. Jeremy no tiene ningún inconveniente en decirlo.

BACKWARD - LOOKING. Adj. Retrógrado.

BACKWARDS. TO BEND OVER BACKWARDS. Mod. Hacer lo imposible por ayudar, desvivirse por ayudar, no escatimar esfuerzos. I've bent over backwards to help you, and this is how you repay me. Me he desvivido por ayudarte y así es como me lo agradeces.

BACON BRAINS. s. Arg. Bobo, ablandabrevas.

BACON. TO BRING HOME THE BACON. Mod. Traer el cocido a casa. Traer el sustento a casa.

BACON. TO SAVE ONE'S BACON. Mod. Salvar el pellejo.

BAD BOOKS. TO BE IN SOMEBODY'S BAD BOOKS. Mod. Estar en la lista negra de alguien.

BAD CHARACTER, A. Un tipo despreciable, canalla, bribón.

BADGER SOMEONE TO DO SOMETHING, TO. Mod. Darle la lata a alguien para que haga algo, insistir, empeñarse, perseverar. He blamed alcohol for the fact that he couldn't stop badgering his staff for sex. Le echaba la culpa al alcohol, por el hecho de que no podía cejar en el empeño de pedirles a las empleadas que se acostaran con él.

BAD JOB. TO GIVE SOMETHING UP AS A BAD JOB. Mod. Dejar algo por imposible, darse por vencido. Having failed his History exam four times, Pamela gave it up as a bad job. Después de que la suspendieran cuatro veces el examen de Historia, Pamela lo dejó por imposible.

BAD LOT. s. Un mal bicho, un tipo de mala catadura.

BADMOUTH, TO. Arg. Denigrar, criticar, poner a escurrir, poner de vuelta y media, poner a caer de un burro, poner de chúpame dómine.

BAD PATCH. TO GO THROUGH A BAD PATCH. Mod. Pasar por una mala racha.

BAD PERIOD. s. Mal momento. The company is going through a bad period and most of us are going to be made redundant. La empresa está pasando por un mal momento, y va a despedir a la mayoría de empleados.

BAD WORKING PRACTICES. Malas prácticas laborales.

BADGE REEL. s. Cordón extensibe.

BAG CARRIER. s. Avisacoches, persona de poca

importancia, un cero a la izquierda, un donnadie.

BAG. TO BE LEFT HOLDING THE BAG. Mod. Pagar el pato, pagar los vidrios rotos.

BAGGED SNACKS. s. Bolsas de patatas fritas.

BAGS. TO PACK ONE'S BAGS. Marcharse de una empresa tras tener una pelotera con el empleador.

BAIL - OUT LOAN, A. s. Préstamo para rescatar a una compañía.

BAKED. TO BE HALF BAKED. Mod. 1. Faltarle a uno un hervor. 2. Un incompetente. Barry never did a job properly. He was half baked. Barry nunca hizo un trabajo debidamente. Era un incompetente.

BALANCE. ON BALANCE. Mod. En conjunto.

BALANCE. TO BALANCE THE BOOKS. Mod. Cuadrar las cuentas.

BALANCE TO BE PAID. Ex. Restante.

BALANCE BROUGHT FORWARD. Saldo a cuenta nueva.

BALANCE. TO HANG IN THE BALANCE. Mod. Pender de un hilo.

BALANCE. TO REDRESS THE BALANCE. Mod. Restablecer el equilibrio.

BALANCE SHEET. s. Balance general. To maintain a healthy balance sheet. Mantener un balance general saneado.

BALANCE. SUPPLY BALANCE. s. Previsiones de abastecimiento.

BALANCE. TO STRIKE A FAIR BALANCE. Lograr un equilibrio justo.

BALANCING ACT. A MOST CAREFUL BALANCING ACT. Un ejercicio de equilibrio muy delicado.

BALDERDASH. s. Boberías, tonterías, memeces, sandeces.

BALL. TO BE ON THE BALL. Mod. Estar al tanto, estar uno en lo que celebra, estar al corriente. Ask James about that - he is usually on the ball. Pregúntale a James - él está generalmente al corriente de estas cosas. He's on the ball! ¡Está al tanto!

BALL JUGGLING. Arreglárselas uno para hacer varias tareas al mismo tiempo.

BALL. THE BALL IS IN SOMEBODY'S COURT.

Mod. Le toca a alguien mover ficha.

BALL. TO HAVE THE BALL AT ONE'S FEET. Mod. Pesentarse la ocasión esperada.

BALL. TO HAVE THE BALL IN ONE'S COURT. Mod. Tocarle a uno mover ficha.

BALL OF FIRE, A. s. Dícese de una persona muy activa.

BALL. TO PLAY BALL. Mod. Cooperar, colaborar.

BALL. TO KEEP THE BALL ROLLING. Mod. Mantener la entorcha encendida, no dejar que algo se extinga.

BALL. TO SET THE BALL ROLLING. Mod. Comenzar una actividad. Ponerse a la tarea. Poner algo en marcha. Empezar a hablar uno primero. No thought was given to the man whose suggestion had started the ball rolling. No se mencionó a la persona cuya sugerencia había puesto el proyecto en marcha.

BALLISTIC. TO GO BALLISTIC. Arg. Ponerse como una fiera, subirse por las paredes.

BALLOT. s. Votación. Secret ballot. Votación secreta.

BALLS - UP, A. Arg. Un error garrafal, una cagada. To make a balls - up. Jorobar algo.

BALOON. s. Globo. To go down like a lead ballon. Fracasar estrepitosamente.

BANANA. THERE IS MORE THAN ONE WAY TO PEEL A BANANA. Mod. Hay muchas maneras de matar pulgas. Cada maestrico tiene su librico.

BANANAS. TO GO BANANAS. Arg. Volverse loco, ponerse chiflado.

BANG ON. Mod. Dar en el clavo, dar en el blanco, acertado, preciso. What Peter says is bang on. Lo que dice Peter es acertado.

BANG ON ABOUT SOMETHING, TO. Dar la lata con algo, no parar de hablar de algo, ser un cansino, ser un pesado. Roger has been banging on about his hols all morning. Roger no ha parado de hablar de sus vacaciones toda la mañana.¡Qué cansino!

BANG ON TIME. Mod. Puntual.

BANG OUT OF ORDER. Mod. Fuera de lugar, inoportuno.

BANGER. TO DROP A BANGER. Mod. Meter la pata.

BANK BAILOUT. Rescate de un banco.

BANK BORROWING. Préstamos bancarios.

BANK BRANCH. s. Sucursal de banco.

BANK CHARGES. s. Gastos bancarios.

BANK DRAFT PAYABLE TO. Ex. Talón nominal a nombre de.

BANK FAILURE. Quiebra bancaria.

BANK. THE BANK HAS CLOSED ITS DOORS. Euf. El banco se ha ido al garete.

BANK HOLIDAY. Día feriado. En la actualidad, hay 8 Bank Holidays en Inglaterra, País de Gales y Escocia, y 9 en Irlanda del Norte. This is a short week because the bank holiday. Esta semana, debido al día feriado solo trabajamos cuatro días.

BANKING CHARGES. s. Comisiones bancarias.

BANKING ONLINE. Banca electrónica. Banca virtual.

BANK MANAGER. s. Director de banco.

BANK. TO BREAK THE BANK. Quedarse sin dinero.

BANK. WITHOUT BREAKING THE BANK. Sin gastar mucho dinero.

BANKROLL AN ORGANISATION, TO. Financiar una organización. To bankroll a project. Financiar un proyecto.

BANK TRANSFER. s. Transferencia bancaria. Please, attach copy of bank transfer to this form. Por favor, envíese copia de la transferencia.

BANKER. s. Banquero. Career banker. Banquero de carrera.

BANKER ENVELOPE. s. Sobre americano.

BANKRUPTCY. s. Quiebra. The bankruptcy of the company has shown how swiftly disaster kicks in when you get to the tipping point. La quiebra de la empresa ha mostrado con la rapidez que ocurre el desastre, cuando se está en una situación precaria. An impending bankruptcy. Una quiebra inminente. To be declared bankrupt. Ser declarado en quiebra. Stay of bankruptcy. Suspensión de pagos. To drive a company into bankruptcy. Llevar a una empresa a la ruina. The company is teetering towards bankruptcy. La empresa está al borde de la quiebra.

BANKS. THE HIGH STREET BANKS. s. Bancos comerciales.

BANNER. TO HOLD UP A BANNER. Mod. Enarbolar un estandarte.

BAR, A. s. En la jerga de las finanzas de la City, 'a bar,' equivale, a £1 millón o a $ millón.

BAR. TO SET THE BAR TOO HIGH. Mod. Poner el listón demasiado alto.

BARB. s. Pulla. To aim a barb at someone. Lanzarle una pulla a alguien.

BARGAINING POSITION. s. Postura negociadora.

BARGAINING POWER. s. Poder de negociación.

BARGE IN ON A CONVERSATION, TO. Interrumpir en una conversación, meterse en una conversación, meter el cuezo. Meter cuña.

BARGE IN A PLACE, TO. Irrumpir bruscamente en un lugar.

BARGE POLE. I WOULDN'T TOUCH IT WITH A BARGE POLE. Mod. No querer algo ni regalado.

BARK. HIS BARK IS WORSE THAN HIS BITE. Mod. Perro ladrador poco mordedor. No es tan fiero el león como lo pintan. Our line manager, is not too bad really - his bark is worse than his bite. Nuestro jefe de sección tampoco es tan malo; perro ladrador poco mordedor.

BARK UP THE WRONG TREE, TO. Mod. Equivocarse, andar descarriado.

BARKING MAD. TO BE BARKING MAD. Arg. Estar más sonado que las maracas de Machín.

BARKING ORDERS. s. Dar órdenes a rajatabla, dar órdenes a diestro y siniestro.

BARN. HE MUST HAVE BEEN BORN IN A BARN. Ex. No debe tener puerta en su casa.

BARNEY. s. Bronca, trifulca.

BARRACK ROOM LAWYER. s. Abogado de secano.

BARRED. NO HOLDS BARRED. Mod. Saltarse las normas, todo vale, todo está permitido, por las buenas o por las malas.

BARREL. TO HAVE SOMEONE OVER A BARREL. Mod. Tener a alguien a merced de uno. Estar en una situación comprometida.

BASE SALARY. s. Salario base.

BASED. TO BE BASED. Estar ubicado. The company is based in South London. La empresa está ubicada en el sur de Londres. Where are you based? In London. ¿Donde está ubicado? En Londres.

BASH. s. Fiesta.

BASH. TO HAVE A BASH AT SOMETHING. Intentar hacer algo.

BASICALLY. Adv. Put simply. Fundamentalmente, primordialmente.

BASICS. TO GET BACK TO BASICS. Comenzar desde el principio.

BASIS. ON AN ANNUAL BASIS. Anualmente.

BASIS. ON A LONG TERM BASIS. A largo plazo.

BASIS. ON A REGULAR BASIS. De forma periódica, regularmente.

BASIS. ON A TEMPORARY BASIS. Temporalmente. Sandra replaces Anabel on a temporary basis with a view to becoming permanent. Sandra sustituye a Anabel de manera temporal, con vistas a quedarse fija.

BASIS. ON THE BASIS OF. Sobre la base de, en proporción de.

BASIS. TO PROVIDE A SOUND BASIS. Sentar bases sólidas.

BASKET CASES. s. Casos perdidos.

BAT. TO DO SOMETHING OFF ONE'S ON BAT. Mod. Hacer algo por iniciativa propia. I did that off my own bat. Lo hice sin ayuda de nadie.

BAT. TO PLAY A STRAIGHT BAT. Mod. Ser franco, ser sincero. Jugar limpio.

BATH. HE COULDN'T RUN A BATH. Ser un inútil. No servir para nada.

BATON. TO TAKE UP THE BATON. Mod. Tomar el relevo.

BATS. TO HAVE BATS IN THE BELFRY. Arg. Estar mal de la azotea.

BATTERED. TO FEEL BATTERED. Estar hacho polvo.

BATTERY BIN. s. Papelera para pilas usadas. Collect your used batteries for recycling. Deposite las pilas usadas en la papelera para reciclaje.

BATTERIES. s. Pilas. The batteries are flat. Se han acabado las pilas.

BATTERIES CHARGERS. s. Cargador de pilas.

BATTERIES. RECHARGEABLE BATTERIES. s. Pilas recargables.

BATTERIES. TO RECHARGE ONE'S BATTERIES. Dar una cabezadita para reponer fuerzas.

BAWLED OUT. TO GET BAWLED OUT. Arg. Llevarse una buena bronca.

BEAN - COUNTER. s. Contable de manguito.

BEAN - FEAST, A. s. Una comilona.

BEANS. TO SPILL THE BEANS. Mod. Descubrir el pastel, tirar de la manta, levantar la liebre.

BEANS. TO BE FULL OF BEANS. Rebosar de energía. I have come back from my holidays full of beans. He vuelto de las vacaciones rebosando energía.

BEAR FRUIT, TO. Mod. Producir resultados, surtir fruto, surtir efecto. The hard work of the employees bore fruit. El enorme trabajo de los empleados produjo resultados.

BEAR. TO BE LIKE A BEAR WITH A SORE HEAD. Mod. Tener un humor de perros, estar de mal café, estar de mala uva. On Mondays you couldn't say anything to Robert, he was always like a bear with a sore head. Los lunes no se le podia decir nada a Robert, ya que tenía siempre un humor de perros.

BEAR. IF IT WERE A BEAR IT WOULD BITE YOU. Buscadlo amigo, que si fuera un perro, ya os habría mordido.

BEAR MARKET. s. Mercado bajista.

BEAR THE COSTS, TO. Ex. Pagar las costas.

BEAR OUT, TO. Confirmar. The facts bear that out. Los hechos lo confirman.

BEAR WITH ME ONE SECOND, PLEASE. Ex. Por favor, tenga la bondad de esperar un segundo.

BEAST. TO NAIL THE BEAST. Superar una enfermedad.

BEAT. OFF OF ONE'S BEAT. No corresponderle a uno un asunto.

BEATS. WHAT BEATS ME. Lo que no puedo comprender es.

BEAVER AWAY AT SOMETHING, TO. Mod. Trabajar de manera coherente y bien.

BEAVER. TO WORK LIKE A BEAVER. Mod. Trabajar como un descosido, trabajar como un troyano.

BE CAREFUL! WET PAINT ON ALL DOORS. Aviso. ¡Atención! Las puertas están recién pintadas. ¡Cuidado con la pintura!

BECAUSE. THIS IS BECAUSE. Esto es debido a.

BECK AND CALL. TO BE AT SOMEONE'S BECK AND CALL. Mod. Estar a disposición de alguien, estar al servicio de alguien, a mandar que para eso estamos.

BED. TO HAVE MADE ONE'S BED AND TO HAVE TO LIE ON IT. Obligar a alguien a aceptar los resultados de las malas decisiones que ha tomado.

BED. TO PUT TO BED. Ex. Completar una tarea.

BE DONE WITH, TO. Haber terminado. I am done with this job. He terminado este trabajo.

BEDROCK. TO GET DOWN TO BEDROCK. Mod. Ir al grano.

BEDROCK, THE. s. Los cimientos, los principios fundamentales. One way to solve the problem is to adopt a scholastic approach, and analyse everything very carefully and precisely and build scientifically on that bedrock. Una manera de resolver el problema sería adaptar un planteamiento escólastico, y estudiar todo de una manera cuidadosa y precisa. Para construir científicamente sobre esos cimientos.

BEE. TO BE AS BUSY AS A BEE. Mod. Estar muy atareado, no parar ni un segundo, un no parar.

BEE. TO HAVE A BEE IN ONE'S BONNET. Mod. Tener entre ceja y ceja. Tim was renowned for getting bees in his bonnet. Tim era famoso por sus manías.

BEEF. THERE IS THE BEEF. Hay está el meollo.

BEER. s. Cerveza. To sign a contract over a pint of beer. Firmar un contrato mientras se bebe uno una jarra de cerveza.

BEER. HE DRUNK TEN PINTS OF BEER THE PREVIOUS EVENING, NOW GONE SICK AND FAILED TO TURN UP FOR WORK. Se bebió diez jarras de cerveza la tarde anterior, se puso enfermo y no apareció por el trabajo.

BEETLE ABOUT, TO. Ex. Correr de un sitio para otro.

BEGIN, TO. v. Comenzar, empezar.

BEGGAR THY NEIGHBOUR POLICY. Ex. La política de empobrecer al vecino.

BEHAVIOUR. s. Comportamiento. His behaviour leaves a lot to be desired. Su comportamiento deja mucho que desear. Bad behaviour. Conducta improcedente.

BEHIND. TO BE LEFT BEHIND. Quedarse a la zaga.

BEING WHAT IT IS. Sabiendo lo que es, dado lo que es.

BEJEEZUS. TO SACARE THE BEJEEZUS OUT OF SOMEONE. Darle a alguien un susto de muerte.

BELIEF. TO BEGGER BELIEF. Mod. Algo increíble.

BELITTLE, TO. v. Desacreditar, denigrar, desprestigiar, ningunear, difamar. To belittle someone. Desacreditar a alguien.

BELL. IT RINGS A BELL! ¡Me suena!

BELL. TO GIVE SOMEONE A BELL. Ex. Dar un canutazo a alguien, dar un telefonazo a alguien. Give me a bell when you get home. Llámame cuando llegues a casa. Can you ask Rose to give me a bell? ¿Puedes decirle a Rose que me llame por teléfono?

BELLYFLOP. s. Un fracaso total. Un fracaso estrepitoso.

BELLY UP. TO GO BELLY UP. Ex. Ir a la bancarrota, quebrar, hundirse irse al garete. The government contemplates the nationalisation option before the company goes belly up. El gobierno, considera la opción de nacionalizar la empresa antes de que se vaya al garete.

BELONG TO SOMETHING ELSE, TO. Corresponder a otro.

BELT. TO GIVE SOMEONE THE BELT. Arg. Echar a alguien del trabajo.

BELT. TO HAVE SOMETHING UNDER ONE'S BELT. Ex. Tener algo en el haber de uno.

BELT. TO TIGHTEN ONE'S BELT. Mod. Ajustarse el cinturón, apretarse el cinturón

BENCHMARK. s. Indice de referencia.

BENCHMARKING. s. Método de comparación, punto de referencia, evaluación comparativa, patrón por el que debe regirse uno. To set the benchmark. Marcar las pautas. Benchmarking enterprise policy. Evaluación comparativa de la política empresarial. A working paper on benchmarking. Un documento de trabajo sobre la evaluación comparativa.

BEND OVER BACKWRDS TO HELP SOMEONE, TO. Hacer lo imposible por ayudar a alguien, no escatimar esfuerzos.

BENEFIT CLAIMANT. s. Solicitante de prestaciones sociales.

BENEFIT OF THE DOUBT. TO GIVE SOMEONE THE BENEFIT OF THE DOUBT. Mod. Conceder a alguien el beneficio de la duda. Otorgar a alguien el beneficio de la duda.

BENEFITS. IN - WORK BENEFITS. Recibir un subsidio del Estado para complementar el salario y poder llegara a fin de mes. To claim in work benefits. Solicitar un subsidio del Estado para complementar el salario y poder llegar a fin de mes.

BENEFITS. TO LIVE ON BENEFITS. Vivir de las prestaciones sociales.

BE OFF, TO. Mod. Marcharse. I am off now. Me voy.

BENT. TO HAVE A BENT FOR SOMETHING. Tener habilidad para algo.

BEREAVEMENT LEAVE. s. Permiso por fallecimiento de familiar.

BERK. s. Tontaina, lelo.

BERSERK. TO GO BERSERK. Ex. Perder los estribos. Ponerse como una fiera. Ponerse como un basilisco.

BEST. AT BEST. Mod. En el mejor de los casos

BEST IS YET TO COME, THE. Lo mejor está por llegar.

BEST - PRACTICE PRODUCTTION METHODS. Los métodos de producción más adelantados.

BEST PRACTICES. s. Prácticas correctas. Mejores prácticas.

BET ON IT. I WOULDN'T BET ON IT. Mod. No pondría la mano en el fuego.

BETWEEN JOBS. Ex. Estar en el paro. Paro friccional. De tránsito entre el momento de perder el puesto de trabajo y el de recolocarse.

BETWEEN YOU AND ME AND THE GATEPOST. Mod. En secreto, entre nosotros.

BETTER LATE THAN EVER. Mod. Más vale tarde que nunca.

BID. s. Oferta. To make a bid for a company. Hacer una oferta por una empresa.

BID FOR, TO. v. Pujar, hacer una oferta.

BIG BUSINESS. s. Grandes empresas. Grandes negocios.

BIG ENOUGH. TO BE BIG ENOUGH TO SAY. Ser lo

suficiente hombre para decir.

BIG GUNS, THE. s. Los jefazos, personas muy importantes.

BIG IF, A. Que falta por verse.

BIG ISSUE, A. s. Un gran asunto, una gran cuestión.

BIG LETDOWN, A. s. Una gran decepción.

BIG NOISE, A. s. Una persona importante. Un pez gordo.

BIG SHOT, A. s. Una persona importante, un pez gordo, un jefazo.

BIG.TO MAKE IT BIG. Triunfar.

BIG WAY. IN A BIG WAY. s. En gran escala.

BIGWIG. s. Una persona importante.

BIKE IT, TO. Ex. Ir en bicicleta a un lugar.

BILE. TO SPIT BILE. Mod. Ponerse furioso, ponerse como una fiera, echar espumarajos por la boca.

BILINGUAL ADMINISTRATOR. s. Administrador bilingue.

BILL. s. Cuenta, factura. To foot a bill. Saldar una cuenta. Satisfacer una cuenta.

BILL. s. Letra. After sight bill. Letra a la vista.

BILL. TO FIT THE BILL. Mod. Ser la persona adecuada para un trabajo, ser la persona idónea, cumplir los requisitos necesarios, ni que pintado.

BILL. TO PICK UP THE BILL. Mod. Pagar una cuenta.

BIN. s. Papelera. The bin is full to the brim. The cleaners didn't empty it last night. La papelera está a rebosar. Anoche, los de la limpieza no la vaciaron. That's binable. Eso se puede tirar a la papelera.

BIN BAG. s. Bolsa de basura.

BIN LINER. s. Bolsa de basura.

BIN. FLIP TOP BIN. s. Papelera con tapa basculante.

BIN SOMETHING, TO. Tirar algo a la basura.

BINDING AGREEMENT, A. Acuerdo vinculante.

BINDING MACHINE. s. Máquina encuadernadora.

BINDING WIRE. s. Canutillo de alambre.

BINS. s. Arg. Gafas.

BIRD. A BIRD OF ILL OMEN. Un pájaro de mal agüero.

BIRD. AN OLD BIRD. Mod. Un viejo zorro.

BIRDS OF A FEATHER FLOCK TOGETHER. De tal palo tal astilla, astilla de un mismo tronco desgajado. Dios los cría y ellos se juntan, ser tal para cual, ser lobos de la misma camada.

BIRDS. STRICLY FOR THE BIRDS. Algo que no sirve para nada.

BIRO. s. Boli. This biro has run out of ink. A este boli se le ha acabado la tinta. Has anyone got a red biro? ¿Tiene alguien un boli de color rojo?

BIRTHDAY. s. Cumpleaños. If you fancy a biscuit with your coffee - please come to my office and help yourselves. It is my birthday today. Si les apetecen unas galletas para acompañar el café, por favor, vengan a mi despacho y sirvánse. Hoy es mi cumpleaños. Many happy returns of the day. Feliz cumpleaños. Que cumplas muchos más. Birthday greetings to you. Feliz cumpleaños.

BISCUIT. THAT TAKES THE BISCUIT! Mod. Ser la caraba, ser la monda, ser el colmo.

BIT. TO DO ONE'S BIT. Mod. Hacer la parte del trabajo que le corresponde a uno.

BIT. TO TAKE THE BIT BETWEEN ONE'S TEETH. Mod. Actuar con decisión.

BITS. TO BE IN BITS. Estar destrozado.

BITCH OFF, TO. Arg. Dar la brasa, taladrar, molestar.

BITCHY COMMENT, A. Arg. Un comentario malicioso.

BITE. TO HAVE A BITE. Echar un bocado. I am just going to the pub to have a bite and knock back a pint of beer. Voy al bar a echar un bocado y beber una jarra de cerveza.

BITE MORE THAN YOU CAN CHEW, TO. Mod. El que mucho abarca, poco aprieta. Llevar muchos asuntos entre manos. Muchos ajos en un mortero, mal los maja un majadero. This time Edward has bitten off more than he can chew. En esta ocasión, Edward lleva demasiados asuntos entre manos.

BITE SOMEBODY'S HEAD OFF, TO. Arg. Echarle una buena bronca a alguien.

BLABBERMOUTH. s. Arg. Chivato.

BLAZE A TRAIL, TO. Mod. Ser pionero en algo.

BLACK. IN THE BLACK. Mod. Saldo positivo, saldo acreedor.

BLACK. THE COMPANY IS BACK IN THE BLACK. La empresa ya no tiene pérdidas.

BLACKBALL SOMEONE, TO. Mod. Darle de lado a alguien, excluir.

BLACK BOOKS. TO BE IN SOMEBODY'S BLACK BOOKS. Mod. Haber caído en desgracia.

BLACK - COATED WORKER. s. Oficinista. Así llamaban a los oficinistas en la época Victoriana. Debido al uniforme de color negro que vestían.

BLACK DOG DAY, A. Un día deprimente.

BLACK DOG, THE. s. Una depresión de caballo.

BLACK FOAM NOTICEBOARD. s. Tablero de corcho tapizado.

BLACK HOLE, A. s. Agujero, déficit, deuda. A black hole in the company finances. Un agujero en los fondos de una compañía. The funds are disappearing into the company's financial black hole. Los fondos se los engulle el agujero financiero que tiene la empresa.

BLACKLEG. s. Esquirol.

BLACK LIST. s. Lista negra. To black list someone. Poner a alguien en la lista negra. To be on the black list. Estar en la lista negra.

BLACK AND WHITE. IN BLACK AND WHITE. Mod. Negro sobre blanco. Por escrito. It says that there, in black and white. Lo dice ahí bien claro, por escrito.

BLACK AND YELLOW TAPE. s. Cinta adhesiva de p v c de seguridad de colores, negro y amarillo.

BLACK MARK, A. s. Una falta, una tacha, un desliz.

BLAME. TO SHIFT THE BLAME. Mod. Culpar a otra persona.

BLAME. TO SHOULDER THE BLAME. Mod. Aceptar toda la responsabilidad.

BLAMESTORM, TO. Arg. Reunión para decidir a quien se va a culpar por algún fiasco.

BLANK. TO DRAW A BLANK. Mod. No encontrar lo que busca uno, no lograr lo que se propone uno. Nick set himself the task for any available records, but after several days he drew a blank.

Nick se propuso la tarea de buscar en los archivos cualquier documento disponible pero después de varios días no logró encontrar ninguno.

BLANK SOMEONE OUT, TO. Ex. No hacer el menor caso, hacer como si no viera a una persona. Other people in the office either blank her out or avoid her. Otras personas en la oficina, o bien hacen como si no la vieran o la eluden.

BLEEPER. s. El buscapersonas.

BLEEPER BONDAGE. Ex. Esclavitud del buscapersonas.

BLENDER. s. Dícese de la persona que se entromete en una conversación sin llamarla.

BLESSING IN DISGUISE, A. Mod. No hay mal que por bien no venga.

BLIND RAGE. TO GO INTO A BLIND RAGE. Mod. Ponerse como una fiera.

BLINK. TO BE ON THE BLINK. Mod. Empezar a averiarse. Algo que no funciona debidamente. My computer has gone on the blink and wiped all my files. Mi ordenador no funciona bien, y me ha borrado todos los archivos.

BLOCK. TO HAVE BEEN AROUND THE BLOCK A FEW TIMES. Ex. Conocer las uvas de su majuelo, conocer el paño, tener experiencia, conocer el oficio. Llevar muchas horas de vuelo. Saber más que Lepe, saber más que el aceite rancio.

BLOCK. TO PUT ONE'S HEAD ON THE BLOCK. Mod. Arriesgarse, peligrar la posición de uno. My head will be on the block if anything goes pear - shaped. Mi trabajo estará en peligro si algo sale torcido.

BLOCKLBUSTER. THE COMPANY HAS CLINCHED A BLOCKBUSTER DEAL. La empresa ha logrado un contrato lucrativo.

BLOG. s. Sitio, web.

BLOGGER. s. Autor de blogs.

BLOGGING COMMUNITY, THE. s. La comunidad globoesfera.

BLOGOSPHERE. s. Blogoesfera.

BLOGROLL. s. Lista de blogs.

BLOOD BATH, A. Euf. Despidos en masa.

BLOOD. TO DRAW BLOOD. Mod. Vituperar, injuriar, calumniar.

BLOOD. TO GET ONE'S BLOOD UP. Mod. Encendérsele la sangre a uno. Arderle la sangre a uno.

BLOOD. NEW BLOOD. s. Savia nueva. It is time we injected new blood into this organization. Esta organización necesita savia nueva urgentemente.

BLOOD ON THE FLOOR. Ex. Una discusión acalorada.

BLOOD. TO BE LIKE GETTING BLOOD OUT OF A STONE. Algo muy difícil de hacer.

BLOOMER. s. Una metedura de pata.

BLOT ON ONE'S CV, A. Una tacha en el CV de uno.

BLOT. A BLOT IN ONE'S ESCUTCHEON. Ex. Una tacha en la reputación de uno.

BLOTTING PAPER. s. Papel secante. His inkwells had not been filled up, and no fresh blotting paper had been put out on his desk. No habían llenado los tinteros, ni habían cambiado el papel secante de su escritorio.

BLOW A FUSE, TO. Arg. Ponerse como una fiera.

BLOW IT, TO. Arg. Jorobar algo.

BLOW OFF STEAM, TO. Mod. Desahogarse uno hablando.

BLOW ONE'S STACK, TO. Arg. Perder los estribos.

BLOW ONE'S TOP, TO. Arg. Ponerse como un basilisco.

BLOW SOMETHING OUT OF ALL PROPORTION, TO. Ex. Exagerar, aumentar, extremar.

BLOW UP. s. Arg. Pelotera, trifulca.

BLOWER, THE. s. Arg. El teléfono. Jim spends the whole day on the blower. Jim se pasa todo el día en el teléfono.

BLUE - ARSED FLY. TO RUN ROUND LIKE A BLUE - ARSED FLY TO NO AVAIL. Arg. Gastar energías en vano.

BLUEBOTTLE. s. Moscarda. There is a bluebottle flying about. Hay una moscarda danzando por aquí.

BLUE CHIPS. s. Acciones de primera, de toda confianza, muy garantizadas.

BLUE COLLAR WORKERS. s. Mineros, albañiles, agricultores, carpinteros, y un largo etc.

BLUEPRINT. s. Plan maestro, esquema, patrón. To tear out the blueprint and start again. Destrozar el plan maestro y comenzar de nuevo.

BLUE - SKIES RESEARCH. s. Investigación puntera.

BLUE - SKIES THINKING ANSWER, A. Una respuesta innovadora.

BLUE - SKY THINKER. s. Innovador.

BLUE - SKY THINKING. s. Ideas innovadoras. Blue - sky thinking from a green company. Ideas innovadoras de una empresa ecológica.

BLUE STOCKING, A. s. Marisabidilla, intelectuala.

BLUE TACK. s. Chicle de pared.

BLUES. TO HAVE THE BLUES. Arg. Estar depre.

BLUFF, A. s. Farol, fanfarronada.

BLUFF. TO CALL SOMEONE'S BLUFF. Mod. Coger a uno la palabra.

BLURT OUT, TO. v. Espetar.

BOARD. s. Junta directiva. Ray has announced that as well as being chief executive, he's going to take over as chairman of the company board. Ray ha anunciado, que además de ser director general, se va a hacer cargo de la junta directiva de la empresa. To have a seat on the board. Formar parte de la junta directiva. Formar parte del consejo de administración de una empresa. To join a company's board. Pasar a formar parte de la junta directiva de una empresa. Executive board. Comité ejecutivo.

BOARD. TO ADRESS A BOARD MEETING. Ex. Pronunciar un discurso ante la junta directiva.

BOARD OF DIRECTORS. s. Consejo de administración. The board of directors of an old - fashioned company. El consejo de administración de una compañía chapada a la antigua.

BOARD. AN EMPLOYEE REPRESENTATIVE ON THE BOARD. Empleado representante en el consejo de administración.

BOARD. TO GO BY THE BOARD. Mod. Irse al garete.

BOARD MEMBER. s. Miembro de la junta directiva. To sit on the board. Ser miembro de la junta directiva.

BOARD. TO SIT ON THE BOARD. Ex. Formar parte de la junta directiva.

BOARD. WORKERS ON THE BOARD. Empleados que forman parte de la junta directiva.

BOARDROOM. s. Sala de juntas, directorio. The boardroom sits 35 people. La sala de juntas tiene un aforo de 35 personas.

BOARDROOM PAY. s. Sueldos de directivos.

BOARD. TO TAKE ON BOARD. Mod. Considerar, adoptar como propio, asumir. Donavan will have to take that on board. Donavan tendrá que asumir eso. I will take that on board. Lo consideraré. Lo tendré en cuenta.

BOAT. TO BE IN THE SAME BOAT. Mod. Estar en la misma situación.

BOAT. TO MISS THE BOAT. Mod. Perder una oportunidad

BOAT. TO ROCK THE BOAT. Mod. Agitar las aguas, hacer olas, crear problemas. As director general I run this place, I want that firmly understood, nobody rocks my boat. Como director general, yo gestiono esta empresa, quiero que quede bien claro. Nadie se interpone en mi camino.

BOB'S YOUR UNCLE. Nepotismo, enchufe.

BODGE - UP. s. Chapuza. Bodge - up merchant. Chapucero.

BODGER. s. Chapucero.

BODIES. TO KNOW WHERE ALL BODIES ARE BURIED. Ex. Dícese del empleado que conoce todos los secretos de una empresa. Conocer las tripas de una empresa.

BODY. s. Entidad.

BODY LANGUAGE. s. Lenguaje corporal.

BODY SHOP. Práctica que consiste en contratar a especialistas de IT, con el fin de subcontratarlos a otras empresas por períodos cortos de tiempo.

BOG. TO MAKE A BOG OF A JOB. Arg. Hacer una chapuza.

BOG SNOOPER. s. Arg. Fisgón que controla a los empleados en los aseos, para ver que hacen y cuanto tiempo pasan allí.

BOG - STANDARD. Adj. Del montón, ordinario, corriente y moliente.

BOGUS COMPANY, A. s. Empresa fraudulenta, empresa fantasma.

BOGUS SCHEME, A. s. Plan fraudulento.

BOGUS - SELF EMPLOYED. Falso autónomo.

BOGGED DOWN. TO GET BOGGED DOWN. Empantanarse en el trabajo. Atascarse en el trabajo.

BOIL. TO BE ON THE BOIL. Mod. Estar muy activo, mantener la llama viva.

BOIL OVER, TO. v. Desbordarse.

BOIL. TO COME TO THE BOIL. Mod. Estar sobre el tapete.

BOIL. TO GO OFF THE BOIL. Mod. Perder interés algo, perder fuelle.

BOILS. IT ALL BOILS DOWN TO THE SAME THING . Es lo mismo.

BOLD. TO BE AS BOLD AS BRASS. Mod. Ser atrevido, persona que no le importa el que dirán.

BOLLOCKING. TO GIVE SOMEONE A GOOD BOLLICKING. Echarle a alguien una buena bronca. The line manager gave Alan a good bollicking for smoking at work. El jefe de sección le echó a Alan una buena bronca por fumar en el trabajo.

BOLLOCKS. ALL TO BOLLOCKS. Arg. Jorobarse algo.

BOLT FROM THE BLUE, A. Mod. Una sorpresa inesperada. The director's resignation was a bolt from the blue. La dimisión del director fue una sorpresa inesperada.

BOMBSHELL. s. Noticia bomba. Noticias excepcionales. To drop a bombshell. Comunicar noticias excepcionales. Caer como una bomba. The resignation of the managing director was a bombshell. La dimisión del director gerente cayó como una bomba. The resignation of the Prime Minister over Brexit was a bombshell. La dimisión del Primer Ministro por el resultado del "brexit" cayó como una bomba.

BONA FIDE COMPANY. s. Empresa de buena fe.

BOND. s. Vínculo.

BOND PAPER. s. Papel de carta de buena calidad.

BOND. MY WORD IS MY BOND. Ex. Mi palabra es prenda de oro.

BOND TRADER. s. Operador de deuda.

BONDS. GOVERNMENT BONDS. s. Bonos del Estado.

BONDS MARKETS. s. Los mercados de valores.

BONE - IDLE. Adj. Vago, malpica, zángano, vagoneta.

BONE OF CONTENTION, THE. Mod. La manzana de la discordia.

BONE. TO HAVE A BONE TO PICK WITH SOMEONE. Mod. Tener una cuenta pendiente con alguien.

BONER. TO PULL A BONER. Meter la pata.

BONES. TO MAKE NO BONES ABOUT IT. Mod. No andarse con rodeos, no morderse la lengua, no tener reparos, no andarse con chiquitas. To make bones about it. Andarse con rodeos.

BONKERS. THIS PLACE DRIVES ME BONKERS. Este lugar me saca de quicio.

BONUS. s. Bonificación. Fat cat bonuses. Bonificaciones para ejecutivos muy bien remunerados. To slash bonuses. Recortar bonificaciones.

BOOK, TO. v. Reservar. I couldn't book a room for D G because the four - star hotel rooms were block - booked by a company for the period. No pude reservar una habitación en el hotel de cuatro estrellas para el director general, porque todas las habitaciones las había reservado una empresa.

BOOK. TO BRING TO BOOK.Mod. Llamar a capítulo, pedir cuentas a alguien.

BOOK. TO GO BY THE BOOK. Mod. Hacer las cosas en toda regla. Hacer las cosas según el reglamento.

BOOK. TO BOOK ONLINE. Reservar Online.

BOOK. ORDER BOOK. s. Libro de pedidos.

BOOKCASE. s. Librería con puertas de cristal.

BOOK. IN MY BOOK. Mod. En mi opinión, a mi parecer.

BOOKEEPER. s. Contable, tenedor de libros.

BOOK. TO READ SOMEBODY LIKE A BOOK. Mod. Saber exactamente lo que piensa alguien.

BOOK. TO SPEAK BY THE BOOK. Mod. Citar exactamente lo que ha dicho alguien.

BOOK. TO SUIT SOMEONE'S BOOK. Mod. Convenirle a uno, venirle bien a uno.

BOOKENDS. s. Sujetalibros. Heavy - duty bookends. Sujetalibros pesados. Metal bookends. Sujetalibros de metal.

BOOKKEEPING. s. Contabilidad, teneduría de libros.

BOOKKEEPING. INTERNAL CREATIVE BOOKKEEPING. Amañar los libros de contabilidad. Maquillaje de cifras.

BOOKING. CONFIRMATION OF A BOOKING. s. Confirmación de una reserva.

BOOKING. TO CONFIRM A BOOKING. Confirmar una reserva.

BOOKING. DOUBLE BOOKING. s. Doble reserva.

BOOKING FORM. Formulario de reserva. To download a booking form from the website. Descargar un formulario de reserva de la red.

BOOKING QUOTATION. s. Precio de una reserva.

BOOKING REQUEST. s. Solicitud de reserva.

BOOKLET. s. Manual.

BOOKS. TO BE IN SOMEONE'S GOOD BOOKS. Mod. Gozar del favor de alguien.

BOOKS. TO BEND THE ACCOUNTANCY BOOKS. Mod. Amañar las cuentas.

BOOKS. TO COOK THE BOOKS Mod. Amañar las cuentas, falsear las cuentas. maquillar las cuentas. He started cooking the books and got him and his boss into a right stew. Empezó a amañar las cuentas, y como concuencia, se metieron él, y su jefe, en un verdadero problema. The company is suspected of cooking the books. Se sospecha de que la empresa amaña las cuentas.

BOOKS TO FIDDLE THE BOOKS. Amañar las cuentas, falsear las cuentas.

BOOKS. A TURN - UP FOR THE BOOKS. Mod. Un acontecimiento inesperado, una sorpresa.

BOOKS. TO GET ONE'S BOOKS. Mod. Ser despedido del trabajo.

BOOKWORM. s. Ratón the biblioteca.

BOOMERANG EFFECT. Efecto de rechazo, efecto de rebote, efecto cotraproducente. It boomeranged on him. Le salió el tiro por la culata.

BOOST, TO. v. Reforzar. Impulsar.

BOOT. THE BOOT IS ON THE OTHER FOOT. Mod. Cambiar las tornas, dar la vuelta la tortilla. At Andrew's return, the boot was on the other foot. Cuando regresó Andrew, habían cambiado las tornas.

BOOT. TO GET THE BOOT. Arg. Ser despedido del trabajo.

BOOT - LICKER. s. Pelotillero, cobista. Persona que le gusta babear donde la espalda pierde su casto nombre. Baber a alguien donde la espalda pierde su decencia.

BOOT - LICKING MORON. s. Un imbécil lameculos.

BOOT - OUT, TO. Arg. Echar del trabajo.

BOOT. TO BOOT. Mod. Además, encima, por añadidura.

BOOT. TO TREAT SOMEONE LIKE AN OLD BOOT. Ex. Tratar como a un trapo.

BOOSTRAPS. TO PULL ONESELF UP BY ONE'S BOOTSTRAPS. Valerse por sí mismo.

BOOTS. TO GET TOO BIG FOR ONE'S BOOTS. Mod. Ponerse altanero, ponerse arrogante.

BOOTS. TO DIE WITTH ONE'S BOOTS ON. Morir antes de jubilarse uno, morir trabajando. Oswld died with his boots on at the age of 54. Oswald murió antes de jubilarse, a los cincuenta y cuatro años de edad.

BOOTS. TO HANG UP ONE'S BOOTS. Arg. Jubilarse. I am hanging my boots soon. Me voy a jubilar pronto.

BOOTS. TO LICK SOMEONE'S BOOTS. Hacerle la rosca a alguien, hacerle la pelota a alguien. Rose has been promoted because she is always licking the director's boots. A Rosa la han ascendido porque siempre le está haciendo la pelota al director.

BOOZE CUPBOARD. s. Arg. Armario de las bebidas.

BOOZE - UP. Borrachera, curda, juerga. End of year booze - up. Curda de fin de año.

BOOZY LUNCH, A. Beber en lugar de comer.

BORE SOMEONE TO TEARS, TO. Aburrir a alguien una cosa mala. This guy bores me to tears. Este tío me aburre que me mata.

BORE THE PANTS OFF SOMEONE, TO. Arg. Ser un cansino, ser un pelmazo, ser un taladro, ser un muermo. Ser capaz de aburrir a un monje cartujo.

BORDERLINE. s. Línea de separación, límite.

BORN - TIRED. Adj. Haber nacido cansado. Vago, malpica, zángano.

BORROWING COST. Costo de empréstitos. Long term borrowing cost. Costo de empréstitos a largo plazo.

BORROWING POWER. s. Capacidad de crédito.

BOSH. TO TALK BOSH. Hablar sandeces.

BOSS. s. Jefe. A slick boss. Un jefe competente. A bullying boss. Un jefe déspota. A stingy boss. Un fefe mezquino. To take an issue up with the boss. Plantearle un asunto al jefe. A rogue boss. Patrón sin ninguna clase de escrúpulos. To hate the boss's guts. No poder ver al jefe ni en pintura.

BOSS. TO BE ONE'S OWN BOSS. Ser patrón de sí mismo, ser tu propio jefe, trabajar por cuenta propia, ser autónomo.

BOSS. A DEMANDING BOSS. Un jefe exigente.

BOSS. TO BOSS SOMEONE ABOUT. Mangonear a alguien, tratar a aguien de manera despótica.

BOSS. TO GO FROM FLOOR SWEEPER TO COMPANY BOSS. De limpiador a jefe de empresa.

BOSS. IMMEDIATE BOSS. Jefe inmediato.BOSSY - BOOTS, A. s. Déspota. I am leaving the firm, i can't stand that bossy – boots. Me voy de la empresa, no puedo soportar a ese déspota de jefe. A joyless bossy - boots. Un déspota amargado.

BOTCH - UP, A. s. Una chapuza. To botch up a job. Hacer una chapuza de trabajo.

BOTHER! ¡Porras!

BOTTLE, TO. Echar una copa. Are you coming for a bottle after work? ¿Vienes a echar una copa después de trabajar?

BOTTOM. TO BE AT ROCK BOTTOM. Tener una depresión de caballo.

BOTTOM. TO GET TO THE BOTTOM OF SOMETHING. Mod. Llegar hasta el fondo de un asunto. Tratar de descubrir la verdad.

BOTTOM. TO HIT THE PANIC BOTTOM. Arg. Ponerse nervioso.

BOTTOM LINE, THE. Mod. El punto más importante, la esencia, el quid, el meollo, la conclusión.

BOTTOM OUT, TO. Tocar fondo.

BOUNCEBACKABILITY. La habilidad de recuperarse tras un revés.

BOUNCED. TO HAVE BEEN BOUNCED. Haber sido despedido del trabajo.

BOW, TO. v. Saludar con una inclinación.

BOW OUT, TO. Jubilarse.

BOW. TO DRAW THE LONG BOW. Mod. Exagerar, darle más importancia a una cosa de la que tiene.

BOW. TO HAVE MORE THAN ONE STRING TO ONE'S BOW. Mod. Tener más de un talento. Disponer de varios recursos, planes. In oder to thrive in the internet age, you need more than one string to your bow. Para prosperar en la era del internet hay que tener más de un talento.

BOX. s. Caja. Why is that box still sitting there? ¿Por qué está esa caja todavía ahí?

BOX FILES. s. Archivador, clasificador.

BOX. GET BACK IN THE BOX! ¡Cierra el pico! ¡Cállate! ¡Silencio! To put someone back in his box. Hacer callar a alguien.

BOX. THINKING OUTSIDE THE BOX. Ex. Pensar de manera poco convencional. No one could accuse the company's senior executives of not thinking outside the box. Nadie podía reprochar a la plana mayor de la empresa de no pensar de manera poco convencional. The scale of this problem requires someone who can think outside the box. La magnitud the este problema, es tal, que requiere a alguien con ideas innovadoras para resolverlo.

BOYO. s. Manera de referirse a cualquier hombre o joven en el País de Gales.

BOYS. THE BIG BOYS. s. Personas influyentes.

BOYS. JOBS FOR THE BOYS. Ex. Dar trabajo a amigos y parientes. Enchufe.

BRAIN, A. s. Una persona muy inteligente.

BRAINBOX, A. s. Una lumbrera.

BRAIN CELLS. HE IS UNABLE TO PUT TWO BRAIN CELLS TOGETHER. Arg. Ser un tonto de capirote, ser más tonto que un kilo de masilla, ser más tonto que Abundio.

BRAINCHILD. s. Fruto del ingenio de alguien.

BRAIN DOUGHNUT, A. Imbécil.

BRAIN DRAIN, THE. Ex. El éxodo de intelectuales, científicos, profesionales.

BRAIN GAIN, THE. Práctica que consiste en atraer a científicos, profesionales, etc, de otros paises, es decir, todo lo contrario del, brain drain.

BRAIN. HE'S TURNING 40 AND HIS BRAIN IS GONE. Va a cumplir cuarenta años y ya chochea.

BRAIN. MY BRAIN IS ALL OVER THE SHOP. Mod. Estar desconcertado. No saber por donde anda uno.

BRAIN IS BETTER THAN BRAWN. Rfr. Más vale maña que fuerza.

BRAIN. TO HAVE SOMETHING ON THE BRAIN. No poder quitarse algo de la cabeza, no poder dejar de pensar en algo.

BRAIN. TO HAVE THE BRAIN OF A PIGEON. Estúpido.

BRAIN. TO TURN ONE'S BRAIN ON. Espabilar.

BRAINLESS. Adj. 1. Estúpido. 2. Ebrio, embriagado.

BRAIN TEASER, A. s. Rompecabezas.

BRAINS. TO BEAT ONE'S BRAINS OUT. Arg. Devanarse uno los sesos.

BRAINS. TO CUDGEL ONE'S BRAINS. Arg. Devanarse uno los sesos.

BRAINS. TO HAVE COTTONWOOL FOR BRAINS. Arg. Tener la cabeza llena de serrín.

BRAINS. TO HAVE THE BRAINS OF A LOUSE. Tener sesos de mosquito.

BRAINS. TO PICK SOMEBODY'S BRAINS. Mod. Pedir la apinión de alguien que tiene experiencia y conocimientos de algún asunto, aprovecharse de los conocimientos de alguien.

BRAINS. TO RACK ONE'S BRAINS. Arg. Devanarse los sesos.

BRAINSTORMING. s. Reunión creativa. Técnica que consiste en buscar una solución a un problema o aportar ideas para un proyecto por un grupo de personas, mediante un debate espontáneo.

BRAINY. Adj. Inteligente.

BRAND. s. Marca.

BRASS TACKS. TO GET DOWN TO BRASS TACKS. Mod. Ir al grano, precisar. Dorothy got straight down to brass tacks before we had ordered our meals. Dorothy fue directamente al grano antes de que pidiéramos lo que queríamos comer.

BRAVE NEW WORLD. Ex. El futuro.

BRAVE THE STORM, TO. Mod. Capear el temporal.

BREACH OF CONTRACT. s. Incumplimiento de contrato. Sarah has been dismissed for breach of contract. Han despedido a Sarah por incumplimiento de contrato. To sue a company for breach of contract. Demandar a una empresa por incumplimiento de contrato. To act in breach. Infringir. Damages for breach of contract. Daños por incumplimiento de contrato.

BREACH OF TRUST. s. Abuso de confianza. A breach of professional trust. Abuso de confianza profesional.

BREACH. TO STEP INTO THE BREACH. Mod. Reemplazar a alguien en su ausencia.

BREAD - AND - BUTTER EARNINGS. Salario mínimo vital.

BREAD AND BUTTER OF A BUSINESS, THE. Mod. Las principales fuentes de ingresos de un negocio.

BREAD. THE BEST THING SINCE SLICED BREAD. Ex. El mayor invento desde la fregona.

BREAD AND BUTTER. ONE'S BREAD AND BUTTER. Mod. El sustento de uno, el pan de cada día.

BREAD. ON THE BREADLINE. Vivir en la pobreza. Tener que recurrir a los bancos de alimentos. Tener que recurrir a los comedores de beneficiencia.

BREAD. TO EAT ONE'S BREAD IN THE SWEAT OF OTHER MEN. Ex. Comerse el pan con el sudor del de enfrente.

BREAD. TO KNOW WHICH SIDE YOUR BREAD IS BUTTERED. Mod. Saber lo que le conviene a uno.

BREAD. TO TAKE THE BREAD OUT OF SOMEONE'S MOUTH. Quitarle a alguien el sustento.

BREADWINNER, A. s. Persona que trae el sustento a casa.

BREAK. s. Pausa, descanso. Paid breaks. Descansos pagados.

BREAK DOWN, TO. v. Averiar, fallar.

BREAK DOWN, TO. v. Desglosar. Break down of income and expenditure. Desglose de ingresos y gastos.

BREAK DOWN IN COMMUNICATIONS, A. Ex. Un fallo en la comunicación. Descoordinación.

BREAKDOWN OF COSTS. Desglose de costes.

BREAKDOWN. s. Ataque the nervios. To have a breakdown. Sufrir un ataque de nervios.

BREAKFAST. s. Desayuno. I've already had my breakfast. Yo, ya he desayunado.

BREAKING POINT. TO REACH A BREAKING POINT. Llegar a un punto crítico.

BREAKNECK SPEED. TO DO SOMETHING AT BREAKNECK SPEED. Mod. Hacer algo a una velocidad vertiginosa. Breakneck developments in computiting. La vertiginosa evolución de la informática.

BREAK ONE'S BACK, TO. Mod. Deslomarse de trabajar.

BREAKTHROUGH. s. Conquista, logro.

BREAK. TO GIVE SOMEONE A BREAK. Mod. Echar una mano.

BREAK. GIVE ME A BREAK! ¡Deja de agobiarme!

BREAST. TO MAKE A CLEAN BREAST OF SOMETHING. Mod. Contar toda la verdad.

BREATH DOWN SOMEBODY'S NECK, TO. Mod. No dejar a alguien ni a sol ni a sombra, vigilar a alguien constantemente, tener a alguien siempre encima, sentir el aliento de alguien en el cogote. My boss is always breathing down my neck. My jefe no me deja ni a sol ni a sombra.

BREATH. TO WASTE ONE'S BREATH. Mod. Gastar saliva en balde.

BREATH. TO SWEAR UNDER ONE'S BREATH. Mod. Jurar por lo bajines, jurar para el cuello de la camisa. To make a comment under one's breath. Hacer un comentario por lo bajines.

BREATHER. s. Descanso. I am just going to have a little breather for five minutes. Voy a hacer un descansito de cinco minutos.

BREATHTAKING SPEED. TO DO A JOB AT A BREATHTAKING SPEED. Hacer un trabajo a una velocidad increíble.

BREEZE. TO SHOOT THE BREEZE. Arg. Estar de palique.

BREEZY. Adj. Jovial, campechano.

BREW. s. Té. Do you want a brew? ¿Quieres un té?

BREXIT. s. The exiting of Great Britain of the European Union. La salida de la Gran Bretaña de la Unión Europea.

BREXIT. A CLEAN BREAK BREXIT. Un "brexit" sin acuerdo. Un "brexit "a las bravas.

BREXITER or BREXITEER. s. Partidario británico de la salida del Reino Unido de la Unión Europea.

BRICK. TO DROP A BRICK. Arg. Meter la pata.

BRICK. TO DROP SOMETHING LIKE A HOT BRICK. Desentenderse con algo, lavarse las manos.

BRICK WALL. TO BANG ONE'S HEAD AGAINST A BRICK WALL. Dar cabezazos contra la pared, ser lo mismo que machacar en hierro frío, ser algo imposible. You are banging your head against a brick wall trying to get that job finished before five o'clock. El querer acabar ese trabajo antes de las cinco, es como dar cabezazos contra la pared.

BRICK WALL. TO COME UP AGAINST A BRICK WALL. Mod. Topar con la pared, tropezar con un obstáculo.

BRICKS. TO COME DOWN ON SOMEONE LIKE A TON OF BRICKS. Arg. Descargar el nublado en alguien, echar a uno una buena bronca.

BRICKS AND MORTER. TO INVEST IN BRICKS AND MORTER. Comprar una vivienda.

BRIDGES. DON'T CROSS YOUR BRIDGES BEFORE YOU COME TO THEM. Mod. No precipitarse, resolver los problemas cuando surjan, no adelantarse a los acontecimientos, no abrir el paraguas antes de que llueva.

BRIEF. IN BRIEF. Mod. En resumen.

BRIEF, TO. v. Dar instrucciones, informar, poner al corriente.

BRIEF. TO BE ON TOP OF ONE'S BRIEF. Mod. Saber de que habla uno.

BRIEF. TO BE PART OF ONE'S BRIEF. Ser parte del trabajo de uno.

BRIEFCASE. s. Maletín. Leather executive briefcase. Maletín ejecutivo de cuero

BRIEFLY. TO PUT IT BRIEFLY. En dos palabras, en breves palabras, en pocas palabras.

BRIEFING. s. Sesión informativa. Informaciones, instrucciones.

BRING SOMETHING TO A HEAD, TO. Mod. Abordar un problema.

BRIGHT - EYED AND BUSHY - TAILED. Mod. Persona vivaracha. Persona más lista que una ardilla.

BRIGHT SIDE. ON THE BRIGHT SIDE. Ex. Como nota positiva. Por el lado positivo.

BRIGHT. TO BE AS BRIGHT AS A DARK NIGHT. Tener tantas luces como una carretilla.

BRIGHTEN ONESELF, TO. Ex. Recuperar el color, reanimarse.

BRING UP TO DATE, TO. Actualizar.

BROACH A SUBJECT, TO. Ex. Comenzar una conversación.

BROADLY SPEAKING. En lineas generales.

BROCHURE. s. Folleto publicitario. We enclose a brochure giving details of all our services. Le enviamos un folleto publicitario, donde encontrará, detalladamente, todos los servicios que ofrecemos. A glossy brochure. Folleto profusamente ilustrado.

BROLLY. s. Paraguas.

BROOMS. NEW BROOMS SWEEP CLEAN. A nuevo rey, nueva ley. Bien barre la escoba nueva, mas pronto se hace vieja. 'Staff change over' Tom said. New brooms sweep clean as they say. 'Cambio de personal,' dijo Tom. Como dice el dicho; a nuevo rey, nueva ley.

BROWN ENVELOPE. TO GIVE SOMEONE THE BROWN ENVELOPE. Arg. Echar a alguien del trabajo.

BROWNFIELD. s. Terreno baldío de una zona industrial.

BROWN NOSE, TO. Arg. Hacer la pelota, lamer el culo.

BROWN - NOSER, A. s. Arg. Pelotillero.

BROWN PAPER. s. Papel de embalaje.

BROWN TAPE. s. Cinta de embalaje marrón.

BROWN TAPE DISPENSER. s. Precintadora con freno.

BROWNED OFF. TO BE BROWNED OFF. Arg. Estar hasta las narices, estar harto.

BRUNT. TO BEAR THE BRUNT. Mod. Pagar los vidrios rotos, pagar el pato, cargar con las culpas.

BRUSH. TO GIVE SOMEONE THE BRUSH OFF. Arg. Hacerle a alguien el vacío.

BUBBLE BAGS. s. Bolsas acolchadas con burbujas de plástico.

BUBBLE FILM ROLL. s. Rollos de burbujas para proteger envios.

BUBBLE HAS BURST, THE. Irse al garete, ir a la ruina. La burbuja ha explotado.

BUBBLE WRAP PACKAGING. s. Papel de burbujas de embalaje.

BUCK. TO PASS THE BUCK. Mod. Pasar la patata caliente.

BUCKETS. TO SWEAT BUCKETS. Arg. Sudar la gota gorda.

BUCKLE DOWN, TO. Arg. Ponerse a trabajar con tesón.

BUDGE. NOT TO BUDGE. Ser inflexible, no hacer cocesiones, o cceder.

BUDGET. s. Presupuesto. To work on a shoestring budget. Trabajar con un presupuesto reducido. To overspend the company's budget. Gastar excesivamente el presupuesto de la empresa. The budget shows a modest surplus of 6K. El presupuesto arroja un modesto superávit de £6.000.

BUDGET. s. Presupuesto. Execution of the budget. Aplicación del presupuesto.

BUDGET. TO APPROVE A BUDGET. Aprobar un presupuesto. To vote down a budget. Rechazar un presupuesto.

BUDGET. A BALANCED BUDGET. Un presupuesto equilibrado.

BUDGET. TO BREAK DOWN A BUDGET. Desglosar un presupuesto.

BUDGET. A DRAFT BUDGET. s. Proyecto de presupuesto. To approve a draft budget. Aprobar un proyecto de presupuesto.

BUDGET. LONG - TERM BUDGET. Perspectivas financieras.

BUDGET. MONITORING AND CONTROL OF BUDGETS. s. Seguimiento y control de presupuestos.

BUDGET NEGOCIACION. s. Negociación presupuestaria.

BUDGET. TO OUTLINE A BUDGET. Esbozar un presupuesto.

BUDGET. A PALTRY BUDGET. s. Un presupuesto de poca monta. Un presupuesto irrisorio.

BUDGET PROPOSALS. s. Propuestas presupuestarias.

BUDGET SURPLUS. s. Superávit presupuestario.

BUDGET. TO CUT A BUDGET TO THE BONE. Reducir un presupuesto al mínimo.

BUDGET. TO WORK WITH A TIGHT BUDGET. Trabajar con un presupuesto ajustado.

BUDGETARY BALANCE. Equilibrio presupuestario

BUDGETARY DISCIPLINE. Disciplina presupuestaria.

BUDGETARY PROCEDURE. s. Procedimiento presupuestario.

BUDGETARY. TIGHT BUDGETARY CONSTRAINTS.Restricciones presupuestarias rigurosas.

BUDGETING. s. Presupuestación.

BUFFERS. TO HIT THE BUFFERS. Fracasar.

BUGGER OFF. TO DO ABSOLUTELY BUGGER OFF. No hacer nada en absoluto.

BUGGER. A ROTTEN BUGGER. s. Arg. Una persona de mala catadura, un mal bicho, ser del colmillo retorcido, ser peor que un divieso en el culo, estar destetado con leche de avispa.

BUGGERY. ALL TO BUGGERY. Arg. Dícese de algo que se ha ido a tomar por el saco.

BUILDING. THE BUILDING HAS BEEN TRANSFORMED OUT OF ALL RECOGNITION. s. El edificio ha cambiado hasta ser irreconocible.

BUILDING MAINTENANCE. Mantenimiento del edificio.

BUILT UPON. Basado.

BULB. s. Bombilla. A long - life bulb. Bombilla de larga duración.

BULB. NOT THE BRIGHTEST BULB ON THE TREE. Faltarle a uno un hervor.

BULLDOG CLIP. s. Pinza sujetapapeles. Broche sujetapapeles.

BULL MARKET. s. Mercado alcista.

BULLEE. s. Víctima de acoso.

BULLET. TO GET THE BULLET. Arg. Ser despedido del trabajo. Sean got the bullet yesterday. A Sean lo echaron del trabajo ayer.

BULLY, A. s. Matón, acosador, abusón.

BULLY, TO. v. Acosar, hacerle la vida imposible a alguien. To bully a person out of his job. Acosar a una persona para que se vaya del trabajo.

BULLYING AND HARASSMENT AT WORK. s. Acoso e intimidación en el trabajo.

BULLYING AT WORK. s. Acoso laboral.

BULLYING. CORPORATE BULLYING. s. Acoso laboral empresarial.

BULLYING MANAGEMENT CULTURE. s. Acoso laboral empresarial.

BULLYING. PETTY BULLYING. Acoso de poca importancia.

BULLYING. THE BULLYING CULTURE. La cultura del acoso.

BULLISH STANCE. s. Postura alcista.

BULLSHIT. s. Arg. 1. Gilipolleces, sandeces. 2.Una mentira descarada.

BULLSHIT ARTIST. s. Arg. 1. Fanfarrón, fantasmón, bocazas. 2. Embustero.

BULLSHIT. SECOND HAND BULLSHIT. Arg. Repetir las gilipolleces que dicen otros.

BULLSHITTER. s. Arg. Embustero.

BUM ABOUT, TO. Arg. Gandulear, perder el tiempo, hacer el ganso.

BUMFODDER. s. Arg. Papel higiénico.

BUM - LICKER. s. Arg. Lameculos, pelotillero, cobista.

BUMMER. s. Decepción. What a bummer! ¡Qué decepción!

BUMP INTO SOMEONE, TO. Toparse con alguien, encontrarse con alguien, tropezarse con alguien. I am always bumping into you. Siempre me estoy topando contigo. I keep bumping into you. Sigo tropezándome contigo.

BUMP. TO HAVE BEEN GIVEN THE BUMP. Haber sido despedido del trabajo.

BUNG. s. Soborno, mordida.

BUNGLING EMPLOYEE, A. Empleado incompetente.

BUSH. TO BEAT ABOUT THE BUSH. Mod. Andarse por las ramas, andarse con rodeos. There is no point beating about the bush. No tiene vuelta de hoja, no cabe otra posibilidad, no puede ser de otro modo.

BUSH TELEGRAPH, THE. s. Radio Macuto. *Chinese whispers*, like the bush telegraph, gets changed along the way. Chinese whispers,a igual que radio macuto, cambia de significado cada vez que cambia de boca. I have heard on the bush telegraph that they going to make a lot of people redundant. He oído en radio macuto que van a despedir a muchos empleados.

BUSINESS. s. Negocio. To get a business up and running. Crear un negocio y funcionar.

BUSINESS APPROACH. Actitud realista.

BUSINESS. A FLEDGELING BUSINESS. Un negocio en ciernes.

BUSINESS. A ROGUE BUSINESS. Un negocio fraudolento.

BUSINESS. TO ACHIEVE SUCCESS IN BUSINESS BY UNDERHAND METHODS. Tener éxito en los negocios haciendo trampas.

BUSINESS ADDRESS. s. Dirección del negocio.

BUSINESS ADMINISTRATION. s. Administración de empresas.

BUSINESS ANALYST. s. Analista de negocios.

BUSINESS. ANY OTHER BUSINESS? Ex. Ruegos y preguntas. Asuntos varios.

BUSINESS AS USUAL. Volver a la normalidad. Lo mismo de siempre.

BUSINESS BEFORE PLEASURE. Mod. Antes es la obligación que la devoción.

BUSINESS. BEST BUSINESS PRACTICES. Las mejores prácticas empresariales.

BUSINESS BRIEF. Resumen de negocios.

BUSINESS CARD. s. Tarjeta comercial.

BUSINESS CARD ALBUM. s. Portatarjetas.

BUSINESS CARD HOLDER. s. Portatarjetas.

BUSINESS CARD POCKET. s. Fundas para tarjetas de visita.

BUSINESS CARD POCKET WITH FLAP. s. Protector de tarjetas.

BUSINESS. CLOSE OF BUSINESS. Fin de la jornada.

BUSINESS CLOSURE. s. Cierre de un negocio.

BUSINESS COMMUNITY, THE. La comunidad empresarial.

BUSINESS CONCERN, A. s. Negocio.

BUSINESS CONSULTANT. s. Asesor de empresas.

BUSINESS CORPORATION. s. Empresa.

BUSINESS. CORRUPT BUSINESS PRACTICES. Prácticas empresariales corruptas.

BUSINESS DOCUMENTS. s. Documentos comerciales.

BUSINESS DINNER PARTY. s. Comida fiesta de negocio.

BUSINESS DRAG. s. Ropa que lleva uno para ir a la oficina.

BUSINESS E - MAIL COMPROMISE. Estafa que consiste en piratear las cuentas de correos electrónicos de directivos de empresa.

BUSINESS. THE BUSINESS END. En una reunión hablar de finanzas. Hablar de lo esencial.

BUSINESS ENTERPRISE. s. Empresa comercial.

BUSINESS ENVIRONMENT. s. Entorno de las empresas.

BUSINESS. A FAILED BUSINESS. Un negocio fracasado.

BUSINESS FAILURE. Quiebra empresarial.

BUSINESS. A FAMILY RUN BUSINESS. Un negocio familiar.

BUSINESS. THE BUSINESS FABRIC. s. La estructura empresarial.

BUSINESS. THE BUSINESS HAS GONE DOWN THE TOILET. El negocio El negocio se ha ido al garete.

BUSINESS FIRST! Ex. ¡Ante todo los negocios!

BUSINESS. FUNNY BUSINESS. s. Asunto poco limpio.

BUSINESS. TO GET DOWN TO BUSINESS. Mod. Ir al grano, no andarse con rodeos, entrar en materia, manos a la obra. Let's get down to business! ¡Manos a la obra!

BUSINESS. TO GO INTO BUSINESS IN A BIG WAY. Entrar en negocios en gran escala.

BUSINESS. TO GO OUT OF BUSINESS. Ir a la ruina.

BUSINESS. HIGH PROFILE BUSINESS PEOPLE. Hombres de negocios prominentes.

BUSINESS. A BUSINESS IN DISTRESS. Un negocio contra las cuerdas, un negocio que va mal.

BUSINESS. IS BUSINESS GOOD? YES, EXCELLENT. ¿Va bien el negocio? Va de primera.

BUSINESS GURU. s. Experto en negocios.

BUSINESS. HOURS OF BUSINESS. Horas de oficina.

BUSINESS. INDEPENDENT FAMILY BUSINESS. Negocio familiar.

BUSINESS INSURANCE. s. Seguro de un negocio.

BUSINESS IN HAND, THE. s. El asunto en curso. Shall we get with the business in hand? ¿Seguimos con el asunto en curso?

BUSINESS IS BUSINESS. El negocio está en auge.

BUSINESS IS BUSINESS. Mod. El negocio es el negocio.

BUSINESS. IS BUSINESS GOOD? ¿Va bien el negocio?

BUSINESS IS GOOD. Ex. El negocio va bien.

BUSINESS. THE BUSINESS IS TITTERING ON THE BRINK. El negocio está al borde de la ruina.

BUSINESS IS STRUGGLING. El negocio no marcha bien, el negocio no va bien.

BUSINESS IS UNDER NEW MANAGEMENT, THE. El negocio ha cambiado de gestores.

BUSINESS. IT'S BEEN A PLEASURE DOING BUSINESS WITH YOU. Ha sido un placer hacer negocios con usted.

BUSINESS LETTER. s. Carta comercial.

BUSINESS - LIKE APPROACH, A. Una actitud realista.

BUSINESS. LIKE NOBODY'S BUSINESS. Mod. Hacer algo con mucha energía.

BUSINESS - LIKE. TO LOOK VERY BUSINESS - LIKE. Ser muy eficiente.

BUSINESS LUNCH. s. Almuerzo de negocios.

BUSINESSMAN. s. Hombre de negocios, empresario. A canny businessman. Hombre de negocios astuto. A seasoned businessman. Un empresario hábil. A hard - nosed businessman. Empresario tenaz e inflexible. A successful businessman. Hombre de negocios acomodado. An up - and - coming young businessman. Joven empresario que triunfa. A savvy businessman. Un hombre de negocios avezado. A small - time businessman. Empresario de poca monta. A retired businessman. Empresario jubilado.

BUSINESS. A MURKY BUSINESS. s. Un negocio turbio.

BUSINESS OF, THE. La tarea de.

BUSINESS OF THE YEAR. Empresa del año.

BUSINESS OUTLOOK. s. Perspectivas de negocios.

BUSINESS PARK. s. Parque empresarial.

BUSINESS PLAN. s. Plan de negocios.

BUSINESS PARTNER. s. Socio de negocios.

BUSINESS. A PRECARIOUS BUSINESS. Un negocio precario.

BUSINESS PREMISES. s. Locales comerciales.

BUSINESS REPORTS. s. Informes de negocios.

BUSINESS - SAVVY GUY, A. s. Un lince para los negocios. Un sesudo de los negocios. Un empresario hábil. Tener visión para los negocios. Tener un don para los negocios.

BUSINESS. TO LOOK AFTER THE BUSINESS. Atender el negocio.

BUSINESS. TO SEND SOMEONE ABOUT HIS BUSINESS. Mandar a alguien a paseo.

BUSINESS. SMALL BUSINESS. Empresa pequeña. To deal a crushing blow to small businesses. Asestar un golpe duro a la empresa pequeña.

BUSINESS SPONSOR. s. Firma patrocinadora.

BUSINESS SPONSORSHIP. s. Patronazgo comercial.

BUSINESS SUIT. s. Traje de ejecutivo.

BUSINESS. THAT IT'S NONE OF YOUR BUSINESS! ¡No te metas donde no te importa!

BUSINESS - TO - BUSINESS. Comerciar entre empresas. En vez de comerciar empresas y el público.

BUSINESS. TO MEAN BUSINESS. Mod. Hablar en serio. When you are at the office you don´t mess around, you mean business. Cuando se está en el trabajo no se hace el ganso, hay que hacer las cosas en serio.

BUSINESS. TO PUSH A BUSINESS TO THE BRINK. Llevar a un negocio al borde de la ruina.

BUSINESS. TO PUT A BUSINESS OVER THE EDGE. Llevar a un negocio al borde del abismo.

BUSINESS. TO TAKE OVER A BUSINESS. Encargarse de la dirección de un negocio.

BUSINESS. TO SET UP A BUSINESS. Establecer un negocio, montar un negocio.

BUSINESS. TO TURN A BUSINESS AROUND.

Hacer viable un negocio, darle la vuelta a un comercio, transformar un negocio que va mal, hacer un negocio rentable. You turn your business around or you shut it down. O haces el negocio rentable o pegas el cerrojazo.

BUSINESS TRANSACTION. s. Transacción de negocios.

BUSINESS TRAVEL. s. Viaje de negocios.

BUSINESS. UNFINISHED BUSINESS. Asuntos pendientes.

BUSINESS WENT UNDER, THE. El negocio se fue al garete.

BUSINESS. WOMEN IN BUSINESS. La mujer en el mundo de los negocios.

BUSINESS WORLD, THE. s. El mundo de los negocios. The world of business is full of ups and downs. El mundo de los negocios está lleno de altibajos

BUSINESS YEAR. Ejercicio económico.

BUSINESS. YOU CAN'T DO BUSINESS SITTING ON YOUR ARSE. Un negocio no prospera pasando el tiempo tocándose las narices.

BUST. TO GO BUST. Arg. Ir a la ruina. When firms go bust, the workers are sent to sign on at the job centre. Cuando las empresas van a la ruina, a los empleados los envian a firmar a la oficina de empleo.The company went bust and 200 jobs went to the wall. La empresa fue a pique y 200 puestos de trabajo desaparecieron.

BUST A GUT, TO. Arg. Romperse el esquinazo trabajando, deslomarse de trabajar. Dean is a really nice guy and he´s busting a gut to make it easy for you. Dean es muy buena persona, y se está deslomando de trabajar para facilitarte las cosas.

BUST - UP, A. s. Arg. Una discusión acalorada, una trifulca. Jane and Tom had a bust - up this morning. Esta mañana, Jane y Tom, tuvieron una discusión acalorada.

BUSY. Adj. Ocupado. I am busy just now. Estoy ocupado en este momento. You will have to forgive me, I´m very busy at the moment. Tendrás que disculparme. Estoy muy ocupado en este instante. Busy! I am afraid so. ¡Ocupado! Me temo que sí. Yesterday we were very busy. Ayer estuvimos muy ocupados. Make yourself busy! ¡Ponte a hacer algo! I am busy as ever. Estoy ocupado como siempre.

BUSY. ARE YOU BUSY? TICKING ON. ¿Estás

ocupado? Vamos tirando.

BUSYBODY. s. Cotilla, chismoso, metomentodo, fisgón, entrometido, catacaldos.

BUSY DAY AHEAD, A. Se espera un día muy movido.

BUTS. THERE ARE NO BUTS ABOUT IT. Ex. No hay peros que valgan, no hay ninguna duda. I saw yu coming out of the building. There are no buts about it. You can't deny it. Te vi salir del edificio. No tengo ninguna duda. No puedes negarlo.

BUTT IN, TO. Arg. Interrumpir, meterse en una conversación sin que se lo pidan. Excuse me for butting in. Disculpen for interrumpir.

BUTTER SOMEONE UP, TO. Arg. Adular, lisonjar.

BUTTER WOULDN'T MELT IN HIS MOUTH. Mod. Una mosquita muerta, parecer que alguien no haya roto un plato en su vida.

BUTTERFLIES. TO HAVE BUTTERFLIES IN ONE'S STOMACH. Sentirse muy nervioso.

BUTTERFLY. TO BREAK A BUTTERFLY ON A WHEEL. Utilizar argumentos pomposos para resolver un problema trivial. Utilizar un cañón para matar un gorrión.

BUTTERFLY PAPER CLIP. s. Sujetapapeles cruzado.

BUTTON. AS BRIGHT AS A BUTTON. Mod. Inteligente.

BYGONES. LET BYGONES BE BYGONES. Mod. Pelillos a la mar, lo pasado, pasado está. Lo pasado, al olvido sea dado.

BUZZ. TO GIVE SOMEONE A BUZZ. Ex. Telefonear a alguien.

BUZZ OFF! Arg. ¡Vete de aquí! ¡Vete a paseo! ¡Largo qe aquí!

BUZZPHRASE. Frase en boga.

BUZZWORD. s. Palabra en boga. Tecnicismo.

BUYER. TO HAVE A BUYER LINED - UP. Ex. Tener un futuro comprador.

BUY IT. I DON'T BUY IT! Ex. ¡No me lo trago!

BUYING - IN. INTERVENTION BUYING - IN. Compra de intervención.

BY. A más tardar. This letter has got to be there by Monday. Esta carta tiene que estar allí el lunes.

BY. BY 1945. Llegado 1945, ya en 1945. By 1945 this was quite clear. Ya en 1945 esto estaba bastante claro.

BY AND LARGE. Mod. Por lo general.

BY. TO GO BY. Guiarse por los antecedentes.

BYCICLES. NO BYCICLES ALLOWED IN THIS BUILDING. Ex. Se prohibe meter bicicletas en el edificio.

BY DELETING. Mediante la supresión de.

BY FAR. Con gran diferencia.

BY FITS AND STARTS. Mod. Sin regularidad. A trompicones.

BY LEAPS AND BOUNDS. Mod. A pasos agigantados. Our capital is increasing by leaps and bounds. Nuestro capital aumenta a pasos agigantados.

BY PURSUING. Fomentando.

BY TENDER. Mediante un procedimiento de licitación.

BY TENDERING PROCEDURE. Ex. Mediante licitación.

BY THE MIDDLE OF 2019. A mediados del 2019.

BY TRIAL AND ERROR. Mod. Regla empírica, el proceso ensayo error, a base de probar y equivocarse, por tanteo, por ensayo y error. Eventually, through trial and error, I managed to put the desk together. Finalmente, a base de probar, conseguí montar el escritorio.

C

CACK - HANDED. Adj. Zoquete, torpe, zamborotudo.

CACKLE, TO. Arg. Hablar a destajo, hablar por los codos, hablar hasta debajo del agua.

CAGE. TO RATTLE SOMEONE'S CAGE. Cabrear, meterse con alguien, provocar, meter cizaña, chinchar, meter cuña, meter cisco. I amgood at rattling cages and being a pain in the backside. Se me da muy bien ser cizañero, y también ser un coñazo. Who rattled your cage? ¿Quién se ha metido contigo?

CAHOOTS. TO BE IN CAHOOTS WITH SOMEONE. Mod. Estar conchabado con alguien, conspirar secretamente con alguien.

CAKE. YOU CAN'T HAVE YOUR CAKE ANDEAR IT. Mod. No se puede nadar y guardar la ropa, no se puede hacer una cosa y la contraria, no se puede repicar y andar en la procesión, soplar y sorber no puede ser, es difícil cambiar las cañerías y dar agua, quererlo todo. You can't work three days per week and get the same money - you can't have your cake and eat it. No querrás trabajar tres días a la semana y ganar el mismo dinero; no se puede repicar y andar el la procesión.

CAKE. TO TAKE THE CAKE. Arg. Ser el acabose, ser el colmo, ser la caraba.

CAKEHOLE, THE. s. Arg. La bocaza, la muí. Shut your cakehole! ¡Cierra el pico!

CAKE. A SLICE OF THE CAKE. Un pedazo del pastel. The company is doing well, and the employees want a larger slice of the cake. A la empresa le va bien, y los empleados querían un pedazo más grande del pastel.

CAKE. TO OVER EGG THE CAKE. Mod. Pasarse cuatro pueblos, exagerar.

CAKEWALK. s. Tarea fácil. Pan comido.

CALCULATED RISK, A. s. Un riesgo previsto. It was a calculated risk that paid off. Fue un riesgo previsto que surtió efecto.

CALENDAR. s. Calendario. The calendar hanging by a nail on the wall is years out of date. El calendario colgado de un clavo en la pared es más viejo que Matusalén.

CALENDAR. s. Calendario. A tear - off date block calendar. Calendario de taco.

CALENDAR. KEY DATES CALENDER. s. Calendario de fechas principales.

CALENDAR OF MEETINGS. Calendario de reuniones.

CALANDER YEAR. s. Año civil.

CALL, TO. v. Llamar por teléfono. I will try to call Duncan back in ten or twenty minutes. Intentaré volver a llamar a Duncan dentro de diez o veinte minutos. Is Richard expecting your call? I am afraid he is not available at the moment. He is in a meeting. ¿Espera Richard su llamada? Me temo que no podrá contestarla ahora. Está reunido.

CALL. A COLLECT CALL. s. Llamada a cobros revertidos.

CALL. CAN YOU PASS THE CALL OVER, PLEASE? ¿ Puedes pasarme la llamada, por favor?

CALL. TO TAKE A CALL. Contestar el teléfono. To return a call. Devolver una llamada. I won't be able to take any calls from now on. De ahora en adelante no podré coger el teléfono.

CALL IT A DAY, TO. Mod. Plegar en el trabajo, acabar la jornada laboral. Let's call it a day. Vamos a plegar. Ya vale por hoy.

CALL FOR PAPERS. Solicitud de ponencias.

CALL. REVERSE CHARGE CALL. s. Llamada a cobros revertidos.

CALL SOMETHING OFF, TO. Cancelar algo. Let's call the whole thing off? ¿Cancelamos todo?

CALL. TO TRANSFER A CALL. Pasar una llamada a uno. To return a call. Devolver una llamada.

CALL. A WAKE UP CALL. Un toque de atención.

CALLED. THE SO - CALLED. Los llamados.

CAMERA. A HIDDEN CAMERA. s. Una cámara oculta.

CAN BE SOUGHT ONLY. Sólo se puede lograr, sólo puede encontrarse en.

CANCELLATIONS. s. Anulaciones.

CAN. TO CARRY THE CAN. Mod. Pagar los vidrios rotos, pagar el pato.

CAN. LEFT HOLDING THE CAN. Mod. Pagar el pato.

CAN. s. Lata. To kick the can down the road. Evitar tomar una decisión importante. Aplazar algo.

CANNON. A LOOSE CANNON. s. Un verso suelto, persona, que a pesar de pertenecer a una organización le gusta ir por libre.

CANNY. Adj. Astuto. To be canny enough. Ser lo suficiente astuto.

CANDLE. NOT WORTH THE CANDLE. Mod. No valer la pena.

CAP. TO PUT ON ONE'S THINKING CAP. Ponerse a pensar algo detenidamente.

CAPABILITY. s. Capacidad. To be dismissed by reason of capability. Despedir por motivos de incapacidad.

CAPACITY. s. Capacidad. Self - explanatory capacity. Capacidad autoexplicativa.

CAPACITY. IN ONE'S CAPACITY. En calidad de.

CAPITAL. s. Capital. Yield of capital. Rendimiento.

CAPITAL. s. Capital. To raise capital. Obtener capital.

CAPITAL. AN ADEQUATE CAPITAL STRUCTURE. Una estructura de capital adecuada.

CAPITAL EQUIPMENT. s. Bienes de capital.

CAPITAL GAINS TAX. s. Impuesto sobre las plusvalías.

CAPITALIZE, TO. v. Capitalizar.

CAPTAIN OF INDUSTRY. s. Capitán de industria. The director was knighted captain of industry. Le otorgaron al director el título de Caballero del Imperio Británico.

CAR ALLOWANCE. s. Dieta para gastos de automóvil.

CAR FLEET. s. Parque de automóviles.

CAR INSURANCE. s. Seguro de automóvil.

CAR. A COMPANY CAR. s. Coche de empresa.

CAR. A WOULDN'T BUY A CAR OFF HIM. Arg. Dícese de alguien que no es de fiar.

CARD. A CREDIT CARD COMPANY. s. Una empresa de tarjetas de crédito.

CARD. TO MARK SOMEONE'S CARD. Mod. Advertir a alguien, llamar la atención.

CARDBOARD MAILING TUBES. s. Tubos de cartón para embalaje.

CARDBOARD RECORD BOX. s. Fichero de cartón.

CARD INDEX BOX. s. Bandeja de fichas.

CARD SHARP, A. s. Dícese de la persona que le gusta tirar de tarjeta de crédito.

CARD. TO SPEAK BY THE CARD. Mod. Hablar con mucha precisión.

CARDS. TO ASK FOR ONE'S CARDS. Mod. Pedir el despido en el trabajo. Herbert found himself a new job so he was going in today to ask for his cards. Herbert encontró otro trabajo, así que iba a pedir el despido.

CARDS. TO BE GIVEN ONE'S CARDS. Ser despedido del trabajo.

CARDS. TO BE ON THE CARDS. Mod. Ser una posibilidad.

CARDS. TO PLAY ONE'S CARDS RIGHT. Mod. Proceder debidamente.

CARDS. TO PUT ONE'S CARDS ON THE TABLE. Mod. Poner las cartas sobre la mesa.

CAREER. s. Profesión. Career history. Historial profesional.

CAREER. TO CARVE OUT A CAREER. Ex. Forjarse el futuro, abrirse camino en la vida.

CAREER CHANGE OPPORTUNITY. Euf. Echar a uno del trabajo.

CAREER. A CHEQUERED CAREER. Una carrera con altibajos.

CAREER. AN EVENTFUL CAREER. Una carrera memorable.

CAREER. TO FURTHER ONE'S CAREER. Favorecer uno su carrera.

CAREER LADDER. TO CLIMB THE CAREER LADDER. Ex. Ascender. To climb to the top of the career ladder. Llegar a ocupar un cargo importante.

CAREER LADDER. AT THE BOTTOM OF THE CAREER LADDER. En el escalón más bajo de la carrera. To start work at the bottom of the career ladder. Comenzar a trabajar en el escalón más bajo de la carrera

CAREER CHANGE. Cambio a otra clase de trabajo.

CAREER MOVE. Cambio de profesión. Cambio de actividad.

CAREER OPPORTUNITIES. s. Oportunidades de carreras.

CAREER PROSPECTS. Prospecto de carreras.

CAREER. TO KISS GOODBYE TO A VERY PROMISING CAREER. Despedirse de una carrera muy prometedora.

CAREER. TO MAKE HAY OF ONE'S CAREER. Saber aprovechar las oportunidades que le brinda a uno una carrera.

CAREERIST. s. Oportunista, arribista, advenedizo.

CAREFUL. YOU CAN'T BE TOO CAREFUL. Ex. Todas las precauciones son pocas.

CARPET. s. Moqueta. The carpet is ripped off. La moqueta está rasgada.

CARPET. NON - SLIP CARPET. s. Alfombra antideslizante.

CARPET, TO. v. Arg. Echar una bronca.

CARPET. TO BRUSH SOMETHING UNDER THE CARPET. Ocultar un problema.

CARPET. TO HAVE SOMEONE ON THE CARPET. Mod. Echar una bronca a alguien. You are going to be carpeted for that. Te van a echar una bronca por eso.

CARPING AT. Sacar faltas. Criticar, censurar.

CARRIED FORWARD. Suma y sigue.

CASE. IN THE BEST CASE. En el mejor de los casos.

CASE. IN THE WORST CASE. En el peor de los casos.

CASE. A PENDING CASE. Un asunto pendiente.

CASH. s. Liquidez, efectivo. The firm has run out of cash. La empresa se ha quedado sin liquidez.

CASH AT BANK AND IN HAND. Efectivo en caja y banco.

CASH BOX. s. Caja de caudales.

CASH BY THE BUCKET LOAD. s. Dinero en efectivo a manta.

CASH CARD. s. Tarjeta de cajero automático.

CASH COW, A. s. Un negocio próspero.

CASH FLOW. s. Flujo de fondos. Cash flow statement. Estado de flujo de fondos.

CASH - IN - HAND WORK. s. Trabajo sin declarar.

CASH. IN NON - CASH FORM. En forma de dinero escritural.

CASH IN ON SOMETHING, TO. Sacar partido de algo.

CASH ON DELIVERY. s. Envío contra reembolso.

CASH ON THE NAIL. Mod. A toca teja.

CASHPOINT. s. Cajero automático.

CASH RESERVES. s. Caja.

CASH - STRAPPED COMPANY, A. s. Empresa con dificultades económicas. The employees have decided to take a pay cut to help the cash - strapped company. Los empleados han decidido reducirse el salario, para ayudar a la empresa con dificultades económicas.

CASH. TO WORK CASH IN HAND. Ex. Trabajar sin estar declarado, dinero negro. Cobrar en negro.

CASKET. TO BLOW ONE'S CASKET. Ponerse como una fiera, ponerse como un basilisco, ponerse fuera de sí.

CAST ASIDE, TO. v. Apartar.

CAST ASPERSIONS ON SOMEONE, TO. Mod. Vituperar, calumniar, difamar.

CASTING VOTE. s. Voto de calidad, voto del presidente.

CASTLES. TO BUILD CASTLES IN THE AIR. Mod. Hacer castillos en el aire. Ilusiones con poco fundamento.

CASUAL WORK. s. Trabajo eventual, trabajo temporal.

CASUAL WORKER. s. Trabajador eventual.

CASUALISED WORKFORCE. Empleados cuyos contratos han pasado de fijos a temporales.

CASUALISATION. s. Precarización, temporalidad. We have crossed into a new era of casualisation and flexibility, of deregulation and outsourcing. Hemos quebrantado las fronteras de una nueva época; de la precarización y la flexibilidad, de la desregulación y la subcontratación.

CASUALTY. TO REPORT AS A CASUALTY. Ex. Dar de baja.

CAT. A FAT CAT. s. Directores de empresas que cobran sueldos millonarios, sueldos astronómicos.

CAT. TO LET THE CAT OUT OF THE BAG. Mod. Descubrir el pastel, tirar de la manta, levantar la liebre.

CAT. TO PUT THE CAT AMONG THE PIGEONS.

Mod. Armar un revuelo, armar un pitote, armar un zipizape, armar un rifirrafe, armar una pelotera, armar las de San Quintín, armar una zapatiesta.

CATALOGUE. s. Catálogo.

CATCH. s. Pega, trampa. Is there, then, a catch? ¿Hay alguna pega en esto?

CATCH - 22. Ex. Un circulo vicioso, ser como la pescadilla que se muerde la cola.

CATCH UP ON SOMETHING, TO. Ex. Poner al día. I'll have a lot to catch up on when I get back tomorrow to the office. Cuando vuelva mañana a la oficina, tendré que poner al día mucho trabajo.To catch up on work. Ponerse al día con el trabajo.

CATERING SERVICES. s. Provisiones alimenticias, catering.

CATTY COMMENT, A. Un comentario malicioso.

CATTY. TO BE CATTY. Hacer comentarios maliciosos.

CATTY PERSON, A. Una mala persona.

CD AND DVD MAILERS. s. Cajas para envio de cedés y deuvedes.

CD/DVD SLEEVES. s. Fundas para cedés/deuvedes.

CD WALLETS. s. Estuche de cedé.

CEILING. TO HIT THE CEILING. Mod. Ponerse como una fiera, subirse por las paredes.

CEILINGS. TO FIX CEILINGS. Fijar los límites máximos.

CELLOTAPE. s. Cinta engomada.

CENTRAL HEATING. s. Calefacción central.

CENTURY. s. Siglo. At the turn of the century. A finales del siglo pasado y comienzos del presente.

CERTAIN. TO MAKE CERTAIN. Garantizar.

CERTIFICATE. A MEDICAL CERTIFICATE. s. Justificante médico.

CERTIFICATE FRAMES. s. Cuadros para certificados

CERTIFICATE OF EMPLOYER'S LIABILITY INSURANCE. s. Certificado del seguro de responsabilidad empresarial.

CESSATION OF MEMBERSHIP. Cese de afiliación.

CHAIR. s. Silla. This chair is damaged do not use it. Esta silla está rota, no la utilicen. This chair was already broken when I sat on it. Esta silla ya estaba rota cuando me senté en ella. This is a dodgy chair. Esta silla está en mal estado.

CHAIR. s. Silla. A comfy chair. Una silla cómoda. Swivel chair. Silla giratoria.

CHAIR. s. Presidencia. To take the chair. Presidir una reunión. To address the chair. Dirigirse a la presidencia.

CHAIR OF COUNCIL. s. Presidencia del consejo.

CHAIR A MEETING, TO. Presidir una reunión. To chair a key committee. Presidir un comité muy importante.

CHAIRING STYLE. Estilo de presidir.

CHAIRMAN. s. Presidente. With effect from last month, Tony resigned as chairman of T T O. La dimisión de Tony, como presidente de TTO tuvo efecto el mes pasado.

CHAIRMAN. s. The acting chairman. Presidente en funciones.

CHAIRMAN. IMMEDIATE PAST CHAIRMAN. Presidente anterior.

CHAIRMAN OF THE BOARD, THE. s. Presidente del consejo.

CHAIRMAN OF THE EXECUTIVE COMMITTEE. s. Presidente del Comité Ejecutivo.

CHALLENGE. s. Reto, desafio, problema. To face a challenge. Hacer frente a un problema. A challenge for the future. Un reto para el futuro. A daunting array of challenges. Una abrumadora serie de problemas. To respond to a challenge. Abordar un problema. To meet the challenges raised. Responder a los problemas que se plantean. To rise to a challenge. Hacer frente a un problema.

CHALLENGING. A CHALLENGING DAY. Un día difícil, un día problemático, complicado. A challenging week. Una semana difícil. A very challenging year. Un año muy difícil, un año muy complicado.

CHALLENGING TIMES. Tiempos de prueba, tiempos difíciles. We live in challenging times. Vivimos en tiempos difíciles.

CHANCE. s. Posibilidad. A small chance. Una pequeña posibilidad.

CHANCE. NOT TO HAVE A DO'S CHANCE. No tener la mínima posibilidad de conseguir algo.

Bruce went for the interview but he knew he didn't have a dog's chance in getting the job. Bruce fue a la entrevista, pero sabía queno tenía ni la más remota posibilidad de conseguir el trabajo.

CHANCE. NOT STAND A GHOST OF A CHANCE. No tener la mínima posibilidad de lograr algo.

CHANCER, A. s. Oportunista.

CHANGE OF HEART, A. Mod. Un cambio de opinión, un cambio de parecer. Jane was puzzled by Pet's apparent change of heart. Jane estaba desconcertada por el aparente cambio de parecer de Pet.

CHANGE OF OWNERSHIP. Ex. Traspaso de propiedad.

CHANGE. A SEA CHANGE. s. Un cambio fundamental.

CHANGE. TO UNDERGO DRAMATIC CHANGES. Experimentar cambios drásticos. Sufrir cambios radicales. Cambios notables.

CHAPTER AND VERSE. TO GIVE CHAPTER AND VERSE. Mod. Dar cuenta de algo con pelos y señales.

CHARACTER. A COLOURFUL CHARACTER. Un personaje pintoresco.

CHARGE. TO BE IN CHARGE. Estar al cargo. Whose in charge here? ¿Quién está al frente aquí?

CHARGEBACKS. s. Reembolsos.

CHARITABLE TRUST. s. Fideicomiso benéfico.

CHARITABLE ORGANIZATION. s. Organización benéfica, institución benéfica, asociación benéfica.

CHARLIE. A RIGHT CHARLIE. s. Abombado, lelo.

CHAT. s. Charla. To have a long chat. Mantener una prolongada charla.

CHATTELS. s. Bienes muebles, enseres. Repairs to chattels. Reparación de enseres.

CHATTER BOX, A. s. Cotorra.

CHATTERING SPHERE, THE. El mundo del chateo.

CHECK - IN DESK. s. Recepción.

CHECK OUT, TO. Arg. Espicharla, diñarla.

CHECK SOMETHING OUT, TO. v. Comprobar, verificar.

CHEEK. TO HAVE A LOT OF CHEEK. Ex. Tener la cara muy dura.

CHEESE. A BIG CHEESE. s. Una persona influyente.

CHEESED. TO BE CHEESED OFF. Arg. Estar harto, estar hasta las narices.

CHEQUE. s. Cheque, talón. A bounced cheque. Un cheque sin fondos. Voided cheque. Cheque anulado. Blank cheque. Cheque en blanco. Rubber cheque. Cheque sin fondos. Cheque stub. Matriz de talonario. To make a cheque out. Extender un cheque. Make all cheques payable. Talón pagadero a. Post dated cheque. Cheque a pago deferido. Cheques payments payable to TDR Commercial Finance Ltd. And posted to the above address. Pagos mediante cheques, pagaderos a TDR Commercial Finance Ltd. Y dirigidos a la dirección mencionada arriba.

CHERRY. THE ICING ON THE CAKE. Acicate, incentivo.

CHERRY. TO HAVE TWO BITES AT A CHERRY. Mod. Tener una segunda oportunidad.

CHEST. TO GET SOMETHING OFF ONE'S CHEST. Mod. Desahogarse. The article gave me the opportunity to get a lot of things off my chest that could otherwise have resulted in a major nervous breakdown. El artículo me brindó la oportunidad para desahogarme de muchas cosas, que por otra parte, me podrían haber causado un verdadero ataque de nervios.

CHEW ON, TO. Considerar detenidamente, deliberar, ponderar, cavilar.

CHICKEN FEED. s. Una miseria de salario por el trabajo que hace uno.

CHICKEN SHOP. s. Establecimiento de pollo frito.

CHICKEN. TO HAVE LESS SENSE THAN A CHICKEN. Arg. Tener menos sesos que un mosquito.

CHICKENS COME HOME TO ROOST, THE. Mod. Aquellos polvos traen estos lodos.

CHICKENS. TO COUNT THE CHICKENS BEFORE THEY ARE HATCHED. Mod. Vender la piel del oso antes de cazarlo.

CHIEF ACCOUNTANT. s. Jefe contable. The chief accountant will be leaving the company as soon as a financial settlement can be reached. El jefe contable dejará la empresa, tan pronto como se alcance un arreglo financiero.

CHIEF EXECUTIVE OFFICER. s. C E O. Director general. Acting chief executive. Director general en funciones. Sean has taken up the post of chief executive. Sean ha asumido el cargo de director general. Deputy chief executive. Director general adjunto. A freewheeling chief executive. Director general irresponsable.

CHIEF EXECUTIVE JOB, A. s. Puesto de director general ejecutivo.

CHIEF EXECUTIVE REPORT. s. Informe del director general.

CHIEFS. THERE ARE TOO MANY CHIEFS AND NOT ENOUGH INDIANS. Ex. Tanto cacique para tan poco indio. El chiste de la barca con diez comandantes y un remero. Ir muchos en el carro y uno solo tirando él.

CHIN OUT. TO STICK ONE'S CHIN OUT. Ser decidido, ser resoluto.

CHIN UP. TO KEEP ONE'S CHIN UP. Mod. No flaquear, no desanimarse.

CHINESE FIRE DRILL. Ex. Desorden total.

CHIP IN A CONVERSATION, TO. Arg. Participar en una conversación, meter baza.

CHIPPY, A. s. Establecimiento donde se venden los famosos, 'fish and chips,' pescado y patatas fritas.

CHIN. TO TAKE IT ON THE CHIN. Mod. Aceptar algo con estoicismo. Encajar algo con coraje. Hacer frente a una situación con arrojo.

CHINK IN SOMEONE'S ARMOUR, A. Mod. El punto débil de una persona o cosa, tener pies de barro, el talón de Aquiles de una persona, el punto flaco, el punto vulnerable.

CHIP AWAY, TO. Reducir algo poco a poco.

CHIP. TO HAVE A CHIP ON ONE'S SHOULDER. Mod. Estar resentido, estar amargado. Merlin has got a chip on his shoulder because he wasn't invited to the meeting. Merlin está resentido porque no le invitaron a la reunión.

CHIPS. TO CASH IN ONE'S CHIPS. Arg. Diñarla, espicharla, estirar la pata.

CHIPS. WHEN THE CHIPS ARE DOWN. Mod. A la hora de la verdad.

CHIT - CHAT. TO MAKE IDLE CHIT - CHAT. Ex. Estar de palique.

CHOICE. s. Decisión, elección. To make a hard choice. Tomar una decisión difícil.

CHOP OFF AN EMPLOYEE, TO. Despedir a un empleado.

CHOP. TO BE FOR THE CHOP. Arg. Estar a punto de quedarse uno sin trabajo.

CHOP. TO GET THE CHOP. Arg. Ser despedido del trabajo. Andrew has got the chop for bad time - keeping. Han despedido a Andrew por llegar siempre tarde al trabajo. You have been chopped! ¡Estás despedido!

CHOPPING BLOCK. TO PUT ONE'S HEAD ON THE CHOPPING BLOCK. Mod. Hacer algo en detrimento propio.

CHORD. TO STRIKE A CHORD. Mod. Sonarle a uno.

CHRISTMAS. s. Navidades. If I don't see you again, have a good Christmas. Si no te veo otra vez, que pases unas buenas Navidades.

CHRISTMAS CARD. s. Tarjeta de Navidad. I've already bought my Christmas cards. Ya he comprado las tarjetas de Navidad.

CHRISTMAS LUNCH. s. Comida de Navidad. The office Christmas lunch will take place on Thursday 23 December. La comida de Navidad de la empresa tendrá lugar el 23 de diciembre.

CHRISTMAS PARTY SEASON. s. La época de las fiestas navideñas.

CHRISTMAS PISS - UP, THE. s. Arg La juerga de Navidad en la oficina.

CHRISTMAS BOOZE UP. Arg. Juerga de Navidad. Borrachera de Navidad.

CHUCK OUT, TO. v. Tirar a la basura. Chuck these documents out! ¡Tira estos documentos a la basura!

CIGGY. s. Pitillo.

CIRCLE. TO SQUARE THE CIRCLE. Mod. Querer nadar y guardar la ropa. Querer soplar y sorber. Hacer la cuadratura del círculo. Querer hacer lo imposible.

CIRCULAR, A. s. Una circular.

CIRCULAR FILE. s. Papelera.

CIRCUMSTANCES. IN THOSE CIRCUMSTANCES. En tales circunstancias.

CITIZEN'S BODIES. s. Organizaciones cívicas.

CITY. AS COMMERCIAL A CITY AS ANY IN THE WORLD. Ex. Ciudad comercial donde las haya.

CITY CALL, A. s. Una llamada interurbana.

CIVIL SERVICE, THE. s. La Admininistración Pública.

CIVILITY COSTS NOTHING. Rfr. Buena respuesta, mucho vale y poco cuesta.

CLACK ON, TO. Arg. Darle a la sinhueso, cascar más que un sacamuelas.

CLAIM, TO. v. Alegar, afirmar. Some people claim. Hay quienes afirman.

CLAIM COMPENSATION, TO. Reclamar una indemnización.

CLAIM. s. Aspiración. Our claims. Nuestras aspiraciones.

CLAIMANT. s. Demandante.

CLAIMANT. s. Persona que recibe subsidio de paro.

CLANGER. TO DROP A CLANGER. Arg. Meter la pata. Cometer un error garrafal.

CLAP ON SOMEONE'S SHOULDER, TO. Dar una palmadita a alguien en la espalda.

CLASS DRIFTER. s. Trepa, arribista, advenedizo.

CLASSIC EASEL, A. s. Pizarra caballete.

CLASSIC LINE DATER. s. Fechador de entintaje manual.

CLASSIFICATIONS INDEX. s. Indice de clasificaciones.

CLAUSE. s. Cláusula. Escape clause. Cláusula de escape. Safeguard clause. Cláusula de salvaguardia. Confidentiality clause. Cláusula de confidencialidad.

CLAW BACK. s. Reembolso.

CLAW BACK, TO. v. Recuperar. To claw the money back. Recuperar el dinero.

CLEAN. TO COME CLEAN. Mod. Decr la verdad, confesar, cantar de plano.

CLEANERS CUPBOARD. El cuarto de las escobas.

CLEANING LADY, THE. s. La mujer de la limpieza.

CLEANING SERVICES PROVIDER. s. Contratista de servicios de limpieza.

CLEFT STICK. TO BE CAUGHT IN A CLEFT STICK. Mod. Encontrarse entre la espada y la pared. Estar en un callejón sin salida.

CLEAR. TO MAKE IT CLEAR ON PAPER. Aclarar mediante una nota.

CLEAR - SIGHTED. Adj. Inteligente, perspicaz, lúcido, lumbrera.

CLEAR TAPE. s. Cinta adhesiva transparente.

CLERICAL DUTIES. s. Obligaciones de oficina.

CRERICAL GRADE. s. Grado de oficinista.

CLERICAL OFFICER. s. Administrativo.

CLERICAL STAFF. s. Personal de oficina.

CLERICAL WORK. s. Trabajo de oficina.

CLERICAL WORKER. s. Oficinista.

CLEVER. TO BE TOO CLEVER BY HALF. Mod. Pasarse de listo. This time Ray has been too clever by half. Esta vez Ray se ha pasado de listo.

CLEVER BOOTS, A. s. Listillo, sabiondo, espabilado.

CLIMBER, A. s. Trepa, arribista, oportunista, advenedizo.

CLIPBOARD. s. Tablilla con sujetapaples.

CLOCK. TO BEAT THE CLOCK. Terminar un trabajo antes del plazo establecido.

CLOAKROOM. s. Guardarropa.

CLOCK IN, TO. Ex. Fichar al entrar al trabajo. To clock out. Fichar al salir del trabajo. To punch the clock in/out. Fichar al entrar y salir del trabajo.

CLOCK OFF WORK EARLY, TO. Ex. Acabar temprano en el trabajo.

CLOCK OUT, TO. Ex. Fichar al salir del trabajo.

CLOCK. TO HAVE TOO MANY MILES ON THE CLOCK. Llevar muchas horas de vuelo, llevar mucho mundo recorrido. Ser perro viejo.

CLOCK. TO PUT THE CLOCK BACK. Mod. Dar un salto atrás, retroceder.

CLOCK. TO WORK AGAINST THE CLOCK. Mod. Trabajar contra reloj. Mark is working against the clock to get the letters finished before he goes home. Mark está trabajando contra reloj, para acabar las cartas antes de irse a casa.

CLOCK - WATCHER. s. Empleado que se va a casa siempre a la 5 en punto. No trabaja ni un minuto más.

CLOCK. TO WORK ROUND THE CLOCK. 1. Trabajar las 24 horas del día. 2. Trabajar sin parar hasta terminar una tarea.

CLOCK - WORK. TO GO LIKE CLOCK - WORK. Mod. Salir según está planeado. To run the office like clock work. Llevar una oficina sin ninguna clase de problemas.

CLOG UP THE SYSTEM, TO. Bloquear el sistema.

CLOGS. TO POP ONE'S CLOGS. Arg. Espicharla, diñarla, estirar la pata.

CLOSE BUT NO CIGAR. Ex. Casi. Rondar el éxito.

CLOSER ANALYSIS, A. Un estudio más minucioso.

CLOSING SESSION. s. Sesión de clausura.

CLOSING WORDS. s. Discurso de clausura.

CLOTH - EARED. Adj. No oir bien, ser un poco teniente.

CLOTHES. TO STEAL SOMEONE'S CLOTHES. Mod. Adoptar las ideas de otra persona y pasarlas como si fueran propias.

CLOUD - CUCKOO LAND. Mod. Vivir en las nubes. Estar en Babia.

CLOUD. EVERY CLOUD HAS A SILVER LINING. Mod. No hay mal que por bien no venga.

CLOUT. TO HAVE CLOUT. Ex. Tener influencia. Financial clout. Poder financiero.

CLUE. NOT TO HAVE A CLUE. Mod. No tener ni idea, estar pez, no tener pajolera idea. For what I have heard, Dirk hasn't got a clue. Por lo que he oído, Dirk no tiene ni idea.

COACHING SKILLS. s. Técnicas de enseñanza.

COAT. TO CUT ONE'S COAT TO SUIT ONE'S CLOTH. Adaptarse uno a las circunstancias.

COAT HANGER. s. Percha

COAT RACK. s. Perchero vestidor.

COAT STAND. s. Perchero.

COAT STAND AND ONE PEG WITH UMBRELLA HANGER. s. Perchero paraguero.

COCK AND BULL STORY. Un cuento chino, un cuento de viejas. To concot a cock and bull story . In ventarse un cuento chino.

COCK UP, A. s. Arg. Una metedura de pata, una chapuza, algo mal hecho, una pifia, una cagada. Gwyneth has been blaming James for the cock up someone else made. Gwyneth está culpando a James por el mal trabajo que otro hizo. A

catalogue of cock ups. Una retahíla de chapuzas. You coked the job up! ¡Has jorobado el trabajo! A giant cock up of the hihgest order. Una pifia monumental.

COCKS ON THE BLOCK. s. Demostrar lo que se vale

CO - CHAIRMAN. s. Copresidente.

COCK UP SOMETHING, TO. Arg. Jorobar algo.

CODE OF CONDUCT. s. Normas de conducta. To develop a code of conduct. Elaborar normas de conducta. A voluntary code of conduct. Normas de conducta voluntarias.

CODE OF PRACTICE. s. Código laboral.

CODE OF ETHICS. s. Código de ética.

COFFE BREAK. s. Descanso para tomar un café. I feel like a coffe. Me apetece un café.

COFFEE. THE COFFEE HAS RUN THROUGH. El café está hecho. El café está listo.

COFFE. WAKE UP AND SMELL THE COFFE. Entérate ya. A ver si te enteras.

CO - CHAIRMAN. s. Copresidente.

CO - FINANCING. Cofinanciación.

CO - FOUNDER. Cofundador

COPARTNER. s. Socio.

COIN CASE. s. Bandeja portamonedas.

COIN COUNTER. s. Contador de monedas.

COIN A PHRASE, TO. Acuñar una frase. Para ser original.

COIN SORTER. s. Máquina seleccionadora de monedas.

COLD CALL, A. s. Llamada telefónica, o visita inesperada, que hace un representante para vender algo. I have never received a cold call from anyone which might have something interesting to say. Nunca he recibido llamada telefónica alguna, de un representante, que tuviera algo interesante que decir.

COLD. TO CATCH A COLD. Ex. Un contratiempo.

COLD FAX. s. Fax que envían las firmas comerciales sin solicitarlo, para promocionar algún producto.

COLD SHOULDER. TO GIVE SOMEONE THE COLD SHOULDER. Mod. Hacerle a alguien el vacío, dar de lado, hacer la vista gorda.

COLD SWEAT. TO BE IN A COLD SWEAT. Mod. Estar muy preocupado.

COLD. TO HAVE A COLD. Estar constipado.

COLD. TO LEAVE SOMEONE OUT IN THE COLD. Dar de lado a alguien, no incluirlo, abandonar, arrinconar.

COLD WATER. TO POUR COLD WATER ON A SCHEME. Echarle un jarro de agua fría a un plan.

COLLAPSE, TO. v. Hundirse, arruinarse. When the company collapsed thousands of employees were thrown on to the dole queue. Cuando se hudió la empresa, echaron a miles de empleados al paro.

COLLAR. TO GET HOT UNDER THE COLLAR. Mod. Enfurecerse, sulfurarase, acalorarse.

COLLAR. TO WORK UP TO THE COLLAR. Mod. Trabajar con tesón.

COLLATERALIZED DEBT OBLIGATIONS. Ex. Préstamos tóxicos.

COLLECTIVE ACTION PROBLEM, A. Ex. Un problema de acción colectiva.

COLLECTIVE BARGAINING. s. Negociación colectiva.

COLLEAGUE. s. Compañero de trabajo, colega, colaborardor.

COLOUR. TO BE OFF COLOUR. Mod. No encontrarse uno bien. I have been off colour for some time. Hace algún tiempo que no me encuentro bien. To feel off colour. No encontraese católico. Estar pachucho. Estar chungo.

COLOUR. UNDER COLOUR OFF. Bajo el pretexto de.

COLOURED HEAD DRAWING PINS. s. Chinchetas de colores.

COLOURED PAPER CLIPS. s. Sujetapapeles de colores.

COLOURFUL LANGUAGE. Lenguaje soez.

COLOURFUL WINDBAG, A. s. Un charlatán ostentoso u llamativo.

COLOURLESS FIGURE. Un personaje anodino.

COMB BINDER. s. Encuadernadora.

COMB BINDER. ELECTRIC COMB BINDER. s. Encuadernadora eléctrica.

COMB BINDING RINGS. s. Canutillos de plástico de encuadernación.

COMBI BOARD. s. Tablero mixto.

COMBINATION LOCK. s. Cerradura de combinación.

COME DOWN ON ONE SIDE OR THE OTHER, TO. Mod. Decidirse por una cosa o la otra.

COME IN. DON'T KNOCK: COME IN! ¡Pasa, no te molestes en llamar a la puerta! Frase sarcástica. Se utiliza, cuando alguien ha entrado en un despacho sin llamar o pedir permiso.

COME OFF IT! ¡Estás bromeando! ¡No me lo creo! ¡Tira para allá, hombre!

COME OUT WELL OF SOMETHING, TO. Salir bien parado de algo, salir bien librado de algo.

COME RAIN OR SHINE. Mod. Salga el sol por Antequera y póngase por donde quiera, contra viento y marea, pase lo que pase, caigan rayos o centellas.

COME TO NOTHING, TO. Expr. Fracasar, no llevarse a cabo, quedar en agua de borrajas.

COME TO TERMS WITH, TO. Mod. Aceptar una situación muy difícil.

COME TO THINK OF IT. Ex. Es más.

COME WHAT MAY. Suceda lo que suceda. Contra viento y marea.

COMICS. TO READ TOO MANY COMICS. Ex. Ver muchas películas, fantasear.

COMMENT. A CUTTY COMMENT. Comentario malicioso.

COMMENT. A FLIPPANT COMMENT MADE IN POOR TASTE. Un comentario frívolo de mal gusto.

COMMENT. NO COMMENT. No tengo nada que decir.

COMMENTARIAT, THE. Nombre colectivo de columnistas de periódicos, élite que escribe en la web, comentaristas de la política, etc. Vocablo sarcástico.

COMMERCIAL ADVICE. s. Asesoramiento comercial.

COMMERCIAL APPROACH. Enfoque comercial.

COMMERCIAL ASSETS. s. Bienes comerciales.

COMMERCIAL DIRECTOR. s. Director comercial.

COMMERCIAL LEASE. s. Arrendamiento

comercial.

COMMERCIAL MANAGER. s. Jefe comercial.

COMMERCIAL NATIONS. s. Naciones mercantiles, naciones comerciales.

COMMERCIAL PROPERTY. s. Locales comerciales.

COMMERCIALS. s. Anuncios.

COMMERCIALLY MINDED. Con mentalidad para el comercio.

COMMISSION. s. Comisión.

COMMISSION FREE. Libre de comisión.

COMMITMENT. s. Compromiso. To meet one's commitments. Cumplir los compromisos contraidos.

COMMITMENT. s. Dedicación. To show commitment. Mostrar dedicación.

COMMITMENT TO WORK. Compromiso de trabajar.

COMMITTEE. s. Comité. To set up a committee. Crear un comité. To sit on a committee. Pertenecer a un comité, formar parte de un comité. Staff committee members. Miembros del comité de personal. To chair a committee. Presidir un comité. Every member of the committee has one vote. In the event of a tie the Chairman will make the decision. Todo miembro del comité tiene un voto. En caso de un empate, el Presidente ejercerá el voto de calidad.

COMMITTEE. A HANDPICKED COMMITTEE. Comité elegido a dedo.

COMMITTEE. A PLANNING COMMITTEE. Comité de planificación.

COMMODITIES. s. Mercancias.

COMMON DOG. Ex. Sentido común.

COMMON GROUND. Puntos en común.

COMMON SENSE TELL US. Es de sentido común que.

COMMUNICATION. TO HAVE COMMINICATION PROBLEMS. Ex. Tener problemas de comunicación.

COMMUNICATIONS ADVISER. s. Asesor de comunicación.

COMMUNICATIONS DIRECTOR. s. Director de comunicación.

COMMUNICATIONS SKILLS AT WORK. s. Técnicas de comunicación en el trabajo. To lack communications skills. Carecer de técnicas de comunicación.

COMMUNICATION STRATEGIES. s. Estrategias de comunicación.

COMMUNITY RELATIONS. s. Relaciones con la comunidad.

COMMUNIQUE, A. s. Comunicado.

COMMUTE, TO. v. Viajar de casa al trabajo, y del trabajo a casa. Todos los días.To commute to work by chopper. Viajar al trabajo en helicóptero. To commute to work by train. Ir a trabajar en tren. To commute to work by car. Ir a trabajar en coche. Why commute when you can walk to work? ¿Por qué viaja al trabajo cuando podría ir andando? To commute by train to one's workplace in London. Ir a trabajar en tren a Londres.

COMMUTER DORMITORY. s. Ciudad dormitorio.

COMPANIES INVOLVED. Empresas en cuestión.

COMPANY. ACCESS TO THE COMPANY. The nearest Underground station to the company is Oxford Street Tube station (about ten minutes walk). Para llegar a la empresa, se puede acceder desde la estación del Metro de Oxford Street, que es la estación más cercana a la empresa (a unos diez minutos a pie).

COMPANY. A DESPICABLE COMPANY. Una empresa despreciable.

COMPANY. DEVELOPMENT COMPANY. Empresa urbanizadora.

COMPANY. THE COMPANY HAS BECOME TOO BIG FOR HIM TO HANDLE. Quedarle a uno el cargo muy grande.

COMPANY. TO DRIVE A COMPANY OUT OF BUSINESS. Llevar a una empresa a la ruina.

COMPANY. TO EXPAND A COMPANY. Ampliar una empresa.

COMPANY. TO RUN A COMPANY. Dirigir una empresa, llevar una empresa. A family run - company. Una empresa dirigida por una familia. A company run by a woman. Una empresa dirigida por una mujer.

COMPANY HANDYMAN, THE. s. Persona que se ocupa del mantenimiento de la compañía en general. Cambiar bombillas, etc.

COMPANY. THE COMPANY IS IN DANGER OF

GOING OUT OF BUSINESS. La empresa está al borde de la ruina. La empresa está a punto de ir a la ruina. La empresa está a punto de irse al garete.

COMPANY. THE COMPANY IS ON THE BRINK OF ADMINISTRATION. La empresa está al borde de la ruina.

COMPANY. THE COMPANY IS STRUGGLING TO SURVIVE. La empresa lucha por la supervivencia.

COMPANY LAW. s. Derecho de sociedades.

COMPANY. LEADER COMPANY. Compañía vanguardista.

COMPANY. A LEANER, MEANER COMPANY. Empresa saneada, y reducida a lo esencial.

COMPANY. A COMPANY MAN THROUGH - AND - THROUGH. s. Hombre de empresa hasta la médula.

COMPANY OFFSHORE. Compañía ubicada fuera del territorio fiscal. The company will move offshore. La empresa se desplazará a zonas extraterritoriales.

COMPANY. PARCEL DELIVERY COMPANY. Empresa de transporte de paquetería.

COMPANY PARTY. s. Fiesta de empresa.

COMPANY POLICY. s. Política de una empresa.

COMPANY. THE COMPANY CLOSED THREE OF ITS TWELVE BRANCHES IN JUNE, PUTTING 300 STAFF NATIONWIDE OUT OF WORK. En junio, la empresa cerró tres de las doce sucursales que tenía, mandando a 300 empleados al paro por todo el país.

COMPANY. TO LEAVE A COMPANY EN MASS. Abandonar una empresa en bloque.

COMPANY. TO RESHAPE A COMPANY. Reestructurar una empresa.

COMPANY SECRETARY, THE. s. Persona que se ocupa de los asuntos jurídicos y financeros de una compañía.

COMPANY. YOU ARE IN GOOD COMPANY. Estás entre los tuyos.

COMPANY'S. TO HAVE THE COMPANY'S BEST INTERESTS AT HEART. Preocuparse por los intereses de la empresa con el mayor entusiasmo.

COMPANY'S DISCIPLINARY PROCEDURES. Reglamento disciplinario de una empresa.

COMPANY'S LOGO. s. Logotipo de una compañía.

COMPANY'S STRATEGIC PLAN, A. Plan estratégico de una empresa.

COMPANY'S WAGE BILL, THE. s. La partida de dinero de una empresa para pagar los salarios.

COMPASS CUTTER. s. Cortador compás.

COPAYMENT. s. Copago.

COMPENSATION. s. To seek compensation. Reclamar compensación económica.

COMPENSATION COMMITTEE. s. Comité de indemnizaciones. Richard sits on the compensation committee, in charge of bonuses. Richard forma parte del comité de indemnizaciones, está al cargo de las bonificaciones.

COMPENSATION FUND. s. Fondos de compensación.

COMPENSATION PACKAGE. s. Compensación económica.

COMPENSATION SCHEME. s. Régimen de compensación.

COMPETENCIES. s. Capacidades, aptitudes, pericia. Core of competencies of a company. Actividades de una empresa.

COMPETITION. s. Competencia. Strenghening of competition. Fortalecimiento de la competencia. Fair competition. Competencia equitativa. Unfair competition. Competencia desleal. Vigorous competition. Competencia vigorosa.

COMPETITOR. s. Competidor.

COMPETITOR ANALYSIS. Euf. Industrial espionage. Espionaje industrial.

COMPETITIVE AND SUSTAINABLE GROWTH. Crecimiento competitivo y sostenible

COMPETITIVE ADVANTAGE. s. Ventaja favorable.

COMPETITIVE EDGE. TO GAIN A COMPETITIVE EDGE. Ex. Obtener ventajas en cuanto a la competitividad.

COMPETITIVE PRESSURE IS NOW SO INTENSE, A THIRD OF COMPANIES ARE MAKING A LOSS. En la actualidad, la presión competitiva es tan intensa que un tercio de las empresas tienen pérdidas.

COMPETITIVE QUOTE. s. Presupuesto competitivo.

COMPETITIVE. UNFAIR COMPETITIVE ADVANTAGE. Ventaja competitiva injusta.

COMPETITIVENES AND EMPLOYMENT. s. Competitividad y empleo.

COMPLAIN. TO COMPLAIN AND SEEK REDRESS. Reclamar y obtener reparación.

COMPLAINER. s. Quejica, quejumbroso, llorón.

COMPLAINT. s. Queja. To make a complaint. Quejarse. To lodge a formal complaint against someone. Presentar una demanda oficial contra alguien. The employee stormed out of the office threatening to make a complaint. El empleado salió disparado del despacho amenazando con presentr una queja.

COMPLETED BY. Completado por.

COMPLIMENTS. WITH COMPLIMENTS. Con un atento saludo.

COMPOSED OF. Intregrado por.

COMPROMISE AGREEMENT. A. Un acto de conciliación.

COMPROMISE - SEEKING APPROACH, A. Propensión a buscar acuerdos.

COMPROMISE. TO SEEK TO REACH A COMPROMISE. Tender a lograr un compromiso.

COMPULSORY REDUNDANCY. s. Despido con derecho a indemnización.

COMPUTER. s. Ordenador. My computer crashed and I lost all my information. Mi ordenador falló y he perdido toda la información. A virus - riddled computer. Ordenador plagado de virus.

COMPUTER CONSULTANT. s. Asesor informático.

COMPUTER CRACKER. s. Pirata informático.

COMPUTER ERROR. Error informático.

COMPUTER GEEK. s. Aficionado a los ordenadores. Experto en ordenadores.

COMPUTER HACKER. s. Pirata informático.

COMPUTER ILLITERATE. s. Analfabeto digital.

COMPUTER LANGUAGE. s. Lenguaje informático.

COMPUTER LITERACY. s. Alafabetización digital. Alfabetización en el uso de las nuevas tecnologías.

COMPUTER MODELLING. Diseños por ordenador, modelo informático.

COMPUTER PROGRAMMER. s. Programador de ordenadores.

COMPUTER SAVVY. s. Experto en ordenadores.

COMPUTER. A STATE - OF - THE - ART COMPUTER. Lo último en tecnología de ordenadores.

COMPUTER. THIS COMPUTER IS BEYOND REPAIR. Este ordenador no tiene arreglo.

COMPUTER TRAINING. ON - LINE COMPUTER TRAINING. Cursos de informática en linea.

COMPUTER. TO TURN THE COMPUTER OFF. Apagar el ordenador.

COMPUTER. TO TURN THE COMPUTER ON. Encender el ordenador.

COMPUTER VISION SYNDROME. Síndrome visual del informáico.

COMPUTER WIZARD, A. s. Experto en ordenadores.

COMPUTERISE, TO. v. Informatizar,

COMPUTERESE. TO SPEAK COMPUTERESE. Hablar el lenguaje de los ordenadores.

COMPUTERS. s. Sarah is in computers. Sarah trabaja en informática.

CONCEDE, TO. v. Ceder.

CONCERN. s. Inquietud.

CONCERN. A GOING CONCERN. s. Un negocio lucrativo, un negocio próspero, un negocio que genera muchos beneficios.

CONCILIATION COMMITTEE. s. Comité de conciliación.

CONCILIATION PROCEDURE. Procedimiento de conciliación.

CONCLUSION. A FOREGONE CONCLUSION. Ex. Algo que está decidido de antemano.

CONCLUSIONS. IN LINE WITH THESE CONCLUSIONS. De conformidad con estas conclusiones.

CONDITION. IN GOOD CONDITION. En buen estado.

CONDITION. TO BE IN PEAK CONDITION. Disfrutar de excelente salud.

CONDITIONS. I HAVE READ, UNDERSTOOD AND AGREED TO BE BOUND BY THESE TERMS AND CONDITIONS. Acepto estas condiciones.

CONDOLENCE. s. Pésame. To offer one´s condolences to someone. Darle el pésame a una persona.

CONDUCT. IMPROPER CONDUCT. s. Conducta improcedente.

CONFEDERATION OF BRITISH INDUSTRY. C B I. La Patronal Británica.

CONFERENCE. s. Congreso, conferencia, simposio. To hold a conference. Celebrar una conferencia.

CONFERENCE CHAMBER. s. Sala de conferencias.

CONFERENCE FOLDER. s. Carpeta congresos.

CONFERENCE MANAGER. s. Gerente de conferencias.

CONFERENCE PHONE. s. Teléfono de sala de conferencias.

CONFIDENCE. s. Confianza. To enjoy someone´s confidence. Gozar de la confianza de alguien.

CONFIDENCE IN THE WORKING PLACE. Confianza en el lugar de trabajo.

CONFIDENTIAL INFORMATION. s. Información confidencial.

CONFIDENTIAL WHITEBOARD SYSTEM. Pizarra tríptica.

CONFIRMATION. TO RECEIVE FURTHER CONFIRMATION. Ser corraborado.

CONFLATE NUMBERS, TO. Combinar números.

CONFLICT OF INTEREST. s. Conflicto de intereses. Incompatibilidad.

CONFLICT RESOLUTION IN THE WORKPLACE. s. Resolución de discrepancias en el trabajo.

CONGESTION CHARGE. s. Peaje urbano.

CONGRESS SITE. s. Sede del congreso.

CONNECTION. IN THIS CONNECTION. En este respecto.

CONQUERS WHO ENDURES. Ex. El que resiste gana.

CONSORTIUM. s. Consorcio.

CONSTRUCTIVE DISMISSAL. s. Cambiarle de puesto a un empleado en una empresa para que se aborrezca y se vaya. Hacerle la vida imposible a un empleado para que se vaya.

CONSULTANT. TO RETAIN CONSULTANTS. Ex. Contratar a especialistas.

CONSULTANCY. AN ECONOMIC CONSULTANCY. Consultoría económica.

CONSULTANCY COSTS. s. Costes de consultoría. A £50,000 net - a - year consultancy payment. Un salario neto de 50.000 libras esterlinas al año de consultoría.

CONSULTANCY FEE. Arg. Soborno, mordida.

CONSULTANCY. I T CONSULTANCY. s. Consultoría en tecnologías de la información.

CONSULTATIVE COMMITTEE. s. Comité consultivo.

CONSULTATION. s. Consulta. A full scale consultation. Una consulta más amplia, una consulta total. In - depth consultation. Extensa consulta. Broad consultations. Amplias consultas.

CONSULTEE. s. Persona a quien se consulta.

CONSUMER PRICE INDEX. s. Indice de precios al consumo.

CONSUMER SOCIETY. s. Sociedad de consumo.

CONSUMERISM. s. Consumismo. Relentless consumerism. Consumismo desenfrenado.

CONTACT PERSON. Persona encargada.

CONTACT. PLEASE CONTACT. Dirigirse a.

CONTACTS BOOK. s. Agenda de contactos. To add a name to the contact book. Añadir un nombre a la agenda de contactos.

CONTEND, TO. v. Considerar.

CONTENTS. s. Sumario.

CONTEXT. s. Contexto. A wider context. Un contexto más amplio.

CONTINGENCY EXPENDITURE. s. Gasto extraordinario, fondo de imprevistos.

CONTINGENCY PLANS. s. Planes de emergencia. To draw up contingency plans. Preparar planes de emergencia.

CONTINGENCY FUND. s. Fondo para imprevistos.

CONTINGENCY PLANNING. s. Planificación de contingencia.

CONTINGENCY SAVINGS. s. Ahorros para imprevistos.

CONTINUATION PAPER. s. Papel continuo.

CONTRACT. s. Contrato. To enter into a contract. Firmar un contrato. You had better consult your lawyer before signing this contract. Convendría que consultaras a un abogado antes de firmar este contrato. Harías bien en, mejor sería. A contract of sorts. Si es que se le puede llamar contrato a eso. A verbal contract. Contrato verbal.

CONTRACT. EVERY CONTRACT CAN BE BROKEN. Todo contrato puede incumplirse.

CONTRACT LAW. s. Derecho contractual.

CONTRACT. TO AGREE A CONTRACT IN PRINCIPLE. Acordar un contrato de principio.

CONTRACT. TO AWARD A CONTRACT. Adjudicar un contrato.

CONTRACT. TO BE ON A ROLLING ONE YEAR CONTRACT. Tener un contrato de un año renovable.

CONTRACT. TO CLINCH A CONTRACT. Ex. Cerrar un contrato.

CONTRACT. TO DRAFT OUT A CONTRACT. Hacer el borrador de un contrato.

CONTRACT. TO DRAW UP A CONTRACT. Redactar un contrato.

CONTRACT. THE DIRECTOR'S CONTRACT RUNS OUT NEXT YEAR. El contrato del director termina el año próximo.

CONTRACT. THE DIRECTOR'S CONTRACT IS UP IN SIX MONTH'S TIME. El contrato del director termina dentro de seis meses.

CONTRACT. TO FALSIFY A CONTRACT. Falsificar un contrato.

CONTRACT. A FIXED CONTRACT. s. Contrato fijo.

CONTRACT. FIXED TERM APPRENTICE CONTRACT. Contrato fijo de aprendiz.

CONTRACT. A FLEXI CONTRACT. s. Contrato flexible.

CONTRACT. TO HONOUR A CONTRACT. Cumplir un contrato.

CONTRACT. TO IMPOSE A NEW CONTRACT. Imponer un nuevo contrato.

CONTRACT. A LEGALLY BINDING CONTRACT. Contrato jurídicamente vinculante

CONTRACT. A LONG - TERM CONTRACT. s. Contrato de larga duración.

CONTRACT. TO NEGOTIATE A CONTRACT. Negociar un contrato.

CONTRACT. TO PEN A ONE YEAR CONTRACT. Firmar un contrato de un año.

CONTRACT. PERMANENT CONTRACT. Contrato laboral indefinido.

CONTRACT. TO PULL OUT OF A CONTRACT. Retirarse de un contrato.

CONTRACT. TO PUT A CONTRACT ON HOLD. Diferir un contrato.

CONTRACT. TO RENEW A CONTRACT. Renovar un contrato.

CONTRACT. TO RESCIND A CONTRACT. Rescindir un contrato.

CONTRACT. THE SMALL PRINT ON A CONTRACT. La letra pequeña de un contrato.

CONTRACT. A SHORT - TERM CONTRACT. Contrato de corta duración. A short - term, low paid contract work. Contrato de corta duración mal remunerado.

CONTRACT TALKS WITH HE FIRM BROKE DOWN. Las negociaciones sobre los contratos con la empresa, se suspendieron.

CONTRACT. TO SEE A CONTRACT OUT. Terminar un contrato.

CONTRACT. TO SEAL A CONTRACT. Cerrar un contrato.

CONTRACT. TO SIGN A 12 - MONTH ROLLING CONTRACT. Firmar un contrato de 12 meses renovable. An annual rolling contract. Un contrato anual renovable.

CONTRACT. TO TEAR UP A CONTRACT. Romper un contrato.

CONTRACT. TEMPORARY CONTRACT. Contrato temporal.

CONTRACT. TO TERMINATE A CONTRACT BY MUTUAL CONSENT. Acabar un contrato de común acuerdo.

CONTRACT. TO THRASH OUT A CONTRACT. Firmar un contrato.

CONTRACT. TO TURN DOWN A NEW CONTRACT. Rechazar un nuevo contrato.

CONTRACT. UNFAIR CONTRACT TERMS. Cláusulas abusivas en los contratos.

CONTRACT. TO VOID A CONTRACT. Anular un

contrato.

CONTRACT. TO WRAP UP A LONG TERM CONTRACT. Firmar un contrato de largo plazo.

CONTRACT. ZERO - HOURS CONTRACTS. Contratos laborales por horas. Contrato a la llamada. Contrato cero horas. To hire staff on zero - hours contracts. Contratar a personal por horas. To put people on zero - hours contracts. Contratar a la gente por horas. To be on a zero hours contract. Estar contratado por horas. Zero - hours contracts mean that you don't have guaranteed work. Los contratos laborales por horas quiere decir que no tienes trabajo garantizado.

CONTRACTOR. s. Contratista. Independent contractor. Contratista independiente.

CONTRACTING PARTY. s. Parte contratante.

CONTRACTS MANAGER. s. Gerente al cargo de negociar contratos.

CONTRACTUAL OBLIGATIONS. Obligaciones contractuales.

CONTRACTUAL TERMS AND CONDITIONS. Condiciones de un contrato.

CONTRADICT, TO. v. Contradecir. Appeared to contradict. Parecía contradecir.

CONTRAPTION. s. Artilujo.

CONTRAST. BY CONTRAST. Por el contrario.

CONTRIBUTION. s. Cotización. The employees' contributions are deducted from their salary every month. Las cotizaciones se pagan mediante retenciones que se hacen mensualmente del salario.

CONTROL FREAK, A. s. Manipulador, dominante, persona que lo quiere controlar todo.

CONTROVERSIAL SUGGESTION, A. Una sugerencia polémica.

CONTROVERSY. s. Polémica.

CONVENIENT. Adj. Conveniente, oportuno. To be convenient. Estimar oportuno.

CONVENTION. s. Práctica, costumbre.

CONVENTIONAL THEORY. s. Teoría clásica o convencional.

CONVERT, TO. v. Convertir, transformar. The hospital has been converted into offices. El hospital ha sido convertido en oficinas.

CONVERSATION. TO ENGAGE IN CONVERSATION WITH SOMEONE. Entablar conversación con alguien.

COOKIE. THAT'S THE WAY THE COOKIE CRUMBLES. Mod. Así es la vida.

COOKS. TOO MANY COOKS SPOIL THE BROTH. Rfr.Mal cantan dos gallos en un gallinero. Dos gallos en un gallinero, el uno trae al otro al retortero. El mandar no quiere par.

COOL. Adj. Seguro de sí mismo.

COOL ! Intj. ¡Excelente!

COOL, CALM AND COLLECTED. Mod. No perder los estribos, no emocionarse, no ponerse nervioso. Estar en total control de sí mismo.

COOL DOWN, TO. Calmarse, sosegarse.

COOL IT, TO. Ex. Calmarse.

COOL. TO LOSE ONE'S COOL. Ex. Perder los estribos, perder la calma, perder los nervios, perder la compostura, perder la serenidad.

COOL. TO PLAY IT COOL. Proceder con calma.

COOPED UP. Encerrado, enjaulado. To be cooped up in an office with someone whom you hate. Estar encerrado en una oficina con alguien a quien detestas.

COPE ON ONE'S OWN, TO. Saber desenvolverse, saber hacer frente a los problemas.

COPE WITH THESE PROBLEMS YOU WILL HAVE TO WORK HARDER, TO. Para enfrentarte con estos problemas tendrás que trabajar con más tesón.

COPPER - BOTTOM. The director told him that his place in the company was copper - bottom save. El director le dijo que su puesto en la empresa estaba seguro.

COPPER - BOTTOM INVESMENT, A. s. Una inversión segura.

COPIER PAPER. s. Papel de fotocopiadora.

COPY. s. Copia. Master copy. Original. Hard copy. Copia impresa. Rough copy. Borrador. In my estimation there should be a spare copy. Según mis cálculos debería haber una copia sobrante. Give Beverly four spare copies and bin the rest. Dale a Beverly cuatro copias sobrantes y tira el resto en la papelera.

COPYBOOK. TO BLOT ONE'S COPYBOOK. Ex. Manchar uno su reputación. Cometer una imprudencia.

COPYHOLDER. s. Atril de sobremesa.

CORDED TELEPHONE. s. Teléfono fijo.

CORDLESS TELEPHONE. s. Teléfono inalámbrico.

CORE. s. Lo esencial.

CORE ACTIVITIES OF A FIRM. Gestión corriente de una empresa. Gestión del día a día de una empresa.

CORE BUSINESS. s. Tarea fundamental.

CORE COMPETENCIES. s. Funciones que desempeña una empresa. Atribuciones de una empresa. Actividades de una empresa.

CORK NOTICEBOARD. s. Tablero de anuncios de corcho.

CORKSCREW. TO BE STRAIGHT AS A CORKSCREW. Arg. Ser más retorcido que un sacacorchos, tener mala catadura, ser un retorcido, destilar mala baba, estar destetado con leche de avispa. No ser honrado, ser injusto.

CORCKSCREW. TO HAVE A MIND LIKE A CORCKSCREW. Ser más retorcido que el gancho de la cocina.

CORN. TO EARN ONE'S CORN. Arg. Ganarse lo que se cobra.

CORNER. TO ARGUE ONE'S CORNER. Mod. Defender uno su postura.

CORNER. TO GET ONESELF INTO A TIGHT CORNER. Mod. Meterse uno en un callejón sin salida.

CORNER. TO FIGHT ONE'S CORNER. Mod. Defender uno sus intereses.

CORNER. TO CUT CORNERS. Economizar. Recortar.

CORNER. TO TURN THE CORNER. Mod. Superar un problema.

CORNE - STONE. TO LAY THE CORNER - STONE. Mod. Completar la parte más importante de un trabajo.

CORNS. TO TREAD ON SOMEONE'S CORNS. Mod. Ofender a alguien, vejar a alguien.

CORPORATE ADVERTISING. s. Publicidad de empresa.

CORPORATE BODY. s. Organismo empresarial.

CORPORATE CAPITAL. s. Capital social.

CORPORATE CITIZENSHIP. s. Compromiso cívico.

CORPORATE CONDUCT. s. Conducta empresarial.

CORPORATE CRIME. s. Delito societario.

CORPORATE CULTURE. s. Cultura de empresa.

CORPORATE CUSTOMER. s. Patrocinador.

CORPORATE DEBT. s. Deuda empresarial.

CORPORATE DECISION. s. Decisión empresarial.

CORPORATE ELITE. s. La élite empresarial.

CORPORATE EVENT. s. Acto de empresa. Corporate events manager. Gerente de actos empresariales. A social event at work. Un acto social empresarial.

CORPORATE FAILURE. s. Quiebra empresarial.

CORPORATE FINANCE. Finanzas de una empresa.

CORPORATE, HOUSHOLD AND PUBLIC DEBT. Deuda empresarial, privada y pública.

CORPORATE IDENTITY. s. Logotype, logo. Logotipo de una empresa.

CORPORATE LAW. s. Derecho de Sociedades.

CORPORATE LAWYER. s. Abogado de empresa.

CORPORATE LIABILITY. Responsabilidad empresarial.

CORPORATE LOBBYING. Cabildeo empresarial.

CORPORATE LUNCH. s. Comida de empresa.

CORPORATE MANAGEMENT COMMITTEE, A. s. Comité de gestión empresarial.

CORPORATE MANSLAUGHTER. Homicidio negligente empresarial.

CORPORATE MUSCLE. s. Poder empresarial.

CORPORATE PAY. Paga de empresa.

CORPORATE PLAN. s. Plan de trabajo de una empresa.

CORPORATE POWER. s. Poder corporativo.

CORPORATE PROFITS. s. Beneficios de una empresa.

CORPORATE SECTOR, THE. s. El sector privado.

CORPORATE SNOOPING. Fisgoneo empresarial.

CORPORATE SOCIAL RESPONSABILITY.

Responsabilidad social empresarial.

CORPORATE TENANT. s. Empleado a quien la empresa le paga el alojamiento.

CORPORATE SPONSORSHIP. s. Patrocinio empresarial.

CORPORATE VALUE. s. Valor empresarial.

CORPORATE WORLD. s. El mundo empresarial.

CORPORATION. s. Sociedad anónima, corporación.

CORPORATION TAX. s. Impuesto de sociedades. To cut in corporation tax. Rebajar el impuesto de sociedades.

CORRECTION FLUID. s. Corrector líquido.

CORRIGENDA. s. Rectificaciones.

CORRUGATED CARDBOARD ROLL. s. Rollo de cartón ondulado de embalaje.

COST - BENEFIT. Coste - beneficio.

COST - CUTTING EFFICIENCY. Eficiencia en la reducción de costes.

COST - CUTTING MEASURES. TO TAKE COST - CUTTING MEASURES. Tomar medias para reducir costes.

COST - CUTTING PLANS. Planes para reducir costos.

COST - EFFECTIVE. Adj. Rentable.

COST - EFFECTIVENESS. Coste - eficacia.

COST. TO CARRY OUT LOW - COST MEASURES. Poner en práctica medias de bajo costo.

COST - SAVING MEASURES. Medidas para ahorrar costos.

COST OF WEAR AND TEAR OF INFRASTRUCTURE, THE. Los costes relacionados con la degradación de las infraestructuras.

COSTS. s. Costos. To reduce costs. Reducir costos. To put towards the costs. Contribuir a los costos. To streamline costs. Afinar costos, reducir al mínimo. To recoup the costs. Ser reembolsado.

COSTS. LOWER COSTS ACHIEVED. Bajos costos de producción.

COSTS. OVERALL ECONOMIC COSTS. Coste económico total.

COSY UP TO SOMEONE, TO. Congraciarse con alguien.

COTTON ON, TO. Comprender.

COUCH SLOUCH. s. Vago, manta, gandul, malpica, persona que trabaja menos que el sastre de Tarzán.

COUNCIL. s. Consejo. Act of the council. Acto del consejo. Report of the council. Informe del consejo de administración. To serve on the council. Formar parte del consejo. Tener asiento en el consejo. To host a council meeting. Acoger una reunión del consejo.

COUNCIL AGENDA. s. El orden del día del consejo. At this staff meeting the director general will provide us with an update on the council agenda. Durante esta reunión para los empleados, el director nos pondrá al corriente sobre el orden del día del consejo.

COUNCIL. THE COUNCIL AGREED. El consejo dio su acuerdo.

COUNCIL CHAMBER. s. Sala del consejo.

COUNCIL MEMBER. s. Miembro del consejo. An updated list of council members. Lista actualizada de los miembros del consejo.

COUNCIL. THE COUNCIL NOTES. El consejo reconoce.

COUNCIL. THE COUNCIL STRESSES THE IMPORTANCE. El consejo resalta la importancia.

COUNCIL TAX. s. Contribución municipal.

COUNCIL. THE COUNCIL STATED. El consejo indicó.

COUNCIL. THE COUNCIL TOOK STOCK. El consejo hizo balance.

COUNCIL. THE COUNCIL WELCOMES. El consejo expresa su satisfacción, el consejo acoge con agrado, el consejo acoge favorablemente.

COUNCIL. THERE ARE FOUR VACANCIES ON COUNCIL AND SEVEN CANDIDATES STANDING. Hay cuatro vacantes en el consejo y se presentan siete candidatos.

COUNSELLING. s. Asesoría.

COUNT ON SOMEONE, TO. Contar con alguien.

COUNT ON SOMETHING, TO. Contar con algo. I was counting on it. Contaba con ello.

COUNTERFEIT MONEY DETECTOR MACHINE. s. Detector de billetes falsos.

COUNTERFEIT MONEY DETECTOR PEN. s. Rotulador detector de billetes falsos.

COUNTER ROLL HOLDER. s. Portarrollos de mostrador.

COUNTRY. s. País. Individual countries will have. Cada país tendrá.

COUNTRY. ONE'S LINE OF COUNTRY. Mod. Lo que mejor se le da uno, eso es lo mío, esa es mi profesión.Using the computer is y line of country. Lo que mejor se me da es el manejo del ordenador.

COUNTS. ON THREE COUNTS. En lo que respecta a tres puntos.

COUPLED WITH. En combinación con.

COURAGE. TO PLUCK UP ONE'S COURAGE. Mod. Hacer de tripas corazón.

COURIER COMPANY. s. Compañía de mensajería.

COURT OF AUDITORS. s. Tribunal de cuentas.

COVENTRY. TO SEND SOMEONE TO COVENTRY. Mod. Hacerle a uno el vacío, dar de lado, no hablarle a alguien, tratar a alguien como a un apestado, dar la espalda, dar el esquinazo a alguien. His colleagues sent Edmund to Coventry because because he refused to join the strike. Sus compañeros le hicieron el vacío a Edmund porque se negó a unirse a la huelga.

COVERED BUSINESS CARD FILE. s. Tarjetero con tapa para tarjetas de negocios.

COW. A SACRED COW. s. Algo que no se puede poner en tela de juicio.

COWS. TILL THE COWS COME HOME. Mod. Hasta que las ranas críen pelo. Hasta el día del Juicio. To argue until the cows come home. Discutir hasta que las ranas críen pelo.

CRACK UNDER THE STRAIN, TO. Hundirse. Sufrir un patatús debido al esfuerzo, un ataque de nervios.

CRACKBERRY. s. Dícese de la persona que no hace más que usar el Blackberry.

CRACKER. s. Pirata informático.

CRACKERS. TO BE CRACKERS. Arg. Estar majareta, estar chiflado.

CRACKING. Adj. Excelente.

CRACKING. LET'S GET CRACKING! Arg. ¡A currar con ganas! ¡Manos a la obra! We've got to get cracking today. Hoy tenemos que trabajar con ganas.

CRACKPOT SCHEME, A. s. Un plan descabellado.

CRACKPOT THEORY, A. s. Una teoría descabellada.

CRACKS. TO PAPER OVER THE CRACKS. Mod. Ocultar las faltas, deshacerse de las pruebas.

CRAFTY. Adj. Astuto, zorro.

CRAP. TO GO THROUGH A LOT A CRAP. Tener que aguantar muchas cabronadas.

CRASH COURSE. s. Curso intensivo. A crash course for accountants. Curso intensivo para contables.

CRASH HELMETS. PLEASE REMOVE YOUR CRASH HELMETS. Por favor quitense el casco de seguridad. Aviso en la recepción.

CRASH PROGRAMME. s. Programa acelerado.

CRASHING BORE, A. s. Un tío pesado, un cansino, un tío capaz de aburrir a un fraile cartujo.

CRASS ADDS. s. Publicidad basura.

CRASS COMMENT. 1. Un comentario tosco, un comentario burdo. 2. Un comentario tonto.

CRAWL UP SOMEBODY'S ARSE, TO. Arg. Lamerle el culo a alguien.

CRAWLER, A. s. Lameculos.

CREAM. THE CREAM ALWAYS RISE TO THE TOP. Los mejores siempre triunfan.

CREASED. TO BE CREASED. Arg. Estar agotado, estar para el arrastre.

CREATIVE ACCOUNTING. Euf. Maquillaje de cifras. Amaño de los libros de contabilidad.

CRÈCHE FACILITIES. s. Guardería infantil.

CREDENTIALS. s. Referencias. Cualificaciones, títulos.

CREDIT. s. Crédito. To extend a crédito. Otorgar un crédito.

CREDIT CRUNCH, THE. s. La crisis crediticia. Jitters are hitting the workplace as the credit crunch makes people fear for their jobs, a report out today says. Según un informe publicado hoy, el nerviosismo cunde en el trabajo a medida que la crisis crediticia hace que los empleados teman por sus puestos de trabajo.

CREDIT MANAGER. s. Gerente de créditos.

CREEK. TO BE UP THE CREEK. Arg. No funcionar

bien. The phone is up the creek. El teléfono no funciona bien.

CREEKY. TO FEEL OLD AND CREEKY. Sentirse viejo y decrépito.

CREEP, A. s. Un tipo despreciable. Un tiparraco.

CREEPING. Adj. Hacer la pelota.

CREEPING JESUS, A. Una persona de poco fiar.

CRISIS MANAGEMENT. s. Gestión de crisis.

CRISIS OF TODAY IS THE JOKE OF TOMORROW, THE. La crisis de hoy es objeto de risa mañana. Cita de H. G. Wells.

CROCK OF GOLD, A. s. Los dineros que tiene uno ahorrados para la vejez.

CROCK OF GOLD AT THE END OF THE RAINBOW, THE Mod. Castillos en el aire, ilusiones.

CROCODILE SMILES. s. Sonrisas de circunstancias.

CRONYSM. s. Amiguismo.

CROPPER. TO COME A CROPPER. Mod. Fracasar estrepitosamente.

CROSS - CHECK, TO. v. Cotejar.

CROSS - PATCH, A. s. Persona de mal genio.

CROSS - PURPOSES. TO TALK AT CROSS - PURPOSES. Mod. Hablar cada uno de una cosa diferente.

CROSS SOMEONE, TO. Irritar a alguien. Enojar.

CROSSWORD. s. Crucigrama. To fill in the crossword. Hacer el crucigrama.

CROWD. TO STAND OUT FROM THE CROWD. Sobresalir, destacar, despuntar.

CROWDFUNDING. Micromecenazgo mediante Internet.

CROWDSOURCING. Práctica que consiste en obtener datos de un gran número de personas mediante el Internet.

CRUCIVERBALIST. s. Persona que hace crucigramas.

CRUNCH. WHEN IT COMES TO THE CRUNCH. Mod. A la hora de la verdad, cuando las cosas se ponen feas. The real crunch. La hora de la verdad.

CRUST. TO EARN A CRUST. Tener un salario.

CRUX. THE CRUX OF THE PROBLEM. Mod. El quid del problema. The crux of an issue. El meollo de la cuestión.

CRY. TO BE A FAR CRY FROM. Mod. No poderse comparar, tener poco que ver con.

CRYSTAL BALL. MY CRYSTAL BALL IS BROKEN. No soy adivino. Soy bruja pero no adivina. Respuesta sarcástica que se utiliza, cuando le hacen a uno una pregunta que no sabe.

CRYSTAL BALL GAZING. Hacer de adivino, tratar de adivinar las cosas. They expect me to do some crystal ball guessing. Quieren que haga de adivino.

CRYSTAL CLEAR TAPE. s. Cinta adhesiva transparente.

CUBICEP. s. Organizador de documentos.

CUD. TO CHEW THE CUD. Mod. Pensar, barrenar, darle al coco.

CUDGELS. TO TAKE UP THE CUDGELS. Mod. Salir en defensa de alguien, romper una lanza por alguien, echarle un capote a alguien.

CUE. TO TAKE ONE'S CUE FROM SOMEONE. Mod. Seguir los pasos de alguien, seguir el ejemplo de alguien.

CULTURE. A LONG HOURS CULTURE. La cultura de trabajar muchas horas; ie, autónomos y directivos. Suelen trabajar entre cincuenta y setenta horas a la semana.

CUNNING PLAN, A. s. Un plan genial. We went to the pub and immediately set about putting Sam's cunning plan into action. Nos fuimos al bar, e inmediatamente, pusimos en marcha el plan genial de Sam.

CUP OF COFFEE. I fancy a cup of coffee. Me apetece una taza de café. Have you been offered a cup of coffee? ¿Le han ofrecido una taza de café?

CUP OF TEA. NOT MY CUP OF TEA. Mod. No ser santo de devoción de uno. Nos ser plato de gusto de uno.

CUP OF TEA. THAT'S ANOTHER CUP OF TEA. Mod. Eso es harina de otro costal.

CUPPA, A. s. Una taza de té. Fancy a cuppa? ¿Te apetece una taza de té?

CURRENCY AUTHORITIES. s. Autoridades monetarias.

CURRENCY. s. Divisa, lema. The truth is our

currency. La verdad es nuestra divisa.

CURRENT AFFAIRS. s. Actualidades.

CURRENT POSITION. s. Cargo que desempeña uno en la actualidad.

CURRENT VACANCIES. s. Plazas vacantes en este momento.

CURRY FAVOUR WITH, TO. Mod. Tratar de ganarse el favor de alguien. Congraciarse uno con alguien para que le haga favores.

CURTAIN. TO DOWN THE CURTAIN ON SOMETHING. Terminar.

CURTAIN. TO DRAW A CURTAIN OVER. Mod. Ocultar un suceso.

CUSHY NUMBER, A. s. Un chollo de trabajo. Un trabajo fácil y seguro.

CUSTOM TEXT STAMP. s. Fórmulas comerciales con entintaje automático.

CUSTOMER CARE. Atención al cliente.

CUSTOMARY. Adj. Habitual. As has become customary. Como ya viene siendo habitual.

CUSTOMER SERVICE DESK. Servicio de atención al cliente.

CUSTOMIZE, TO. v. Personalizar.

CUT BACK, TO. Economizar, reducir, recortar.

CUT GLASS ACCENT. Inglés refinado que hablan las clases altas.

CUT THE CACKLE, TO. Arg. Dejarse de palique. Cut the cackle and get on with the work! ¡Déjate de palique y ponte a trabajar!

CUT TO THE CHASE, TO. Mod. Ir al grano. Dejarse de rodeos.

CUT AND DRIED. TO BE CUT AND DRIED. Mod. Dícese de algo que se ha convenido de antemano.

CUT OUT. TO BE CUT OUT FOR SOMETHING. Mod. Estar hecho para algo, tener madera de.

CUT TO THE QUICK, TO. Mod. Hurgar en la herida, herir en lo vivo.

CUT SOMEONE DEAD, TO. Mod. Negarle el saludo a alguien.

CUT - THROAT COMPETITION. Competencia encarnizada, competencia de exclusión, competencia implacable.

CUT - THROAT MARKETS. s. Mercados implacables.

CUT - THROAT WORLD OF BUSINESS, THE. La competencia implacable en el mundo de los negocios.

CUT UP JOBS, TO. v. Suprimir puestos de trabajo.

CUTTER. s. Cuchilla, cúter.

CUTTING - EDGE. THE COMPANY HAS BEEN AT THE CUTTING - EDGE OF TECHNOLOGY FROM THE OUTSET. La empresa ha estado, desde el principio, a la vanguardia de la tecnología.

CUTTING. TO BE CUTTING. Ex. Ser malicioso.

CUTTING REPLY, A. Una respuesta que deja a uno helado. Dejar de una pieza, dejar de piedra.

CV. s. Currículum vitae. To embellish, to inflate a CV. Inventarse un CV, to swell a CV. Inflar un Currículum Vitae. Exagerar un currículo. Engordar un CV.

CV. s. Currículum vitae. Peter is a great employee and his CV speaks for itself. Peter es un empleado modelo, y su CV habla por si solo. Tener detrás un CV impresionante. An exemplary management CV. Un CV ejemplar en gestión.

CV. s. Currículum vitae. To have many blips on one's CV. Tener muchas lagunas en el CV.

CV. s. Currículum vitae. To lie on your CV. Incluir mentiras en el currículo. Falsificar el CV. To forge a CV. Falsificar un currículo.

CV. TO DOCTOR A CV. Falsificar un CV.

CV. TO HAVE A MAGNIFICENT CV. Tener un CV espléndido

CYBER BULLYING. s. Ciberacoso.

CYBER - SECURITY. s. Ciberseguridad, seguridad cibernética. Cyber - security consultant. Asesor de ciberseguridad.

CYLINDERS. TO FIRE ON ALL CYLINDERS. Trabajar a todo meter. Trabajar como un descosido.

D

DAB HAND AT. Experto en algo. To be a dab hand at deflecting awkward questions. Ser un experto esquivando preguntas incómodas. To be a dab hand at computers. Ser un experto en ordenadores.

DAB ON, TO. Firmar en la oficina de empleo.

DABBLE IN A BIT OF EVERYTHING, TO. Ser aprendiz de todo y oficial de nada. El hombre de los mil empleos.

DAFT. AS DAFT AS A BRUSH. Ex. Más tonto que un kilo de masilla. Tonto de capirote.

DAGGERS. AT DAGGERS DRAWN. Mod. Estar a matarse, llevarse muy mal.

DAILY SALMON AND WINE, THE. Ex. El pan de cada día.

DAMAGES. s. Daños y perjuicios.

DAMN! ¡Maldita sea!

DAMPER. TO PUT A DAMPER ON. Mod. Desanimar, poner freno a algo.

DANDER. TO GET ONE'S DANDER UP. Arg. Perder los estribos.

DANGER! BROKEN GLASS. ¡Cuidado! Vidrios rotos.

DAPPER. Adj. Hombre pulcro y bien vestido.

DARK. TO BE KEPT IN THE DARK. Mod. Ignorar lo que pasa, no enterarse de lo que pasa. You have been kept in the dark as usual. Como de costumbre, no te enteras de nada.

DARK HORSE, A. Mod. Dícese de la persona cuyas habilidades se desconocen, un enigma, un misterio. I've been suspecting some time that you are a dark horse. Sospecho desde hace algún tiempo de que eres un enigma.

DARK SIDE. ON THE DARK SIDE. Por el lado negativo.

DATA. OPEN DATA. Datos abiertos.

DATABASE. s. Base de datos. Listas. To update the records on a database. Actualizar las listas de una base de datos. To amend a database. Modificar una base de datos. To upload documents to a database. Subir documentos en una base de datos. That document should be on the database. Ese documento debería estar en la base de datos. With a view to updating data on this matter. Con el fin de actualizar los asuntos sobre esta materia.

DATABASE MANAGER. s. Gestor de base de datos.

DATAHOLIC. s. Dícese de la persona adicta a la información.

DATAFIND FILESORTER. s. Portacarpetas de sobremesa.

DATA PROTECTION ACT. s. Ley de Protección de Datos.

DATA RECOVERY. Recuperación de datos.

DATA STORAGE DEVICE. s. Sistema de almacenamiento de datos.

DATA. VAST OCEANS OF DATA. Una enorme cantidad de información.

DATE. s. Fecha. Can you change the date? ¿Puedes cambiar la fecha? What's the date today? ¿A qué fecha estamos hoy? I hope this new date is convenient to you. Espero que esta nueva fecha le venga bien. A cut off date. Fecha límite. Fecha tope.

DATE. s. Fecha. Fulfilment date. Fecha de vencimiento. After that date. Tras dicho plazo.

DATE DUE. Fecha de vencimiento.

DATE OF ARRIVAL. Día de llegada.

DATE OF BIRTH. s. Fecha de nacimiento.

DATE OF DEPARTURE. Día de salida.

DATE. TO KEEP UP TO DATE. Mod. Estar al día, estar al corriente. To keep someone up to date. Mantener a alguien informado, mantener a alguien al corriente.

DATE AND TIME OF AN EVENT. Fecha y hora de un acto.

DAY. A BAD HAIR DAY. Un día complicado.

DAY. ALL DAY LONG. Todo el día.

DAY. TO BE ON AN OFF DAY. No salirle a uno las cosas bien.

DAY. TO CALL IT A DAY. Mod. Plegar en el trabajo, dar por terminado, dar de mano. Let us call it a day it is almost seven o'clock. Vamos a parar ya, son casi las siete

DAY. AT THE END OF THE DAY. Mod. En conclusión.

DAY - CARE CENTRE. s. Guardería infantil.

DAY. ERIC IS ON HALF DAY. Eric libra medio día.

DAY IN, DAY OUT. Todos los días.

DAY. IT'S BEEN A VERY LONG DAY AT WORK TODAY. Hoy ha sido un día muy largo en el trabajo.

DAY. IT IS NOT MY DAY. Hoy no es mi día.

DAY. NO EASY DAY. Un día complicado.

DAY. NOT TO HAVE ALL DAY. No tener todo el día por delante. No tener mucho tiempo.

DAY. TO MAKE A DAY OF IT. Aprovechar el día.

DAY. TO MAKE ONE'S DAY. Mod. Alegrarle a uno el día, hacer a uno feliz. You have made my day. Me has alegrado el día.

DAY. NOW THAT WOULD BE THE DAY! ¡Cuándo llegará ese día!

DAY OFF. s. Un día de descanso, librar, coger el día libre. I am taking the day off on Monday. Can you cover for me? Voy a coger el lunes libre. ¿Puedes sustituirme? I don't need you in early tomorrow as Tom is only off in the afternoon. No te necesito mañana por la mañana, ya que Tom sólo está libre por la tarde. You know I have had to tell him to go off duty once or twice. And he comes in on his day off. Sabes, le he tenido que decir, un par de veces, que acabara el turno. Y va, y se presenta el día que está libre.

DAY. s. Día. Selected days. Días indicados.

DAY. ON A DAY - TO - DAY BASIS. Diariamente.

DAY. THAT WILL BE THE DAY! Mod. ¡No lo verán mis ojos!

DAY. ON THE DAY. En el día.

DAY - TO - DAY DECISIONS. s. Decisiones diarias.

DAY - TO - DAY TASKS. s. Tareas diarias.

DAY - TO - DAY MANAGEMENT. s. Gestión corriente.

DAY - TO - DAY RUNNING OF A COMPANY. Gestión corriente de una empresa. Gestionar el día a día de una empresa.

DAY. TO HAVE A PIG OF A DAY. Arg. Pasar un día asqueroso.

DAY. YOU HAVE RUINED MY DAY! ¡Me has fastidiado el día!

DAYLIGHT. TO SEE DAYLIGHT. Mod. Llegar a comprender un problema.

DAYS. JUST ONE OF THOSE DAYS. Uno de esos días en los que nada te sale bien.

DAYS. ONE'S DAYS ARE NUMBERED. Mod. Estar a punto de jubilarse.

DAYS. THIS COMPUTER HAS SEEN BETTER DAYS. Este ordenador es viejo y no funciona bien.

DEADBEAT. s. Arg. 1. Gandul, manta. 2. Agotado, exhausto, para el arrastre.

DEAD BETWEEN THE EARS. Ex. Ser tonto de capirote, ser un tonto de remate.

DEAD DUCK. s. 1. Un inútil. 2. Un fracaso estrepitoso.

DEAD. TO BE DEAD FROM THE NECK UP. Ser un mendrugo, ser un zoquete.

DEAD IN THE WATER. TO BE DEAD IN THE WATER. Mod. No tener esperanzas, no tener solución. Un fracaso estrepitoso.

DEADLINE. s. Plazo, fecha límite. To meet a deadline. Cumplir un plazo, terminar antes de plazo. Within a deadline given. En un plazo señalado. To respect the deadline. Cumplir el plazo. To miss a deadline. Incumplir un plazo. To set a deadline.Fijar un plazo. We will have to work overtime all this week if we are to meet the deadline. Tendremos que hacer horas extras toda la semana si queremos acabar antes de plazo.

DEAD LOSS. s. Algo que no sirve para nada. This computer is a dead loss Este ordenador no sirve para nada.

DEAD MAN WALKING, A. Alguien que está a punto de perder el trabajo. The director is a dead man walking. El director está a punto de perder el trabajo.

DEAD RIGHT. TO BE DEAD RIGHT. Mod. Tener toda la razón del mundo.

DEAD TIRED. Estar agotado, estar hecho polvo.

DEAD. TO BE DEAD ON ONE'S FEET. Estar agotado, estar para el arrastre.

DEAD WOOD. s. Personas o cosas que no sirven para nada.

DEAL. A BAD DEAL Un mal acuerdo.

DEAL. A DODGY DEAL. Un trato poco fiable.

DEAL. AN ELEVENTH HOUR DEAL. Acuerdo que se logra en el último momento.

DEAL. A FINANCIAL KICKBACK DEAL. Acuerdo donde ha habido soborno por el medio.

DEAL. TO CUT A DEAL. Firmar un acuerdo. The two firms have cut a deal. Las dos empresas han firmado un acuerdo

DEAL. TO DEAL WITH. Ocuparse de, tratar con, preocuparse, concentrarse en. To deal with a difficult situation. Tratar con una situación difícil.

DEAL. TO HAMMER OUT A DEAL. Mod. Negociar un contrato.DEAL. TO HAVE A RAW DEAL. Ser tratado injustamente. Only £10,000 redundancy money after so many years working for the firm! You have had a raw deal. ¡Sólo te han pagado 10.000 libras esterlinas de despido, después de trabajar tantos años para la empresa! No se han portado muy bien contigo.

DEAL. A KNOCKOUT DEAL. Un acuerdo fenomenal.

DEAL. A SQUARE DEAL. Un acuerdo justo.

DEAL. TO REACH A LAST MINUTE DEAL. Alcanzar un acuerdo en el último minuto.

DEAL. TO RIP UP A DEAL. Romper un trato.

DEAL. TO STITCH UP A DEAL. Arg. Haber logrado un acuerdo.

DEAL. TO STRIKE A DEAL. Llegar a un acuerdo.

DEAL. TO WELSH ON A DEAL. No cumplir un acuerdo.

DEAL. TO WRAP UP A DEAL. Concluir un acuerdo.

DEALS. SPECIAL DEALS. Negocios especiales.

DEAR. s. Cielo, cariño.

DEATH DUTIES. s. Impuesto sobre la herencia.

DEATH. s. Muerte. To work oneself to death. Matarse de trabajar.

DEATH. s. Muerte. To look like death warmed up. Parecer un muerto en vida. Encontrarse muy mal. Tener un aspecto lamentable, parecer un resucitado, estar hecho unos zorros. Jim came into work this morning looking like death warmed up. Jim ha venido al trabajo esta mañana hecho unos zorros.

DEBATE. s. Debate. To kick off a debate. Comenzar un debate.

DEBATE. s. Debate. A heated debate. Un debate acalorado.

DEBT. s. Deuda. The building had to be sold off to pay down some of the company's massive debts. Tuvieron que vender el edificio, para pagar parte de las enormes deudas que tiene la compañía. The company's debts mounted to over £20m. Las deudas de la empresa eran superiores a 20 millones de libras esterlinas. To accrue debts. Acumular deudas. Unpaid debts. Deudas impagadas. Debts due. Deudas a pagar. Outstanding debt. Deuda pendiente. To pay off a debt. Amortizar una deuda, saldar una deuda. To default in one's debts. No pagar las deudas. Bad debt. Deuda incobrable. To clear a debt. Saldar una deuda. Overdue debts. Deudas atrasadas. The company's debt is now down to a manageable level. La deuda de la empresa se ha reducido a un nivel manejable.

DEBT. s. Deuda. A hefty debt. Una deuda tremenda.

DEBT EXPERT. s. Experto en deudas.

DEBT. s. Deuda. To be debt laden. Estar endeudado hasta las cejas.

DEBT - RIDDEN FIRM. Empresa endeudada hasta los ojos, empresa endeudada hasta las trancas.

DEBT. TO BE IN DEBT TO THE EYEBALLS. Ex. Estar endeudado hasta los ojos Estar endeudado hasta las trancas. A massive debt. Una enorme deuda.

DEBT. TO BE SADDLED WITH DEBT. Estar endeudado hasta las cejas.

DEBTOR. s. Deudor.

DECADE. s. Decenio. In the past decade. En el pasado decenio.

DECAFFEINATED COFFEE. s. Café descafeinado.

DECIDE, TO. v. Decidir. Unless otherwise decided. Salvo decisión contraria.

DECISION. s. Decisión. A legally binding decision. Decisión jurídicamente vinculante.

DECISION - MAKER. s. Persona que toma decisiones.

DECISION MAKING. Toma de decisiones.

DECISION. A QUESTIONABLE DECISION. Una decisión discutible.

DECISION TAKEN BY COMMON AGREEMENT, A. Una decisión adoptada de común acuerdo.

DECK. ALL HANDS ON DECK! Mod. ¡Todos manos a la obra! ¡Todos a arrimar el hombro! To complete the order we will need all hands on deck. Para completar este pedido, necesitaremos la ayuda de todo el mundo.

DECK. NOT PLAYING WITH THE FULL DECK. Arg. Un tonto. Faltarle un hervor,

DECK. TO PUNCH DECK. En la jerga de la informática, teclear.

DECKS. TO CLEAR ONE'S DECKS. Mod. Prepararse para llevar a cabo una tarea.

DECLARATION OF INTENT, A. Una declaración de intenciones.

DECONSTRUCT, TO. v. Deconstruir.

DEDUCTION. s. Deducción. Deductions at source. Deducciones en origen.

DEEDS. NOT WORDS DEEDS. Mod. Menos palabras y más hechos.

DEEP END. TO GO OFF THE DEEP END. Arg. Perder los estribos, ponerse como una fiera.

DEEM APPROPRIATE, TO. Estimar conveniente.

DEEP POCKETS. Reservas de capital.

DEFAULT. s Cesación de pagos. Falta de pago. To default on one's debts. Incumplir los pagos. To avoid defaulting. Evitar la suspensión de pagos. The company has defaulted. La empresa ha incumplido los pagos. By default. Por defecto.

DEFAULT RETIREMENT AGE. Edad de jubilación.

DEFINING MOMENT, A. Un momento decisivo.

DEJA VU. Un ya visto.

DE LAYER, TO. v. Despedir a empleados en una empresa. Generalmente, a gerentes de medio rango.

DELEGATE, TO. s. Delegar. To delegate a task. Delegar una tarea.

DELETE A MESSAGE, TO. Borrar un mensaje.

DELETE AS APPROPIATE. Seleccione una opción correcta y elimine la incorrecta.

DELIVERABLE. Adj. Factible.

DELIVERY. s. Entrega. Taking and accepting deliveries on behalf of the company. Aceptar entregas en nombre de la empresa. Express delivery. Entrega urgente.

DELIVERY NOTE. s. Albarán.

DEMISE. s. Desaparición. The demise of a firm. La desaparición de una empresa. The demise of the small family business. La desaparición de la pequeña empresa familiar.

DEMOLISH, TO. v. Echar por tierra.

DEMONS. TO GET AWAY FROM YOUR DEMONS. Tratar de olvidarse de los problemas.

DEMONS. TO HAVE DEMONS WITH YOUR BOSS. Tener problemas con el jefe.

DEMONS. TO HAVE DEMONS WITH YOUR WORK. Tener problemas con el trabajo.

DEMOTE, TO. v. Degradar.

DEPARTMENTAL MEETING. s. Reunión departamental. The next departmental meeting will be a week on Monday. La próxima reunión será el lunes que viene no, el siguiente.

DEPENDABLE EMPLOYEE, A. s. Empleado fiable.

DEPOSIT. s. Depósito. Short term deposits. Depósitos a corto plazo.

DEPOSIT, TO. v. Ingresar. To deposit money in an account. Depositar dinero en una cuenta.

DEPTH. TO BE OUT OF ONE'S DEPTH. Mod. No saber lo que hacer, no aclararse, no entender algo. He was out of his depth: too intelligent not to know it, too proud to admit it. No tenía ni idea: demasiado inteligente para no darse cuenta, demasiado orgulloso para admitirlo.

DEPUTY DIRECTOR. s. Subdirector.

DEPUTY SECRETARY - GENERAL. s. Secretario General Adjunto.

DE RECRUIT, TO. v. Despedir empleados en una empresa.

DEREGULATE, TO. v. Liberalizar, desregular. To deregulate the economy. Liberalizar la economía.

DEREGULATION. s. Desregulación, liberalización.

DESEASONALISATION. Desestacionalización. Práctica comercial que consiste en poner en venta artículos mucho antes de que sea su época.

DESERT SOMEONE IN HIS HOUR OF NEED, TO. Dejar a alguien en la estacada.

DESIGN. s. Proyecto. To test a design. Poner a prueba un proyecto.

DESIGN THINKING. s. Pensamiento diseñador.

DESIGN, TO. v. Diseñar.

DESK. s. Escritorio. To be at one´s desk. Estar en el despacho. The desk is cluttered with papers. El escritorio está atestado de papeles.

DESK CALENDER. s. Calendario de sobremesa, calendario taco.

DESK. CLEAR YOUR DESK! Euf. Ser despedido en el acto. Tener que abandonar la compañía inmediatamente. Clear your desk and go home! ¡Estás despedido! Clear you desk. You are sacked! ¡Estás despedido!

DESK JOKEY. s. Chupatintas, cagatintas.

DESK DISPENSER. s. Portarrollos sobremesa.

DESK DRAWER ORGANISER. s. Organizador de cajón.

DESKFAST. Práctica que consiste en comprar, antes de llegar al trabajo, bocadillos, pasteles, algo para beber, etc, para desayunar en el despacho. En vez de desayunar en casa. En la actualidad, es una práctica muy corriente.

DESK JOB. s. Trabajo administrativo.

DESK LAMP. s. Lámpara de escritorio.

DESK MAT. s. Vade sobremesa.

DESK ORGANISER. s. Organizador de sobremesa.

DESK PAD. s. Bloc de notas.

DESKTOP CALCULATOR. s. Calculadora de sobremesa.

DESKTOP FLIP - OVER PAD. s. Bloc de papel para caballetes de escritorio.

DESKTOP LITERATURE HOLDER. s. Portafolletos de sobremesa.

DESKTOP SORTER. s. Clasificador de sobremesa.

DESPITE THE FACT THAT. A pesar de que.

DEVELOPMENT. s. Desarrollo. For the further development of. Para el futuro desarrollo de.

DEVELOPMENT AND TRAINING. Desarrollo y capacitación.

DEVELOPMENT. PERSONAL DEVELOPMENT. Desarrollo personal. Continuing professional development. Desarrollo profesional permanente.

DEVIL. TO BE BETWEEN THE DEVIL AND THE DEEP BLUE SEA. Mod. Encontrarse entre la espada y la pared. Estar en un callejón sin salida.

DEVIL. s. Diablo. The devil is in the detail. Mod.

El Diablo está en los pequeños detalles. El diablo mora en los detalles.

DEVIL TO PAY, THE. Mod. Costar la torta un pan, pagar con creces.

DEVICE. s. Dispositivo. A technical device. Dispositivo técnico. The device is switched on. El dispositivo se pone en marcha.

DEVICES. TO LEAVE SOMEONE TO HIS OWN DEVICES. Mod. Dejar a alguien que se las componga como pueda, dejar a uno a su suerte, dejar a uno que se las arregle como pueda.Dejar que alguien actúe por iniciativa propia.In this firm nobody tells you what to do. You are just left to your own devices.En esta empresa nadie te dice lo que tienes que hacer. Te dejan actuar por iniciativa propia.

DEVICES. TO EXPLOIT DEVICES. Hacer uso de, valerse de.

DEVISE A PROGRAMME, TO. Ingeniar un sistema.

DE - WAGED. TO BECOME DE - WAGED. Euf. Ir al paro.

DIAL, TO. v. Marcar los números de un teléfono. You dial the number and the line goes dead. Idon´t know what is going on with this telephone. Marcas el número y la líne se corta. No sé que le pasa a este teléfono. The number you have dialled is not available. El número que ha marcado no se encuentra disponible en este momento.

DIALOGUE OF THE DEAF, A. Un diálogue de sordos.

DIAMOND GEEZER. s. Arg. Persona en quien se puede confiar plenamente.

DIARRHOEA. TO HAVE DIARRHOEA ON THE PEN. Meter paja.

DIARRHOEA. TO HAVE VERBAL DIARRHOEA. Tener diarrea mental.

DIARY. s. Agenda. Can you pencil in your diary? ¿Puedes anotar en tu agenda?

DICEY. Adj. Arriesgado.

DIFFERENT FROM. THAT IS DIFFERENT FROM. Una situación distinta de.

DIFFICULTY. s. Contratiempo, pega, problema, obstáculo. To come across a difficulty. Toparse con un problema.

DIG. TO TAKE A DIG AT SOMEONE. Aludir con

ironía a alguien.

DIGIT. s. Dígito. Non zero digit. Dígito distinto de cero.

DIGITAL BUSINESS. s. Negocio digital.

DIGITAL DETOX. Desintoxicación digital.

DIGITAL PROJECTOR. s. Proyector digital.

DIGITAL SECURITY. Seguridad digital.

DIGITAL TAX. s. Tasa digital.

DIGITAL TECHNOLOGY. s. Tecnología digital.

DIM VIEW. TO TAKE A DIM VIEW. 1. Ver las cosas con pesimismo. 2. Censurar, ver con malos ojos.

DING - DONG, A. s. Arg. Discusión, altercado, trifulca, rifirrafe, pelea, riña.

DINNERTIME. s. Hora de comer, hora del almuerzo. Henry has gone out to get something for dinner. Henry ha salido a comprar algo para comer.

DINOSAUR, A. s. Un inútil.

DIPSTICK. s. Estudio de mercado.

DIRE STRAITS. TO BE IN DIRE STRAITS. Tener grandes dificultades económicas. The company finds itself in economic dire straits. La empresa se enfrenta a grandes problemas económicos. This is not a company that is in dire straights. It is profitable and its profits are created by hard - working staff. Esta no es una empresa que tenga grandes dificultades económicas. Es una empresa rentable, y sus beneficios los generan una plantilla de obreros muy trabajadores.

DIRECT DEBIT. s. Domicialización bancaria. To pay by direct debit. Domicialización de pago de recibos. Direct debit discount. Descuento por domiciliación.

DIRECT DEBIT MANDATE FORM. Autorización de domiciliación bancaria.

DIRECT DEBIT SCHEME. s. Plan de domilciliación bancaria.

DIRECT MAIL. s. Junk mail. Correo no solicitado. Correo basura.

DIRECT MARKETING. s. Publicidad en papel.

DIRECTIVE s. Normativa.

DIRECTOR. s. Director. A flamboyant director. Un director ostentoso. Un director llamativo.

DIRECTOR GENERAL. s. Director general. The director general is on the brink of losing his job. El director general está a punto de perder el trabajo. The director general strode into the office with a face like thunder. El director general entró en el despacho dando grandes zancadas, y vociferando. The D G´s position appears untenable after the board issued a vote of no confidence in him. Tras el voto de no confianza que emitió la junta, el cargo del director general parece insostenible. To call for the head of the director general. Pedir la dimisión del director general. The director is parting company with the firm. El director se va de la empresa. To relieve the director general of his duties. Despedir al director general. Prescindir de los servicios del director general.

DIRECTOR OF EMPLOYMENT RELATIONS. s. Director de relaciones laborales.

DIRECTOR OF EXTERNAL RELATIONS. Director de relaciones externas.

DIRECTOR OF MANAGEMENT AND BUDGET. Director de la oficina de gestión y presupuestos.

DIRECTOR OF MARKETING, COMMUNICATIONS AND BUSINESS DEVELOPMENT. s. Director comercial, comunicaciones y desarrollo de negocios.

DIRECTOR OF RESEARCH AND DEVELOPMENT. s. Director de investigación y desarrollo.

DIRECTORS AND OFFICERS INSUARANCE OR D&O INSUARANCE. s. Seguros de responsabilidad civil para directivos. Seguro de protección jurídica empresarial.

DIRECTORSHIP. s. Cargo de director. Paid directorship. Cargo de director remunerado.

DIRT. TO EAT DIRT. Ex. Aguantar carros y carretas. Tragar quina.

DIRTY SOD, A. s. Arg. Un tipo de mala índole, un tipo de mala catadura, un mal bicho.

DIRTY SWINE, A. s. Arg. Un mal bicho, un tipo de mala catadura.

DIRTY. TO DO THE DIRTY ON SOMEONE. Hacerle una jugada a alguien.

DIRTY TRICK, A.Una mala jugada, una mala pasada, una cabronada, una putada. To play a dirty trick on someone. Hacerle una mala jugada a alguien. Sean used to play dirty tricks on me. Sean solía hacerme malas jugadas. To play dirty tricks. Hacer cabronadas.

DIRTY TRICKS. s. Métodos sucios.

DISABLED ACCESS. s. Acceso para discapacitados.

DISARRAY. THE COMPANY IS IN FINANCIAL DISARRAY. La empresa se encuentra en una situación financiera caótica.

DISCHARGE AN EMPLOYEE FROM HOSPITAL, TO. Dar de alta a un empleado del hospital.

DISCIPLINARY ACTION. TO TAKE DISCIPLINARY ACTION AGAINST AN EMPLOYEE. Disciplinar a un empleado.

DISCLAIMER OF LIABILITY. s. Cláusula de exención de responsabilidad.

DISCRIMINATION AND EQUAL PAY. Discriminación salarial e igualdad de salario.

DISCUSSED. Mencionado.

DISCUSSION. s. 1. Conversación, argumentación, charla. 2. Discusión, debate, deliberación. To kick start a discussion. Contribuir a iniciar una conversación. A heated discussion. Una discusión acalorada. After lengthy discussions. Tras largas deliberaciones. Discussions are scheduled in the next few days. Conversaciones están previstas para los próximos días. A sensible discussion. Una conversación razonable.

DISGUSTING. HOW VERY DISGUSTING! ¡Qué asco!

DISREPUTE. s. To bring a company into disrepute. Desacreditar a una empresa.

DISH THE BULL, TO. Arg. Hablar sandeces.

DISINVEST, TO. v. Desinvertir.

DISINVITE, TO. s. Rescindir una invitación.

DISK DRIVE. s. Disquetera.

DISK SAFE. s. Caja fuerte para diskettes.

DISLOYALTY. s. Deslealtad. To be sacked for disloyalty. Ser despedido por deslealtad.

DISMAY. s. Consternación. To watch in dismay. Quedarse de una pieza.

DISMISS, TO. v. Despedir a aguien del trabajo. Long - term absence due to ill health may put your employment at risk. Ausencia de larga duración al trabajo, por motivos de salud, puede poner su puesto de trabajo en peligro. To be dismissed from your job because of ill health. Ser despedido del trabajo por incapacidad laboral. To be dismissed for gross insubordination. Ser despedido por insubordinación grave. To be dismissd at a moment's notice. Ser despedido sin previo aviso. To be dismissed without notice. Ser despedido sin preaviso.

DISMISSAL. s. Despido. The shadow of dismissal gave him nightmares. La amenaza de despido le provocaba pesadillas.

DISMISSAL FOR MISCONDUCT. s. Despido por mala conducta.

DISMISSAL. A DISMISSAL WITHOUT SUGAR COATING. Destitución fulminante.

DISMISSAL. TO BE THREATENED WITH OUTRIGHT DISMISSAL. Ser amenazado con ser despedido en el acto.

DISMISSAL. WRONGFUL DISMISSAL. s. Despido injusto.

DISMISSAL. UNFAIR DISMISSAL. s. Despido injusto. To complaint of unfair dismissal. Quejarse de despido injusto. To sue a company for unfair dismissal. Demandar a una empresa por despido injusto.

DISMISSAL. UNFAIR DISMISSAL LAWSUIT. Litigio laboral por despido injusto.

DISPOSABLE PAPER PLATES. s. Platos de cartón desechables.

DISPUTE. s. Litigio. A pay and working practices dispute. Litigio salarial y laboral. A long running industrial dispute. Litigio laboral que viene de largo. Settlement of disputes. Resolución de litigios.

DISREGARD SOMETHING, TO. No tener en cuenta algo.

DISTANCE. TO KEEP ONE'S DISTANCE. Mod. Guardar las distancias.

DISTANCE MARKETING OF COMSUMER FINANCIAL SERVICES. Comercialización a distancia de servicios financieros.

DISTANCE SELLING. La venta a distancia.

DISTINCTION. s. Distinción. It is a not unimportant distinction. La distinción no carece de importancia.

DISTORT, TO. v. Tergiversar.

DISTRESSED ASSETS. s. Activos dañados.

DITCH SOMEONE, TO. Arg. Echar a alguien del trabajo.

DITHERER. s. Irresoluto.

DIVERSIFY, TO. v. Diversificar.

DIVIDERS. COLOURED BOARD DIVIDERS. s. Separadores cartón. En colores.

DIVIDERS. PUNCHED POCKET DIVIDERS. s. Separador pestañas personalizables.

DIVIDERS. SUBJECT DIVIDERS. s. Separadores en cartón. Color pastel.

DOABLE. Adj. Factible.

DO. TO CREATE A TO DO. Armar una bronca.

DO. TO DO ABOUT SOMETHING. Mod. Hacer al respecto.

DO THE DECENT THING, TO. Dimitir de un cargo.

DO. TO DO AWAY WITH. Suprimir.

DO. TO DO EVERYTHING SOMEONE ASKS. Hacer todo lo que le mandan a uno. A mandar que para eso estamos.

DO. TO DO WHAT ONE KNOWS BEST. Hacer lo que mejor se le da a uno.

DO I HAVE TO SPELL IT OUT FOR YOU? ¿Quieres que te lo repita otra vez?

DO SOMEONE A NASTY, TO. Arg. Hacerle a alguien una mala jugada.

DO SOMEONE DOWN, TO. Criticar a alguien.

DOCK. TO DOCK PAY FROM ONE'S WAGES. Deducir del salario de uno por alguna causa. His pay was docked when he when on strike. Le dedujeron del salario cuando se puso en huelga. To dock someone's money from his pension. Deducirle a alguien dinero de la pensión.

DOCKET. s. Lista del contenido de un envio.

DOCTOR. THAT'S JUST WHAT THE DOCTOR ORDERED! ¡Justo lo que necesitaba! ¡Justo lo que me hacía falta! A nice pint of beer, after 8 hours hard work, that's just what the doctor ordered. Una buena jarra de cerveza, tras una dura jornada de trabajo de 8 horas, es justo lo que necesitaba.

DOCUMENT. s. Documento. To have a little tinker around with a document. Retocar un poco un documento.

DOCUMENT. AN ASTONISHING DOCUMENT. Un documento sorprendente.

DOCUMENT. A DOCUMENT AVAILABLE ON - LINE. Un documento disponible en línea.

DOCUMENT. AN IMPRESSIVE DOCUMENT. Un gran documento.

DOCUMENT. TO ISSUE A DOCUMENT. Expedir un documento.

DOCUMENT. A JOINT DOCUMENT. s. Un documento conjunto.

DOCUMENT. PLEASE READ AND SIGN THIS DOCUMENT. Por favor, lea y firme este documento.

DOCUMENT. TO FALSIFY A DOCUMENT. Falsificar un documento.

DOCUMENT. TO GO THROUGH A DOCUMENT WITH A FINE TOOTHCOMB. Examinar un documento minuciosamente.

DOCUMENT. TO HANDLE A DOCUMENT. Tramitar un documento.

DOCUMENT. TO PREPARE A DOCUMENT. Elaborar un documento.

DOCUMENT. TO PRODUCE A DOCUMENT. Elaborar un documento.

DOCUMENT. A WORKING DOCUMENT. s. Documento de trabajo.

DOCUMENTS. These documents are to be thrown away. Estos documentos son para tirarlos a la basura.

DOCUMENTS. SUNDRY DOCUMENTS. Documentos diversos.

DODDLE. s. Una tarea fácil.

DODGEWORK. s. Gandul, vago.

DODGY. Adj. Arriesgado.

DODGY ACCOUNTANT, A. Contable de poco fiar.

DODGY CREDIT CARD, A. s. Una tarjeta de crédito sospechosa.

DODGY GEEZER, A. s. Un tipo de poco fiar.

DODGY WRITING. s. Escritura que no hay quien la entienda.

DOG. A DIRTY DOG. s. Persona de poco fiar.

DOG DOESN'T EAT DOG. Mod. Entre bomberos no nos pisamos la manguera. Entre gitanos no se dice la buenaventura. Perro no come carne de perro.

DOG. TO BE AS HAPPY AS A DOG WITH TWO

TAILS. Mod. Estar fuera de sí de gozo, no caber uno de contento.

DOG END, A. s. Colilla.

DOG. EVERY DOG HAS HIS DAY. Mod. Todo el mundo tiene su minuto de gloria, a todo el mundo le sonríe la suerte alguna vez en la vida.

DOG. GIVE A DOG A BAD NAME. Mod. Calumnia, que algo queda.

DOGHOUSE. TO BE IN THE DOGHOUSE. Mod. Enemistarse con alguien. Andar a malas. Haber caído en desgracia. I am not in the doghouse for this. Am I? No te habrás enemistado conmigo por esto. ¿Verdad?

DOG. IT IS A CASE OF THE TAIL WAGGING THE DOG. Es el mundo al revés.

DOG. LUCKY OLD DOG YOU ARE! ¡Qué chorra tienes tío!

DOG - ROUGH. TO BE DOG ROUGH. Estar hecho polvo.

DOG TIRED. Estar más cansado de trabajar que un perro pachón, estar hecho polvo.

DOG. TO HAVE A BLACK DOG DEPRESSION. Ex. Tener una depresión de caballo.

DOG SOMEONE, TO. Arg. No dejar a uno ni a sol ni a sombra, no dejar a uno en paz.

DOG. YOU CAN'T TEACH AN OLD DOG NEW TRICKS. Loro viejo no aprende a hablar.

DOGGO. TO LIE DOGGO. Tratar de pasar desapercibido.

DOGS ARE BARKING IT IN THE STREETS. Ex. Un secreto a voces.

DOG'S. THE DOG'S BOLLOCKS. Ex. Lo mejor.

DOGSBODY, A. s. El chico de los recados. Burro de carga.

DOG'S BREAKFAST. s. Arg. Chapuza. Desbarajuste.

DOG'S LIFE. TO LEAD A DOG'S LIFE. Llevar una vida de perros.

DOGS. LET SLEEPING DOGS LIE. Mod. Peor es meneallo. Peor es hurgallo. Mejor es no meneallo.

DOG'S DINNER, A. s. Arg. Chapuza. Desbarajuste.

DOGS. TO GO TO THE DOGS. Ir a la ruina. The company has gone to the dogs. La empresa ha ido a la ruina.

DOGS. TO WORK LIKE DOGS. Trabajar como esclavos.

DOING. ELTON DOESN'T KNOW WHAT'S HE DOING. Elton no sabe lo que hace.

DO NOT FLUSH DOWN THE LAVATORY PAN PAPER TOWELS AS THEY BLOCK IT UP. No depositen toallitas de papel de secar las manos en la taza del water y tiren de la cadena, ya que lo atasca. Aviso en los aseos.

DO YOU READ ME? ¿Me comprende?

DOLDRUMS. TO BE IN THE DOLDRUMS. Mod. No ir bien un negocio, estar estancado.

DOLDRUMS. TO BE WAY DOWN IN THE DOLDRUMS. Abatido, cabizbajo, alicaído. Tener una depresión de caballo.

DOLE. TO BE ON THE DOLE. Ex. Estar en el paro. To be doomed to the dole. Estar condenado al paro. To sign on the dole. Apuntarse al paro. To live life on the dole. Vivir la vida desempleado. To draw the dole. Cobrar el paro.

DOLEY, A. s. Parado, desempleado.

DOLLAR. ANOTHER DAY ANOTHER DOLLAR. Volver a la normalidad.

DONE AND DUSTED. TO BE DONE AND DUSTED. Mod. Haber acabado una tarea.

DONE FOR. TO BE DONE FOR. Mod. Estar perdido, arruinado.

DONE IN. TO BE DONE IN. Mod. Estar agotado, estar cansado, estar hecho polvo.

DONE IN A SLAP - HAPPY FASHION. Ex. Hacer algo de manera improvisada.

DONKEY. s. Burro. As obstinate as a donkey. Terco como una mula.

DONKEY. s. Burro. Donkey work. Trabajo repetitivo y poco interesante. Trabajo monótono.

DONKEY'S YEARS. NOT FOR DONKEY'S YEARS. Mod. Por mucho tiempo.

DON'T ASK ME. No tengo ni idea.

DON'T YOU GET LIKE THAT WITH ME! ¡No te pongas así conmigo!

DOOM AND GLOOM MERCHANT, A. Catastrofista.

DOOM - MONGER. s. Profeta del catastrofismo.

DOOMED TO FAILURE. THE PLAN IS DOOMED

TO FAILURE. El plan está condenado al fracaso.

DOOMSTER, A. s. Profeta del apocalipsis. Profeta del catastrofismo.

DOOMSAYER, A. s. Profeta del apocalipsis.

DOOMSDAY SCENARIO. s. Una situación catastrófica.

DOOR. PLEASE MAKE SURE TO SHUT THIS DOOR FIRMLY BEHIND YOU! ¡Por favor, asegúrese de cerrar esta puerta bien cerrada cuando se vaya!

DOOR. PUSHING AT AN OPEN DOOR. Ex. Una actividad que no sirve para nada.

DOORMAT. s. Dícese de la persona que se deja pisar por otras. Don't make a doormat of yourself. No te dejes pisar por nadie.

DOORSTOP, A. s. Un calce de puerta.

DOOR. THIS DOOR MUST BE KEPT CLEAR AT ALL TIMES. Esta puerta tiene que estar despejada siempre.

DOOR. TO LAY AT SOMEONE'S DOOR. Mod. Culpar a alguien de algo que ha salido mal.

DOOR. TO SHOW SOMEONE THE DOOR. Despedir a alguien del trabajo. Señalar la puerta de salida a alguien, enseñarle la puerta a aguien, indicarle a uno la puerta de salida.

DOOR. I WILL SEE YOU TO THE DOOR. Le acompaño hasta la puerta.

DOOR. WHEN DOOR IS LOCKED PLEASE RING THE BELL. Por favor, cuando la puerta esté cerrada con llave llamen al timbre.

DOOR WEDGE. s. Calce de puerta.

DORMITORY TOWN, A. s. Ciudad dormitorio.

DORMITORY SUBURB, A. s. Barrio dormitorio.

DOTCOM, A. s. Compañía virtual.

DOT FIZZLE. s. Empresa de compra y venta por Internet que comienza con mucho bombo y platillo pero que desaparece sin tirar cohetes.

DOT. ON THE DOT. Mod. En punto, sin retraso. We start at nine on the dot. Comenzamos a trabajar a las nueve en punto. DOTTED LINE. TO SIGN ON THE DOTTED LINE. Firmar un document. Firmar en la línea de puntos. Do not sign on the dotted line without reading the document. No firmes el documento sin leerlo.

DOUBLE BUBLE. Arg. Cobrar paga doble. I'm working during my holidays, it's double buble though. Voy a trabajar durante las vacaciones, claro, me pagan doble.

DOUBLE. TO DO THE DOUBLE. Trabajar y cobrar el paro.

DOUBLE DUTCH. TO TALK DOUBLE DUTCH. Mod. Hablar en chino. No entender lo que le dicen.

DOUBLE EDGE SWORD, A. s. Una espada de doble filo.

DOUBLE - ENTRY BOOKEEPING. s. Contabilidad por partida doble.

DOUBLE - SIDED TAPE. s. Cinta adhesiva doble cara.

DOUBLE UP, TO. Compartir. To double up office. Compartir oficina.

DOUBLE AS. When he finishes at the office he doubles as a waiter. Cuando termina en la oficina, hace otro trabajo de camarero.

DOUGHNUT. TO HAVE A BRAIN LIKE A DOUGHNUT. Cabezahueca, ablandabrevas, estúpido, zoquete.

DOWN. TO BE DOWN TO SOMEONE. Ser responsabilidad de aguien. It's down to the secretary. Es responsabilidad de la secretaria.

DOWNGRADE, TO. v. Bajar de categoría.

DOWN IN THE DUMPS. TO BE DOWN IN THE DUMPS. Mod. Estar deprimido, estar de capa caída. I was getting a bit down in the dumps at the beginning of the year. Empezaba a deprimirme un poco al comienzo del año.

DOWN IN THE MOUTH. TO BE DOWN IN THE MOUTH. Mod. Estar deprimido, estar de capa caida.

DOWN PAYMENT, A. s. Una entrada.

DOWNSCALE, TO. Reducir de tamaño.

DOWN - TO - EARTH PERSON, A. s. Persona realista.

DOWNSHIFT. Cambiar a otro trabajo que no sea tan agobiante, y así, mejorar la calidad de vida. Auque se gane menos dinero.

DOWNSHIFTER. s. Persona que cambia de carrera, y estilo de vida trabajando menos horas.

DOWNSIZING. Euf. Despido de empleados.

DOWN TOOLS, TO. Ex. 1. Dejar de trabajar,

parar. 2. Ponerse en huelga. 'See you tomorrow, Tim,' I shouted as we downed tools and left yet another job half - done. 'Hasta mañana, Tim,' grité, dejando de trabajar, y otro trabajo a medio terminar. Time to down tools. Hora de parar.

DOWNTOWN. Adj. El centro de la ciudad.

DOWNTURN. s. Giro hacia la recesión. To weather the downturn. Capear el giro hacia la recesión.

DOZEN. TO TALK NINETEEN TO THE DOZEN. Mod. Hablar por los codos.

DOZEN TRADES, THIRTEEN MISERIES. Rfr. Oficial de mucho, maestro de nada. Un cagaoficios.

DOZY COW/MARE, A. s. Atontada.

DOZY GIT/SOD/TWIT/TWAT, A. s. Atontado, abombado.

DRAFT. s. Proyecto.

DRAFT A DOCUMENT, TO. Redactar un documento.

DRAFT LETTER, A. s. Borrador de carta.

DRAFT PLAN, A. s. Un proyecto de plan.

DRAFT. PROVISIONAL DRAFT. Borrador provisional.

DRAFT REPORT, A. s. Un proyecto de informe.

DRAFT. TO DRAW UP A DRAFT. Redactar un borrador.

DRAG - ASS. s. Arg. Vago, zángano, gandul, malpica.

DRAG ON. THIS MORNING IS DRAGGING ON. Se está haciendo muy larga la mañana. Esta mañana se está haciendo interminable.

DRAG ONE'S FEET, TO. Mod. Hacerse el roncero, hacerse el remolón, resistirse.

DRAIN. TO GO DOWN THE DRAIN. Expr. Fracasar, malograr, desperdiciar.

DRAINED. TO BE DRAINED. Mod. Estar agotado, estar para el arrastre, estar hecho polvo.

DRAINS - UP. PULL UP THE MANHOLE COVER AND HAVE A DRAINS UP. Ex. Investigar algo a fondo.

DRAWBACK. s. Inconveniente.

DRAWING BOARD. TO GO BACK TO THE DRAWING BOARD. Mod. Comenzar algo de nuevo, volver al punto de salida, volver a la casilla de salida. If it doesn't work we will have to go back to the drawing board. Si no funciona tendremos que comenzar de nuevo otra vez.

DRAWING PAD. s. Bloc de dibujo.

DRAWING PINS. s. Chinchetas.

DREADED LURGI. s. Dícese de la enfermedad que no es grave pero que se atrapa fácilmente. Vocablo jocoso.

DRESS CODE AT WORK. s. Código de vestimenta. It is advised that you come to work dressed according to your salary. Le aconsejamos que venga vestido al trabajo de acuerdo con lo que le permite su salario.

DRESS DOWN CASUAL, TO. Ex. Vestir de sport.

DRESS. IN FULL DRESS. Ir vestido de etiqueta.

DRESS SMART CASUAL, TO. Ex. Vestir de sport. Por ejemplo, jersey, pantalones tejanos y zapatos. Prohibido llevar zapatillas de deporte. Práctica que permiten algunas compañías.

DRESSING DOWN. TO GIVE SOMEONE A DRESSING DOWN. Mod. Echarle un rapapolvo a alguien. To give someone a right royal dressing down. Echarle los perros a alguien.

DRESS DOWN FRIDAY. Ex. Costumbre que tienen determinadas compañías, según la cual, se les permite a los empleados vestir los viernes, como quieran.

DRESS UP IN ONE'S BEST CLOBBER, TO. Ex. Vestir de tiros largos, vestir de punto en blanco.

DRIBBLE. s. Sandeces, tonterías. To talk dribble. Decir chorradas.

DRIFT. TO GET THE DRIFT OF SOMETHING. Mod. Comprender el quid de algo, comprender lo esencial de algo.

DRILL DOWN, TO. Ex. Entrar en detalles.

DRIFTER, A. s. Culillo de mal asiento. Inadaptado.

DRINK, TO. v. Beber. To have a drink after work. Tomar una copa después del trabajo. To drink to unwind. Beber para relajarse. A drink after work is a nice way to relax. Una copa después del trabajo va bien para relajarse. To unwind with a pint of beer. Relajarse con una jarra de cerveza. To unwind before going home. Echar unas copas para relajarse al salir del trabajo antes de volver a casa.

DRINKING AT THE LAST CHANCE SALOON. 1. Alguien va a ser despedido. 2. Emprsa que está en las cuerdas.

DRIP. s. Arg.Cansino, pelma, pesado.

DRIVE SOMETHING, TO. Ex. Llevar a cabo una tarea.

DRIVE AT, TO. Ex. Querer decir.

DRIVE SOMEONE UP THE WALL, TO. Arg. Volver a alguien loco.

DRIVING SEAT. TO BE IN THE DRIVING SEAT. Mod. Ser el que parte el bacalao. Ser el que manda, Ser el que tiene la sartén por el mango.Ser quien maneja la tralla.

DRONE. TO DRONE ON AND ON. Dar la lata, aburrir, dar la brasa, dar el tostón. Ser un cansino, ser un pesado.

DROP A BOMBSHELL, TO. Comunicar noticias excepcionales.

DROP A LINE, TO. Ex. Enviarle una carta a alguien. Escribirle cuatro letras a alguien

DROP IT! ¡Déjalo! ¡No hables tanto!

DROP OFF, TO. v. Quedarse dormido.

DROP SOMEONE IN, TO. Meter a alguien en un fregado. Meter a alguien en un lío.

DRUG ON THE MARKET, A. s. Dícese de algo que no está en demanda.

DRUM. TO BANG THE DRUM. Ex. Tratar de conseguir apoyo

DRY UP, TO. Agotarse, menguar. When the funds began to dry up, the company was in trouble and had to approach a bank for help. Cuando los fondos comenzaron a agotarsen, la empresa tuvo problemas financieros, y tuvo que recurrir a un banco en busca de ayuda.

DRYWIPE BOARD. s. Pizarra blanca.

DUBIOUS PERSON, A. s. Una persona de poco fiar.

DULL. Adj. Aburrido. A dull day in the office. Un día aburrido en la oficina. Never a dull moment in this office. En esta oficina no se aburre uno nunca.

DULL. Adj. Aburrido. An utterly dull job. Un trabajo de lo más aburrido.

DUNDERHEAD, A. s. Patán.

DUCKING AND DIVING. Arg. Escurrir el bulto para no trabajar.

DUCK'S BACK. TO BE LIKE WATER OFF A DUCK'S BACK. Mod. Entrarle a uno por un oído y salirle por el otro.

DUCKS IN A ROW. TO GET ONE'S DUCKS IN A ROW. Ex. Estado de preparación.

DUCT TAPE. s. Cinta americana.

DUE IN. IS NICK DUE IN TODAY? ¿Se espera a Nick en el trabajo hoy?

DUFF AROUND, TO. Arg. No pegar pique, trabajar menos que el sastre de tarzán.

DUMBED - DOWN VERSION, A. s. Una versión simplificada.

DUMP EMPLOYEES ON THE SCRAP HEAP, TO. Despedir empleados.

DUMPS. TO GET OUT OF THE DUMPS. Mod. Levantar el ánimo.

DUST. THE DOCUMENT IS GATHERING DUST. El documento sigue durmiendo en un cajón.

DUST. TO BITE THE DUST. Palmarla, diñarla, estirar la pata.

DUSTBIN. s. Cubo de la basura. Please put the rubbish in the dustbin! ¡Por favor, pongan la basura dentro de la basurera!

DUTCH. TO BEAT THE DUTCH. Ex. Decir algo increíble.

DUTIES. s. Obligaciones. General duties. Obligaciones generales. Additional duties. Obligaciones extra. To relieve someone of his duties. Despedir del trabajo. Prescindir de los servicios de alguien.

DUTY BOUND. TO FEEL DUTY BOUND TO TELL YOU. Pienso que es mi obligación decirte.

DVD. s. Deuvede.

E

EAGER BEAVER. Empleado laborioso.

EARACHE. s. 1. Lata, tabarra, monserga, brasa, murga, tostón. 2. Parlanchín, cansino, muermo, pelmazo, persona que habla por los codos. To give someone an earache. Darle a alguien la tabarra.

EAR ASHER. s. Palizas, cargante, pelmazo, muermo, caguers, cascante. Alguien capaz de dormir a los elefantes, alguien capaz de aburrir a un fraile cartujo.

EARFUL. TO GIVE SOMEONE AN EARFUL. Echarle a alguien una buena bronca.

EAR. TO BEND SOMEONE'S EAR. Hablarle a alguien largo y tendido, aunque no quiera oirlo. Dar la brasa, dar la paliza.

EAR. IN ONE EAR AND OUT THE OTHER. Mod. Entrar por un oído y salir por el otro.

EARMARK, TO. v. Asignar, destinar. To earmark funds for a project. Destinar fondos para un proyecto. To earmark a job for the chop. Señalar un puesto de trabajo para suprimirlo.

EAR. TO KEEP ONE'S EAR TO THE GROUND. Mod. Prestar atención, estar al tanto de lo que pasa.

EAR. TO LEND AN EAR TO. Mod. Escuchar a alguien, prestar atención.

EAR. TO PLAY IT BY EAR. Mod. Improvisar.

EAR PLUGS. s. Tapones para los oídos.

EAR. TO SEND AWAY WITH A FLEA IN ONE'S EAR. Arg. Ser despedido del trabajo.

EAR. TO TURN A DEAF EAR. Mod. Hacerse el sordo.

EARLY BIRD, AN. s. Madrugador. You are early bird today! ¡Qué tempranero! ¡Te has caído de la cama hoy!

EARLY DAYS. TO BE EARLY DAYS YET. Ex. Todavía es pronto.

EARLY RISER. s. Madrugador.

EARN ONE'S SALT, TO. Mod. Ganarse el sueldo.

EARNER. A HIGH EARNER. s. Empleado con buen salario.

EARNER. A LOW EARNER. s. Empleado con un salario bajo.

EARNINGS. s. Sueldo. Ingresos. Gross weekly earnings. Sueldo bruto semanal. To declare one's earnings. Declarar los ingresos. A decline in real earnings. Caída de los ingresos reales.

EARS. TO BE COMPLETELY SOLID BETWEEN THE EARS. Arg. Ser un pedazo de carne con ojos. No tener nada entre una oreja y la otra.

EARS. TO BE UP TO ONE'S EARS IN WORK. Estar agobiado de trabajo.

EARS. I CAN'T BELIEVE MY EARS. Mod. No doy crédito a lo que oigo.

EARS. TO FALL BY THE EARS. Mod. Discutir.

EARS. TO FALL ON DEAF EARS. Mod. No hacer caso a lo que le dicen a uno, hacer caso omiso, hacer oidos de mercader.

EARS. LEND ME YOUR EARS! Mod. ¡Escúchame! ¡Préstame atención!

EARS. A LONG EARS. Preguntón. Persona que siempre está haciendo preguntas.

EARS. TO BE WET BEHIND THE EARS. Mod. Novato, pardillo, inexperto.

EARS. TO BE UP TO ONE'S EARS IN WORK. Mod. Estar agobiado de trabajo, estar de trabajo hasta las cejas.

EARS. TO TICKLE THE EARS. Mod. Adular.

EARTH. DOWN TO EARTH. Mod. Sensato, realista.

EASY AS A B C. Mod. Ser pan comido.

EASY AS FALLING OFF A LOG. Mod. Ser tan fácil com coser y cantar.

EASY AS PIE. Mod. Más fácil que coser y cantar. Pan comido. This work ia as easy as pie. Este trabajo es más fácil que coser y cantar.

EASY CAKE. Pan comido.

EASY GOING. Adj. Persona tolerante y tranquila.

EASY PEASY. Adj. Ser pan comido.

EASY. TO TAKE SOMETHING EASY. Mod. Tomarse algo con calma.

EAT HUMBLE PIE, TO. Mod. Humillarse, tragarse uno el orgullo.

E - BOOK. s. Libro digital.

E - BUSINESS. s. Compra y venta por Internet.

E - COMMERCE. s. Comercio electrónico. An e - commerce site. Un sitio del comercio electrónico. E - commerce is thriving. El comercio electrónico prospera. The fast - growing of e - commerce. El vertiginoso crecimiento del comercio electrónico.

ECONOMICALLY INACTIVE. Euf. En el paro.

EH? ¿Qué?

E - LIBRARY. s. Librería digital.

E - MARKETING. s. Comprar y vender por Internet.

E - VERSION. s. Versión digital

ECO - AUDITOR. s. Auditor ecológico.

ECONOMIC ADJUSTMENT. Reducción drástica de gastos de una empresa.

ECONOMIC CLOUT. s. Poder económico.

ECONOMIC CRISIS OFTEN BRINGS UNEXPECTED OPPORTUNITIES, AN. A veces, una crisis económica crea oportunidades inesperadas.

ECONOMIC DOWNTURN. s. Giro de la economía hacia la recesión.

ECONOMIC FORCAST. Previsión económica.

ECONOMIC GLOBALISATION. Mundialización económica.

ECONOMIC MELTDOWN. s. Desplome económico.

ECONOMIC OPERATORS. s. Agentes económicos.

ECONOMIC OUTLOOK. Perspectivas económicas.

ECONOMIC RECESSION. s. Recesión económica.

ECONOMIC SLOWDOWN. Adj. Desaceleración económica.

ECONOMIC UP - TURN. s. Mejora económica.

ECONOMICAL. AN ECONOMICAL CAR. s. Un coche económico.

ECONOMICAL. TO BE ECONOMICAL WITH THE TRUTH. Ex. Faltar a la verdad. Mentir. Mentir por omisión.

ECONOMICALLY INACTIVE. Desempleado.

ECONOMICS TEAM. s. Equipo de economistas.

ECONOMY GENIOUS, AN. s. Un genio en economía.

ECONOMY. AN OPEN GLOBAL ECONOMY. Una economía mundial abierta. The economy went into a tailspin. La economía cayó en picado.

ECONOMY. THE BLACK ECONOMY. La economía sumergida, la economía paralela, la economía irregular.

ECONOMY. THE CASH IN HAND ECONOMY. La economía sumergida, la economía paralela, la economía irregular, la economía oculta.

ECONOMY. DOMESTIC ECONOMY. Economía nacional.

ECONOMY. A SOCIAL MARKET ECONOMY. s. Una economía social de mercado.

ECONOMY. THE ECONOMY HAS TURNED THE CORNER. Mod. La economía ha superado la crisis.

ECONOMY IS IN FREE FALL, THE. La economía está en caída libre.

ECONOMY. THE ECONOMY IS ON THE BONES OF ITS BACKSIDE. La economía está en la ruina.

ECONOMY. THE ECONOMY IS SEIZING UP. La economía se contrae.

ECONOMY. THE HIDDEN ECONOMY. La economía sumergida.

ECONOMY. THE HOURGLASS ECONOMY. Salarios altos por un lado, y por el otro, aumento de trabajos no especializados mal pagados.

EDGE. TO BE DRIVEN OVER THE EDGE. Mod. Terry´s job is driving him over the edge. El trabajo de Terry lo está volviendo loco.

EDGE. TO GET ON EDGE. Ponerse con los nervios de punta.

EDGE. TO HAVE THE EDGE ON. Mod. Llevar ventaja. Our employees have an edge in a very competitive market. Nuestros empleados llevan ventaja en un mercado muy competitivo.

EDGE. TO LOSE ONE´S EDGE. Mod. Perder ventaja.

EDGEWAYS. TO GET A WORD EDGEWAYS. Mod. Meter baza en una conversación.

EDITING. s. Hacer cortes en un libro o texto. Censurar.

EDITOR. s. Director. The editor of a rag. El director de un periódico sensacionalista. The acting editor of a newspaper. Director en funciones de un periódico.

EDITORIAL BOARD. s. Junta editora.

EDITORIAL NOTE. s. Nota de los editores.

EDUCATION AND AWARENESS PROGRAMME. s. Programa de educación y sensibilización.

EDUCATION AND VOCACIONAL TRAINING. s. Educación y formación profesional.

EGG. A BAD EGG. Un tipo despreciable.

EGG. TO HAVE EGG ON ONE'S FACE. Mod. Quedar en ridículo, en evidencia, quedar mal.

EGG. TO EGG SOMEONE ON. Mod. Incitar, animar, instar, apremiar.

EGGHEAD, AN. s. Intelectual.

EGGS. TO PUT ON ONE'S EGGS IN ONE BASKET.Mod. Echar toda la carne en el asador, jugárselo todo a una sola carta.

EGGSHELLS. TO WALK ON EGGSHELLS. Mod. Andar con pies de plomo.

EGO. WITHOUT EGO. Ex. De manera desinteresada.

ELASTIC BANDS. s. Gomas elásticas.

ELASTICATED FILES. s. Carpetas de gomas.

ELBOW. TO GET THE ELBOW. Arg. Ser despedido del trabajo. Selina has got the elbow. Han despedido a Selina.

ELBOW. TO GIVE SOMEONE THE ELBOW. Arg. Echar a alguien del trabajo.

E - LEARNING. s. Aprendizaje con medios electrónicos, modalidad de aprendizaje a distancia o virtual.

ELECTRONIC PURSE. s. Monedero electrónico.

ELECTRIC SHARPENER. s. Sacapuntas eléctrico.

ELECTRIC STAPLER. s. Grapadora eléctrica.

ELECTRONIC LETTER SCALES. s. Pesacartas electrónico.

ELEMENT. TO BE IN ONE'S ELEMENT. Mod. Estar en su elemento, en el ambiente en que se encuentra a gusto, o se desenvuelve bien.

ELEMENT. A KEY ELMENT. Elemento clave.

ELEMENTS. TO PROTECT ONESELF AGAINST THE ELEMENTS. Protegerse uno contra las inclemencias del tiempo. It is very cold today, I will wear my coat to protect myself against the elements. Hoy hace mucho frío, me pondré el abrigo para no pasar frío.

ELEVENSES. s. Descanso que se hace alrededor de las 11 de la mañana para tomar café, té, etc.

ELEVENTH HOUR. AT THE ELEVENTH HOUR. Mod. En el último momento.

E - MAIL. s. Correo electrónico. Do you have e - mail? ¿Tiene correo electrónico? We would be most grateful if you could please forward your accounts department e - mail address to... Les estariamos muy agradecidos si, por favor, pudieran enviarnos el correo electrónico de su sección de contabilidad a la siguiente dirección... Tony now has an e - mail facility on the ground floor reception desk: at...Tony tiene ahora correo electrónico en la recepción de la planta baja: arroba... To send an obscene e - mail to someone. Enviarle un correo soez a alguien. I can't use my e - mail my computer is down. No puedo usar mi correo electrónico, mi ordenador no funciona. There is an e - mail for you. Hay un correo para tí. To spy on employees' e - mails by a cyber intelligence company. Espiar los correos de los empleados mediante una empresa de ciber espionaje. I have just trimmed down my e - mail box. Acabo de eliminar unos cuantos correos del buzón de entrada. To check the E - mails. Leer los correos. Growing use of e - mail will allow reductions in cost of postage and stationery, building up to 25 K a year. El aumento de la utilización del correo electrónico, permitirá ahorrar 25.000 libras anuales, en sellos y material de papelería. To snoop on e - mails. Espiar los correos electrónicos. The employee claimed he was told his contract was being cancelled via e - mail. El empleado afirmó que le habían comunicado por correo electrónico que le cancelaban el contrato. A disgusting e - mail. Un correo de mal gusto. I will send you an e - mial later on. Te enviaré un correo más tarde. Did you get my e - mail? ¿Recibiste mi correo?

EMBEZZLE, TO. v. Desfalcar.

EMBEZZLEMENT. s. Desfalco.

EMBOSSED PAPER. s. Papel gofrado.

EMPHASIZE, TO. v. Acentuar, destacar, resaltar, subrayar, hacer hincapié, hacer notar, poner de relieve.

EMPLOYABILITY. s. Empleabilidad.

EMPLOYEE. s. Empleado. The new employee used to work for an important company where he picked up invaluable experience. El nuevo empleado trabajaba para una empresa importante, donde adquirió una experiencia invalorable. A bilingual employee. Empleado bilingüe. A conscientious employee. Empleado diligente. A former employee. Antiguo empleado. An industrious employee. Empleado diligente. A reliable employee. Empleado serio. Unreliable employee. Empleado poco serio, empleado poco eficiente. Chapucero. A careless employee. Empleado descuidado. A disaffected employee. Empleado desafecto.

EMPLOYEE. s. Empleado. A disgruntled employee. Empleado descontento.

EMPLOYEE. AN OUTSTANDING EMPLOYEE. Un empleado modelo.

EMPLOYEE RELATIONS. s. Relaciones entre la dirección y los empleados. Good employee relations. Buenas relaciones laborales entre la empresa y los empleados.

EMPLOYEE SIGNATURE. s. Firma del empleado.

EMPLOYE. THE EMPLOYEE WAS CONSPICUOUS BY HIS ABSENCE. El empleado brillaba por su ausencia.

EMPLOYEE. TO LET AN EMPLOYEE GO. Despedirlo.

EMPLOYEE. TO UPGRADE AN EMPLOYEE. Asignar un grado más alto a un empleado.

EMPLOYED. BOGUS SELF - EMPLOYED. s. Falso autónomo.

EMPLOYER. s. Empleador, patrono. A responsibe employer. Empleador serio. A fair employer. Un empleador justo. A bad employer. Empleador sin ninguna clase de escrúpulos.

EMPLOYER. s. Empleador. A former employer. Antiguo empleador.

EMPLOYMENT. s. Empleo. Employment discrimination. Discriminación laboral.

EMPLOYMENT AFFAIRS. s. Asuntos laborales.

EMPLOYMENT AGENCY. s. Agencia de colocación.

EMPLOYMENT AND MANPOWER. s. Empleo y mano de obra.

EMPLOYMENT COSTS. Coste laboral.

EMPLOYMENT. DECENTLY PAID EMPLOYMENT. Trabajo decentemente remunerado.

EMPLOYMENT GUIDELINES. s. Directrices para el empleo.

EMPLOYMENT. STEADY FULL - TIME EMPLOYMENT. Trabajo fijo a tiempo completo.

EMPLOYMENT AND SOCIAL AFFAIRS. s. Empleo y Asuntos Sociales.

EMPLOYMENT. FULL EMPLOYMENT. Pleno empleo.

EMPLOYMENT. TO GET ON THE EMPLOYMENT LADDER. Encontrar trabajo.

EMPLOYMENT INICIATIVE. Iniciativa para el empleo.

EMPLOYMENT ISSUES. s. Asuntos laborales.

EMPLOYMENT LAW. s. Derecho laboral.

EMPLOYMENT MARKET. s. Mercado de trabajo.

EMPLOYMENT. PERMANENT EMPLOYMENT. Trabajo fijo, empleo indefinido.

EMPLOYMENT POLICY. s. Política de empleo.

EMPLOYMENT. s. Empleo. Precarious employment. Empleo precario.

EMPLOYMENT. s. Empleo. Youth employment. Empleo juvenil.

EMPLOYERS ORGANISATION. s. Patronal.

EMPLOYING STANDARDS. NOT TO BE TO EMPLOYING STANDARDS. No reunir las cualificaciones necesarias para un trabajo, no dar la talla, no estar a la altura, no ser la persona idónea para un trabajo.

EMPLOYMENT. QUALITY EMPLOYMENT. Empleo de calidad.

EMPLOYMENT RELATIONS TRIBUNAL. s. Tribunal de relaciones laborales.

EMPLOYMENT RIGHTS. s. Derechos laborales.

EMPLOYMENT. WELL - PAID SKILLED EMPLOYMENT. Empleo cualificado bien remunerado.

EMPOWER, TO. v. Autorizar.

ENAMEL MAGNETIC DRYWIPE BOARD. s. Pizarra blanca de acero vitrificada.

ENCLOSURES. s. Documentos adjuntos.

ENCOURAGE, TO. v. Alentar, fomentar.

ENDGAME. s. Juego final.

END. TO BE AT A LOOSE END. Mod. No tener nada que hacer. If you find yourself at a loose end do this job. Si no tienes nada que hacer, haz este trabajo.

ENDOWMENT. s. Dotación.

END. TO THIS END. Para lo cual, para ello, con ese objeto..

END UP. TO KEEP ONE'S END UP. Arreglárselas, apañárselas.

ENDS. TO MAKE BOTHS ENDS MEET. Mod. Administrar bien el dinero para que cuadren las cuentas. Poder llegar a fin de mes. The company is cutting staff to make ends meet. La empresa está despidiendo a empleados para no tener que cerrar. To work hard to make both ends meet. Trabajar como un esclavo para poder llegar a fin de mes.

ENDS. TO TIE UP LOOSE ENDS. Mod. Atar cabos.

ENEMIES. TAKE HEED OF RECONCILED ENEMIES. Rfr. Amigo reconciliado, enemigo doblado. Amigo reconciliado, chocolate recalentado. Amistad reconciliada, taza rota y mal pegada.

ENERGY EFFICIENCY. Eficacia energética.

ENGINE. SEARCH ENGINE. s. Dispositivo de búsqueda.

ENGLISH. s. Inglés. To learn English is a piece of cake. Aprender inglés es pan comido. Fácil.

ENGLISH. s. Inglés. Broken English. El inglés mal hablado.

ENGLISH. s. Inglés. In plain English. En román paladino, hablando en plata, claramente, sin rodeos ni circunloquios.

ENGLISH. THE QUEEN'S ENGLISH. El inglés hablado y escrito correctamente.

ENJOY WORKING. I HAVE ENJOYED WORKING HERE AND WISH YOU ALL THE BEST FOR THE FUTURE. Me ha gustado trabajar aquí. Mis mejores deseos para el futuro.

ENQUIRY. s. Petición. We will respond to your enquiry within 10 working days. Le contestaremos a su petición en un plazo de 10 días hábiles. Helping with enquiries. Informar.

ENTERPRISE. s. Empresa. To promote the development of economically viable enterprises. Favorecer el desarrollo de empresas económicamente viables. A world class enterprise. Empresa de categoría mundial.

ENTERPRISE. s. Empresa. To succeed in running an enterprise. Sacar una empresa adelante.

ENTRANCE. MAIN ENTRANCE. s. Entrada principal.

ENTRANCE MAT. s. Estera de entrada.

ENTRANT. A NEW ENTRANT TO A COMPANY. Un nuevo empleado en una empresa.

ENTREPRENEUR. s. Empresario. A great entrepreneur. Un gran empresario. A dodgy entrepreneur. Un empresario de poco fiar. A model entrepreneur. Un empresario modelo. A paper entrepreneur. Financiero que persigue el lucro mediante operaciones bursátiles y financieras. Petty entrepreneur. Pequeño empresario. A slick entrepreneur. Empresario hábil. A young entrepreneur. Un joven emprendedor.

ENTREPRENEURIAL COMMUNITY, AN. s. Una comunidad emprendedora.

ENTREPRENEURIAL COMPETIVENESS. Competitividad empresarial.

ENTREPRENEURIAL ELITE. s. La élite empresarial.

ENTREPRENEURIAL FLAIR. s. Tener don de empresario.

ENTREPRENEURIAL. TO SHOW ENTREPRENEURIAL ZEAL. Mostrar afán empresarial.

ENTREPRENEURIAL SPIRIT. Espíritu empresarial.

ENTREPRENEURIAL TEAM, AN. s. Equipo empresarial.

ENTREPRENEURSHIP. s. Espíritu empresarial. The promotion of entrepreneurship. El fomento del espíritu empresarial. To foster entrepreneurship. Fomentar el espíritu empresarial.

ENVELOPE. s. Sobre. Any way of sending this envelope quickly to France? ¿Hay alguna manera rápida de enviar este sobre a Francia?

ENVELOPE. AN AIRMAIL ENVELOPE. s. Sobre de envío por avión.

ENVELOPE. GUMMED ENVELOPE. s. Sobre engomado.

ENVELOPE. INTERNAL MAIL ENVELOPE. s. Sobre para uso interno. Sobre correo interno.

ENVELOPE. BROWN MANILLA ENVELOPE. s. Sobre de papel manila.

ENVELOPE PRINTING. Impresión de sobres.

ENVELOPE. PUSHING THE ENVELOPE. Arg. Arriesgarse.

ENVELOPE. A STAMPED SELF - ADDRESSED ENVELOPE. s. Sobre franqueado con la dirección del remitente. If you would like your letter to be returned to you, you need to include a stamped addressed envelope. Si desea que le devolvamos la carta, debe incluir un sobre franqueado con su dirección. Please complete this form and return it, in the stamped addressed envelope provided. Por favor, rellene este formulario y envíelo en el sobre franqueado con nuestra dirección. Que hemos incluido en el sobre.

ENVELOPE. WINDOW ENVELOPE. s. Sobre con ventanilla.

ENVELOPES. HARD/BOARD BACK ENVELOPES. s. Bolsas cartón dorso.

ENVELOPES. PEEL AND SEAL ENVELOPES. s. Sobres con tira silicona.

ENVIRONMENTAL HEALTH. s. Salud ambiental.

ENVIRONMENTAL HEALTH OFFICER. s. Técnico en salud ambiental.

EQUAL OPPORTUNITIES IN EMPLOYMENT. Igualdad de oportunidades en el empleo.

EQUAL PAY. s. Salario igual.

EQUAL PAY FOR EQUAL WORK. Salario igual por trabajo, igual. El principio de igualdad de remuneración entre el hombre y la mujer por un trabajo de igual valor.

EQUALITY OF OPPORTUNITY. s. Igualdad de oportunidades.

EQUATE WITH, TO. Ex. Equiparar.

EQUIPMENT AND APPLIANCES. s. Aparatos y maquinaria.

EQUIPMENT. SOPHISTICATED EQUIPMENT. Aparatos complejos.

EQUITY AND BOND. s. Acciones y otros títulos y valores.

EQUITY MARKETS. s. Mercado de valores.

EQUITY. TO HOLD EQUITY IN A COMPANY. Ser accionista de una empresa.

ERASER. s. Goma de borrar.

ERGONOMIC FURNITURE. s. Mobiliario ergonómico.

ERRAND. A FOOL'S ERRAND. Ex. Una empresa inútil, ir a la caza de una quimera.

ERRANDS. TO RUN ERRANDS. Ex. Hacer recados. He has done nothing but run errands for the company. No ha hecho mas que recados para la empresa.

ERRATIC CAREER, AN. Una carrera con altibajos.

ERROR. s. Error. Not error free. No exento de error.

ERROR. s. Error. Error of judgment. Equivocación.

ESCAPE. TO HAVE A LUCKY ESCAPE. Mod. Escapar por los pelos.

ESCHEW, TO. v. Eludir.

ESSENTIAL. Adj. Imprescindible.

ESTIMATE, TO. v. Evaluar.

ET AL. Y sus colaboradores.

ETHICS. s. Etica. To try to inject ethics into commerce. Intentar infundir principios éticos en el comercio.

EVIL. A NECESSARY EVIL. Un mal necesario.

EVIL – MINDED. Adj. Malintencionado.

EVILS. THE LESSER OF TWO EVILS. Un mal menor.

EVEN - HANDED WAY. Manera rigurosa e imparcial.

EVEN SO. A pesar de todo.

EVEN. TO BREAK EVEN. Mod. Cubrir gastos, acabar en tablas.

EVENT. s. Acto, reunión. Please let me know if you have accepted an invitation to attend the above event. Por favor, comuníquenos si ha aceptado una invitación para asistir al acto anteriormente citado. The event was held in Oxford last September. El acto tuvo lugar el septiempre pasado, en Oxford. The forthcoming event. El próximo acto. The event is extending to include family and friends, with the saying "the more the merrier." El acto se amplía para incluir también, a familias y amigos. Como dice el dicho, "cuantos más mejor." The event was over - subscribed. El número de solicitantes para asistir al acto fue superior al número de plazas disponibles. A high profile event. Acto de gran relevancia.

EVENT. A JOINT EVENT. Un acto conjunto.

EVENT. AN OPEN EVENT. S. Un acto a puertas abiertas. Acto público.

EVENTS CALENDAR. s. Calendario de actos.

EVENTS CO - ORDINATOR. s. Coordinador de actos.

EVENTS DIARY. s. Agenda de actos.

EVENTS ORGANIZER. s. Organizador de actos. Gestor de actos.

EVENTS. SPECIAL EVENTS CO - ORDINATOR. Organizador de actos especiales.

EVENTUALLY. Adv. Llegado el momento, en su día, a la larga, tarde o temprano, en su momento, en su hora.

EVENTUALITY. s. Eventualidad. To be prepared for every eventuality. Estar preparado para cualquier eventualidad.

EVERY MAN JACK. Ex. Todo quisque.

EVERY MAN TO HIS TRADE! Rfr. ¡Zapatero, a tus zapatos! ¡Tú, a lo tuyo!

EVIL. A LESSER EVIL. Un mal menor.

EXAMPLE. BY WAY OF EXAMPLE. A modo de ejemplo.

EXAMPLE. A SHOW CASE EXAMPLE. Máximo ejemplo.

EXAMPLE. THE HIGHEST PROFILE EXAMPLE. Ex. El ejemplo más destacado.

EXCHANGE. A HEATED EXCHANGE. Una discusión acalorada.

EXCHANGE OF VIEWS, AN. Ex. Intercambio de impresiones, intercambio de puntos de vista.

EXCHANGE RATE. s. Tipo de cambio.

EX - DIRECTORY. s. Abonado que no consta en la guía telefónica.

EXEC, AN. s. Ejecutivo.

EXCUSE. s. Excusa. A threadbare excuse. Una excusa muy gastada. A half - arsed excuse. Una excusa poco convincente.

EXECUTIVE ASSISTANT. s. Subdirector.

EXECUTIVE BOARD. s. Comité ejecutivo.

EXECUTIVE CAR. s. Automóvil de ejecutivo.

EXECUTIVE COMMITTEE. Adj. Comisión ejecutiva. A member of the executive committee. Miembro de una comisión ejecutiva.

EXECUTIVE COMMITTEE MINUTES. s. Acta de la comisión ejecutiva.

EXECUTIVE DESK. s. Escritorio de ejecutivo.

EXECUTIVE DINNER PARTY. s. Fiesta de ejecutivos.

EXECUTIVE DIRECTOR. s. Director ejecutivo.

EXECUTIVE OFFICE. s. Oficina de ejecutivo.

EXECUTIVE P A. s. Personal assistant. Ayudante personal de ejecutivo.

EXECUTIVE PAY. s. Salario de ejecutivo.

EXECUTIVE PRESIDENT. s. Presidente ejecutivo.

AXECUTIVE. SENIOR EXECUTIVE. Alto ejecutivo. Un alto cargo.

EXECUTIVE STAFF. s. Ejecutivos.

EXECUTIVE STAFF MEMBER. s. Miembro del equipo de dirección.

EXEMPLI GRATIA. e g. Por medio de ejemplo.

EXIBITOR. s. Expositor.

EXIT. TO EXIT PLEASE PRESS THE BUTTON LOCATED ON THE LEFT HAND SIDE. Para salir del edificio, por favor, pulse el botón que se encuentra situado a mano izquierda.

EXIT. TO TAKE THE DOOR MARKED EXIT. Ser despedido.

EXCITED. TO BE EXCITED. Ex. Estar entusiasmado.

EX - GRATIA PAYMENT. s. Pago ex - gratia.

EXPANDING FILES. s. Archivador acordeón.

EXPANDING ORGANIZERS. s. Carpeta acordeón.

EXPECTATIONS. s. Expectativas. To scale down expectations. Rebajar las expectativas.

EXPEDITE, TO. v. Agilizar, acelerar. To expedite matters. Agilizar asuntos.

EXPENDITURE. s. Gasto. The company's wage bill is one of its biggest items of expenditure. Los salarios de la compañía es una de las partidas de gastos más importantes.

EXPENSES. s. Gastos. Travelling expenses. Gastos de desplazamiento. Hospitality expenses. Gastos de representación.

EXPENSES. s. Gastos. To cook los gastos. Falsificar los gastos.

EXPENSES. s. Gastos. To fiddle one's expenses. Amañar los gastos.

EXPENSES. OUT OF POCKET EXPENSES. s. Gastos que paga uno de su propio bolsillo, y después se le reembolsan. Please note that staff expenses will be paid next week therefore, for those who have incurred out of pocket expenses the deadline for approved expenses will be Monday. Por favor, recuerden, que los gastos del personal se abonarán la próxima semana, por lo tanto, aquellos que han pagado de su propio bolsillo, el plazo para los gastos autorizados será el lunes.

EXPLAIN, TO. v. Explicar. To set out to explain. Proponerse explicar.

EXPLANATION. A SUCCINT EXPLANATION. Una explicación breve.

EXPLANATORY. Adj. Explícito. Self - explanatory. Lo bastante explícito.

EXPLOIT, AN. s. Proeza.

EXPLORATORY TALKS. Negociaciones exploratorias, conversaciones exploratorias.

EXPRESSION. s. Expresión. To use everyday expressions. Utilizar expresiones de la vida diaria.

EXTENSION LEAD. s. Alargador.

EXTENSION REEL. s. Carrete alargador.

EXTENSION NUMBER. s. Número del teléfono interno. What's your extension number? ¿Cuál es el número de su teléfono interno?

EXTENT. TO SOME EXTENT. En cierta medida. To what extent. En qué medida.

EXTERNAL COMMUNICATIONS. s. Comunicaciones con el exterior.

EYE. TO CAST AN EYE OVER. Mod. Echar un vistazo rápido. Leer algo por encima rápidamente.

EYE. TO KEEP ONE'S EYE ON THE BALL. Mod. Concentrarse uno en lo que hace, estar uno en lo que celebra, no despistarse.

EYE. TO TAKE ONE'S EYE OFF THE BALL. Mod. No concentrarse en lo que hace uno, no estar en lo que celebra uno.

EYE. TO TURN A BLIND EYE. Mod. Hacer la vista gorda.

EYE TO EYE. TO SEE EYE TO EYE. Mod. Estar de acuerdo con alguien. To see eye to eye with the manager. Estar de acuerdo con el jefe.

EYE. IN THE MIND'S EYE. Mod. En la imaginación. To see something in one's mind's eye. Imaginarse algo.

EYE. THERE IS MORE TO IT THAN MEETS THE EYE. La cosa tiene más miga de lo que parece.

EYE WATERING SUM OF MONEY, AN. Una cantidad de dinero astronómica.

EYES AND EARS. TO BE THE EYES AND EARS OF SOMEONE. Ser el chivato de alguien.

EYES. TO BE UP TO ONE'S EYES. Mod. Estar muy ocupado, estar agobiado de trabajo.

E - ZINE, AN. s. Revista electrónica.

F

FACE ABOUT, TO Mod. Cambiar de parecer, cambiar de opinión.

FACEBOOK. AS I WORK FROM HOME, I FIND FACEBOOK A USUAL WAY OF COMMUNICATING WITH THE OUTSIDE WORLD. Como trabajo desde casa, me sirvo del facebook, de una forma habitual, para comunicarme con el mundo exterior.

FACE - TO - FACE, A. Ex. Un cara a cara.

FACE. TO FALL FLAT ON THE FACE. Mod. Fracasar estrepitosamente. The car industry has fallen flat on his face. La industria del automóvil ha fracasado estrepitosamente.

FACE. TO FLY IN THE FACE OF SOMETHING. Mod. Hacer caso omiso de los hechos. Contradecir. Tratar con desprecio.

FACE. A GOOD FACE IS A LETTER OF RECOMMENDATION. Rfr. La buena cara es carta de recomendación.

FACE. A FACE LIKE A BAGFUL OF A SPANNERS. Arg. Poner una cara que parece que le deben a uno y no le pagan.

FACE. NOT TO BE JUST A PRETTY FACE. Además de bonita, lista. Ser mucho más que una cara bonita. Además de guapa, inteligente. Comentario machista.

FACE. ON THE FACE OF IT. Mod. A primera vista.

FACE. TO FACE THE MUSIC. Mod. Dar la cara, pagar el pato.

FACE. TO FACE UP NEW CIRCUMSTANCES. Enfrentarse a nuevas condiciones.

FACE. GET OUT OF MY FACE! Arg. ¡Apártate de mi vista!

FACE. TO KEEP A STRAIGHT FACE. Mod. Poner cara seria.

FACE. TO LAUGH ON THE OTHER SIDE OF ONE'S FACE. Llevarse un chasco.

FACE. TO PULL A LONG FACE. Poner cara de pocos amigos.

FACE. TO SAVE FACE. Mod. Evitar quedar humillado, tratar de quedar en buen lugar, salvar el tipo.

FACE. TO SET ONE'S FACE LIKE GRANITE. Mod. Negarse a cambiar de opinión.

FACE. SHUT YOUR FACE! Arg. ¡Cierra el pico!

FACE TIME. Ex. Comunicación cara a cara.

FACE VALUE, THE. s. Valor nominal impreso en un billete bancario.

FACILITIES. s. Instalaciones, servicios.

FACILITIES MANAGEMENT. s. Gestión de medios e instalaciones.

FACILITIES STAFF. s. Personal de servicios.

FACILITIES SUPERVISOR. s. Supervisor de servicios.

FACSIMILE. s. Fax.

FACT CHECK. Comprobación de datos.

FACTOR. ONE INTERESTING FACTOR AT WORK. Un factor interesatante en juego.

FACTS AND TRENDS. s. Datos y tendencias.

FACT – CHECKING. Verificación de datos.

FAD. s. Moda. New investment fads. La moda en materia de inversiones. Modas pasajeras.

FAG. s. Pitillo. James went out for a fag. He had his fag and went in calmer. James salió a la calle para fumarse un pitillo. Se lo fumó, y entró más relajado.

FAG BREAK. s. Descanso que se toman los empleados para echar un pitillo.

FAG END. s. Colilla.

FAIL, TO. v. Fracasar.

FAIL TO PAY, TO. Ex. No pagar.

FAILED FIRM, A. Empresa quebrada.

FAILURE. IT WAS BOUND TO BE A FAILURE. Estaba destinado a ser un fracaso.

FAILURE OF PAYMENT. Falta de pago.

FAIR COMMENT, A. Un comentario acertado.

FAIR TRADE. s. Comercio equitativo.

FAIR DEALING. THIS ISN'T FAIR DEALING. Esto no es justo.

FAIRLY SOON. No tardar mucho.

FAITH. TO PIN ONE'S FAITH ON. Mod. Confiar completamente en alguien o algo.

FAITHFULLY YOURS. Reciba un cordial saludo.

FAKE NEWS. s. Bulos, patrañas. Noticias falsas. Falsas nuevas. Falsas informaciones. To spin fake news. Publicar bulos. Contar noticias falsas. To spread malicious fake news. Divulgar bulos maliciosos.

FALL GUY. TO BE THE FALL GUY. Ser quien paga el pato, ser quien paga los vidrios rotos, ser quien carga con el mochuelo. Chivo expiatorio. Cabeza de turco.

FALL OVER ONESELF, TO. Ex. Hacer lo imposible.

FALL THROUGH, TO. Fracasar, no llevarse a cabo. The deal fell through. El acuerdo no se llevó a cabo. The plan has fallen through. El plan ha fracasado.

FALSE. TO PLAY SOMEONE FALSE. Engañar a alguien.

FALTER, TO. v. Estar a punto de irse a pique.

FAMILY COMPANY, A. s. Una empresa familiar.

FAMILY MATTER, A. Un asunto de familia.

FAMILY. ONE BIG HAPPY FAMILY. Ex. Dícese de un grupo de empleados, muy bien avenidos, y con un interés común.

FAMILY SILVER. TO SELL OFF THE FAMILY SILVER. Mod. Vender las joyas de la abuela. Vender el joyero de la abuela. Malvender las joyas de la abuela.

FAMILY WAY. TO BE IN THE FAMILY WAY. Estar embarazada.

FAN. s. Ventilador.

FAN HEATER. s. Calentador de ventilador.

FAN. PEDESTAL FAN. s. Ventilador de pie.

FAN. TABLE FAN. s. Ventilador escritorio.

FAN. TOWER FAN. s. Ventilador de torre.

FANCY MAN, A. s. El amante de una mujer.

FANCY WOMAN, A. s. La amante de un hombre casado.

FAO. FOR THE ATTENTION OF. A la atención de. For the attention of the director of research and development. A la atención del director de investigación y desarrollo.

FAR. AS FAR AS I AM CONCERNED. Mod. En cuanto a mí, en lo que a mí me atañe, en lo que a mí me incumbe.

FAR. BY FAR THE MORE IMPORTANT. Con gran importancia.

FAR CRY FROM. TO BE A FAR CRY FROM. Mod. No poderse comparar, tener poco que ver con, no parecerse en nada. In 1999 the conference was a far cry from the high - spirited gatherings of the 80s. En 1997, el congreso, no se parecía en nada con la concurrencia llena de vida de la década de 1980.

FAR. FEW AND FAR BETWEEN. Mod. Escasos.

FAR - FETCHED. Adj. Poco convincente.

FAR. TO GO FAR. Llegar lejos, triunfar.

FAR - OUT IDEA, A. s. Una idea lejana, una idea futurística.

FAR. TO GO TOO FAR. Ex. Propasarse.

FAR - SIGHTED. Adj. Perspicaz.

FAR - SIGHTED STRATEGY FOR THE LONG TERM, A. Estrategia previsora de largo plazo.

FARE. s. Billete, tarifa. Train companies want to jack up fares again. Las compañías ferroviarias quieren aumentar el precio de las tarifas otra vez.

FAREWELL ADDRESS. s. Discurso de despedida.

FASHION. ALL SHIPSHAPE AND BRISTOL FASHION. Mod. En perfecto orden, bien organizado.

FASHION. IN A TIMELY FASHION. En su momento.

FASHION. TO CONDUCT ONE´S AFFAIRS AFTER ONE´S OWN FASHION. Ex. Hacer las cosas cada uno a su manera.

FASTCHANGE GLAZED BOARDS AND CHARACTERS. s. Carteleras de texto variable.

FAST - FOODER. s. Dícese de la persona que se alimenta de comida rápida.

FAST LANE. TO LIVE IN THE FAST LANE. Mod. Vivir a lo loco.

FAST - MOVING AND COMPETITIVE BUSINESS WORLD. El vertiginoso y competitivo mundo de los negocios.

FAST ONE. TO PULL A FAST ONE ON SOMEBODY. Arg. Engañar a alguien, pegársela a alguien. Someone has tried to pull a fast one on me. Alguien ha tratado de pegármela.

FAST - TRACK A PROCESS, TO. Acelerar un proceso.

FAT CAT, A. s. Dícese de los ejecutivos que están muy bien remunerados. Vocablo despectivo.

FAT MAN IN THE CANOE, A. s. Una persona influyente.

FATEFUL DAY, A. s. Un día aciago.

FAULTFINDER, A. s. Sacafaltas.

FAVOUR. TO FALL OUT OF FAVOUR. Caer en desgracia.

FAWN OVER, TO. Adular, lisonjear, halagar, elogiar, alabar. Dirk is always fawning over the managing director. Dirk siempre está halagando al director gerente.

FAWN. TO FAWN UP TO SOMEONE. Adular, lisonjear. Babearle a alguien donde la espalda pierde su nombre. Babearle a alguien donde la espalda pierde su decencia.

FAX MACHINE ROLLS. s. Rollos para fax.

FAX REPLY FORM. s. Formulario de respuesta por fax.

FEASIBLE. Adj. Viable. It is feasible and it is doable. Es factible y viable.

FEATHER IN ONE'S CAP, A. Mod. Un triunfo personal.

FEATHER - MERCHANT, A. s. Arg. Gandul, manta, malpica.

FEATHERS. TO RUFFLE SOMEONE'S FEATHERS. Mod. Enojar a alguien, cabrear a alguien.

FECKLESS. Adj. Imcompetente.

FED UP. TO BE FED UP TO DE BACK TEETH. Estar harto, estar hasta las narices.

FEEDBACK. s. Retroalimentación, reacción, información, comentarios. The event proved to be very popular and the feedback was very positive. El acto fue muy bien acogido, y la reacción muy positiva. At today's meeting, the D. G. will give feed back from the recent council meeting. En la reunión de hoy, el director nos informará acerca de lo que tuvo lugar en la última reunión del consejo. A double feedback. Una doble retroalimentación.

FEEDBACK. INTERACTIVE FEEDBACK. s. Interacción.

FEEL AT HOME, TO. Sentirse a gusto.

FEEL EXAUSTED, TO. Ex. Estar hecho polvo, estar agotado.

FEEL LOUSY, TO. Ex. Encontrarse uno chungo.

FEEL QUEER, TO. No sentirse bien. I am feeling a bit queer today. Hoy no me siento muy bien. Hoy no estoy muy católico.

FEELING. s. Sentimiento, emociones, sensaciones.

FEELING. WITH REAL FEELING. Ex. Con auténtica sinceridad.

FEELINGS ARE RUNNING HIGH. Mod. Los ánimos están caldeados. Los ánimos están encendidos.

FEELINGS. KEEP YOUR MOUTH SHUT AND SIT ON YOUR FEELINGS! ¡Cállate y aguanta!

FEES. s. Comisiones. Banking fees. Comisiones bancarias.

FEES. REGISTRATION FEES. Cuotas de inscripción.

FEET. TO DRAG ONE'S FEET. Hacerse el roncero.

FEET. TO FIND ONE'S FEET. Mod. Acostumbrarse a hacer algo nuevo.

FEET. TO GET COLD FEET. Mod. Tener miedo.

FEET. TO HAVE BOTH FEET ON THE GROUND. Mod. Ser sensato.

FEET. TO HAVE ITCHY FEET. Mod. 1. Tener la viva comezón de viajar. Tener ganas de viajar. 2. No parar en un lugar por mucho tiempo. No parar en un mismo trabajo por mucho tiempo. I have got itchy feet. I fancy a holiday in the sun. Tengo la viva comezón de viajar. Me apetecen unas vacaciones en un país soleado.

FEET. TO HAVE TWO LEFT FEET. Ex. Ser un cerril, ser un zopenco, patoso, torpe, cazurro.

FEET. TO BE RUSHED OFF ONE'S FEET. Mod. Estar muy ocupado. I have been rushed off my feet for the best part of eight hours work. No he parado ni un momento durante casi las nueve horas de trabajo.

FEET. TO PUT ONE'S FEET UP. Mod. Descansar, relajarse. No hacer nada. The two employees had their feet up and were drinking tea. Los dos empleados descansaban y bebían té.

FELT NOTICEBOARD. s. Pizarra verde.

FENCES. TO MEND FENCES. Ex. Restablecer relaciones.

FEND FOR ONESELF, TO. Arreglárselas uno como pueda.

FESTIVE BREAK, THE. s. Navidades.

FESTIVE SEASON, THE. s. Navidades.

FIASCO. s. Fracaso. The firm has been a fiasco. La empresa ha sido un fracaso.

FIB. s. Mentirilla. To tell fibs. Contar mentirillas.

FICKLE. Adj. Voluble.

FICTICIOUS COMPANY, A. s. Empresa fraudolenta, empresa fantasma.

FIDDLE. TO BE AS FIT AS A FIDDLE. Mod. Disfrutar de buena salud. Estar en plena forma.

FIDDLE. TO FIDDLE WHILE ROME BURNS. Mod. Entretenerse en pequeñeces en el medio de una gran crisis.

FIELD. s. Ambito. In certain fields. En determinados ámbitos.

FIERY MEETING, A. s. Una reunión acalorada.

FIGHT OFF, TO. Defenderse, repeler, rechazar.

FIGURE. s. Cifra. A ball - park figure. Una cifra apoximada. Una estimación.

FIGURE. TO CUT A POOR FIGURE. Mod. Hacer el ridículo.

FIGURES. s. Cifras. To adjust the figures. Amañar las cifras. Maquillar las cifras.

FIGUERHEAD, A. s. Una figura decorativa.

FILE. s. Carpeta, fichero To hold on file. Estar archivado. This document is not on file. Este documento no está en el archivo.

FILE FOR. TO FILE FOR BANKRUPTCY. Mod. Presentar una declaración de quiebra. The company has filed for bankruptcy. La empresa ha presentado una declaración de quiebra.

FILE LABELS. s. Etiquetas adhesivas.

FILE RACKS. s. Portacarpetas de sobremesa.

FILING CABINET. s. Archivador.

FILING TROLLEY. s. Carro para el archivo de carpetas.

FILL IN, TO. v. Dar instrucciones, poner al corriente, informar.

FILL IN, TO. Rellenar. Fill in this form and sign it. Rellene este impreso y fírmelo.

FILL. TO HAVE HAD ONE'S FILL. Arg. Estar harto, estar hasta las narices.

FILTER COFFEE. s. Café de filtro.

FINANCE DEPARTMENT. s. Sección de finanzas.

FINANCE DIRECTOR. s. Director financiero.

FINANCE AND STAFF. s. Finanzas y personal.

FINANCES. s. Finanzas. The company's finances are in a pickle. Las finanzas de la empresa están en un aprieto. Finances are tight. Las finanzas andan escasas. A hole in the finances. Un agujero en las finances.

FINALCIAL ADVISER. s. Asesor financiero.

FINANCIAL ANALYSES. s. Análisis financieros. To perform financial analyses. Efectuar análisis financieros.

FINANCIAL ASSETS. s. Activos financieros.

FINANCIAL BEARING - SHARING. El reparto de las cargas económicas.

FINANCIAL CALCULATOR, A. s. Calculadora financiera.

FINANCIAL CLIMATE. IN THE CURRENT FINANCIAL CLIMATE. Ex. En el clima económico actual.

FINANCIAL. THE COMPANY IS IN FINANCIAL DISARRAY. La empresa se encuentra en una situación financiera caótica.

FINANCIAL CRASH. s. Crack financiero.

FINANCIAL CRISIS. s. Crisis financiera.

FINANCIAL FORM. s. Impreso financiero.

FINANCIAL FRAMEWORK, A. s. Marco financiero.

FINANCIAL FUTURES INDUSTRY. El mercado de futuros.

FINANCIAL ENDOWMENT. Dotación financiera.

FINANCIAL INDUCEMENT. TO EXPECT A SUBSTANCIAL FINANCIAL INDUCEMENT. Esperar un incentivo económico considerable.

FINANCIAL JIGGERY - POKERY. s. Tejemanejes financieros.

FINANCIAL. TO MAINTAIN FINANCIAL STABILITY. Mantener estabilidad financiera.

FINANCIAL MANAGEMENT. s. Gestión financiera.

FINANCIAL MANAGER. s. Gerente financiero.

FINANCIAL MARKETS, THE. s. Los mercados financieros.

FINANCIAL MATTERS. s. Asuntos financieros.

FINANCIAL MELTDOWN. s. Desplome financiero.

FINANCIAL. MULTIANNUAL FINANCIAL FORCAST. Perspectivas financieras plurianuales.

FINANCIAL RATIOS. s. Proporciones financieras.

FINANCIAL REPORT. s. Informe financiero.

FINANCIAL RISK ANALYST. s. Analista de riesgos financieros.

FINANCIAL SECTOR, THE. s. El mundo financiero, el sector financiero.

FINANCIAL SERVICES. s. Bienes de capital.

FINANCIAL SETTLEMENT. s. Ajuste financiero.

FINANCIAL STATEMENT. s. Estado financiero.

FINANCIAL YEAR. s. Año fiscal. We've come to the end of the financil year, therefore we are very busy. Se termina el año fiscal, por consiguiente estamos muy ocupados.

FINANCIALLY. TO LOSE OUT FINANCIALLY. Salir perjudicado economicamente.

FINANCIER. s. Financiero. A shady financier. Un financiero turbio.

FINE. TO CUT THINGS FINE. Mod. Dejar las cosas para el último momento.

FINE TOOTH - COMB. TO GO THROUGH SOMETHING WITH A FINE TOOTH - COMB. Estudiar algo detenidamente.

FINE WORDS BUTTER NO PARSNIPS. Mod. Obras son amores, que no buenas razones.

FINGER ON THE PULSE. TO HAVE ONE'S FINGER ON THE PULSE. Mod. Estar al tanto de las nuevas tendencias.

FINGER. NOT TO LIFT A FINGER. Arg. No pegar pique, no hacer nada, estar con los brazos cruzados, no ayudar a los compañeros en el trabajo.

FINGER. TO GET ONE'S FINGER OUT. Arg. Ponerse uno a currar, emprender la tarea. Not to get one's finger out. No hacer nada. Ser un vago. Stop fooling around and get your finger out! ¡Déjate de hacer el tonto y ponte a currar!

FINGER. TO HAVE A FINGER IN EVERY PIE. Mod. Estar metido en todo, estar metido en todos los caldos.

FINGERS. TO BE CAUGHT WITH ONE'S FINGERS IN THE TILL. Mod. Robarle al patrón.

FINGERS. TO CROSS ONE'S FINGERS FOR LUCK. Mod. Desear buena suerte, esperar que todo salga bien, que le acompañe a uno la suerte.

FINGERS. TO WORK ONE'S FINGERS TO THE BONE. Mod. Trabajar hasta agotarse de cansancio sin que se lo agradezcan a uno.

FINGERTIPS. TO HAVE AT ONE'S FINGERTIPS. Mod. 1. Tener a mano. 2. Conocer con todo detalle, saber al dedillo.

FINISH OFF, LOCK UP AND GO HOME. Termina, cierra con llave y vete a casa.

FIRE ALARM. s. Alarma contra incendios.

FIRE ASSEMBLY POINT. s. Punto de encuentro. Proceed to fire assembly point opposite building. Reúnanse en el punto de encuentro frente al edificio.

FIRE AWAY, TO. Exp. Decir lo que tenga que decir uno.

FIRE BLANKET. s. Manta ignífuga.

FIRE DRILL. s. Simulacro de incendios. We had a fire drill yesterday. Ayer hicimos un simulacro de incendios. Simulacro de evacuación de un edificio.

FIRE DOOR. s. Puerta ignífuga. Please keep this fire door closed. Por favor, mantenga la puerta contra incendios cerrada.

FIRE EXIT. s. Salida de incendios. Keep the fire exit door locked shut. Mantenga la salida de incendios cerrada con llave. That chair is blocking the fire exit. Esa silla bloquea la salida de incendios.

FIRE EXTINGUISHER. s. Extintor de incendios. A guy from Help services is coming to check all the fire extinguishers today. Un técnico de la compañía, Help, viene hoy a revisar todos los extintores de incendios.

FIRE. IN CASE OF FIRE DO NOT USE THE LIFTS. En caso de incendio no utilicen el ascensor.

FIRE MASHALL. s. Persona encargada de evacuar un edificio en emergencias. En caso de incedios, etc.

FIRE PROOF. Adj. Piroresistente.

FIRE REGULATIONS. s. Regulación contra incendios.

FIRE RESISTANT SECURITY CUBOARDS. s. Armarios de seguridad ignífugos.

FIRE SAFETY. s. Seguridad contra incendios.

FIRE SALE OF 35 BRANCHES, A. Una venta de treinta y cinco sucursales a precio de ganga, a precio de derribo.

FIRE SALE OF ASSETS. s. Venta de activos a bajo precio. A precio de derribo.

FIRE. TO FIRE SOMEONE. Mod. Despedir a alguien. To have a basis to fire someone. Tener alguna razón para despedir a alguien, tener una excusa para despedir a alguien. To fire someone on the spot. Despedir a alguien en el acto. To fire employees at will. Despedir empleados a voluntad. To be fired at a moment´s notice. Ser despedido sin previo aviso. To fire employees without notice. Despedir empleados sin preaviso. To fire an employee with immediate effect. Despedir a un empleado con carácter inmediato.

FIRED. TO BE FIRED FOR DRINKING AT WORK. Ser despedido por beber en el trabajo.

FIRED. YOU ARE FIRED! ¡Estás despedido!

FIRING LINE. TO BE IN THE FIRING LINE. Estar en peligro, correr un gran riesgo. Around two hundred jobs on the firing line after the firm called in the administrators yesterday. Alrededor de doscientos puestos de trabajo están en peligro, después de que la empresa convocara ayer a los administradores.

FIREWALL. s. Cortafuegos.

FIRM. s. Empresa. A solvent firm. Una empresa solvente. A badly - run firm. Una empresa mal gestionada.

FIRST AID. s. Primeros auxilios. Neville is on a first - aid course. Neville está haciendo un curso de primeros auxilios.

FIRST AID KIT. s. Botiquín de primeros auxilios.

FIRST AID AT WORK. Primeros auxilios en el trabajo.

FIRST AID MANUAL. s. Manual de primeros auxilios.

FIRST - AIDER. s. Socorrista.

FIRST AND FOREMOST. Para empezar.

FIRST IN ORDER. Primordial.

FIRST NAME. Nombre de pila.

FISH. TO HAVE OTHER FISH TO FRY. Mod. Tener otros asuntos más importates que atender.

FISH. MAD AS A FISH. Arg. Estar loco de atar.

FISH. A PRETTY KETTLE OF FISH. Mod. Un berenjenal, un lío.

FISH. THERE ARE PLENTY MORE FISH IN THE SEA. Mod. Nadie es tan importante como para ser imprescindible. De flores está lleno el campo. Imprescindible no hay nadie.

FISH. TO LAND A FISH. Triunfar. Conseguir algo importante. The company has landed a fish. La empresa ha logrado un gran contrato.

FIT. TO THROW A FIT. Arg. Perder los estribos.

FIVE. TO TAKE FIVE. Hacer una pausa.

FIVER, A. s. Arg. Un billete de cinco libras esterlinas.

FIX. A QUICK FIX. s. Una solución rápida.

FIX UP, TO. v. Resolver, solucionar, remediar, solventar.

FIXED CONVERSION RATE. Tipo de conversión fijo.

FIXED COSTS. s. Costes fijos.

FIXED TERM CONTRACT. s. Contrato de duración determinada. A fixed - term position for two years. Un contrato de dos años.

FIXTURE. s. Mueble. I am not a fixture. No soy un mueble.

FIZZLE OUT, TO. v. Fracasar, desvanecerse.

FLAG. TO FLY THE BLACK FLAG. Arg. Infringir la ley, violar la ley, contravenir la ley.

FLAG. TO FLY THE FLAG OF CONVENIENCE. Mod. Enarbolar pabellón de registro abierto.

FLAG. TO KEEP THE FLAG FLYING. Mod. Mantener el pabellón alto.

FLAG. TO SHOW THE FLAG. Mod. Hacer acto the presencia.

FLAGSHIP. A COMPANY'S FLAGSHIP PROJECT. Proyecto estrella de una empresa.

FLAK. s. Crítica. To get lots of unfair flak. Ser muy criticado injustamente.

FLAKE OUT, TO. v. Agotarse, cansarse.

FLAKED OUT. Adj. Agotado, estar para el

arrastre, cansado, exhausto, estar hecho polvo.

FLAMES. TO FAN THE FLAMES. Mod. Atizar el fuego, meter cizaña.

FLAP ELASTICATED FILES. s. Carpetas con gomas.

FLAP ONE´S CHOPS, TO. Arg. Hablar sin cesar. Cascar más que un sacamuelas.

FLASH HARRY. s. Fanfarrón.

FLAT OUT. TO WORK FLAT OUT. Trabajar a toda máquina. To work flat out to get a deal. Trabajar a toda máquina para conseguir un acuerdo.

FLAT RATE. s. Tarifa única.

FLEA BITE, A. s. Pesado, cansino, taladro, pelma.

FLESH. TO PRESS THE FLESH. Estrechar la mano.

FLEXIBLE APPROACH, A. Un enfoque flexible.

FLEXIBARRIER. s. Poste separador de cinta extensible retráctil.

FLEXIBLE FRIEND, A. s. Arg. Tarjeta de crédito.

FLEXIBLE. A HIGH FLEXIBLE LABOUR MARKET. Un Mercado de trabajo muy flexible.

FLEXIBLE WORKFORCE. Mano de obra flexible.

FLEXIBLE WORKING. s. Trabajo flexible. To introduce flexible working hours. Introducir horario de trabajo flexible.

FLEXITIME. s. Horario flexible.

FLIER, A. s. Prospecto.

FLIES. CLOSE MOUTH CATCHES NO FLIES. Rfr. En boca cerrada no entran moscas.

FLIES. THERE ARE NO FLIES ON SOMEONE. Mod. No tener nada de tonto.

FLIGHT. s. Vuelo. A long - haul flight. Vuelo de largo recorrido. A short - haul flight. Vuelo de corto recorrido.

FLING. TO HAVE A FLING. Arg. Tener un lío de faldas, tener un lío amoroso.

FLIP CHART. s. Pizarra flip.

FLIPCHART MARKER. s. Rotulador para pizarra de papel flip.

FLIP CHART PAD. s. Bloc de papel para pizarras de caballete.

FLIP SIDE. s. La versión alternativa.

FLOG ONESELF TO DEATH, TO. Matarse de trabajar.

FLOOR. s. Planta, piso. We are going up to the second floor, you are on your own here. Vamos a subir a la segunda planta, te quedas aquí solo.

FLOOR. BLOOD ON THE FLOOR. Una discusión apasionada.

FLOOR LAMP. s. Lámpara de pie.

FLOP, TO. v. Fracasar.

FLOPPY. s. Diskette.

FLOWER TROUGH. s. Jardinera.

FLU JAB. s. Vacuna contra la gripe.

FLUFF UP, TO. Arg. Cometer un error.

FLUFF. Euf. Fuck. Fluff word. Taco, palabra soez.

FLUORESCENT TUBE. s. Tubo fluorescente. Richard, I have a flashing fluorescent tube in my office - are you able to change it for me? Richard, hay un tubo fluorescente en mi despacho que destella, ¿podrías cambiármelo? There is a flickering tube in my office. Hay un tubo fluorescente parpadeando en mi despacho.

FLURRY OF ACTIVITY, A. Una oleada de actividad.

FLUSH MONEY COMPANY, A. s. Una empresa solvente. Una empresa con mucho capital.

FLUTTER. TO CAUSE A FLUTTER. Mod. Armar un revuelo.

FLY - BY - NIGHT. Arg. De poco fiar. Un negocio turbio. A fly - by - night security firm. Una empresa de seguridad de poco fiar. Don´t do business with - fly - by night people! ¡No negocies con gente de poco fiar!

FLY. A FLY IN THE OINTMENT. Mod. Impedimento, inconveniente, pega, contrariedad.

FLY OFF THE HANDLE, TO. Mod. Ponerse como una fiera, ponerse como un basilisco.

FLY. TO WORK LIKE A BLUE ARSED FLY. Arg. Trabajar como un condenado.

FLYER. s. Nota informativa.

FLYING BY THE SEAT OF ONE´S PANTS. Ex. Guiarse por el instinto, actuar sin pensar, actuar al buen tuntún.

FLOOR STANDING LITERATURE HOLDER. s. Poste de información.

FOAMING. TO BE FOAMING AT THE MOUTH. Mod. Estar como una fiera, echar espumarajos por la boca. The boss is foaming at the mouth. El jefe está como una fiera.

FOG. TO BE ALL IN A FOG. Mod. Estar desconcertado, estar asombrado, estar desorientado.

FOGGIEST. NOT TO HAVE THE FOGGIEST. Arg. No tener ni zorra idea. I have not the foggiest idea. No tengo ni pajolera idea.

FOLD, TO. v. Doblar. Fold the letters this way. Dobla las cartas así.

FOLDING DRYWIPE BOARD. s. Pizarra tríptica blanca.

FOLDING LADDER. s. Escalera extensible.

FOLDING MACHINE. s. Plegadora de documentos.

FOLDING DOORS. s. Puertas plegadizas.

FOLDING PARTITIONS. s. Pared modular.

FOLD UP, TO. Ir a la ruina, quebrar, irse al garete. Due to the credit crunch, hundreds of companies are folding up. Debido a la crisis crediticia, cientos de compañías están quebrando.

FOLDING WET FLOOR STAND. s. Señal suelo húmedo.

FOLKS. GOOD MORNING FOLKS. Buenos días colegas¿qué tal?

FOLLOW - UP WORK. Trabajos posteriores.

FOOD FOR THOUGHT. Mod. Dar algo motivo para pensar.

FOOD SAFETY. Seguridad alimentaria.

FOOL. s. Tonto, imbécil. An utter fool. Un tonto de remate. I can't stand fools. No tolero a los imbéciles. Detesto a los imbéciles. To play up the fool. Hacer el payaso, hacer el ganso.

FOOL. TO BE A FOOL FOR ONE'S PAINS. Trabajar con tesón.

FOOLISH. Adj. Insensato.

FOOLSCAP. s. Folio de papel de 12 x 15.

FOOT. TO BE FORCED ON TO THE BACK FOOT. Mod. Tener que desdecirse.

FOOT - DRAGGING. s. Lentitud. Hacerse el roncero.

FOOT. TO GET ONE'S FOOT IN THE DOOR. Mod. Abrirse camino en una empresa.

FOOT TO HAVE A FOOT IN BOTH CAMPS. Mod. Jugar con dos barajas.

FOOT. MY FOOT! ¡Y un jamón!

FOOT. TO PUT ONE'S FOOT IN. Mod. Meter la pata.

FOOT. TO PUT ONE'S FOOT DOWN. Mod. Ponerse uno en su sitio, dar un puñetazo en la mesa, openerse a algo, poner el pie en la pared, cuadrarse, imponer uno su autoridad.

FOOTING. TO BE ON A SOUND ECONOMIC FOOTING. Una economía sólida.

FOOTING. TO GAIN A FOOTING. Mod. Abrirse camino en una empresa.

FOOTING. ON AN EQUAL FOOTING. En igualdad de condiciones, en pie de igualdad. On an equal financial footing. En igualdad de condiciones financieras.

FOOTNOTE. s. Apostilla, nota a pie de página. See note at foot page. Véase nota a pie de página.

FOOTREST. s. Reposapiés. Adjustable footrest. Reposapiés ajustable.

FOOTSTEPS. TO FOLLOW IN SOMEONE'S FOOTSTEPS. Mod. Seguir la misma carrera que alguien. Seguir los pasos de uno.

FOR BETTER OR FOR WORSE. Para mejor o para peor.

FOR YOUR ATTENTION. F Y A. Para su atención.

FORCAST. s. Previsión.

FORCAST, TO. v. Prever, predecir.

FORCAST BALANCE. s. Previsiones.

FORCAST SUPLY BALANCE. Plan de previsiones de abastecimiento.

FORCE. ORGANIZED FORCE. s. Trade Unions. Sindicatos. Obreros sindicados.

FORCED REDUNDANCIES. s. Despidos forzosos.

FORCEFUL ARGUMENT, A. s. Un argumento enérgico.

FOR A CHANGE. Mod. Para variar. You are going to do a bit of work for a chage. Vas a trabajar un poco para variar.

FOR FURTHER DETAILS. Para más detalles.

FOR FURTHER INFORMATION AND BOOKINGS

CONTACT...Para más información y reservas, póngase en contacto con...

FOR FURTHER INFORMATION CALL...Para más información llame...

FOR GOOD MEASURE. Por si acaso.

FOR MORE INFORMATION AND A FULL JOB DESCRIPTION VISIT WWW... Para más información y descripción completa del trabajo, visite nuestra web.

FOR THAT PURPOSE. Para ello.

FOR YOUR EYES ONLY. Ex. Secreto, personal, confidencial. Documento que sólo lo puede ver el destinatario.

FOREIGN CURRENCY. s. Divisa extranjera. A foreign currency economist. Economista experto en divisa extranjera.

FOREIGN SALES. s. Facturación exterior.

FORM. s. Planilla, impreso, formulario. Do not fill in the form before the meeting. No rellenen el formulario antes de la reunión. Please complete this form and return to personnel. Por favor, rellene este formulario y devuélvalo a la dirección de personal. A reply form. Un formulario de respuesta. An application form. Un formulario de solicitud. Claim form. Impreso de reclamación. Entry form. Hoja de inscripción. I would be grateful if you would fill in this form. Le ruego envíe este formulario debidamente cumplimentado. The form must be fully completed. La planilla debe ser rellenada completamente.

FORM. TO HIT TOP FORM. Alcanzar el máximo rango en un trabajo. Llegar a la cúspide.

FORM. REGISTRATION FORM. Boletín de inscripción.

FORMS. TO OBSERVE THE FORMS. Cumplir con las formalidades, hacer las cosas como Dios manda.

FORESIGHT. s. Previsión.

FORT. TO HOLD THE FORT. Mod. Ponerse al cargo de algo temporalmente. Quedarse al cargo de la nave. Will you hold the fort while I go to the loo? ¿ Puedes quedarte al cargo mientras voy al aseo? Can you hold the fort while I go to the chemist´s? ¿Puedes quedarte al cargo mientras voy a la farmacia? I am holding the fort while you go out for dinner. Me hago cargo mientras vais a almorzar.

FORTH. AND SO FORTH AND SO ON, AND I DON'T KNOW WHAT ALL. Y no sé qué y no sé cuanto.

FORTHWITH. Adv. De forma inmediata.

FORWARD - LOOKING. Adj. Emprendedor.

FORWARD PLANNING. s. Planificación adelantada.

FORWARD THINKING. s. Planificación adelantada.

FOSTER, TO. v. Promover, fomentar.

FOUL. TO FALL FOUL OF SOMEONE. Antagonizar, ponerse en contra de alguien. The employee fell foul of the director. El empleado se puso en contr del director.

FOUNDERED. Fracasó, se fue a pique, se fue al garete.

FOUNTAIN PEN. s. Pluma estilográfica.

FOUR HOLE PUNCH. s. Taladro de cuatro punzones.

FOUR - SQUARE. TO STAND FOUR - SQUARE. Mod. Hacer frente a un problema con resolución. The staff said that they would stand four - square behind the D G. Los empleados afirmaron que apoyarían al director hasta el final.

FOX. AS CUNNING AS A FOX. Más astuto que un zorro.

FRANKING LABELS. s. Etiquetas para franqueadora.

FRAMEWORK. A LEGAL FRAMEWORK. s. Marco jurídico.

FRAMEWORK PROGRAMME. s. Programa marco.

FRAMEWORK. REGULATORY FRAMEWORK. s. Marco regulatorio.

FRAMEWORK. AN OPERATING FRAMEWORK. Marco de intervención.

FRAMEWORK. WITHIN THE FRAMEWORK. En el marco de.

FRANCHISE. s. Franquicia.

FRANKING MACHINE LABELS. s. Etiquetas de franqueo.

FRANKING MACHINE OR FRANKER. s. Franqueadora. The franker went mad! It would not stop printing tapes. ¡La franqueadora se volvió loca! No cesaba de imprimir etiquetas.

FRANKING MACHINE BALANCE. Balance de la franqueadora. Can I have the franking machine balance? ¿Puedes darme el balance de la franqueadora?

FRANKING MACHINE INK CARTRIDGE, A. s. Cartucho de tinta para franqueadora.

FRANKING OF POST. Franqueo de correo.

FREAK OUT. TO. Arg. Ponerse como una fiera, echar chispas, subirse por las paredes, echar espumarajos por la boca.

FREELANCER. s. Trabajador autónomo. A freelancer with an entrepreneurial streak. Trabajador autónomo con aptitud empresarial.

FREE LUNCH. THERE IS NOT A SUCH THING AS A FREE LUNCH. Ex. Todo regalo encubre engaño. Raro es el regalo tras el que no esconde algo. Más caro es lo dado que lo comprado. Sólo hay queso gratis en las ratoneras. Nadie regala nada a cambio de nada. Nada es gratis en esta vida, nadie da algo a cambio de nada.

FREE MARKET ECONOMICS. s. Economía de mercado libre.

FREE MARKETEER. s. Partidario del mercado libre.

FREE REIN. TO GIVE FREE REIN TO SOMEBODY. Mod. Dar carta blanca a alguien. Dar rienda suelta a alguien.

FRESH THINKING. Ex. Ideas innovadoras.

FREEZE. s. Pay freeze. Congelación de salarios. To impliment a pay freeze. Aplicar una congelación de salarios. To freeze the pay of senior staff. Congelar los salarios de los directivos.

FREEZING. IT IS BLOODY FREEZING HERE! ¡Hace un frío aquí que se joroba la perra! ¡Hace un frío aquí que pela!

FRENCH LEAVE. TO TAKE FRENCH LEAVE. Mod. Ausentarse sin permiso.

FRIDAY. ROLL ON FRIDAY! ¡Ojalá llegue pronto el viernes! ¡Qué ganas tengo de que llegue el viernes!

FRIENDS. TRUE FRIENDS STAB YOU IN THE FRONT. Los verdaderos amigos te apuñalan por delante. Oscar Wilde.

FRIENDS. WE ARE JUST GOOD FRIENDS. Ex. Como buenos amigos, nada más.

FRINGE BENEFITS. s. Beneficios complementarios.

FROGS. MAD AS A BOX OF FROGS. Arg. Estar loco de atar, estar loco de remate, estar más sonado que las maracas de Machín.

FROM BEGINNING TO END. De cabo a rabo.

FRONT COMPANY. s. Sociedad pantalla. Empresa tapadera.

FRONT. TO HAVE A LOT OF FRONT. Arg. Tener más cara que espalda. Tener la cara muy dura.

FRONT MAN. s. Testaferro.

FRONT SOMEONE, TO. Ex. Enfrentarse a alguien, vérselas con alguien.

FRUIT. TO BEAR FRUIT. Mod. Fructificar. Producir resultados positivos.

FRUITCAKE. TO BE AS NUTTY AS A FRUITCAKE. Estar loco de atar.

FT - ACTUARIES WORLD INDEX. El índice Mundial de Actuarios del Financial Times.

FULL DAY. Jornada completa.

FULL MONTY, THE. s. Todo, el completo.

FULL OF ONESELF. TO BE FULL OF ONESELF. Ex. Ser un engreído, creérselo.

FULL - TIMER. s. Empleado a tiempo completo.

FUND. s. Fondo. To set up a fund. Crear un fondo.

FUND. CONSOLIDATED FUND. Fondo consolidado.

FUND. EMERGENCY FUND. Reserva para imprevistos.

FUND MANAGER. s. Gestor de fondos.

FUND RAISER. s. Recaudador de fondos. Charity fund - raiser. Recaudador de fondos para una organización benéfica.

FUND - RAISING. s. Captación de fondos. Levantamiento de fondos nuevos.

FUND - RAISING CAMPAIGN, A. s. Una campaña de captación de fondos.

FUND. SINKING FUND. Fondo de amortización.

FUNDS. s. Fondos. The company has run out of funds to pay wages and expenses. La empresa no puede pagar los salarios y gastos porque se le han terminado los fondos. To commit funds to a project. Asignar fondos a un proyecto. Additional funds. Fondos complementarios. Designated funds. Fondos asignados.

FUNDS. OFFSHORE FUNDS. Fondos colocados en paraisos fiscales, en zonas extraterritoriales.

FUNERAL. s. Entierro. Brian isn't coming to work today. He's going to a funeral. Brian no viene a trabajar hoy. Va a un entierro.

FUNERAL. IT IS YOUR FUNERAL. Ex. Esa es tu guerra, yo no tengo nada que ver con eso, son tus asuntos.

FUNNY. THE FUNNY THING IS. Lo curioso es.

FURNITURE. TO BE PART OF THE FURNITURE. Ex. Persona que lleva mucho tiempo en una empresa.

FUSE. TO BLOW A FUSE. Arg. Ponerse furioso.

FUSE. TO HAVE A SHORT FUSE. Arg. Acalorarse pronto, tener pocas aguantaderas.

FUSS. TO KICK UP A FUSS. Arg. Montar un pollo, armar un escándalo, armar un pitote. I don't want to make a fuss. No quiero armar un escándalo. All that fuss for nothing. Tanto escándalo para nada.

FUSSED. TO BE FUSSED. Estar agitado nervioso y molesto.

FUSSPOT. s. Meticuloso, puntilloso, quisquilloso.

FUSSY. MR. FUSSY. s. Un tiquismiquis.

FUSSY. MISS FUSSY. s. Una tiquismiquis.

FURTHER EXTENSION, A. s. Una prórroga.

FURTHERMORE. Adv. Lo que es más.

FUTURE. s. Futuro. In the near future. En breve, pronto. In the foreseeable future. En un futuro inmediato.

FUTURE. TO FORGE ONE'S FUTURE. Forjarse el futuro.

G

GAB. TO HAVE THE GIFT OF THE GAB. Mod. Tener un pico de oro, tener mucha labia.

GABBY. s. Parlanchin.

GABBY, TO. Arg. Darle a la lengua. Darle a la sinhueso.

GADGET. s. Chisme, artilugio.

GAFF. TO BLOW THE GAFF. Mod. Tirar de la manta, descubrir el pastel.

GAINFUL EMPLOYMENT. Euf. Trabajo remunerado. I am no longer gainfully employed. Estoy en el paro. To become gainfully employed again. Volver a tener trabajo remunerado.

GALL. TO HAVE THE GALL. Arg. Tener el cuajo, tener la poca vergüenza, tener la desfachatez.

GALLEY - PROOFS. s. Galeradas.

GAME. TO STAY AHEAD OF THE GAME. Llevar la ventaja, ser lider. The company has to invest in technology to stay ahead of the game. La empresa tiene que invertir en tecnología para llevar la delantera a sus competidores.

GAME. THE NAME OF THE GAME. Ex. Lo que se lleva.

GAME. THE GAME IS UP. Mod. Se acabó lo que se daba.

GAMMON. A. s. Un pedazo de carne con ojos. Un tonto.

GANG UP ON SOMEONE, TO. Ex. Confabularse contra alguien, conchabarse contra alguien.

GAP. s. Sitio, espacio. We have now filled the gap left by Andrew's departure last month. Ya hemos cubierto el sitio que dejó Andrew el mes pasado.

GAP. TO NARROW THE GAP. Reducir la diferencia.

GAP. TO BRIDGE THE GAP. Salvar las diferencias, colmar la brecha.

GAPS. EXISTING GAPS. s. Lagunas existentes.

GARBAGE IN, GARBAGE OUT. G I G O. Término informático. Significa que si ponemos datos equivocados en el ordenador, no importa lo que los embellezcamos, siempre producirá un resultado sin sentido.

GARDENING LEAVE. Ex. Vacaciones obligatorias, permiso retribuído. El tiempo que transcurre, desde el instante que avisa uno con antelación, de que se va de una empresa o que le avisan a él para que se vaya, hasta el día que se va. La compañía le paga este periodo de tiempo.

GARLIC. s. Ajo. What a stench of garlic! ¡Qué peste a ajo! I have had garlic and mussles and it's repeating on me. He comido mejillones al ajillo y me repiten.

GATE. TO HAVE BEEN SHOWN THE GATE. Haber sido despedido del trabajo

GAUNLET. TO THROW DOWN DOWN THE GAUNLET. Tirarle a alguien el guante, retar a alguien. The D G has thrown down the gaunlet. He will not be amenable to persuasion, argument, whining or bleating. El director general ha arrojado el guante. No se dejará convencer por medio de la persuasión, discusión, quejas o gemidos.

GROSS DOMESTIC PRODUCT. G D P. s. Producto Interior Bruto. P I B.

GEAR. TO BE GEARED TO. Dirigido a.

GEAR UP, TO. Ex. Poner a punto.

GEEK. s. Arg. 1. Un tipo aburrido. 2. Un fanático de algo. A computer geek. Un fanático de los ordenadores.

GENERATION GAP, THE. La brecha entre generaciones.

GENDER DISCRIMINATION. Discriminación de género.

GENDER GAP. Brecha de género.

GENDER PAY GAP. Diferencia salarial entre mujer y hombre. Brecha salarial de género. Discriminación salarial.

GENERAL ISSUES. s. Asuntos generales.

GENERAL MANAGER. s. Gerente.

GENNED UP. TO BE WELL GENNED UP. Arg. Estar en el ajo, estar enterado, estar bien informado, estar al corriente, estar al tanto.

GENTLE MANNERS. s. Buenos modales.

GENTLEMEN'S AGREEMENT, A. s. Un acuerdo entre caballeros. También tiene el significado de 'un caballero' que nunca cumple su palabra.

GEORGE. LET GEORGE DO IT. Que lo haga Rita la cantaora.

GET A MOVE ON! Mod. ¡Date prisa! ¡Menéate! Get a move on! You have got to finish the job before you go home. ¡Date prisa! Tienes que acabar el trabajo antes de que te vayas a casa.

GET BY IN FRENCH, TO. Defenderse hablando francés.

GET IT! Ex. ¡Lo entiendes!

GET ON A BIT, TO. Hacerse viejo.

GET ON WITH IT, TO. Continuar haciendo algo. Let them get on with it! ¡Que sigan haciéndolo!

GET ON WITH SOMEONE, TO. Mod. Llevarse bien con alguien, hacer buenas migas con alguien. A little bird told me that you two don't get on. Me ha dicho un pajarito que vosotros dos no os lleváis bien.

GET ONE'S OWN BACK, TO. Mod. Desquitarse.

GET OUT OF IT. THERE IS NO GETTING OUT OF IT. Mod. No puede ser de otro modo, no tiene hoja de vuelta, no cabe otra posibilidad.

GET OVER WITH IT, TO. Mod. Acabar por fin una tarea.

GET THROUGH TO SOMEBODY, TO. Hacerse entender.

GET UP, TO. Levantarse de la cama. This morning I got up at the crack of dawn. Esta mañana me he levantado al romper el día.

GHOST. TO GIVE UP THE GHOST. 1. Diñarla. 2. Tirar la toalla, rendirse, desistir en un empeño.

GHOST. TO LAY A GHOST TO REST. Mod. Zanjar un asunto.

GIBBERISH. TO TALK GIBBERISH. Hablar sandeces, decir sandeces.

GIGA - CORPORATION. s. Compañía de capital, cuyas acciones están valoradas en miles de millones de dólares.

GET DOWN TO SOMETHING, TO. Expr. Comenzar, poner manos a la obra.

GIRL FRIDAY. s. Ayudante personal.

GIZMO. s. Artilugio, chisme, aparato. The latest gizmo. El último artilugio en el mercado.

GLASS CEILING. s. Barrera que no les permite a las mujeres acceder a un puesto de importancia. Límite. Glass ceiling 'more like reinforced concrete' in business and politics, stopping women advancing in business and politics. Barrera, "yo diría una murralla de hormigón armado" que le impide a la mujer desempeñar trabajos como los que desempeñan los hombres,

en política, negocios, etc.

GLASS HOUSES. THOSE WHO LIVE IN GLASS HOUSES SHOULD NOT THROW STONES. El que tiene tejado de vidrio, no tire piedras al del vecino. Antes de decir de otro << cojo es>>, mírate los pies.

GLASSES. s. Gafas. Do you wear glasses? Yes, I do and I see that you aren't wearing yours otherwise you would see that I am wearing mine on top of my head. ¿Usas gafas? Sí, y ya veo que tú no llevas puestas las tuyas, sino verías que llevo las mias puestas en la cabeza.

GLITCH. s. Un problema técnico. A computer glitch. Un problema técnico del ordenador, un fallo técnico del ordenador.

GLOBAL APPROACH TO, A. Una concepción global de.

GLOBAL INDEXES. Indices mundiales.

GLOBAL INFORMATION SOCIETY. s. Sociedad Global de la Información.

GLOBAL INVESTERS. s. Inversores mundiales, inversores a escala mundial.

GLOBAL SITE, A. s. Sitio web.

GLOBAL STOCK MARKETS, THE. s. Las Bolsas mundiales.

GLOBAL OF TRADE SYSTEM, A. Sistema mundial de comercio.

GLOBAL £1,000, A. Un total de 1.000 libras esterlinas.

GLOBAL VILLAGE, A. s. La aldea global.

GLUE STICK. s. Pegamento en barra.

GO. TO BE ON THE GO ALL THE TIME. No parar ni un instante. Estar agobiado de trabajo.

GOBBLEDYGOOK. s. Lenguaje difícil de entender.

GO BOSS - EYED, TO. Cansársele la vista a uno.

GO. TO HAVE A GO AT SOMEONE. Arremeter contra alguien, bien sea verbal o físicamente.

GO. TO LET GO. Euf. Despedir a alguien del trabajo.

GO UP, TO. v. Aumentar. The company's sales went up by 20% last year. El año pasado, las ventas de la empresa aumentaron un 20%.

GOAL. TO SCORE AN OWN GOAL. Ex. Hacer algo en detrimento propio.

GOALPOSTS. TO MOVE THE GOALPOSTS. Mod. Cambiar las reglas del juego para beneficiarse uno. Hacer cambios injustos sin previo aviso.

GOAT. A SACRIFICIAL GOAT. s. Un chivo expiatorio. Un cabeza de turco.

GOAT. TO GET ONE'S GOAT. Cabrearse. This is what gets my goat. Esto es lo que me cabrea.

GOB - SMACKED. TO BE GOB - SMACKED. Ex. Quedarse uno de piedra, quedarse de una pieza.

GOBSMACKING. Adj. Asombroso. Alucinante.

GO BANKRUPT, TO. Ex. Ir a la bancarrota.

GO - BY. TO GIVE SOMEONE THE GO - BY. Mod. Hacerle el vacío a alguien, darle esquinazo a alguien, evitar encontrarse con alguien. After Dick shouted at her, Debbie decided to give him the go - by. Después de que Dick le gritara a Debbie, ella decidió darle esquinazo.

GO DOWN, TO. v. Averiar, fallar.

GOD. A LITTLE TIN GOD. s. Engreído.

GOFER. s. Arg. El chico de los cafés, el chico de los recados, el sirviente de todo el mundo, el chico de los mandados.

GO - GETTER. s. Emprendedor, dinámico. The new breed of go - getters. La nueva generación de emprendedores.

GO - GETTING ENTREPRENEUR, A. s. Un empresario con iniciativa.

GOGGLES. SAFETY GOGGLES. s. Gafas de seguridad.

GO INTO LIQUIDATION, TO. Ex. Entrar en liquidación.

GO - SLOW. s. Huelga de celo.

GO. TO HAVE A GO AT SOMEONE. Criticar a alguien. I am not having a go at you. No te estoy criticando.

GO TO THE WALL, TO. Ex. Ir a la bancarrota, quebrar, ir a la ruina, irse al garete. The company has gone to the wall. La empresa se ha ido al garete.

GO UNDER, TO. Mod. Quebrar, ir a la ruina, irse al garete. Due to the credit crunch every pub is going under. Debido a la crisis crediticia todos los bares se van al garete.

GOLD - COLLAR WORKER. s. Ejecutivo de gran talento y preparación Informática.

GOLDFISH. TO HAVE THE MEMORY OF A GOLDFISH. Tener memoria gallo.

GOLDEN HANDSHAKE. s. Cantidad enorme de dinero que recibe un directivo al jubilarse o ser despedido.

GOLDEN HELLO, A. Buenas condiciones de trabajo, y buen salario que ofrece una empresa a un empleado para asegurarse sus servicios.

GOLDEN PARACHUTE. s. Cantidad de dinero que recibe un directivo al ser despedido, como consecuencia del cambio de propietario de una empresa.

GOOD BREAK. Mod. Buen comienzo.

GOODBYE AND GOOD LUCK TO ANDREW. Ex. Adiós, y que tengas buena suerte Andrew.

GOODBYE. GOLDEN GOODBYE. Cantidad de dinero que recibe un directivo al jubilarse. The outgoing president of the company received a golden goodbye worth £1million. El presidente saliente de la empresa recibió 1 millón de libras esterlinas al jubilarse.

GOOD FOR NOTHING, A. Adj. Inútil, estúpido.

GOOD FOR YOU! Ex. ¡Bien hecho!

GOOD INTENTIONS. Buenos propósitos.

GOOD ON YOU! ¡Bien hecho!

GOOD SHOW! Ex. ¡Bien hecho!

GOOD THING. TO BE ON TO A GOOD THING. Mod. Tener un buen chollo. With all the perks at the new job, Judith knew she was on to a good thing. Con todas las gratificaciones que recibía en el nuevo trabajo, Judith sabía que había encontrado un buen chollo.

GOOD WORKING ENVIRONMENT. Buen entorno laboral.

GOOD WORKING PRACTICES. s. Buenas prácticas laborales.

GOODS. s. Mercancias. Damaged goods. Mercancías dañadas.

GOOF AROUND, TO. v. Gandulear, hacer el ganso, no hacer nada.

GOOSE. TO COOK SOMEONE'S GOOSE. Mod. Hacerle una mala pasada a uno, hacerle la santísima a uno.

GOOSE. TO GO ON A WILD GOOSE CHASE. Mod. Ir a la caza de una quimera.

GOSSIP. s. Chismorreo, cháchara de patio de vecinos, marujeo, cotilleo. Idle gossip. Conversaciones de patio de vecinos. Fatouos celebrity gossip. Chismorreo de los famosos llevado a la pequeña pantalla. To peddle scurrilous gossip. Propagar chismorreos difamatorios. Vicious gossip. Cotilleo malicioso. Mischievous gossip. Chismorreo malicioso. Hot gossip. Cotilleo de alcoba. Juicy gossip. Cotilleo jugoso. Juicy bits of gossip. Cotilleo picante y malévolo.

GOSSIP COLUMN, A. s. La crónica de sociedad, la prensa del chismorreo.

GOSSIP. BACKSTAIRS GOSSIP. Cháchara de patio de vecinos.

GOSSIP. TO BE A GOSSIP. Ser un cotilla.

GOSSIP - MONGER. Adj. Chismoso, cizañero, murmurador, chinchorrero, maldiciente, correveidile, alcahuete.

GOVERNING BODY. s. Junta directiva.

GOVERNMENT BODY. s. Organización gubernamental.

GOVERNMENT BONDS. s. Bonos del Tesoro.

GRAB. HOW DOES THAT GRAB YOU? Ex. ¿Qué piensas de eso?

GRABS. UP FOR GRABS. Disponible, vacante, a disposición de cualquiera. The position is up for grabs. El puesto de trabajo está vacante. A number of managerial roles are up for grabs. Hay un número de puestos de directivos vacantes.

GRACE PERIOD. s. Prórroga que se extiende para pagar una deuda. You have a month grace period in which to pay your loan. Tiene un mes de prórroga para pagar el préstamo.

GRADE. NOT TO MAKE THE GRADE. Ser incompetente, no dar la talla, no estar a la altura de las circunstancias, no ser la persona idónea.

GRADED. TO BE UP - GRADED. Ser asignado un grado más alto.

GRAFT. s. Trabajo. The daily graft. El curro, el trabajo diario. Hard graft. Trabajo penoso. To do a hard graft. Hacer un trabajo penoso. This job requires plenty of hard graft. Esta tarea requiere mucho trabajo. To graft hard. Trabajar con tesón. To graft seven days a week. Trabajar siete días a la semana.

GRAFT. s. Arg. Soborno, corrupción.

GRAFTER. s. Sobornador.

GRAND. s. Arg. Mil libras esterlinas.

GRANDMOTHER'S FUNERAL SYNDROME. La ausencia de empleados que pretenden estar enfermos.

GRAND PLAN, A. s. Un plan grandioso, un plan magnífico.

GRAND TOTAL, THE. Total general.

GRAPHIC DESIGN. s. Diseño gráfico.

GRAIN. TO GO AGAINST THE GRAIN. Mod. Ir contra corriente, a contra pelo, ir contra los deseos de alguien.

GRANTED. TO TAKE SOMETHING FOR GRANTED. Mod. Dar algo por sentado, dar algo por hecho, dar por descontado.

GRAPEVINE, THE. s. Radio macuto.

GRASP IT. HE CAN'T GRASP IT. No da pie con bola.

GRASS. THE GRASS ALWAYS LOOKS GREENER ON THE OTHER SIDE OF THE FENCE. La cabra de mi vecina, más leche da que la mía. La gallina de mi vecina pone más huevos que la mía. La gallina de mi vecina siempre es más gorda que la mía. El vino del vecino, ése si que es buen vino.

GRASS. NOT TO LET THE GRASS GROW UNDER ONE'S FEET. Mod. No perder el tiempo. Ponerse a trabajar.

GRASS ON ONE'S COLLEAGUES, TO. Informar de sus colegas, chivarse, delatar.

GRASS. TO GO TO GRASS. Mod. Jubilarse.

GRASS. TO KICK SOMETHING INTO THE LONG GRASS. Mod. Echar tierra a un asunto. Ocultar un problema. Con la esperanza de que caiga en el olvido. Harriet said to me, nobody could accuse me of kicking the issue into the long gras. Harriet me dijo, nadie podría acusarme de echar tierra en el asunto. To kick a difficult problem into the long grass. Ocultar un problema de difícil solución.

GRASS. TO PUT SOMEBODY OUT TO GRASS. Mod. Obligar a alguien a que se jubile debido a su edad.. También, despedir a un empleado que se está haciendo mayor.

GRASS WIDOW. s. Dícese de la mujer que se queda en casa sola, temporalmente, debido a que su marido está de viaje de negocios u otras causas. Una Penélope sin Ulises, una viuda temporal, una viuda sin enviudar. A grass widower es el marido que se queda en casa por los mismos motivos.

GREEN WIDOW, A. s. Esposa que pasa el día sola en casa, en la campiña, mientras que el marido trabaja en la ciudad.

GRAVEYARD. s. Cementerio. Whistling past the graveyard. Hacer caso omiso a un problema que existe.

GRAVITAS. s. Dignidad.

GRAVY TRAIN, THE. s. Un buen chollo de trabajo.

GREAT WHILE AGO, A. Hace mucho rato.

GREEK. IT IS ALL GREEK TO ME. Mod. Sonarle a uno a chino, no entender nada.

GREEN - COLLAR JOBS. s. Trabajos que generan la agricultura y el medio ambiente.

GREEN - COLLAR WORKER. s. Empleado que trabaja en la agricultura, y trabajos relacionados con el medio ambiente.

GREENHORN. s. Neófito, pardillo.

GREEN. NOT TO BE AS GREEN AS ONE IS CABBAGE - LOOKING. Mod. No ser uno tan tonto como parece.

GREEN LIGHT. TO GIVE THE GREEN LIGHT. Mod. Dar el visto bueno, dar vía libre.

GREEN SHOOTS. s. Signos de recuperación económica, destellos de esperanza, reverdecer los campos, haber muestras de recuperación económica, signos de activación económica.

GREEN TAX. s. Impuesto ecológico.

GREET, TO. v. Recibir, dar la bienvenida. Greeting external visitors. Recibir a las visitas.

GREY AREA. s. Zona poco clara, zona gris.

GREY ECONOMY. s. Parte de la economía de un país que no consta en las estadísticas.

GRIEVANCE. s. Rencor, resentimiento. To nurse a grievance. Albergar un resentimiento.

GRIEVANCE. s. Queja, protesta. To air one's grievances. Manifestar uno sus quejas.

GRIEVANCES. THE REDRESS OF GRIEVANCES. Reparación de agravios.

GRILLING. TO GIVE SOMEONE A GRILLING. Acribillar a preguntas.

GRIM REAPER, THE. s. La muerte, la de la guadaña, la Parca. To celebrate yet another year of dodging the Grim Reaper there are some chocolates in my office. ¡Otro año que burlo a la Parca! Para celebrarlo, hay chocolates en mi despacho.

GRIN AND BEAR IT, TO. Mod. Al mal tiempo buena cara.

GRIND. s. Curro, trabajo, brega. A nine to five office grind. Trabajo de oficinista.

GRIND AWAY, TO. v. Trabajar con tesón.

GRIND DOWN, TO. v. Agobiar.

GRIND. THE DAILY GRIND. s. El curro, la brega, el momio. To escape from the day to day grind. Dejar atrás los problemas diarios que genera el curro. To be knackered from the daily grind. Acabar hecho polvo en el curro al final de la jornada.

GRIND. A HARD GRIND. s. Una tarea penosa.

GRINDSTONE. TO GO BACK TO THE GRINDSTONE. Ex. Volver al trajín, volver a la brega, volver al trabajo, volver al curro.

GRIND TO A HALT, TO. Mod. Dejar de funcionar, detenerse, pararse. The whole place seems to grind to a halt when one of you is away. Cuandoquiera que uno de vostros faltáis al trabajo, da la impresión de que deja de funcionar la oficina.

GRINDSTONE. TO KEEP SOMEONE'S NOSE TO THE GRINDSTONE. Mod. Hacer doblar el lomo a alguien.

GRINDSTONE. TO PUT ONE'S NOSE TO THE GRINDSTONE. Mod.Trabajar sin descanso y con tesón.

GRIP. TO GET A GRIP ON ONESELF. Mod. Calmarse, serenarse.

GRIPS. TO COME/GET TO GRIPS WITH SOMETHING. Mod. Abordar un problema con determinación. I am getting to grips with the accounts. Estoy haciendo la contabilidad. To get to grips with a very complex situation. Abordar una situación muy compleja.

GROSS INCOMPETENCE. s. Incompetencia supina. George has been sacked for gross incompetence. Han echado a George del trabajo por incompetencia supina.

GROSS MISCODUCT. Falta grave de conducta.

GROSS NEGLIGENCE. s. Negligencia grave.

GROSS PAY. Sueldo bruto. Total gross pay. Sueldo bruto total.

GROSS PROFIT. s. Beneficio bruto.

GROTTY. TO FEEL GROTTY. No sentirse bien. I feel grotty today. Hoy no estoy muy católico.

GROUND FLOOR. TO GET IN ON THE GROUND FLOOR. Participar en un proyecto desde el principio.

GROUND. TO BREAK NEW GROUND. Mod. Innovar.

GROUND. TO GET A PROJECT OFF THE GROUND. Mod. Poner un proyecto en marcha.

GROUND - BREAKING. Adj. Innovador, pionero. Ground - breaking policies. Política innovadora. Ground - breaking report. Un informe innovador. Ground - breaking project. Proyecto pionero. Ground breaking thinking. Pensamiento innovador.

GROUND FLOOR. TO GET IN ON THE GROUND FLOOR. Participar en un proyecto desde el principio.

GROUND. SUITS ME DOWN TO DE GROUND. Me va de perillas, me va como anillo a dedo.

GROUND. TO GIVE GROUND. Cambiar de opinión, cambiar de parecer.

GROUND. TO HOLD ONE'S GROUND. Mod. Mantenerse firme, no dar el brazo a torcer, no ceder terreno.

GROUND. TO RUN A FIRM INTO THE GROUND. Llevar a una empresa a la ruina.

GROUND. TO SHIFT ONE'S GROUND. Mod. Cambiar de opinión, cambiar de parecer. Roger keeps shifting his ground all the time. Roger cambia de parecer constantemente.

GROUND. TO SUIT SOMEONE DOWN TO THE GROUND. Mod. Venir de perilla. Ir como anillo al dedo. Ir como traje a medida.

GROUND. BE TRUE GROUNDS. Servir de base verdadera.

GROUNDS. ON THE GROUNDS. Por motivos.

GROUNDS. TO GIVE GROUNDS FOR CORCERN. Ser motivos de preocupación.

GROUNDWORK. s. Trabajos preparatorios, trabajo de base. The groundwork carried out. El trabajo de base realizado.

GROUSE, TO. v. Quejarse.

GROUSER. s. Arg. Quejica, llorón, quejumbroso.

GROWTH. s. Crecimiento.

GROWTH RATE. s. Tasa de crecimiento.

GRUB. s. Arg. Manduca.

GRUDGE. TO BEAR SOMEONE A GRUDGE. Mod. Guardar rencor a alguien.

GRUMBLE, TO. v. Rezongar, gruñir, refunfuñar, mascullar.

GRUMBLE. MUSN'T GRUMBLE. Ex. No puedo quejarme.

GUARANTOR. s. Aval, fiador.

GUESS WHAT? ¿Sabes qué?

GUESSWORK. s. Conjeturas, suposiciones,

GUEST BOOK. s. Libro de firmas.

GUEST OF HONOUR AND KEY NOTE SPEAKER. Ex. Invitado de honor y orador principal.

GUIDANCE. s. Orientaciones, directrices, pautas. To set guidance. Establecer directrices.

GUIDANCE AND COUNSELLING. s. Orientación y asesoramiento.

GUIDANCE ON SAFETY. s. Orientaciones sobre seguridad.

GUIDE CARDS TABBED A - Z. s. Indices de cartón a - z.

GUIDELINES. s. Orientaciones, directrices. A set of guidelines. Conjunto de directrices. To recommend guidelines. Recomendar directrices. Subject to guidelines. Regirse por las directrices. The development of guidelines. Desarrollo de directrices. To produce guidelines. Introducir directrices, proponer pautas, marcar pautas. To observe the guidelines. Cumplir las directrices.

GUILLOTINE. s. Cizalla. Ideal guillotine. Cizalla ideal.

GUM TREE. TO BE UP A GUM TREE. Ex. Encontrarse en un apuro, estar en un brete.

GUM UP THE WORKS, TO. Ex. Poner palos en las ruedas, poner piedras en el camino, sabotear..

GUMS. TO BEAT THE GUMS. Arg. Hablar más que una cotorra.

GUN. TO JUMP THE GUN. Mod. Adelantarse.

GUN FOR, TO. Ex. Preferirse. He was gunning very hard for the job. Se estaba prefiriendo para el trabajo.

GUN. TO SPIKE SOMEBODY'S GUN. Mod. Frustrarle los planes a alguien, arruinarle los planes a alguien. Hacerle la santísima a alguien.

GUNS. TO GO GREAT GUNS. Mod. Proceder con gran energía y eficiencia.

GUNS. TO STICK TO ONE'S GUNS. Mod. Mantenerse uno firme en su postura, no dar el brazo a torcer, seguir en sus trece, mantenerse inflexible.

GUT. TO BUST A GUT. Arg. Esforzarse haciendo algo, matarse haciendo algo.

GUTS OUT. TO WORK ONE'S GUTS OUT. Arg. Trabajar como un descosido.

GUTS. TO HATE SOMEONE'S GUTS. Arg. Detestar a alguien. No poder ver a alguien ni en pintura.

GUTTED. TO FEEL GUTTED. Sentirse muy decepcionado.

GUYS. s. Manera de dirigirse a un grupo de personas de ambos sexos.

H

HACK, TO. v. Piratear un ordenador, utilizar un ordenador para acceder a los datos sin autorización. It looks like our website may have been hacked to this morning. Parece como si hubieran pirateado nuestra página web esta mañana.HACK AROUND, TO. Arg. Hacer el ganso, perder el tiempo. He is always hacking around doing nothing. Siempre está haciendo el ganso sin hacer nada.

HACKED OFF. Adj. Harto, fastidiado, irritado, cansado.

HACKER. s. Pirata informático.

HACKLES. TO MAKE SOMEONE'S HACKLES RISE. Mod. Cabrear a alguien. Hincharle las narices a alguien.

HAGGISH. TO HAVE ONE'S HAGGISH AND EAT IT. Mod. Repicar e ir en la procesión. Nadar y guardar la ropa. Soplar y sorber no puede ser.

HAIR. TO A HAIR. Mod. Exacto.

HAIR. TO GET IN SOMEONE'S HAIR. Mod. Enojar, molestar, enfadar a alguien.

HAIR. TO GET SOMEONE OUT OF ONE'S HAIR. Mod. Sacudirse a alguien de encima. Cameron is hoping to get Elaine working for the other company and out of our hair. Cameron espera que Elaine se vaya a trabajar a la otra compañía, y así sacudírnosla de encima.

HAIR. KEEP YOUR HAIR ON! ¡No te acalores!

HAIR. NOT TO TURN A HAIR. Mod. No inmutarse.

HAIRS. TO HAVE SOMEONE BY THE SHORT HAIRS. Mod. Tener a alguien a su merced, tener a alguien cogido por los cataplines.

HAIRS. TO SPLIT HAIRS. Mod. Rizar el rizo, hilar muy fino.

HALF A BAR. s. Arg. Medio millón de libras esterlinas.

HALF BAKED. TO BE HALF BAKED. Mod. Persona que le falta un hervor.

HALF - BAKED PLAN, A. Un plan mal concebido.HALF. IT IS SIX OF ONE AND HALF A DOZEN OF THE OTHER. Responsible, dos personas son igualmente responsables por algo. The director listened to the story of the two employees, and decided that it was six of one and half a dozen of th other. El director escuchó lo que tenían que decir los dos empleados, y decidió que los dos eran culpables.

HALT. TO GROUND TO A HALT. Mod. Parar en seco.

HALVES. TO DO SOMETHING BY HALVES. Mod. Hacer las cosas a medias.

HAM - FISTED. Adj. Torpe, manazas, patán, desmañado.

HAMMER AND TONGS. TO GO HAMMER AND TONGS AT A JOB. Trabajar a toda máquina.To go at each other hammer and tongs. Discutir acaloradamente. The two employees went at each other hammer and tongs. Los dos empledos discutían acaloradamente.

HAMMER. AS USEFUL AS A GLASS HAMMER. Tan útil como una campana de goma.

HANBAGGED. TO BE OUT HANDBAGGED BY SOMEONE. Ser menos liisto que alguien.

HANDBAGGING. A VERBAL HANDBAGGING. Una buena bronca.

HANDBAGS. DANCING ROUND THE HANDBAGS. Aplazar la ejecución de una decisión.

HANDCUFFS. GOLDEN HANDCUFFS. s. Buenas condiciones de trabajo, primas, buen sueldo etc. que se ofrecen a un empleado para que no se marche de la empresa.

HAND AND FOOT. TO WAIT HAND AND FOOT ON SOMEONE. Estar a disposición de alguien.

HAND. TO BE ON HAND. 1. Existencias disponibles. 2. Estar presente.

HAND. TO BITE THE HAND THAT FEEDS YOU. Mod. Ser un ingrato. Cría cuervos y te sacarán los ojos.

HAND. TO HAND. A mano.

HAND OVER, TO. s. Ceder, entregar, transferir. The president handed over some powers to his vice - president. El presidente cedió algunas de sus competencias a su vicepresidente.

HAND. TO FORCE SOMEONE'S HAND. Mod. Obligar a alguien a hacer algo contra su voluntad.

HAND. TO GET OUT OF HAND. Mod. Ponerse la cosa mal.

HAND. TO GET SOMETHING IN HAND. Mod. Tener bajo control.

HAND. TO GIVE SOMEONE A FREE HAND. Mod.

Darle a uno carta blanca, dejar a alguien que actúe por iniciativa propia, darle a alguien rienda suelta.

HAND. TO GIVE A HAND. Mod. Echar una mano.

HAND. s. Mano. To know something at first hand. Conocer algo de primera mano, directamente.

HAND. TO MAKE A POOR HAND AT. Mod. Tener mala mano para un trabajo.

HAND TO MOUTH. TO LIVE HAND TO MOUTH. Mod. Vivir al día.

HAND. TO HAVE A FREE HAND. Mod. Tener carta blanca, tener poder para hacer y deshacer a voluntad.

HAND. TO HAVE A STEADY HAND. Tener buen pulso. You have got a steady hand. Tienes buen pulso. Not to have a steady hand. Tener un pulso como para robar panderetas.

HANDICAPPED PERSON. s. Minusválido.

HANDLE. TO GET A HANDLE ON SOMETHING. Mod. Controlar una situación.

HAND. TO KNOW SOMETHING LIKE THE BACK OF YOUR HAND. Conocer algo como la palma de la mano.

HAND LUGGAGE. s. Equipaje de mano.

HANDLING. SAFE HANDLING. De manejo seguro.

HAND. A HAND - TO - MOUTH EXISTENCE. Mal vivir, ir tirando, sobrevivir.

HAND. AN OLD HAND. s. Ser experto en algo.

HAND. THE LEFT HAND DOESN'T KNOW WHAT THE RIGHT HAND IS DONG. Mala coordinación entre los empleados de una empresa.

HAND. TO TRY ONE'S HAND AT SOMETHING. Intentar hacer algo.

HAND TOWELS DISPENSER. s. Dispensador de toallas.

HANDED. TO BE EVEN HANDED. Mod. Ser justo.

HANDED. TO BE HIGH - HANDED. Mod. Ser un déspota.

HANDED. TO BE SHORT HANDED. Tener falta de personal.

HANDS FREE MOBILE PHONE. s. Teléfono móvil manos libres.

HANDS TURN. NOT TO DO A HAND'S TURN. No pegar pique, no dar un palo al agua, trabajar menos que el sastre de Tarzán, trabajar menos que el fotógrafo del B O E (Boletín Oficial del Estado) He is always in the pub. He doesn't do a hand's turn. Siempre está en el bar. No pega pique.

HANDS. TO HAVE ONLY ONE PAIR OF HANDS. Tener solo dos manos.

HANDS. TO HAVE ONE'S HANDS FULL. Mod. Estar muy ocupado, estar muy atareado, estar agobiado de trabajo. I can't answer the phone now, I have my hands full. No puedo contestar el teléfono en este instante. Estoy muy atareado.

HANDS. TO HAVE TIME ON ONE'S HANDS. Mod. No tener nada que hacer.

HANDS. TO RUB ONE'S HANDS IN GLEE. Frotarse las manos de júbilo.

HANDS. TO SIT ON ONE'S HANDS. Mod. Estar con los brazos cruzados sin hacer nada. Estar mano sobre mano.

HANDS. A SHOW OF HANDS. Voto a mano alzada.

HANDS ON. Tarea manual.

HANDS. A SAFE PAIR OF HANDS. Mod. Una persona competente, una persona confiable.

HANG ABOUT. CAN YOU HANG ABOUT UNTIL WE FINISH? ¿Puedes esperar hasta que acabemos?

HANG - DOG EXPRESSION. Mod. Cara de perro apaleado. Cara triste.

HANG ON! WAIT A MOMENT! ¡Un segundo! ¡Espera un momento! ¡No tan rápido!

HANG. TO GET THE HANG OF SOMETHING. Mod. Cogerle el truco a algo, cogerle el tranquillo a algo.

HANG. TO HANG SOMEONE OUT TO DRY. Mod. Dejar a alguien en la estacada, abandonar a alguien a su suerte, que se las componga alguien como pueda, echar a los pies de los caballos.

HANG UP, TO. Acabar una conversación telefónica y colgar.

HAPPEN FOR SOMEONE, TO. Triunfar.

HAPPENING. IT IS ALL HAPPENING. Todo va de perillas. Todo marcha sobre ruedas.

HAPPY BUNNY. TO BE A HAPPY BUNNY. Ex. Estar alegre.

HAPPY - GO - LUCKY, A. s. Un pocapena.

HAPPY JACK, A. s. Persona que siempre está triste.

HARASSMENT. s. Acoso. To cause harassment. Acosar.

HARD AT IT. TO BE HARD AT IT. Trabajar con tesón.

HARD CHOICE, A. s. Una decisión difícil.

HARD CHEESE! ¡Mala suerte!

HARD TO COME BY. Algo difícil de conseguir. At present, jobs are hard to come by. En la actualidad, es difícil encontrar trabajo. Los trabajos escasean.

HARD DISK. s. Disco duro.

HARD GRAFTER PERSON, A. s. Persona muy trabajadora.

HARDHEADED APROACH, A. s. Un enfoque pragmático.

HARD HIT. Sufrir un duro golpe.HARD LINE. TO TAKE A HARD LINE. Tomar medidas extremas, tomar medidas estrictas. The company took a hard line with the strikers and sacked all them. La empresa tomó medidas estrictas con los huelguistas y los despidió a todos.

HARD - NOSED, A. Mod. Astuto.

HARD. TO BE HARD ON SOMEONE. Ser injusto con alguien.

HARDLY EVER. Apenas nunca.

HARDSHIP. s. Privaciones, penalidades. Hardship payments. Subsidio de paro.

HARD TIME. TO GIVE SOMEONE A HARD TIME. Hacer sufrir a alguien.

HARD TIMES. Tiempos difíciles, tiempos adversos, tiempos de penuria. To fall in hard times. Pasar penurias. People in low income households have nothing to fall back on hard times. Los hogares con rentas bajas no tienen donde apoyarse en tiempos difíciles. A businessman fallen on hard times. Hombre de negocios que se le ha puesto la vida cuesta arriba. Hombre de negocios que se ha venido a menos.

HARD TO GET. TO BE HARD TO GET. Ser difícil de conseguir.

HARD WORK. YOUR HARD WORK WAS MUCH APPRECIATED. Se ha valorado mucho el trabajo que ha hecho.

HARD - WORKING TAXPAYING FAMILIES. Familias muy trabajadoras que pagan sus impuestos religiosamente.

HARE - BRAINED. s. Cabeza de chorlito, persona de poco juicio, casquivano, cabezahueca.

HARE - BRAINED IDEA, A. s. Una idea descabellada.

HARE. TO CHASE THE WRONG HARE. Mod. Equivocarse, andar descarriado.

HARNESS. TO BE BACK IN HARNESS. Mod. Volver al trabajo tras una enfermedad.

HARNESS. TO DIE IN HARNESS. Mod. Trabajar hasta el día que la espicha uno. No jubilarse nunca.

HARVEST. TO REAP THE HARVEST. Ex. Recoger los frutos.

HAS BEEN, A. s. Persona que triunfó en el pasado. Una celebridad del pasado. Better to be a has - been than a never was. Es mejor haber sido algo alguna vez que no haber sido nunca nada.

HASH. TO MAKE A HASH OF SOMETHING. Arg. Hacer una chapuza. Arruinar un trabajo.

HASH KEY. s. Almohadilla. Símbolo en el teléfono.

HASSLE SOMEONE, TO. Arg. Importunar, molestar, dar la lata, dar la brasa, hastiar, hostigar, irritar.

HAT. A BAD HAT. s. Canalla, un tipo despreciable.

HAT. s. Sombreo. As simple as a hat. Más simple que el mecanismo de un chupete.

HAT. TO HANG UP ONE'S HAT. arg. 1. Jubilarse. 2. Espicharla.

HAT. TO KEEP UNDER ONE'S HAT. Mod. Guardar un secreto.

HAT. TO PUT ON ONE'S THINKING HAT. Considerar algo detenidamente

HAT. TALK THROUGH ONE'S HAT, TO. Mod. Hablar sandeces, decir chorradas.

HATCHET MAN, A. s. Persona que tiene la triste tarea de despedir a empleados en una empresa.

HATE MAIL. s. Correo de odio.

HATS. TO WEAR DIFFERENT HATS. Mod. 1.

Tener dos trabajos. 2. Desempeñar dos papeles.

HATS. TO WEAR DIFFERENT HATS. Mod. Papel que desempeña una persona. In this case I am talking for myself. I am not wearing the company's hat. En esta ocasión, hablo a título personal, no hablo en nombre de la empresa.

HATS. TO WEAR TWO HATS. 1. Tener dos trabajos. 2. Desempeñar dos papeles.

HAUL SOMEONE OVER THE COALS, TO. Mod. Echarle a alguien una buena bronca.

HAVE BEEN AROUND. Ex. Llevar muchas horas de vuelo.

HAVE HAD IT UP TO HERE, TO. Arg. Estar hasta las narices, estar harto, estar hasta la coronilla, estar hasta el moño.

HAVE IT OUT WITH SOMEONE, TO. Arg. Hablar claro para resolver un asunto.

HAVE SOMEONE ON, TO. Arg. Tomarle el pelo a alguien, quedarse con alguien.

HAVE WORD - PROCESSOR, WILL TRAVEL. Cuenta con procesador de datos, está dispuesto a viajar.

HAVING REGARD TO. Visto.

HAYWIRE. TO GO HAYWIRE. Mod. Perder los estribos, ponerse como un basilisco, ponerse como una fiera

HAYWIRE. TO GO HAYWIRE. Mod. Averiarse, estropearse.

HE WHO EXCUSES HIMSELF ACCUSES HIMSELF. Rfr. Explicación no pedida malicia arguye.

HEAD, TO. s. Dirigir.

HEADACHE. s. Dolor de cabeza. 'It is a dreadful headache.' Es un quebradero de cabeza. Es una verdadera pesadilla.

HEADACHE. A REAL HEDACHE. Un tremendo problema.

HEADBANG. s. Reunión creativa.

HEAD. TO BE A LITTLE SOFT IN THE HEAD. Ser lento, débil.

HEAD. TO BE OFF ONE'S HEAD. Arg. Estar majareta, estar chiflado.

HEAD. TO BE SLOW IN THE HEAD. Faltarle un hervor a uno.

HEADCASE. s. Tarado.

HEADCOUNT REDUCTION. Ex. Reducción de plantilla en una empresa. Adelgazar la plantilla de una empresa. Recorte de plantilla.

HEAD. NOT TO BE RIGHT IN THE HEAD. Estar mal de la chaveta.

HEAD. TO GET ONE'S HEAD DOWN. Ponerse a trabajar con ganas.

HEAD. TO GET ONE'S HEAD AROUND SOMETHING. Entender algo. I cannot get my head around this problem. No puedo resolver este problema.

HEAD. TO GO OVER SOMEONE'S HEAD. Hacer algo a espaldas de alguien, pasar por encima de alguien.

HEAD. TO HAVE A BIG HEAD. Ser un arrogante.

HEAD. TO HAVE A HEAD FOR. Mod. Tener aptitud para algo, tener capacidad para algo, tener un don para, tener dotes para algo, tener cabeza para algo. To have a head for business. Tener un don para los negocios.

HEAD. TO HAVE ONE'S HEAD SCREWED ON THE RIGHT WAY. Tener la cabeza en su sitio.

HEAD ON COLLISION, A. Un desacuerdo violento con alguien.

HEAD. TO HEAD A DEPARTMENT. Ex. Dirigir un departamento.

HEAD OF DEVELOPMENT. s. Jefe de desarrollo.

HEAD OF EMPLOYMENT AFFAIRS. s. Director de asuntos laborales.

HEAD. OFF THE TOP OF THE HEAD. Mod. A bote pronto, sin pensar, sin reflexionar, de buenas a primeras, de cabeza, improvisado, aproximadamente. Off the top of my head, I couldn't tell you how many people came to the interview, but I could check out the list of interviewees. A bote pronto, no te sabría decir cuantas personas vinieron a la entrevista, pero podría comprobar la lista de entrevistados. Off the top of my head, I couldn't tell you how many people will come to the meeting. De buenas a primeras, no te podría decir cuantas personas vendrán a la reunión. Off the top of your head, how many pens have we got left in the stationery cupboard? Aproximadamente, ¿cuántos bolígrafos nos quedan en el almacén? Off the top of your head, can you remember when was the last time it happened? ¿Aproximadamente te acuerdas cuándo fue la última vez que ocurrió esto?

HEADHUNTER. s. 1. Cazatalentos. 2. Sicario.

HEAD. A REAL HEAD. s. Arg. Un tarado.

HEAD IN. TO DO SOMEONE'S HEAD IN. Enojar a alguien.

HEAD DEPARTMENT. NOT TO BE STRONG IN THE HEAD DEPARTMENT. No tener muchas luces. Ser muy inteligente.

HEADLESS CHICKEN. TO RUN A FIRM LIKE A HEADLESS CHICKEN. Estar totalmente desorganizado.

HEADLESS CHICKEN. TO GO AROUND LIKE A HEADLESS CHICKEN. Ir dando tumbos como pollo sin cabeza. Moverse de una parte a otra de un modo frenético, sin lograr mucho.

HEAD OR TAIL. NOT TO MAKE HEAD OR TAIL OF SOMETHING. Mod. No lograr entender algo. I cannot make head or tail of what he has written here. No entiendo nada de lo que ha escrito aquí.

HEAD. TO HAVE A HEAD ON ONE'S SHOULDERS. Mod. Tener la cabeza en sus hombros, tener la cabeza bien amueblada, tener a cabeza en su sitio.

HEAD. TO KEEP ONE'S HEAD. Mod. No perder los estribos.

HEAD. TO KEEP ONE'S HEAD ABOVE WATER. Mod. Mantenerse a flote. Ganar lo justo para vivir. Ir tirando.

HEAD. TO KEEP ONE'S HEAD DOWN. Mod. Decir lo menos posible para no antagonizar a alguien.

HEAD. TO KNOCK ON THE HEAD. Mod. Arruinar un plan.

HEAD. TO LOSE ONE'S HEAD. Mod. Perder los nervios, perder los estribos, perder la calma, perder la serenidad.

HEAD OFFICE. s. Sede central. El domicilio social de una empresa.

HEAD. TO PUT OUT OF ONE'S HEAD. Mod. Quitarse algo de la cabeza. Nobody has got anything against you at all. Put that out of your head. Nadie tiene nada contra tí en absoluto. Quítatelo de la cabeza.

HEAD OF PERSONNEL. s. Jefe de personal.

HEAD. THE HEAD OF A TEAM. s. El jefe de un equipo.

HEADQUARTERS. s. Sede central.

HEAD - SHUNTER. s. Persona a quien contrata

una compañía, para que busque la manera de deshacerse de un empleado, sin que la empresa tenga que pagarle el despido.

HEAD. TO TACKLE AN ISSUE HEAD ON. Mod. Enfrentarse a un problema con valor, coger al toro por los cuernos.

HEADWAY. TO MAKE HEADWAY. Progresar.

HEADED. TO BE LEVEL HEADED. Tener la cabeza bien sentada.

HEADING. s. Tema, título. Under five broading headings. Englobados en cinco temas.

HEADS. TO COUNT HEADS. Aceptar la opinión de la mayoría.

HEADS. HEADS WILL ROLL. Mod. Alguien va a perder el puesto de trabajo, alguien va a perder el cargo. Van a rodar cabezas.

HEADSET. s. Auricular.

HEALTH AND SAFETY EXECUTIVE. s. Técnico de seguridad e higiene,

HEALTH AND SAFETY LEGISLATION. Legislación sobre la seguridad e higiene.

HEALTH AND SAFETY OFFICER. s. Técnico de seguridad e higiene.

HEALTH AND SAFETY SEMINAR. s. Seminario sobre seguridad e higiene.

HEALTH AND SAFETY AT WORK. Seguridad e higiene en el trabajo. Health and safety policy at a company. Política de de seguridad e higiene en una empresa. Management of health and safety at work. Gestión de seguridad e higiene en el trabajo.

HEALTH AND SAFETY POSTERS. s. Carteles informativos de seguridad e higiene.

HEALTH CHECK. s. Revisión médica. The company offers a free health check to all members of staff. La compañía ofrece a todos los empleados una revisión médica gratuita.

HEALTH. CHRONIC ILL - HEALTH. Enfermedad crónica.

HEALTH INSURANCE. s. Seguro de enfermedad.

HEALTH. TO BE DOGGED BY POOR HEALTH. Estar aquejado de mala salud.

HEALTH. TO BE IN RUDE HEALTH. Mod. Disfrutar de buena salud.

HEAR FROM, TO. Tener noticias de alguien. Have

you heard from Sally? No, I haven't. ¿Tienes noticias de Sally? No, ninguna.

HEARD. HAVE YOU HEARD FROM DUNSTAN? ¿Tienes noticias de Dunstan?

HEART AND SOUL OF AN ORGANIZATION, THE. Ex. La razón de ser de una organización.

HEART. TO PUT HEART AND SOUL INTO SOMETHING. Hacer algo con toda el alma.

HEART OF THE MATTER, THE. Mod. El meollo, el quid de la cuestión.

HEART. TO TAKE SOMETHING TO HEART. Mod. Tomar a pecho. You musn't take everything I said to heart. No debes tomarte todo lo que dije a pecho.

HEAT. IN THE HEAT OF THE MOMENT. Mod. En un momento de euforia, en un momento de acaloramiento, en un momento de ira, en un momento de furia, en un arrebato. To do a stupid thing in the heat of the moment. Hacer una tontería en un momento de ira.

HEAVY - DUTY GUILLOTINE. s. Guillotina manual.

HEAVY - DUTY STAPLE EXTRACTOR. s. Extraegrapas de gruesos.

HEAVY DUTY KNIFE. s. Cortador profesional.

HEAVY - DUTY STAPLER. s. Cosedora, grapadora de gruesos. Can I borrow your heavy - duty stapler? ¿Puedo utilizar tu cosedora?

HEAVY DUTY TACKER. s. Clavadora 280.

HEAVYWEIGHT, A. s. Una persona de peso.

HECK. HELL. WHAT THE HECK! Ex. ¡Qué diablos!

HECK. ONE HECK OF A DAY. Un mal día, un puñetero día. Un día tremendo.

HECK. ONE HECK OF A WEEK. Una semana de mil demonios. Una semana de aúpa. Vaya semanita.

HEDGE. s. Cobertura. Hedge buying. Compra de cobertura.

HEDGE OPERATIONS. Operaciones de cobertura.

HEDGE FUND. s. Fondo de cobertura.

HEDGEHOG. AS PRICKLY AS A HEDGEHOG. Mod. Persona que se ofende fácilmente.

HEEBIE - JEEBIES. TO HAVE THE HEEBIE - JEEBIES. Estar nervioso, estar inquieto.

HEELS. TO CHASE HARD ON SOMEONE'S HEELS. Mod. No quedarse a la zaga.

HEELS. TO DIG ONE'S HEELS IN. Mod. Mantenerse uno en sus trece, no dar el brazo a torcer.

HEELS. TO KICK ONE'S HEELS. Mod. Tener que esperar.

HELL BENT. TO BE HELL BENT ON DOING SOMETHING. Mod. Estar empeñado en hacer algo, estar empecinado en hacer algo. The Union accuses the company of being hell bent on trying to reduce workers pensions. El sindicato acusa a la compañía de estar empeñada en tratar de rebajar las pensiones de los empleados. Franklin is hellbent on leaving the company tomorrow. Franklin está empeñado en marcharse de la empresa mañana.

HELL. GO TO HELL! ¡Vete a hacer gárgaras! ¡Vete a hacer puñetas!

HELL. TO BE HELL ON WHEELS. Mod. Tener un humor de perros.

HELL. TO GIVE SOMEONE HELL. 1. Hacerle la vida imposible a alguien. 2. Reprender, echar una bronca.

HELL. A HELL OF A CLATTER. Ex. Un ruido de mil demonios.

HELL. A PROBLEM FROM HELL. Un problema infernal.

HELL. TO KICK OUT A HELL OF A STINK. Arg. Armar un pitote. Armar las de Caín.

HELL. WHAT THE HELL! Ex. ¡Qué diablos!

HELL. WHEN HELL FREEZES OVER. Mod. Nunca. Cuando las ranas crien pelo. Esperar el Santo Advenimiento.

HELL. WHO THE HELL DO YOU THINK YOU ARE? ¿Quién diablos te crees que eres?

HELLISH. TO HAVE A HELLISH DAY. ¡Vaya día que tenemos!

HELM. s. Timón. To be at the helm. Estar al mando.

HELPDESK. s. Servicio de información.

HELP SOMEONE OUT, TO. Ayudarle a alguien. Echarle un cable a alguien. Do you need any help? ¿Necesita ayuda?

HELTER - SKELTER. Adv. Desordenadamente.

HEROES. UNSUNG HEROES. s. Los héroes

anónimos.

HICCUP. s. Contratiempo, bache. A mild hiccup. Un pequeño contatiempo, un pequeño bache.

HIDDEN AGENDA, A. s. Un plan secreto, un programa oculto. Planes que tiene uno que no declara.

HIGH AND DRY. TO LEAVE SOMEONE HIGH AND DRY. Dejar a alguien en la estacada.

HIGH AND MIGHTY. Arrogante, engreído.

HIGH DAYS AND HOLIDAYS. s. Fechas señaladas.

HIGH FINANCE. s. Las altas finanzas.

HIGH FLIER. s. Persona ambiciosa, de altos vuelos, que pica alto.

HIGH FLY CAREER. s. Carrera para personas de gran talento. Carrera de alto vuelo.

HIGH FUNCTIONING WORKERS. s. Empleados de gran rendimiento.

HIGH HANDED ACTITUDE. Ex. Actuar sin miramiento por los demás.

HIGH - JINKS. s. Juerga, jolgorio, jarana.

HIGHLIGHT, TO. v. Subrayar, poner de relieve, hacer hincapié.

HIGHLIGHTER. s. Rotulador fluorescente, resaltador, subrayador.

HIGH STANDARDS. TO SET HIGH STANDARDS. Mod. Colocar el listón muy alto.

HIGH TECH. s. Tecnología de punta.

HIGHLY CHARGED DEBATE, A. s. Un debate muy acalorado, un debate muy tenso.

HIKE UP, TO. v. Aumentar de golpe.

HINDSIGHT. s. Retrospectiva. With the benefit of hindsight. Con la ventaja de la retrospectiva.

HINGE ON, TO. Mod. Depender de. Your job will hinge on your conduct. Tu trabajo dependerá de tu conducta.

HINT, TO. v. Sugerir.

HIP. TO SHOOT FROM THE HIP. Mod. Actuar precipitadamente, proceder al buen tuntún. Sin cálculo ni reflexión. Actuar de manera desmesurada. The future of the business must be safeguarded through careful planning, not shooting from the hip. El futuro del negocio debe garantizarse mediante una planificación cuidadosa, no actuando precipitadamente.

HIRE, TO. v. Contratar. To hire people. Contratar personal. To hire full time stuff. Contratar empleados a tiempo completo. To hire the very best. Contratar lo mejor de lo mejor.

HIRE AND FIRE AT WILL. Contratar y despedir personal a voluntad. It costs a lot of money to hire and fire. Resulta muy caro contratar y desprdir. To hire and fire easily. Contratar y despedir sin dificultad. The power of hire and fire. El poder de contratar y despedir. You are hired! ¡Estás contratado! You are fired! ¡Estás despedido! Unlawful hiring and firing staff. Contratar y despedir empleados ilegalmente.

HIRE OUT, TO. Subcontratar.

HIT. HE'S GOT NO IDEA OF WHAT'S GOING TO HIT IT. No tiene ni idea de lo que se le viene encima.

HIT THE GROUND RUNNING, TO. Mod. Estar listo para comenzar un trabajo con mucho brío. Estar preparado para pasar a la acción con entusiamo.

HIT IT OFF, TO. Ex. Ponerse de acuerdo dos personas.

HIT THE ROOF, TO. Arg. Ponerse como una fiera. When Peg comes back on Monday and sees this, she's going to hit the roof. Cuando vuelva Peg el lunes y vea esto, se va a poner como una fiera.

HITCH. s. Problema. To hit on a hitch. Toparse con un problema.

HITTER. A BIG - HITTER. s. Empresa que triunfa.

H M REVENUE AND CUSTOMS. s. Agencia Tributaria y Aduanas.

HOBNOB WITH SOMEBODY, TO. Arg. Codearse con alguien. I don´t make a habit of hobnobbing with top brass. No acostumbro a codearme con los jefes.

HOBSON´S CHOICE. s. Estas son lentejas; si las quieres las comes, y si no, las dejas. No tener opción.

HOBBIES. s. Pasatiempos, aficiones.

HOG. TO GO THE WHOLE HOG. Mod. Echar toda la carne en el asador, jugárselo todo a una baza.

HOLD, TO PUT A DISCUSSION ON HOLD. Aplazar un debate.

HOLD, TO PUT A PLAN ON HOLD UNTIL FURTHER NOTICE. . Mod. Aplazar un plan hasta nuevo aviso.

HOLD THE PURSE STRINGS, TO. Mod. Ser quien controla el dinero.

HOLD WATER, TO. Mod. Ser lógico, tenerse en pie, resistir un análisis riguroso, sostenerse. His explanation doesn't hold water. Su explicación no se tiene en pie.

HOLDER. s. Tenedor.

HOLDING COMPANY. s. Sociedad de cartera.

HOLE. TO DIG ONESELF INTO A HOLE. Ex. Meterse en un apuro. When you find yourself in a hole the sensible course of action is usually to stop digging. Cuando se encuentra uno en un pozo, lo sensato es dejar de cavar.

HOLE IN THE HEAD. TO NEED SOMETHING LIKE A HOLE IN HEAD. Ser algo tan preciso como los perros en misa.

HOLE - IN - THE - WALL, A. s. Cajero automático.

HOLES. TO PICK HOLES IN. Mod. Criticar, sacar faltas.

HOLIDAY ENTITLEMENT. Derecho a vacaciones.

HOLIDAYS. s. Vacaciones. I am afraid Rose is on holidays. Lo siento pero Rose está de vacaciones.

HOLIDAYS. TO CUT ONE'S HOLIDAYS SHORT. Suspender las vacaciones.

HOLIDAYS. IS CYNTHIA ON HOLIDAYS OR OFF SICK? ¿Está Cynthia de vacaciones o con la baja por enfermedad?

HOLIDAYS. THE RIGHT TO PAID HOLIDAYS. El derecho a vacaciones pagadas.

HOLS. s. Abreviatura de holidays. Vacaciones. When are you having your hols? Next week. ¿Cuándo vas de vacaciones? La semana que viene.

HOME JAMES AND DON'T SPARE THE HORSES! ¡Para casa, y a galope tendido! Frase jocosa que se utiliza cuando se sale del trabajo o se quiere ir deprisa a un lugar.

HOMEPAGE. s. Página electrónica.

HOME TRUTH. TO TELL SOMEONE A FEW HOME TRUTHS. Mod. Decirle a alguien cuatro verdades. It is about hight time you learned a few home truths. Ya es hora de que te digan cuatro verdades.

HONEST. TO BE HONEST. Ex. Ser sincero.

HONOUR COMMITTEE. s. Comité de honor.

HONORARY MEMBER. s. Miembro honorario.

HONORARY PRESIDENT. s. Presidente honorario.

HONORARY TREASURER. s. Tesorero honorario.

HOOF. TO EAT ON THE HOOF. Ex. Comer de pie. I'm having my lunch on the hoof. Estoy almorzando de pie.

HOOF. TO MAKE SOMETHING ON THE HOOF. Ex. Hacer algo sobre la marcha.

HOOK. TO LET SOMEONE OFF THE HOOK. Mod. Dejar que se vaya alguien de rositas.

HOP THE TWIG, TO. Arg. Espicharla.

HOP. TO KEEP ON THE HOP. Mod. Estar ocupado.

HORLICKS. s. Desorden. To make a horlics of something. Desordenar algo.

HORN. s. Arg. Teléfono.

HORNET. TO BE AS MAD AS A HORNET. Arg. Estar loco de atar.

HORNS. TO BE ON THE HORNS OF A DILEMMA. Mod. Estar entre la espada y la pared. Estar en un callejón sin salida.

HORNS. TO LOCK HORNS WITH SOMEONE. Mod. Enfrentarse con alguien. There are fireworks whenever the two lock horns. Siempre que se enfrentan esos dos, saltan chispas.

HORNS. TO TAKE THE BULL BY THE HORNS. Mod. Agarrar al toro por los cuernos.

HORSE ABOUT, TO. Arg. Hacer el ganso, no hacer nada.

HORSE DROPPINGS. AS RARE AS ROCKING - HORSE DROPPINGS. Un mirlo blanco.

HORSE SENSE. Sentido común.

HORSE. TO FLOG A DEAD HORSE. Mod. Molestarse para nada, perder el tiempo en algo que no puede llevarse a cabo.

HORSE. TO LOCK THE STABLE DOOR AFTER THE HORSE HAS BOLTED. Mod. A buenas horas, mangas verdes, demasiado tarde. Don't you think you are locking the stable door after the horse has bolted. No te parece que ahora es demasiado tarde para hacer eso.

HORSE. A HORSE OF A DIFFERENT COLOUR. Mod. Ser harina de otro costal.

HORSE. TO PUT THE CART BEFORE THE HORSE.

Mod. Empezar la casa por el tejado, poner la carreta delante de los bueyes.

HORSE. TO RIDE THE HIGH HORSE. Mod. Ponerse arrogante.

HORSE. TO SWEAT LIKE A HORSE. Sudar como un pollo, sudar como una regadera.

HORSE. A WILLING HORSE. s. Un burro de carga. Persona que se presta a hacer todos los trabajos.

HORSE. TO WORK LIKE A HORSE. Trabajar como un troyano.

HORSES. TO CHANGE HORSES IN MIDSTREAM. Mod. Cambiar de táctica en el medio de un proyecto, cambiar de política en el medio del camino, cambiar de novio en el medio de la ceremonia, quien bien va, no tuerza, cambiar las reglas del juego en mitad de la partida, desenganchar los caballos para poner otros de refresco en el medio de un río turbulento. It is not a good idea to change horses in midstream. No es una buena idea cambiar de novio en el medio de la ceremonia.

HORSES. HOLD YOUR HORSES. ¡Espera un momento!

HORSE'S MOUTH. STRAIGHT FROM THE HORSE'S MOUTH. Mod. Saber algo de buena tinta.

HORSES. THERE ARE HORSES FOR COURSES. Mod. Different jobs require different skills. Toda profesión requiere su especialista. Todo trabajo requiere a un especialista relacionado con la ocupación que tiene.

HOT AIR. s. Palabrería.

HOT. TO BE ALL HOT AND BOTHERED. Mod. Estar nervioso y desconcertado.

HOT BUTTON, A. s. Un asunto candente.

HOT AND COLD. TO BLOW HOT AND COLD. Mod. Ser como la veleta de la torre. Ser según los vientos que soplan. Poner la capa como viniere el viento.

HOT - DESKING. s. Compartir escritorio con otro empleado. An office hot - desker. Persona que comparte escritorio con otro empleado.

HOTHEAD. s. Exaltado. Persona a quien se le sube la sangre enseguida a la cabeza.

HOTHEADED MEETING. s. Una reunión acalorada.

HOT LINE. s. Linea directa.

HOT POTATO. s. Un asunto candente, una cuestión espinosa, un asunto peliagudo, un problema difícil. To be thrown like a hot potato. Escapar de algo o alguien como de la peste. To pass the hot potato. Desentenderse de un asunto difícil de resolver.

HOT SEAT. s. Puesto controvertido, posición delicada, punto de mira. To be in the hot seat. Estar en primera linea. Donald is in the hot seat. Donald tiene que dar la cara.

HOTSHOT. s. Persona muy capaz.

HOT. TO MAKE IT HOT FOR SOMEONE. Hacerle la vida imposible a alguien.

HOT WATER. TO BE IN HOT WATER. Ex. Estar metido en un lío.

HOT WATER. TO LAND ONESELF IN HOT WATER. Meterse uno en un lío.

HOUND SOMEONE OUT OF A JOB, TO. Hacerle a alguien la vida imposible en el trabajo para que se vaya.

HOUR. THE FINEST HOUR. Ex. El momento dorado de alguien.

HOUSE ON FIRE. TO GET ON WITH SOMEONE LIKE A HOUSE ON FIRE. Mod. Hacer buenas migas con alguien. Estar totalmente de acuerdo con alguien, llevarse muy bien.

HOUSE STRESSED. Tener que emplear 40% del sueldo en el alquiler.

HOUSE. TO KEEP ONE'S FISCAL HOUSE IN ORDER. Mantener los asuntos fiscales de uno en orden.

HOUSE. TO MOVE HOUSE. Mudarse de casa.

HOUSE. TO PUT ONE'S OWN HOUSE IN ORDER. Mod. Arreglar uno sus asuntos. Resolver los propios problemas. Reordenar uno su casa.

HOUSING BUBBLE, THE. La burbuja inmobiliaria.

HOUSING LADDER. TO GET ON THE HOUSING LADDER. Comprar la primera vivienda.

HOW ARE YOU? ALL THE BETTER FOR SEEING YOU. ¿Qué tal estás? Contento de verte.

HOW ARE YOU? BEARING UP, AS THEY SAY. ¿Qué tal estás? Vamos tirando.

HOW ARE YOU? FAIR TO MIDDLING. ¿Qué tal estás? Así asá, no muy bien, medianamente.

HOW ARE YOU? HALF ASLEEP. ¿ Cómo estás?

Medio dormido.

HOW ARE YOU? PLODDING ON. ¿Qué tal vas? Vamos tirando.

HOW ARE YOU? STRUGGLING. ¿Qué tal va? Vamos tirando.

HOWLING AT THE MOON. Arg. Estar loco de atar.

HOW GOES THE ENEMY? What time is it? ¿Qué hora es?

HOW IS LIFE! ¡Qué tal va!

HOW'S THINGS! !Qué tal va!

HOW'S TRICKS! !Qué tal estás!

HOW IS IT HANGING? ¿Cómo va?

HUB OF CREATIVITY, A. s. Un centro de creatividad.

HUBBY. s. Husband. Marido. Nombre afectivo.

HUDDLE. s. Arg. Reunión.

HUDDLE, TO. v. Reunirse.

HUE AND CRY. TO RAISE A HUE AND CRY. Mod. Poner el grito en el cielo.

HUMAN CAPITAL AND MOBILITY. Capital humano y movilidad.

HUMAN DEVELOPMENT. s. Desarrollo humano.

HUMAN DYNAMO, A. s. Dícese de una persona que tiene mucha resistencia para el trabajo.

HUMAN RESOURCE MANAGEMENT. s. Dirección de personal.

H R. HUMAN RESOURCES. s. 1. Dirección de personal. 2. Empleados de una empresa. Término que se utiliza como alternativa al vocablo machista, manpower, mano de obra.

HUMAN RESOURCES MANAGER. s. Director de personal. The human resources manager has had a row with the director general, and has resigned. El director de personal ha discutido con el director general y ha dimitido.

HUMAN RESOURCE PLANNING. s. Planificación de recursos humanos.

HUMAN AND TECHNICAL RESOURCES. s. Recursos técnicos y humanos.

HUMOUR. SICK HUMOUR. Humor subido de tono, humor de mal gusto.

HUMP DAY. s. Miércoles.

HUMP. TO GIVE SOMEONE THE HUMP. Arg. Enfadar a alguien. You have got the hump all week. Llevas toda la semana enfadado.

HUNCH. TO HAVE A HUNCH. Mod. Tener una corazonada.

HUNKY - DORY. TO BE HUNKY - DORY. Mod. Ir todo de maravilla, ir sobre ruedas. On finding out that all was hunky - dory I returned to work and handed in my letter of resignation. Al descubrir que todo iba de maravilla, volví al trabajo, y presenté la carta de dimisión.

HURRY SOMEONE UP, TO. v. Meter prisa, apremiar.

HYPER - RESPONSIVE. Adj. Hipersensible.

HYSTERICS. TO BE IN HYSTERICS. Ex. No poder controlar la risa.

I

I AM NEARLY THERE. Casi he terminado.

I UNDERSTAND. Tengo entendido.

ICE. TO BREAK THE ICE. Mod. Romper el hielo. Empezar a conversar. Before the meeting began the director general broke the ice with a joke. Antes de comenzar la reunión, el director general rompió el hielo con un chiste.

ICE. TO CUT LITTLE ICE. Mod. No cortar ni pinchar, no pintar nada.

ICE. TO CUT NO ICE. Mod. Ni cortar ni pinchar.

ICE. TO PUT ON ICE Mod. Aplazar, poner de lado, echar a remojo un asunto, aparcar un asunto, guardar en un cajón.

ICE. TO SKATE ON THIN ICE. Mod. Pisar terreno peligroso.

ICON. s. Símbolo.

IDDLE GOSSIP. s. Cotilleo, chismorreo, conversaciones de patio de vecinos.

IDEA. AN AIRY - FAIRY IDEA. Una idea insensata.

IDEA. A BOLD IDEA. Una idea audaz.

IDEA. A BARMY IDEA. s. Una idea descabellada.

IDEA. A COCK - EYED IDEA. Una idea ridícula.

IDEA. TO BE FIXATED ON AN IDEA. Estar obsesionado con una idea.

IDEA. TO COME UP WITH AN IDEA. Proponer una idea.

IDEA. TO DISMISS AN IDEA OUT OF HAND. Descartar una idea sin pensárselo dos veces. Sin más.

IDEA. A GIDDY IDEA. s. Una idea absurda.

IDEA. A HALF - BAKED IDEA. Una idea descabellada. Una idea mal concebida. You and your half baked idea piddle me off! ¡Tú y tus ideas descabelladas me dan por donde amargan los pepinos!

IDEA. I HAVEN'T THE FAINTEST IDEA. No tengo ni pajolera idea.

IDEA. A HIGHFALUTIN IDEA. Una idea descabellada. IDEA. A NAFF IDEA. s. Una gilipollez, una chorrada, una tontada. I think this is a naff idea, but they asked me to do it. Pienso que esto es una gilipollez, pero me pidieron que lo hiciera.

IDEA. A NIFTY IDEA. s. Una idea genial.

IDEA. TU RULE OUT AN IDEA. Descartar una idea.

IDEA. AN OFF THE WALL IDEA. s. Una idea absurda.

IDEA. AN OUTLANDISH IDEA. s. Una idea descabellada, una idea peregrina.

IDEA. AN OUTMODED IDEA. s. Una idea pasada de moda, una idea obsoleta.

IDEA. AN OUTRAGEOUS IDEA. Una idea descabellada. Una idea disparatada.

IDEA. A QUIRK IDEA. Una idea peculiar.

IDEA. TO ADVANCE AN IDEA. Esgrimir una idea.

IDEA. TO FLOAT AN IDEA. Promover una idea. Presentar una idea.

IDEA. TO THRASH OUT AN IDEA. Debatir una idea.

IDEA. TO TOY WITH AN IDEA. Ex. Acariciar una idea.

IDEA. A WILD IDEA. s. Una idea descabellada. Estrambótica.

IDEALLY. Adv. En la medida de lo posible.

IDEAS - DRIVEN. Adj. Innovador.

IDEAS. MIND BOGGLING IDEAS. Ideas alucinantes.

IDEAS. TO GET IDEAS. Ex. Hacerse ilusiones. Don't get ideas! ¡No te hagas ilusiones!

IDEAS. TO GET ONE'S IDEAS ACROSS. Mod. Saber transmitir las ideas de uno a alguien.

IDEAS. TO RUN SHORT OF IDEAS. No quedarle muchas ideas a alguien. To run out of ideas. Acabársele a alguien las ideas.

IDEAS. TO TAKE SOMEONE'S IDEAS ON BOARD. Mod. Tener en cuenta las ideas u opiniones de otros.

IDEAS. A RASH OF NEW IDEAS. Una idea tras otra.

IDEAS. HE HAS GOT TWO IDEAS: NO IDEA AND A FUNNY IDEA. Tiene dos ideas: ni pajolera idea y la otra de risa.

IDIOT PROOF MACHINE, AN. s. Una máquina a prueba de tontos.

IDIOT. TO TAKE SOMEONE FOR A SORT OF AN IDIOT. Tomar a alguien por tonto.

IDIOT. USEFUL IDOT. Tonto útil.

IDLE, TO. s. Holgazanear, no pegar pique, trabajar menos que el sastre de Tarzán. No dar un palo al agua.

ID EST. i e. Esto es, es decir.

IDLE TALK. Chismorreo, cotilleo.

IDLER. A USELESS IDLER. s. Un holgazán inútil.

IF ANYTHING. Si cabe.

IF APPROPRIATE. Si procede.

IF. END OF WHAT IF. Fin de la hipótesis.

IF I WERE YOU. Yo que usted.

IF NEED BE. Si fuera necesario.

IF ONLY! ¡Ojalá!

IF SO. Si así fuera.

IF TODAY WILL NOT, ROMORROW MAY. Rfr. Canta el grillo, canta la rana: lo que no se haga hoy, se hará mañana.

IF YOU ASK ME. A mi parecer.

IF YOU PAY PEANUTS YOU GET MONKEYS. Rfr. Según sea el dinero, será el panadero. Poco dinero, poco meneo.

IF YOU SCRATCH MY BACK I WILL SCRATCH YOURS. Mod. Favor con favor se paga.

IF YOU WON'T WORK YOU SHAN'T EAT. Rfr. Una ley vino de Roma; que quien no trabaje no coma. En esta vida caduca, el que no trabaja, no manduca.

IFFY. adj. Dudoso, de poco fiar. This deal sounds a bit iffy to me. Este plan me da mala espina.

IFS. THERE ARE MANY "IFS." Ex. Hay demasiados condicionales ahí.

IGNORE, TO. v. 1. Desconocer. 2. Hacer como si no viera a alguien. No hacer caso, hacer caso omiso. He ignores me when he is angry. Cuando está enojado hace como si no me viera.

ILL AT EASE. Incómodo.

ILL. TO SPEAK ILL OF SOMEONE. Hablar mal de alguien.

ILLNESS. s. Enfermedad. Cyril is off work due to illness. Cyril está con la baja por enfermedad.

IMAGINATION. s. Imaginación. To capture someone's imagination. Cautivar la imaginación de alguien.

IMAGINATION. s. Imaginación. It is a figment of your imgination. Imaginaciones tuyas.

IMBALANCE. BY IMBALANCE. s. Desequilibrio. To redress an imbalance. Corregir un desequilibrio.

IMPACT. s. Repercusión, gran efecto, impresión. To have an impact. Tener una repercusión.

IMPACT ON, TO. v. Repercutir, impresionar, causar impresión, influir sobre, hacer mella, dejar huella.

IMPENDING SHORTAGE OF LABOUR. Ex. Escasez futura de mano de obra.

IMPETUS. s. Impulso. A new impetus. Un nuevo impulso.

IMPLEMENT, TO. v. Aplicar, ejecutar. To implement without delay. Aplicar sin demora. Implementation of a plan. Ejecución de un plan. The implementation of policies. La ejecución de normas.

IMPORTANT. BY FAR THE MOST IMPORTANT. Con gran diferencia.

IMPRESSIONS. FIRST IMPRESSIONS ARE MOST LASTING. Mod. La primera impresión es la que cuenta.

IMPROMPTU. adj. Improvisado. An impromptu press conference. Conferencia de prensa improvisada.

INARTICULATE. Adj. No saber expresarse.

INBOX. s. Buzón de entrada.

INCAPACITY BENEFITS. s. Subsidio por incapacidad.

INCAPACITY BENEFITS CLAIMANT. s. Solicitante de subsidios por incapacidad.

INCENTIVE. s. Incentivo, estímulo, acicate. An incentive to produce. Un estímulo para la producción.

INCENTIVE PLAN, AN. s. Programa de incentivos.

INCENTIVISE, TO. v. Incentivar. To incentivise a business. Incentivar un negocio.

INCLUDING. Prep. Entre ellos, inclusive, entre los que se incluyen.

INCOME. s. Ingresos, renta. Source of income. Fuente de ingresos. Annual income. Renta anual. Low income employees. Empleados con ingresos bajos. Disposable income. Renta disponible. High income employees. Empleados con ingresos altos. Undeclared income. Ingresos no declarados. Extra income. Ingresos extra. Generalmente, sin declarar a Hacienda. Low income, employees. Empleados con ingresos bajos. People in low - income households have nothing to fall back on hard times. Los hogares con rentas bajas no tienen donde apoyarse en tiempos difíciles. To have one´s income topped up by the state to make both ends meet. Recibir una ayuda extra del Gobierno para poder llegar a fin de mes. To be in receipt of regular income. Tener trabajo remunerdo.

INCOME PROTECTION. Euf. Tax avoidance. Elusión de impuestos.

INCOME TAX. s. Impuesto sobre la renta. The basic rate of income tax. Tipo básico impositivo sobre el impuesto sobre la renta. To be subject to income tax deductions. Estar sujeto a deducciones fiscales. The standard rate of income tax. Tasa de impuesto normal sobre la renta.

INCOMING CALL, AN. s. Una llamada desde el exterior.

INCOMINGS AND OUTGOINGS. Ingresos y gastos.

INCOMPETENT PERSON, AN. s. Incompetente.

INCONTINENT TALKER, AN. s. Parlanchín.

IN CONTRAST. Por contraste.

INCORPORATED BY. Recogido en.

INDELIBLE PRINTING. s. Impresión indeleble.

INDEXES. MULTICOLOURED INDEXES. s. Separadores en colores.

INDEXES. MULTICOLOURED POLYPROPYLENE INDEXES. s. Separador con carátula índice. En colores.

INDEXES. TRANSLUCENT POLYPROPYLENE INDEXES. s. Separadores translucidos.

INDICATOR SYSTEM. s. Sistema indicativo.

IN DOING SO. Ex. Al obrar así.

INDOLENT. Adj. Vago, malpica, zángano.

INDUCTION COURSE. s. Curso de iniciación.

IN DUE TIME. Ex. En su momento.

INDUSTRIAL ACTION. s. Huelga. Due to industrial action, there will be no mail collection today. Hoy, debido a la huelga, no habrá recogida de la correspondencia. All Eurostar trains to Brussels cancelled tomorrow due to industrial action. Debido a una huelga, todos los trenes a Bruselas se cancelan mañana. Unofficial industrial action. Huelga no sancionada por un sindicato. Dismissal for industrial action. Despido por participar en una huelga.

INDUSTRIAL ACTION. TO TAKE INDUSTRIAL ACTION. Declararse en huelga.

INDUSTRIAL COMPETITIVENESS POLICY. s. Política de competitividad industrial.

INDUSTRIAL DISPUTE. s. Conflicto laboral, litigio laboral. A long running industrial dispute over pensions. Un conflicto laboral sobre pensiones que viene de largo.

INDUSTRIAL. ON AN INDUSTRIAL SCALE. A escala industrial.

INDUSTRIAL RELATIONS. s. Relaciones laborales.

INDUSTRIAL RIGHTS. El derecho a la huelga.

INDUSTRIAL ESPIONAGE. s. Espionaje industrial.

INDUSTRIAL ESTATE. s. Complejo industrial.

INDUSTRIAL UNREST. s. Conflicto laboral.

INDUSTRIOUS. Adj. Laborioso. We are being industrious. Somos laboriosos.

INDUSTRY. A SERVICE INDUSTRY. Una industria de servicios.

INFLUENCE PEDDLING. s. Tráfico de influencias.

INFO SIGNS. s. Señalizadores.

IN FOR. TO BE IN FOR. Mod. Esperarle a alguien una buena.

INFORM. TO PRETEND TO INFORM. Aspirar a informar.

INFORM. WE HEREBY INFORM YOU. Le comunicamos por la siguiente.

INFORMATION. BIASED INFORMATION. s. Información sesgada.

INFORMATION BULLETIN. s. Boletín informativo.

INFORMATION. DISTORTED INFORMATION. s. Información tergiversada.

INFORMATION AND NOTICES. s. Comunicaciones e informaciones.

INFORMATION. FOR INFORMATION PURPOSES.

A efectos de información.

INFORMATION HIGHWAY, THE. s. Internet.

INFORMATION IS POWER. La información es poder.

INFORMATION MANAGEMENT. s. Gestión de la información.

INFORMATION MEETING. s. Reunión informativa.

INFORMATION OF A GENERAL NATURE. s. Información de carácter general.

INFORMATION SOCIETY, THE. s. La sociedad de la información.

INFORMATION AND COMMUNICATIONS TECHNOLOGIES. s. Las nuevas tecnologías de la información y la comunicación.

INFORMATION TIMELY AND ACCURATE. s. Actualidad y exactitud de información.

INFORMATION. TO WORM OUT INFORMATION. Arg. Sonsacar información.

INFORMERCIAL. s. Cortometraje comercial informativo.

INFOSPHERE. s. Infoesfera.

INFOTAINMENT. s. Información y entretenimiento.

IN FOUR YEARS TIME. Dentro de cuatro años.

IN GOOD PALATINE LANGUAGE. Ex. En Román Paladino.

IN HAND. Mod. En marcha. A job in hand. Un trabajo en marcha.

INICIATIVE. AT ONE'S OWN INICIATIVE. Por iniciativa propia.

INJURIES AT WORK. s. Accidentes laborales.

INJURY REPORT BOOK. s. Libro de actas de accidentes.

INKLING. TO HAVE NO INKLING. No tener ni idea. I haven´t an inkling. No tengo ni pajolera idea.

INNINGS. TO HAVE GOOD INNINGS. Mod. 1. Vivir muchos años. 2. Haber triunfado con la profesión durante muchos años.

INLAND REVENUE. s. Hacienda, El Fisco, El Erario público, El Tesoro, Las Arcas Públicas.

INNOVATIVE INITIATIVES. s. Iniciativas innovadoras.

INNIOVATIVE PRACTICES. Prácticas innovadoras.

INNOVATIVE THINKING. Pensamiento innovador.

INNOVATOR. A TRUE INNOVATOR. Un verdadero innovador.

IN ORDER TO. En lo que respecta, en lo tocante.

IN ORDER TO ASCERTAIN. Para determinar.

IN SO FAR AS. En la medida en que.

INSOLVENCY PROCEEDINGS. Suspensión de pagos.

IN STRICT LEXICAL TERMS. En el sentido estricto de la palabra.

IN SUBSEQUENT YEARS. En el transcurso de los años siguientes.

INSULT. TO ADD INSULT TO INJURY.Mod. Por si esto fuera poco, para más inri. A do te duele, ¡ahí te dare! To add insult to injury, someone nicked my car and left it burnt out in the forest. Por si fuera poco, alguien me robó el coche y lo dejó calcinado en el bosque.

INPUT. s. Puntos de vista, opiniones. Contribución a algo. Useful input. Una contribución de gran utilidad.

INPUT. s. Insumo.

INS AND OUTS. TO KNOW THE INS AND OUTS. Mod. Conocer los entresijos de algo, conocer los pomenores de algo, conocer los detalles de algo. I don´t know the ins and outs of the situation. Desconozco los detalles de la situación.

IN SHORT. En resumen.

INSIDE OUT. TO KNOW SOMETHING INSIDE OUT. Mod. Conocer algo al dedillo. Conocer como la palma de la mano.

INSIDER TRADING. s. Información privilegiada.

INSIGHT. s. Perspicacia, acumen.

INSIGHTFUL. Adj. Perspicaz.

IN SITU. En propio lugar.

IN SO FAR AS. En la medida en que.

INSOLVENT. THE COMPANY IS INSOLVENT. La empresa es insolvente.

INSOLVENT. TO DECLARE INSOLVENT. Declarar insolvente.

INSOLVENCY. s. Insolvencia. The company is

teetering on the brink of insolvency. La empresa está al borde de la insolvencia.

INSOLVENCY AND LIQUIDATION. s. Insolvencia y liquidación.

INSTANCE. s. Ejemplo. Take, for instance. Considérese, por ejemplo.

INSTRUCTIONS. TO ISSUE INSTRUCTIONS. Emitir instrucciones.

INSULT. TO POCKET AN INSULT. Mod. Aguantar un insulto sin defenderse.

INSURANCE AGAINST ALL RISKS. s. Seguro a todo riesgo.

INSUARANCE BROKER. s. Corredor de seguros.

INSUARANCE FRAUD, AN. s. Un fraude de seguro.

INSUARANCE POLICY. s. Póliza de seguros.

INSURANCE PREMIUM. s. Prima de seguros.

INSURANCE TYCOON. s. Magnate de los seguros.

INSURER. s. Asegurador.

INTANGIBLES. s. Bienes inmateriales.

INTELLECTUAL MYOPIA. s. Estupidez.

INTENTIONS. TO STATE ONE´S INTENTIONS. Descubrir las propias intenciones.

INTENDED FOR. Destinado para, a. What was intended. Lo que se pretendía.

INTER. s. Becario, pasante. Intership. Pasantía. Unpaid intership. Pasantía sin remuneración.

INTERACTIVE SMART BOARDS. s. Pantallas electrónicas interactivas.

INTEREST RATE. Tipo de interés. To raise interest rates. Subir el tipo de interés. To cut interest rates. Reducir el tipo de interés.

INTEREST. TO ACQUIRE AN INTEREST. Invertir.

INTERFACE. v. Conectar.

INTERFERE, TO. v. Inmiscuirse, interferir. Injerirse.

IN TERMS OF. En función de.

INTERNAL COMMUNICATION MANAGEMENT. s. Gestión de comunicación interna.

INTERNATIONAL CREDIT RATING AGENCIES. s. Agencias internacionales de calificación de créditos.

INTERNET ADDITION. Adicción al Internet. To be hooked on the Internet. Estar enganchado al Internet.

INTERNET CONSULTANT. s. Asesor de Internet.

INTERNET GURU. s. Experto en Internet.

INTERNET LINGO. La jerga de Internet.

INTERNOT. Dícese de la persona que no está interesada en el Internet en absoluto.

INTERVIEW. s. Entrevista. An interview on a one - to - one basis. Una entrevista personalizada.

INTERVIEW. A PRIVATE INTERVIEW. s. Una entrevista privada.

INTERVIEW. A SCREENING INTERVIEW. s. Una entrevista por teléfono para un trabajo.

INTERVIEW. s. Entrevista. Interview in progress. Entrevista en curso.

INTERVIEW. s. Entrevista. To request an interview. Solicitar una entrevista.

INTERVIEW. s. Entrevista. The interview for tomorrow is confirmed. La entrevista para mañana está confirmada.

INTERVIEW. A CAR - CRASH INTERVIEW. Un desastre de entrevista.

INTERVIEWEE. s. Entrevistado.

INTERVIEWING SKILLS. s. Técnicas de entrevistador.

INTERVIEWER. s. Entrevistador.

IN TERMS OF. En función de.

IN THAT. Ya que.

IN THE LONG RUN. Mod. A la larga, a largo plazo.

IN THE NARROW SENSE. En el sentido limitado de la palabra.

IN THE RIGHT. En lo cierto.

IN THE YEARS TO COME. En los años venideros.

IN TOTO. Ex. En total.

INTRAPRENEUR. s. Dícese del empleado de una compañía, a quien se le permite trabajar, independientemente, en la compañía, con el fin de innovar y diversificar el negocio.

IN - TRAY. s. Bandeja de entrada. To be at the very top of one´s in - tray. Ser algo una prioridad. An overflowing in - tray. Bandeja de entrada rebosante de papeles.

INTRODUCE, TO. v. Presentar. Allow me to introduce myself. Permítame presentarme.

INTRUSIVE. Adj. Indiscreto. To ask intrusive questions. Hacer preguntas indiscretas.

IN TURN. Mod. A su vez.

INVENTION. s. Invento. The invention comes from. El autor de este invento es.

INVENTORY. s. Inventario. To take inventory. Levantar invetario. An efficient inventory management policy. Una política eficiente de gestión de existencias.

INVEST, TO. v. Invertir. To invest when the sun is shining. Invertir cuando la situación es favorable.

INVESTMENT FIRM. s. Sociedad de inversiones.

INVESTMENT. INTANGIBLE INVESTMENT. s. Inversiones intangibles.

IN VIEW OF THE FACT THAT. Habida cuenta de que.

INVITATION. s. Invitación. To extend an invitation. Invitar. To decline an invitation. Declinar una invitación.

INVITATION TO TENDER. Puesto en venta con arreglo a la licitación.

INVOICE. s. Factura. To forward an invoice. Enviar una factura. Itemized invoice. Factura detallada, factura pormenorizada. A bogus invoice. Una factura falsa.

INVOICE REMINDER. s. Nuevo aviso de pago.

INVOICING. Facturación. Invoicing department. Departamento de facturación.

INVOLUNTARILY LEISURED. Euf. Desempleado. Parado.

INWARD INVESTMENT. s. Inversión extranjera.

IN YOUR DREAMS. Pues espera sentado.

IRON OUT A PROBLEM, TO. v. Allanar un problema.

IRON RATIONS. s. Suministros de comida de emergencia. (en pequeñas cantidades).

IRONS. TO HAVE TOO MANY IRONS IN THE FIRE. Mod. Llevar demasiados asuntos entre manos, muchos ajos en un mortero mal los maja un majadero, quien mucho abarca, poco aprieta.

IRRITATE THE HELL OUT OF SOMEONE, TO. Irritar a alguien más que un dolor de muelas

IS THE BE - ALL - AND - END - ALL OF SOMETHING. Mod. El no va más. This mobile is the be - all - and - end - all. Este móvil es el no va más.

IS GAWAIN IN TODAY? ¿Ha venido Gawain a trabajar hoy?

ISSUE. s. Publicación periódica, revista, número. The November issue will be sent out to members today. Copies will be desk dropped to you on Monday. El número de la revista correspondiente al mes de noviembre se enviará hoy a los miembros. A los empleados se les entregará la revista el lunes.

ISSUE. s. Cuestión, asunto, problema. A broad range of issues. Una amplia gama de cuestiones. Main issues. Aspectos fundamentales. To throw an issue up for discussion. Sacar un asunto para discutirlo. In a couple of issues. En un par de asuntos.

ISSUE. TO ADDRESS AN ISSUE. Tratar una asunto, abordar un problema.

ISSUE. A BURNING ISSUE. s. Un asunto candente.

ISSUE. A CONTROVERSIAL ISSUE. Un tema polémico.

ISSUE. TO CAUSE ISSUES. Crear problemas.

ISSUE. TO DODGE AN ISSUE. Eludir un asunto.

ISSUE. TO DUCK AN ISSUE. Eludir un problema.

ISSUE. TO FACE AN ISSUE. Mod. Hacer frente a un problema.

ISSUE. TO GET A GRIP ON AN ISSUE. Mod. Abordar un problema.

ISSUE. TO HAVE NO ISSUE ABOUT SOMETHING. No tener ningún problema con algo.

ISSUE. A HOT ISSUE. s. Un asunto candente.

ISSUE. TO MAKE AN ISSUE OF SOMETHING. Mod. Armar un revuelo, complicar las cosas, armar un pitote, liarla parda.

ISSUE. TO MAKE AN ISSUE WITH. Discrepar de.

ISSUE. AN OUTSTANDING ISSUE. Un asunto pendiente.

ISSUE. A PRICKLY ISSUE. Un asunto espinoso.

ISSUE. TO RAISE AN ISSUE. Mod. Plantear una pregunta, formular una cuestión. Plantear un tema.

ISSUE. A SERIOUS ISSUE AT STAKE. Un asunto

importante en juego.

ISSUE. A SENSITIVE ISSUE. Un asunto delicado.

ISSUE. I SAID EVERYTHING I HAD TO SAY ON THE ISSUE. Dije todo lo que tenía que decir sobre el tema.

ISSUE. TO SKIRT AN ISSUE. Eludir un problema.

ISSUE. ISSUES TO SORT OUT. Asuntos por resolver.

ISSUE. TO TACKLE AN ISSUE. Abordar un problema.

ISSUE. TO TAKE ISSUE WITH. Mod. Objetar, discrepar de, disentir, discordar. People take issue with. Hay quien objeta.

ISSUE. A THORNY ISSUE. s. Un asunto espinoso.

ISSUE. TO THROW AN ISSUE UP FOR DISCUSSION. Presentar un tema para consideración.

ISSUER. s. Librador.

ISSUES OF ETHICS. s. Principios éticos.

ISSUES. TO CAUSE HUGE ISSUES. Crear enormes problemas.

ISSUES. TO HAVE PERSONAL ISSUES WITH SOMEONE. Tener problemas con alguien.

IT. THIS IS IT. Este es el problema.

IT. TO BE ABLE TO CUT IT. Arg. Ser competente, estar a la altura de las circunstancias, dar la talla.

IT. TO GET DOWN TO IT. Trabajar con tesón. Andar a la brega.

ITEM. Punto. An item on the agenda. Un punto en el orden del día. Items approved. Puntos adoptados. The first item on the agenda. El primer punto en el orden del día. Items not listed on the agenda can only be raised at the discretion of the Chairman. Los puntos que no consten en el orden del día solo se pueden plantear a discreción del Presidente.

ITEMIZE, TO. v. Pormenorizar, detallar. Itemized account. Cuenta detallada, cuenta pormenorizada.

IT FOLLOWS THAT. De ello se deduce que, de ello se desprende que.

IT IS GENERALLY KNOWN. Es de dominio público.

IT IS NOT WISE TO DIP YOUR NIB IN THE COMPANY INK. No tengas un lío de faldas en la empresa donde trabajas.

I T EXPERT. s. Experto en informática.

IT. TO GET DOWN TO IT. Emprender la tarea, ponerse a trabajar, doblar la bisagra.

I T. INFORMATION TECHNOLOGY. s. Tecnologías de la información.

I T MANAGER. s. Director de tecnologías de la información.

I T SKILLS. Técnicas de informática.

I T STRATEGY AND PLANNING. Estrategia y planificación informática.

I T SUPPORT. Apoyo informático.

I T TRAINING. s. Capacitación en tecnologías de la información.

ITEMS. s. Partidas.

IT IS ALL GO. Estar muy ocupado. No parar un momento.

IT IS DUE. Está previsto.

IT IS NOT GOOD ENOUGH. No es suficiente.

IT IS RUMOURED. Se rumorea.

IT IS SAID TO BE. Se dice que.

IT IS STATED. Se dice, se afirma.

IT TURNS OUT. Resulta. But it now turns out. Pero ahora resulta que.

J

JACK. EVERY MAN JACK OF THEM. Todo quisque, todo hijo de vecino.

JACK. I AM ALL RIGHT, JACK, PULL THE LADDER AWAY! ¡Comido yo, comido todo el mundo! ¡Yo harto, tó el mundo harto; quita la mesa muchacho!

JACK - IN, TO. Abandonar, dejar. Jane jacked in her job last week. Jane dejó el trabajo la semana pasada.

JACK - IN - OFFICE. s. Jefecillo.

JACK OF ALL TRADES MASTER OF NONE. Rfr. Aprendiz de todo, oficial de nada. El hombre de los mil empleos.

JACK OUT OF OFFICE. s. Persona a quien han echado del trabajo.

JACK ROBINSON. BEFORE YOU CAN SAY JACK ROBINSON. Mod. En un santiamén, en un abrir y cerrar de ojos, en menos que canta un gallo. I will do that before you can say Jack Robinson. Lo hago en menos que canta un gallo.

JACK UP, TO. s. Aumentar de golpe.

JADED. Adj. Cansado, agotado, hecho polvo.

JAM. TO BE IN A JAM. Estar en un apuro.

JAW AWAY, TO. Hablar más que una cotorra.

JEALOUSY. s. Celos. Rampant internal jealousies. Celos desenfrenados.

JEOPARDY. s. Peligro. The loss of such a valuable customer as T D S has put the future of the compay in jeopardy. La pérdida de tan importante cliente como, T D S, ha puesto en peligro el futuro de la empresa.

JEOPARDY. YOUR POSITION IS IN JEOPARDY. Su puesto de trabajo peligra.

JET LAG. s. Trastorno horario, desfase del organismo.

JEWEL IN THE CROWN, THE. Ex. La culminación de algo, la guinda en el pastel.

JIB WORK, TO. No aparecer por el trabajo.

JIFFY BUBBLE BAG. s. Bolsa acolchada con burbujas de aire.

JIFFY. IN A JIFFY. Mod. Hacer algo en un pispás. I will do that in a jiffy. Lo hago en un pispás. I will be back in a jiff. Vuelvo en un periquete. I won't be a jiff. Ya estoy de vuelta.

JIMMY. Manera de referirse a cualquier hombre en Scotland.

JITTERS. TO GET THE JITTERS. Arg. Ponerse nervioso. As soon as Tim saw the boss he got the jitters. En cuanto Tim vio al jefe, se puso nervioso.

JOB. s. Trabajo, brega, curro. To be up to the job. Estar a la altura del trabajo, dar la talla, ser la persona adecuada para un trabajo, ser la persona idónea para un trabajo. Not to be up to the job. No ser la persona idónea para un trabajo, no dar la talla.

JOB. ADDITIONAL JOB. Un trabajo más.

JOB. AGREEMENT BY THE JOB. Contrato a destajo.

JOB APPLICANT. s. Solicitante de empleo.

JOB. TO ADVERTISE A JOB. Publicar una oferta de empleo.

JOB. TO AXE A JOB. Suprimir un puesto de trabajo.

JOB. A BACKBREAKING JOB. Un trabajo agotador, un trabajo penoso.

JOB. A BADLY PAID JOB. Un trabajo mal remunerado.

JOB. A BANG UP JOB. Un trabajo muy bien hecho.

JOB. THE BEST MAN FOR A JOB. La persona más adecuada para un trabajo.

JOB. A BLIND - ALLEY JOB. Un trabajo sin futuro.

JOB. A BOGUS JOB. Empleo falso.

JOB. A BOTCHED - UP JOB. Una chapuza de trabajo.

JOB. ROBERT IS EXTREMELY GOOD AT HIS JOB. Robert trabaja muy bien.

JOB. TO BE HUNGRY FOR A JOB. Estar desesperado por encontrar trabajo, necesitar un trabajo como el aire que respira uno.

JOB. TO BE IN THE WRONG JOB. Estar en el trabajo equivocado.

JOB. TO BE THE RIGHT PERSON FOR A JOB. Ser la persona adecuada para un trabajo. To be suitable for a job. Ser la persona idónea para un trabajo.

JOB. TO BREAK THE BACK OF A JOB. Mod. Hacer la parte más importante de un trabajo, la parte más penosa. Three quarters through the job and

Leonard was happy because he knew he had broken the back of it. Con tres partes del trabajo hecho, Leonard estaba contento porque había hecho la parte más importante.

JOB. THEY CAN STICK THE JOB! ¡Que se metan el trabajo por donde les quepa! ¡Que se metan el trabajo por donde yo me sé!

JOB. TO CATCH SOMEONE ASLEEP ON THE JOB. Pillar a alguien durmiendo en el trabajo.

JOB CENTRE. s. Bolsa de trabajo, oficina de empleo. Job centre adviser. Asesor de oficina de empleo. A job centre appointment. Cita en la oficina de empleo.

JOB. A CHALLENGING JOB. Un trabajo complicado, un trabajo difícil.

JOB CREATION. Creación de empleo.

JOB. A CRUMMY JOB. Un trabajo sin futuro.

JOB CULLS. s. Despidos selectivos.

JOB. A CUSHY AND LUCRATIVE JOB. Un trabajo fácil y bien remunerado.

JOB CUTS. s. Despidos. Supresión de puestos de trabajo.

JOB. A DEAD - END JOB. s. Un trabajo sin futuro. To work in a dead - end job. Tener un trabajo sin perspectivas. With barely enough qualifications for dead - end jobs. Con cualificaciones justas para trabajos sin futuro. Dead - end jobs are steady and safe. Los trabajos sin futuro son estables y seguros.

JOB. A DECENT JOB. Un trabajo decente.

JOB. A DEMANDING JOB. Un trabajo penoso.

JOB. A DREAM JOB. Un trabajo ideal.

JOB. A MUNDANE JOB. Un trabajo aburrido.

JOB. THE DEVIL'S OWN JOB. Mod. Una tarea muy difícil.

JOB. I DON'T HAVE A JOB ANYMORE, I WAS SACKED. No tengo trabajo, me despidieron.

JOB. TO DO A GOOD JOB. Hacer un buen trabajo.

JOB. TO DO A JOB PROPERLY. Hacer un trabajo como es debido.

JOB. TO DO A POLISHED JOB Hacer un trabajo con esmero.

JOB. TO DO ONE'S BEST IN AN IMPOSSIBLE JOB. Entregarlo todo a un trabajo imposible.

JOB. THE DOWNSIDE OF A JOB. Lo malo de un trabajo, los gajes del oficio, los inconvenientes de un trabajo.

JOB DESCRIPTION. s. Descripción de un empleo. Atribuciones de un cargo.

JOB. TO DRIFT WITH NO REGULAR JOB. Ir dando tumbos sin un trabajo fijo.

JOB EXPECTATIONS SUCCESSFULLY MET. Expectactivas de trabajo llevadas a cabo con éxito.

JOB. A FAKE JOB. s. Empleo ficticio.

JOB. A FALSE JOB. Empleo ficticio.

JOB. I FEEL AT HOME IN THIS JOB. Me siento a gusto en este trabajo.

JOB. FORWARD JOB PLAN. s. Plan de trabajo para el futuro.

JOB. GOOD NEWS ON THE JOB FRONT. Esperanzas de conseguir un trabajo.

JOB. TO GET A JOB DONE. Hacer un trabajo.

JOB. TO GET ON WITH A JOB. Continuar con un trabajo.

JOB GROWTH. Crecimiento del empleo.

JOB. A HAND - TO - MOUTH JOB. Un trabajo para vivir al día.

JOBHOLDER. s. Empleado.

JOB. A MONOTONOUS AND SOUL - DESTROYING AND BORING JOB. Un trabajo monótono, aburrido y desmoralizador.

JOB. TO BE LOOKING FOR ANOTHER JOB. Estar buscando otro trabajo.

JOB. TO BE OUT OF A JOB FOR TWO YEARS. Llevar dos años sin trabajar.

JOB. TO BE UP TO THE JOB. Estar a la altura del trabajo, dar la talla.

JOB. I CAN'T STAND THIS JOB. No aguanto este trabajo.

JOB. TO CHUCK ONE'S JOB IN. Dejar el trabajo.

JOB. TO CHUCK SOMEONE OUT OF HIS JOB. Arg. Echar a alguien del trabajo.

JOB. A DREAM JOB. s. Un trabajo ideal.

JOB. A DREARY JOB. Un trabajo monótono.

JOB DUTIES. Responsabilidades de un puesto de trabajo.

JOB. I HAVE HAD ABOUT AS MUCH OF THIS JOB AS I CAN TAKE. Ya no aguanto más en este trabajo. Estoy hasta las narices de este trabajo, estoy hasta el moño de este curro.

JOB. TO BE GOOD AT ONE'S JOB. Ser competente uno en su trabajo.

JOB. TO BE IN THE RUNNING FOR A JOB. Competir por un puesto de trabajo.

JOB. TO BE SNUBBED FOR A JOB. Ser rechazado para un puesto de trabajo.

JOB. TO BE TURNED DOWN FOR A JOB. No contratar a uno, no darle a uno un trabajo.

JOB. A JOB FOR YOUR LIFE STYLE. Un trabajo adecuado a un estilo de vida particular.

JOB. THE FRONT - RUNNER FOR A JOB. El favorito para ocupar un un puesto de trabajo.

JOB. A FULL TIME JOB. s. Empleo a tiempo completo. Dedicación plena.

JOB. TO GET A JOB ON A PERMANENT BASIS. Conseguir un trabajo fijo.

JOB. TO GET A JOB WITH HIGH STATUS. Conseguir un trabajo de categoría superior.

JOB. TO GO HAMMER AND TONGS AT A JOB. Mod. Poner uno toda su alma haciendo un trabajo, echar el alma haciendo un trabajo.

JOB. THE JOB HAS BEEN FILLED BY AN INSIDER. El puesto lo ha cubierto un empleado de la empresa.

JOB. TO HAVE GOT A NEW JOB OF SORTS. Tener un nuevo trabajo, si es que se le puede llamar trabajo a eso.

JOB. TO HAVE ANOTHER JOB LINED - UP. Tener otro trabajo en perspectiva.

JOB. TO HAVE THE RIGHT BACKGROUND FOR A JOB. Reunir las cualificaciones requeridas para un trabajo.

JOB. TO HOLD DOWN A JOB. Mantener el trabajo.

JOB. A HIGHLY - PAID JOB. Un trabajo bien remunerado.

JOB HUNTER. s. Persona en busca de empleo.

JOB - HUNTING. TO GO JOB - HUNTING. Ex. Ir en busca de empleo.

JOB. TO KEEP A JOB OPEN FOR SOMEONE. Guardarle el trabajo a alguien.

JOB. TO LAND A JOB. Conseguir un puesto de trabajo.

JOB. TO LAY DOWN ON THE JOB. Ser perezoso en el trabajo, un malpica.

JOB. THE JOB IN HAND. Ex. La tarea que se tiene entre manos. To get on with the job in hand. Proseguir con el trabajo que se tiene entre manos.

JOB. I DO THIS JOB BECAUSE I HAVE TO PAY THE BILLS. Hago este trabajo porque necesito el dinero para pagar las cuentas.

JOB. AN IDEAL JOB. S . Un trabajo ideal.

JOB IDLE. 1. Estar desempleado. 2. No querer dar pique.

JOB IMPROVEMENTS. Mejora de condiciones laborales.

JOB INSECURITY AND OUTRAGEOUS TERMS AND CONDITIONS. Innseguridad laboral y términos y condiciones leoninas. Duras condiciones de trabajo.

JOB INTERVIEW. s. Entrevista de trabajo. I came up to London for a job interview. Vine a Londres para una entrevista de trabajo.

JOB. GARETH IS SAID TO BE IN DANGER OF LOSING HIS JOB. Se rumorea que Gareth corre el peligro de perder su puesto de trabajo.

JOB. TO HANG ON FOR YOUR DREAM JOB. Soñar con el trabajo de tu vida.

JOB. TO HANG TO ONE'S JOB FOR DEAR LIFE. Aferrarse al trabajo por necesidad.

JOB. TO HAVE A JOB. Tener lío para rato con un trabajo.

JOB. TO HAVE A SECOND JOB. Tener dos trabajos.

JOB. IS MY JOB SAFE? ¿Está mi trabajo seguro?

JOB. IT IS A GOOD JOB THAT. Mod. Menos mal que.

JOB. IT IS DIFFICULT TO PUT A BRAVE FACE WHEN YOU DON'T KNOW IF YOU STILL HAVE A JOB TOMORROW. Es difícil de ponerle al tiempo buena cara cuando todavía no sabes si tendrás trabajo mañana.

JOB. IT IS NOT MY JOB! Ex. ¡Eso no me concierne a mí!

JOB. TO GET ANY JOBBING JOB ONE CAN GET. Coger cualquier trabajo que le salga a uno.

JOB. TO HAVE A BIG JOB TO DO. Tener mucha faena por delante, tener buen tajo por delante.

JOB. HOW ARE YOU FIXED JOB - WISE? ¿Tienes trabajo fijo?

JOB. TO JUMP FROM JOB TO JOB. Ir de trabajo en trabajo.

JOB. JUST THE JOB! Ex. ¡Justo lo que necesitaba! ¡Justo lo que me hacía falta!

JOB LOSSES. Pérdida de puestos de trabajo.

JOB. A LOW STATUS JOB. Trabajo de poca categoría.

JOB. TO MAKE THE BEST OF A BAD JOB. Tratar de sacar la mejor tajada posible de algo.

JOB. THE MAN FOR THE JOB. La persona idónea para un puesto de trabajo.

JOB. THE MAN WAS VERY CUT UP AT NOT GETTING THE JOB. El hombre estaba muy afligido al no haber conseguido el puesto de trabajo.

JOB. TO MAKE A GOOD JOB. Hacer un trabajo bien hecho.

JOB MARKET. s. Mercado de trabajo.

JOB. A MEGA JOB. Un trabajo cojonudo.

JOB. A MICKEY MOUSE JOB. 1. Un trabajo de poca monta. 2. Una chapuza de trabajo.

JOB. MY JOB IS AS INTERESTING AS AN ACCOUTANT'S TEA PARTY. Mi trabajo es aburridísimo.

JOB. MY JOB STRESSES ME SO MUCH. Mi trabajo es agobiante.

JOB. A NICE, CUSHY JOB. s. Sinecura, enchufe.

JOB. ON THE JOB. Mod. En el trabajo.

JOB. AN OFFICE JOB. s. Un trabajo de oficinista.

JOB. OUT OF A JOB. Desempleado, en el paro.

JOB OUT, TO. Subcontratar.

JOB. MY JOB PAYS PEANUTS. Me pagan una miseria en el trabajo.

JOB. A PERSON'S JOB NO LONGER EXISTS. Euf. Esta persona ha sido despedida.

JOB. A PLUM JOB. s. Un buen trabajo.

JOB. A PROPER JOB. s. Un trabajo como es debido.

JOB PROSPECTS. s. Perspectivas de trabajo.

JOB. PURPOSE OF JOB. Propósito del trabajo.

JOB. THE IDEA OF A JOB FOR LIFE HAS GONE. Aquello de un trabajo de por vida ya no existe. Aquello de un puesto de trabajo en propiedad para toda la vida se acabó. El tiempo de un trabajo de por vida ha terminado. Olvidarse de un puesto fijo.

JOB. A PART - TIME JOB. s. Empleo a tiempo parcial. The part - time trap. La trampa del trabajo parcial.

JOB. A PRECARIOUS JOB TENURE. Puesto de trabajo precario.

JOB. TO PUT A JOB OUT THERE. Convocar una oferta de empleo. Ofertar un puesto de trabajo

JOB. TO PUT ONE'S JOB ON THE LINE. Mod. Poner el puesto de trabajo en peligro.

JOB. TO PUT SOMEONE TO THE JOB. Poner a alguien a trabajar.

JOB. A ROTTEN JOB. Un trabajo asqueroso.

JOB. TO RELINQUISH ONE'S JOB. Renunciar el puesto de trabajo.

JOB. A RUSH JOB. Una chapuza. Hacer algo de forma chapucera.

JOB SATISFACTION. Satisfacción laboral.

JOB. A SEASONAL JOB. Un trabajo estacional, un trabajo golondrina.

JOB. A SECURE JOB. Un trabajo seguro.

JOB SEEKER. s. Demandante de empleo.

JOB SHARING. Compartir el puesto de trabajo de uno con los compañeros.

JOB. A SHIT JOB. Un trabajo de mierda.

JOB. TO DO A HELL OF A JOB. Hacer un trabajo de padre y señor mío.

JOB. TO SHUNT SOMEONE FROM HIS JOB. Echar a alguien del trabajo.

JOB. SLOPPY JOB. Chapuza.

JOB. A SORT OF SEDENTARY, CARPET SLIPPERS, SELF - INSPECTING NOSE - PICKING, ARSE - SCRATCHING KIND OF JOB. Un trabajo aburridísimo. Un trabajo sin chispa ni creatividad.

JOB. A STEADY JOB. Un trabajo estable.

JOB. THE LAST THING YOU DO IS QUIT A JOB

BEFORE YOU HAVE FOUND ANOTHER ONE. Lo último que debes hacer es dejar un trabajo antes de haber encontrado otro.

JOB. THE TRAPPINGS OF A JOB. s. Primas, pagas extra, etc.

JOB. THIS IS AN URGENT JOB. Este trabajo es urgente.

JOB. THIS JOB DOESN'T SUIT ME. Este trabajo no es para mí, este trabajo no va conmigo.

JOB. THIS JOB IS JUST THE PITS. Arg. Este trabajo es lo peor de lo peor. Este trabajo es insoportable.

JOB. OFF - THE - JOB TRAINING. Formación profesional fuera del lugar de trabajo.

JOB. ON - THE - JOB TRAINING. Formación profesional en el trabajo.

JOB. TO SPEND BIG TO GET THE RIGHT PERSON FOR THE JOB. Gastar una gran cantidad de dinero para contratar a la persona idónea para el puesto de trabajo.

JOB. TO TAKE UP A JOB IN THE CITY. Aceptar un trabajo en la City.

JOB. TO TAKE ON A JOB. Hacerse cargo de un trabajo. I took the job on and I don't regret it. Me hice cargo del trabajo y no me arrepiento.

JOB. TO TAKE A SATURDAY JOB. Coger un trabajo para los sábados.

JOB. A TOUGH JOB. Un trabajo peliagudo.

JOB. TO TURN A JOB DOWN. Rechazar una oferta de trabajo.

JOB. TO WALK OFF THE JOB. Abandonar el trabajo en señal de protesta.

JOB. A WELL PAID JOB. Un trabajo bien remunerado. Well paid jobs are scarce. Escasean los trabajos bien remunerados.

JOB. YOUR JOB IS UNDER THREAT. Su trabajo peligra.

JOBBER. s. Persona que hace trabajo eventual.

JOBBING PRODUCTION. Producción a destajo.

JOBLESS PERSON, A. s. Desempleado, parado.

JOBLESS. YOUNG JOBLESS. Jóvenes sin empleo.

JOBLESSLESS. A HIGH LEVEL OF JOBLESSNESS. Una tasa de paro muy alta.

JOB SECURITY. Garantía de empleo.

JOB. STUART SAID HE WOULD RATHER PUT HIS HEAD IN A BUCKET OF WARM SHIT THAN TO TAKE OVER MATTHEW'S JOB. Stuart dijo que antes metería la cabeza dentro de un cubo de mierda fresca que hacerse cargo del trabajo the Matthew.

JOB. TO PUT ONE'S HEART AND SOUL INTO ONE'S JOB. Entregarse de cuerpo y alma a un trabajo.

JOB TITLE. s. Cargo, ocupación, profesión.

JOB VACANCY, A. s. Plaza vacante de trabajo.

JOB. A WHALE OF A JOB. Un trabajo fantástico. Un chollo de trabajo.

JOB. WE WANT THE BEST PERSON FOR THE JOB. Queremos el mejor empleado para el puesto de trabajo.

JOB. WHAT A MONOTONOUS JOB! ¡Qué trabajo más monótono!

JOBLESS, THE. s. Los parados, los desempleados.

JOBS. ANY JOBS GOING ON? ¿Hay plazas vacantes?

JOBS ARE HARD TO COME BY. Ex. Es difícil encontrar trabajo.

JOBS. I HAVE GOT LOTS OF JOBS FOR YOU TO DO. Tengo muchos trabajos para que los hagas.

JOBS. IT IS HARD FOR JOBS AROUND HERE. Es difícil encontrar trabajo por esta zona.

JOBSEEKER. s. Persona que busca empleo. Young jobseeker. Joven en busca de trabajo.

JOBS. A ROUND OF JOBS CUTS. Una ronda de despidos.

JOB'S COMFORTER, A. s. Un falso amigo, un consuelo funesto.

JOBS. TO BURN ONESELF DOING MULTIPLE JOBS. Quemarse uno haciendo pluriempleo.

JOBS. TO CHANGE JOBS WITHIN A FIRM. Cambiar de trabajo en una misma empresa.

JOBS. TO CUT JOBS AND TO FREEZE PAY. Reducir la plantilla y congelar los salarios.

JOBS DIRECTOR. s. Director de empleo.

JOBS FOR THE BOYS. Trabajos para los amiguetes y familiares. Amiguismo. Favoritismo.

JOBS. GREEN JOBS. Empleos relacionados con el medio ambiente.

JOBS. HIGHLY SKILLED AND HIGHLY PAID JOBS. Trabajos muy calificados y muy bien remunerados.

JOBS. A LONG QUEUE FOR JOBS. Una larga fila de demandantes de empleo.

JOBS. LOW SKILL JOBS. s. Trabajos menos cualificados.

JOBS. NEWLY CREATED JOBS. Nuevos puestos de trabajo.

JOBS. POOR QUALITY JOBS. Trabajos de chichinabo, trabajos de poca monta, trabajos de poca importancia.

JOBS. PRECARIOUS, LOW PAID JOBS. Trabajos precarios, mal remunerados.

JOBS. THERE ARE NOT ENOUGH JOBS TO GO AROUND. Hay escasez de puestos de trabajo.

JOBS. SEASONAL JOBS. Trabajos estacionales u ocasionales.

JOBS. SECURE WELL - PAID JOBS. Trabajos seguros y bien remunerados.

JOBS. TO DO MULTIPLE JOBS. TO HAVE MORE THAN ONE JOB. Hacer pluriempleo.

JOBS. TO DO ROUTINE HUMDRUM JOBS. Hacer trabajos monótonos.

JOBS. TO DO SHIT JOBS FOR SHIT MONEY. Arg. Cobrar dinero de mierda por hacer trabajos de mierda.

JOBS. TO FREEZE JOBS. Dejar de contratar empleados.

JOBS. TO MOVE JOBS. Cambiar de trabajo.

JOBS. TO TAKE ROCK - BOTTOM WAGE JOBS. Hacer trabajos muy mal pagados.

JOBS. TO SLASH JOBS. Arg. Suprimir puestos de trabajo. The firm is slashing 60 jobs in a new round of redundancies. La empresa suprime 60 puestos de trabajo en una nueva ronda de despidos.

JOBS. TO WORK MULTIPLE PART - TIME JOBS. Hacer varios trabajos a tiempo parcial.

JOBS. TOP JOBS. s. Directivos.

JOBS. UNDERPAID OFFICE JOBS. Trabajos de oficina mal remunerados.

JOBS. UNSKILLED JOBS. Trabajos no especializados.

JOBS UP FOR GRABS. Trabajos a disposición de cualquiera.

JOBS. WELL PAID, SECURE JOBS REMAIN THIN ON THE GROUND. Los trabajos seguros y bien pagados escasean.

JOG SOMEBODY'S ELBOW, TO. Mod. Recordarle a alguien algo.

JOHN. Manera de referirse a cualquier hombre en Inglaterra.

JOHNNY - ON - THE - DOT. Persona puntual.

JOIN A COMPANY, TO. Incorporarse a una empresa. Jane joins us on Monday as management accountant. Jane se incorpora a la asociación el lunes como contable de gestión.

JOINT ACTION, A. s. Una acción conjunta.

JOINT COOPERATION INITIATIVE, A. s. Una iniciativa mixta de cooperación.

JOINT EFFORT, A. s. Un esfuerzo conjunto.

JOINT RESEARCH CENTRE, A. s. Centro Común de Investigación.

JOINT PROJECT, A. s. Un projecto conjunto.

JOINT STATEMENT, A. Una declaración conjunta.

JOINT TEXT. s. Texto conjunto.

JOINT VENTURE, A. s. Empresa mixta. Resignation of Joint - venture chief triggers fresh doubts about the company. La dimisión del jefe de la empresa mixta, desencadena nuevas dudas sobre la compañía.

JOINTLY BY. Conjuntamente por.

JOKE. AN IN - JOKE. Una broma entre amigos, empleados.

JOKE. A JOKE ON SOMEONE. Un chiste a costillas de alguien.

JOKE. A KILLER JOKE. Un chiste muy gracioso.

JOKE. A PRACTICAL JOKE. s. Una broma pesada.

JOKE. A RUNNING JOKE. Un chiste recurrente.

JOKE. AN OFF - COLOUR JOKE. s. Un chiste subido de tono.

JOKE. A SICK JOKE. Chiste de mal gusto, chiste subido de tono.

JOKE. A TASTELESS JOKE. Un chiste de mal gusto.

JOLE. TO KNOW HOW TO TAKE A JOKE. Saber

aguantar una broma.

JOKE. TO THROW IN A LIGHT HEARTED JOKE. Contar una historieta para rebajar la tensión en una situación complicada.

JOKES TO A MINIMUM. Bromas las justas.

JOKES. TO BE THE BUTT OF JOKES. Ex. Ser el hazmerreír de todos, ser el saco de todos los chistes.

JOKES. I DON'T DO JOKES! ¡Yo no bromeo!

JOKING APART. Bromas aparte.

JOKING. YOU MUST BE JOKING! ¡Te estás quedando conmigo!

JOURNEYMAN, A. s. Un empleado del montón, corriente y moliente.

JOY. TO HAVE NO JOY. Mod. No conseguir llevar a cabo una tarea. The company went to the bank for a loan, but got no joy. La empresa pidió un préstamo al banco, pero no lo consiguió.

JUDICIAL REDRESS. Reparación judicial.

JUMBO CORPORATION, A. s. Una sociedad gigante.

JUMBO LETTER TRAY. s. Bandeja opaca jumbo.

JUMP. TAKE A RUNNING JUMP! Arg. ¡Vete a hacer gárgaras! ¡Vete a freír espárragos! ¡Vete a la porra! You are driving me mad today! Why don't you take a running jump! ¡Hoy me estás volviendo loco!¡ Por qué no te vas a freír espárragos!

JUMP. TO BE FOR THE HIGH JUMP. Mod. Estar a punto de recibir una buena bronca.

JUMP. TO JUMP BEFORE BEING PUSHED. Mod. Marcharse uno de un trabajo antes de que lo echen. Well, did he jump, or was he pushed? ¿Bueno, se fue antes de que le echaran o le pusieron de patitas en la calle?

JUMPED - UP. Adj. Engreído, creído, altanero, presuntuoso.

JUNIOR MANAGEMENT. s. Ejecutivos auxiliares.

JUNK BONDS. s. Bonos basura.

JUNK FAX, A. s. Fax basura.

JUNK MAIL. s. Publicidad no solicitada. Correo basura.

JURY. s. Jurado. Dick won't be coming to work this week, he's on jury service. Dick no vendrá al trabajo esta semana, forma parte del jurado en un juicio.

JUST. NOT JUST FOR. No sólo para.

JUST THE TICKET! Ex. ¡Justo lo que necesitaba!

JUST TO LET YOU KNOW THAT PEGGY IS POORLY (BUT ON THE MEND) AND WILL BE OUT OF THE OFFICE THIS WEEK. Les informo que Peggy no se encuentra bien (pero se está recuperando) y no vendrá a trabajar esta semana.

K

K. Mil. Salary: 75K/Year. Salario, £75.000 libras esterlinas anuales. To earn 14K a year. Ganar 14.000 libras esterlinas anuales.

KEEP IN WITH, TO. Llevarse bien con alguien.

KEEP OFF THE GRASS! ¡No te metas en los asuntos de otra persona!

KEEP SCHTUM, TO. Arg. No soltar prenda.

KEEP THIS DOOR LOCKED SHUT. Mantenga esta puerta cerrada con llave. Aviso pegado a una puerta.

KEEP UP WITH, TO. Estar al tanto, estar al corriente.

KEN. TO BE BEYOND ONE'S KEN. Escaparse del entendimiento de uno.

KERFUFFLE. s. Algarabía, alboroto,trifulca.

KETTLE. s. Calentador de agua. The kettle will not turn off. El calentador no se apaga por sí mismo. Could you put the kettle on please? Por favor, ¿puedes poner el calentador?

KETTLE. A DIFFERENT KETTLE OF FISH. Mod. Ser harina de otro costado.

KETTLE. TO HAVE A TEMPER LIKE A BOILING KETTLE. Arg. Sulfurarse muy pronto, tener pocas aguantaderas.

KETTLE. AS USELESS AS A CHOCOLATE KETTLE. Mod. Ser tan útil como una campana de goma. No servir para nada.

KEVIN PAPERCLIP, A. s. Burócrata, oficinista, chupatintas.

KEY. s. Llave. I left the key in the door. Dejé la llave en la puerta.

KEY AREA, A. s. Elemento fundamental.

KEYBOARDLESS COMPUTER. s. Ordenador sin teclado.

KEYBOARD WRIST REST. s. Reposamuñecas.

KEY CABINET, A. s. Armario para llaves.

KEY CHALLENGE, A. Un reto fundamental.

KEY HANGER, A. s. Llavero ventanilla.

KEY INDUSTRY. s. Industria clave.

KEY ISSUE. s. Asunto fundamental. An agreement on key issues. Un acuerdo sobre asuntos fundamentales. Key issues remain unresolved. Los asuntos fundamentales están por resolver.

KEY MEASURES. s. Medidas clave.

KEYNOTE SPEECH. s. Discurso de apertura. I am giving a keynote speech at an I T B seminar on 11 November. Voy a pronunciar el discurso de apertura en un seminario de I T B el 11 de noviembre.

KEY OBJECTIVE, A. s. Objetivo primordial.

KEY PERFOREMANCE INDICATOR. De primordial importancia.

KEY POLICY. s. Política clave.

KEY PRIORITIES. s. Prioridades clave.

KEY PROJECTS. s. Proyectos clave.

KEY QUESTION, A. s. Cuestión clave.

KEY ROLE, A. s. Función clave. To play a key role. Desempeñar una función clave.

KEY SAFE. s. Caja fuerte para llaves.

KEY SKILLS. s. Técnicas clave.

KEY SPEAKER. s. Orador principal.

KEY THEME. s. Asunto clave.

KEY WORD. s. Clave.

KEYS. A BUNCH OF KEYS. s. Manojo de llaves.

KEYS TO UNDERSTANDING. Claves para entender.

KICK ALONG VERY NICELY, TO. Ir de requetebién.

KICK INTO TOUCH, TO. s. Cancelar, rechazar algo.

KICK IT, TO. arg. Espicharla, diñarla, palmarla, entregarla.

KICK ONESELF, TO. Estar muy enojado con uno mismo.

KICK SOMEONE AROUND, TO. Tratar a alguien mal, tratar a alguien a patadas.

KICK STEP, KICK STOOL. s. Taburete rodante, taburete móvil.

KICK THE BUCKET, TO. Arg. Estirar la pata, espicharla, diñarla.

KICK UP A FUSS, TO. Arg. Armar un escándalo, armar un pitote, armar un revuelo.

KICK UP HELL, TO. Armar una zapatiesta.

KICK UP A STINK, TO. Armar las de Caín.

KICKING. adj. Arg. Excelente.

KIMONO. TO OPEN THE KIMONO. Mostrar los libros de contabilidad a los auditores.

KIND OF. Algo así, algo más o menos.

KINDNESS. s. Amabilidad. Thank you for your kindness and help. Gracias por su amabilidad y ayuda.

KINGPIN. s. La persona más importante de una empresa.

KISS SOMETHING GOODBYE, TO. Mod. Dar algo por perdido, despedirse de algo. If you leave your mobile on the table, you can kiss it goodbye. Si dejas el móvil en la mesa, ya puedes despedirte de él.

KITCHEN TALK. Cháchara, cotilleo.

KITE A CHEQUE, TO. v. Extender un cheque sin fondos. To kite a cheque on someone. Extenderle a alguien un cheque sin fondos.

KITE. GO FLY A KITE! ¡Vete a hacer gárgaras! ¡Vete a freír espárragos!¡Vete a paseo! When he asked Fiona to be nice to his boss she told him to go fly a kite. Cuando le pidió a Fiona que fuera amable con su jefe le contestó que se fuera a freír espárragos.

KITTENS. TO HAVE KITTENS. Arg. Estar muy nervioso,

KITTY. s. Fondo común. To leave the kitty bare. Agotar el fondo común.

KNACK. TO GET THE KNACK OF SOMETHING. Cogerle el truco a algo, cogerle el tranquillo a algo. You have got the knack of it. Le has cogido el truco. Haven't you got the knack of it yet? ¿ No le has cogido el tranquillo todavía?

KNACK. TO HAVE BUSINESS KNACK. Tener mano para los negocios.

KNACKERED. TO BE KNACKERED. Arg. Estar agotado, estar para el arrastre, estar hecho polvo.

KNEE - JERK REACTION. s. Reacción instinctiva, reacción al buen tuntún, reacción desmesurada.

KNEES. THE COMPANY IS ON ITS KNEES. La empresa está en la ruina. To bring a company to its knees. Llevar a una empresa a la ruina.

KNEES - UP, A. s. Fiesta, juerga. Donald decided that we should celebrate his fantastic success by going out for a big knees - up courtesy of the company. Donald decidió, que para celebrar su gran éxito saliéramos a correr una gran juerga, gentileza de la empresa.

KNIFE. ON A KNIFE - EDGE. Pender de un hilo, estar en una situación muy difícil. The company is on a financial knife - edge and may go to the wall. La empresa se encuentra en una situación financiera muy difícil, y puede que quiebre.

KNIFE. HE ISN'T THE SHARPEST KNIFE. Un tonto.

KNIFE. TO PUT THE KNIFE IN. Mod. Ensañarse con alguien.

KNIFE. TO TWIST THE KNIFE. Mod. Hurgar en la herida, echar sal en la herida.

KNITTING. TO STICK TO THE KNITTING. Mod. No complicar las cosas.

KNITTING. STICK TO YOUR OWN KNITTING! Arg. ¡Ocúpate de tus asuntos!

KNITTING WITH ONLY ONE NEEDLE. Faltarle a uno un hervor.

KNOCK - DOWN PRICE. s. A precio de derribo. To sell a company at a knock - down price. Vender una empresa a precio de derribo.

KNOCK THEIR HEADS TOGETHER IN THE COMPANY, TO. Hacer entrar en razón a los empleados de la compañía.

KNOCK - ON EFFECT. s. Repercusión.

KNOCK. TO KNOCK OFF WORK FOR THE DAY. Terminar la jornada laboral,plegar. Due to the Tube strike, we will knock off work for the day at three o'clock. Debido a la huelga de Metro, hoy acabaremos la jornada a las tres. What time you knock off? In a couple of minutes. ¿A qué hora acabas? Dentro de unos minutos. To knock off work early. Acabar en el trabajo temprano.

KNOCK SOMEONE FOR SIX, TO. Mod. Dejar a uno de piedra, dejar a uno de una pieza,dejar a uno pasmado.

KNOCK YOU UP TOMORROW MORNING. I WILL KNOCK YOU UP TOMORROW MORNING. Te dejaré embarazada mañana por la mañana. Inglés estadounidense.

KNOCK YOU UP TOMORROW MORNING. I WILL KNOCK YOU UP TOMORROW MORNING. Te recogeré mañana por la mañana para ir al trabajo. Inglés británico.

KNOCKER. s. Criticón, puntilloso, quisquilloso.

KNOT. TO TIE THE KNOT. Casarse. Fiona and Kerry are due to tie the knot on Saturday. Fiona y Kerry se casan el sábado.

KNOTS. AT THE RATE OF KNOTS. Mod. A toda pastilla, a toda velocidad. To lose employees at the rate of knots. Perder empleados a toda pastilla, a toda velocidad.

KNOTS. TO TIE ONESELF UP IN KNOTS. Mod. Hacerse uno un lío tratando de explicar algo.

KNOTTED. GET KNOTTED! Arg. ¡Vete a freír espárragos!¡Vete a paseo!¡Vete a la porra!¡Vete a tomar el aire fresco!

KNOTTY QUESTION, A. s. Un asunto peliagudo.

KNOW. TO BE IN THE KNOW. Mod. Estar en el ajo, saber de que va el asunto, estar en el cuento, estar bien informado, estar al corriente, estar al tanto.

KNOW - ALL, A. s. Espabilado, listillo. Why is he such a know - all? ¿Por qué se las da de listillo?

KNOW - NOTHING, A. s. Ignorante, ceporro.

KNOW - HOW. s. Técnica.

KNOW. NOT TO KNOW WHICH WAY TO TURN. No saber por donde se anda uno, no saber a que santo encomendarse, no saber que hacer, estar desconcertado. Joan got in such a panic with all the extra work that she didin´t know which way to turn. A Joan le entró tal pánico con el trabajo extra, que no sabía a que santo encomendarse.

KNOW. TO KNOW A THING OR TWO. Arg. Saber mucho, tener mucha experiencia, llevar muchas horas de vuelo.

KNOWLEDGE - BASED ECONOMY. s. Economía basada en el conocimiento.

KNOWLEDGE. A KNOWLEDGE HUB. s. Centro de conocimiento.

KNOWLEDGE - INTENSIVE ACTIVITIES. Actividades que requieren conocimientos especializados.

KNOWLEDGE IS POWER. El conocimiento, es poder. El saber, es poder.

KNOWLEDGE SOCIETY, THE. La sociedad del conocimiento.

KNOWLEDGE. TO HAVE INSIDER KNOWLEDGE. Tener información privilegiada.

KNUCKLE DOWN, TO. Ponerse a trabajar con ganas, ponerse a trabajar con tesón, agachar el lomo, doblar el lomo, sobar los lomos, doblar la espalda. Knucke down and do your task. Ponte a trabajar con ganas y haz la tarea. Ponerse en ello con ganas.

KNUCKLE - DRAGGER, A. s. Arg. Zángano, manta, haragán, rácano, escaqueón, mandria, vagoneta, holgazán, malpica.

KNUCKLEHEAD. s. Arg. Cretino.

KNUCKLES. TO RAP SOMEONE ON THE KNUCKLES. Mod. Echarle un rapapolvo a alguien. Simon got his knuckles rapped for foul language. Le echaron un rapapolvo a Simón por grosero.

L

LABEL. s. Etiqueta. Can you print the labels on the right side, please? Puedes imprimir las etiquetas en el lado derecho, ¿por favor?

LABELLING. s. Etiquetado.

LABELMAKER. s. Máquina etiquetadora.

LABEL PRINTER. s. Impresora de etiquetas.

LABOUR COSTS. Costos laborales.

LABOUR DISPUTE. s. Litigio laboral.

LABOUR. IMPENDING SHORTAGE OF LABOUR. Escasez futura de mano de obra.

LABOUR INTENSIVE. De uso intensivo de mano de obra.

LABOUR LAW. s. Derecho laboral.

LABOUR LAWYER. s. Abogado laboralista.

LABOUR MARKET. s. Mercado de trabajo. To deregulate the labour market. Liberalizar el mercado de trabajo.

LABOUR MARKET REFORM. Reforma del mercado laboral.

LABOUR MOBILITY. s. Movilidad laboral.

LABOUR RELATIONS. s. Relaciones laborales.

LABOUR. SLAVE LABOUR. s. Trabajo muy mal pagado.

LABOUR. THE UNDER - CUTTING OF LABOUR. Trabajo que se hace por un sueldo menor que los demás.

LABOUR VERSUS MANAGEMENT. Trabajo frente a la gestión.

LABOUR. TO WITHDRAW ONE'S LABOUR. Euf. Declararse en huelga.

LABOURER. THE LABOURER IS WORTHY OF HIS HIRE. Rfr. El obrero es digno de su salario. El abad canta donde yanta. Al hombre y al caballo, por lo que hacen has de apreciallos.

LABRADOR. TO BE AS REAR AS A TAP - DANCING LABRADOR. Un mirlo blanco.

LADDER. TO CLIMB THE LADDER. Ascender, subir peldaños, prosperar. Ascender en el escalafón social.

LAG BEHIND, TO. v. Rezagarse. LAID - BACK. Adj. Persona que tiene mucha pachorra, un viva la virgen, un viva la Pepa, un fresco, un zángano.

He was a laid - back guy, charming and a Cheshire Cat grin. Era un viva la virgen, encantador y con una sonrisa de oreja a oreja.

LAMBAST SOMEONE, TO. Echarle una buena bronca a lguien.

LAMB'S TAIL. IN TWO SHAKES OF A LAMB'S TAIL. Mod. En un periquete, en menos que canta un gallo.

LAME DUCK, A. s. Un inútil, un incompetente.

LAME EXCUSE, A. s. Una excusa poco convincente.

LAMINATOR. s. Plastificadora.

LAMP. ADJUSTABLE READING LAMP. s. Lámpara de escritorio.

LAND ONESELF IN IT, TO. Arg. . v. Meterse en un problema.

LANDLINE TELEPHONE. s. Teléfono fijo.

LANDLORD AND TENANT LAW. s. Ley de arrrendador e inquilino.

LAND SOMEONE IN HOT WATER,TO. Mod. Meter a alguien en un lío, meter a alguien en un fregado.

LAND SOMEONE WITH A JOB. Mod. Endilgarle a alguien un trabajo que no quiere.

LANGUAGE. BAD LANGUAGE. s. Lenguaje soez.

LANGUAGE CHANGES TO OUTWIT CHANGE. El lenguaje cambia para burlar el cambio.

LANGUAGE. FOUL LANGUAGE. Lenguaje soez. To use foul language. Utilizar lenguaje soez.

LANGUAGE OF THE GUTTER. s. Lenguaje barriobajero.

LANGUAGE. TO MURDER A LANGUAGE. Cometer un error tras otro durante el aprendizaje de un idioma extranjero.

LANGUAGE. s. Idioma. To pick up a language. Aprender un idioma. Manuel soon picked up the language and also dabbles in some Italian and French. Manuel aprendió el idioma pronto. También chapurrea el italiano y el francés.

LANGUAGE SKILLS. Técnicas de lenguaje.

LANGUAGE. TO SPEAK SEVERAL LANGUAGES FLUENTLY. Hablar varios idiomas con fluidez.

LANGUAGE. TO SPEAK THE SAME LANGUAGE. Entenderse.

LANGUAGE. STRONG LANGUAGE. Lenguaje soez.

LAPTOP. s. Ordenador portátil. To live by the laptop. Ganarse la vida con el ordenador portatil.

LAPTOP BRIEFCASE. s. Maletín para ordenador portátil.

LARGE STORAGE BOX. s. Contenedor de archivos.

LARK. TO BE UP WITH THE LARK. Madrugar mucho. Levantarse al alba.

LARK ABOUT, TO. v. Hacer el ganso.

LASER POINTER. s. Puntero láser.

LASH. TO WORK UNDER THE LASH. Trabajar como un galeote.

LAST IN FIRST OUT. Último en entrar, primero en salir. Cuando hay despidos en una empresa, los últimos que comenzaron a trabajar para dicha empresa son los primeros en ir a la calle. Most companies work on a last in, first out principle. La mayoría de las empresas aplican el principio de: los últimos en incorporarse a la empresa, son los primeros en ir a la calle.

LAST. THE VERY LAST. El último de todos.

LATCH. s. Pasador. Drop the latch, please! ¡Echa el pasador, por favor! I will leave the latch on the door. Dejaré el pasador echado.

LATE. Adj. Tarde. Don´t be late in the morning. No vengas tarde por la mañana.

LATERAL FILES. s. Carpeta colgante Arcón.

LATERAL THINKING. s. Pensamiento lateral. El examen de un problema desde un punto de vista poco ortodoxo. To engage in lateral thinking. Ocuparse en pensamiento lateral.

LAUNCH, TO. v. Fundar, crear. To launch a company. Fundar una empresa.

LAID - BACK. Adj. Desganado, malpica, zángano, manta, que trabaja menos que el sastre de Tarzán..

LAID - OFF ON THE SPOT FOR A WEEK. Suspendido en el acto del trabajo durante una semana.

LANGUAGE. A HIGHFALUTIN LANGUAGE. Un lenguaje pomposo.

LASER POINTER ERGONOMIC. s. Puntero láser ergonómico.

LASER PRINTER PAPER. s. Papel para impresora

láser.

LATELY. Adv. Últimamente.

LATHER. TO GET INTO A LATHER. Mod. 1. Emocionarse. 2. Disgustarse.

LAUGHING MATTER. NO LAUGHING MATTER. No tiene ninguna gracia.

LAW REFORM. Reforma laboral. Employment law reform. Reforma del Derecho laboral.

LAW. WHO LAYS THE LAW HERE? ¿Quién manda aquí? ¿ Quién dirige el cotarro aquí?

LAWS AND PROCEDURES. s. Normas y procedimientos.

LAY DOWN AN ACTION PROGRAMME, TO. Establecer un programa de actuación.

LAY DOWN ADDITIONAL RULES, TO. Establecer normas complementarias.

LAY INTO SOMEONE, TO. 1. Agredir a alguien, atacar a alguien. 2. Criticar duramente. To lay into someone with an all - out verbal assult. Arremeter verbalmente contra alguien.

LAY OFF. s. Despido.

LAY OFF! ¡Déjame en paz!

LAY OFF, TO. Despedir. The minister had the unenviable task of explaining to the House why the Royal Mail were laying off fifteen thousand jobs. El ministro tenía la inenviable tarea de explicarle a la Cámara de los Comunes, el porqué, Correos iba a despedir a quince mil empleados. Business are having to temporary lay - off staff. Los comercios tiene que despedir temporalmente a los trabajadores.

LAY OUT AN AMOUNT OF MONEY, TO. Desembolsar una cantidad de dinero.

LAYOUT OF A DOCUMENT. La composición de un texto.

LAZY ARSE. s. Vago, zángano, malpica.

LAZYBONES. s. Zángano, malpica, vagoneta.

LAZY BUGGER, A. s. Zángano, vagoneta.

LAZY - GIT, A. s. Gandul, vagoneta.

LEAD. TO TAKE THE LEAD. Destacar.

LEAD. TO LEAD UP. Conducir.

LEAD. TO SWING THE LEAD. Encontrar excusas para no trabajar. Ser un malpica.

LEADING - EDGE. Adj. Ventaja.

LEAFLET. s. Folleto.

LEAF. TO TAKE A LEAF OUT OF SOMEONE'S BOOK. Mod. Seguir los pasos de alguien, seguir el ejemplo de alguien, copiar a alguien, emular a alguien.

LEAF. TO TURN OVER A NEW LEAF. Mod. Hacer borrón y cuenta nueva.

LEAK, TO. v. Filtrar. To leak a document on line. Filtrar un documento en Internet.

LEARN THE HARD WAY, TO. Mod. Aprender por el propio esfuerzo, a pulso.

LEARNING AND DEVELOPMENT. s. Aprendizaje y desarrollo.

LEASE. s. Arriendo. Long lease/short lease. Arriendo a largo plazo/arriendo a corto plazo.

LEASE RENEWAL. s. Renovación de arrendamiento.

LEASEHOLD ENFRANCHISEMENT. s. Arrendamiento con derecho a comprar la propiedad.

LEAST WORST OUTCOME, THE. El resultado menos malo.

LEATHER BUSINESS BAG. s. Bolsa de cuero de negocios.

LEAVE. s. Vacaciones, permiso. Please note, I am on annual leave 4 - 15 July inclusive. Should anything urgent require actioning in my absence please direct it to Sarah. Por favor, noten que me voy a tomar las vacaciones anuales, desde el 4 de Julio hasta el 15 inclusive. Si surgiera algo urgente que requiriese inmediata actuación durante mi ausencia, por favor, diríjaselo a Sarah. I am afraid George is on leave. Me temo que Jorge está de vacaciones. To take a week's outstanding leave. Cogerse una semana de vacaciones pendiente. Annual leave days. Each employee will receive 104 annual leave days a year. They are called Saturday and Sunday. Todo empleado tendrá 104 días de vacaciones al año. Se denominan, sábados y domingos.

LEAVE OF ABSENCE. Empleado que tiene prohibida la entrada en una empresa, debido a que está siendo investigado por algo ilegal que ha hecho.

LEAVE, TO. Dimitir, abandonar, marcharse. As you all know Jane has decided to leave us and is finally departing this coming Friday 20th May. Como saben, Jane ha decidido abandonarnos, y su último día en el trabajo será el viernes 20 de mayo.

LEAVE. TO BE ON COMPASSIONATE LEAVE. Estar de permiso por motivos familiares.

LEAVE. TO GRANT LEAVE. Autorizar.

LEAVE LITTLE TO CHANCE, TO. No estar dispuesto a correr riesgos.

LEAVE NO STONE UNTURNED, TO. Mod. Revolver Roma con Santiago.

LEAVE. PAID LEAVE. Permiso retribuido.

LEAVER. Partidario de la salida del Reino Unido de la Unión Europea.

LECTERN. s. Atril para convenciones. At the lectern. Leer o hablar desde el atril.

LEDGER. s. Libro de cuentas, libro mayor. The company's ledgers. Los libros de cuentas de una empresa. Bought ledger. Libro de compras. Sales ledger. Libro de ventas.

LEEWAY. TO MAKE UP LEEWAY. Mod. Compensar por el tiempo perdido.

LEFT HAND DOESN'T KNOW WHAT THE RIGHT HAND IS DOING, THE. Coordinación deficiente entre los empleados de una empresa.

LEG. TO SHAKE A LEG. Mod. Darse prisa. Shake a leg! ¡Date prisa que va a llover!

LEG TO STAND ON. NOT TO HAVE A LEG TO STAND ON. Mod. No tener razón alguna para basar sus afirmaciones.

LEGAL ACTION. TO TAKE LEGAL ACTIONS. Ex. Emprender actuaciones judiciales.

LEGAL ACTION. TO TAKE LEGAL ACTIONS AGAINST A COMPANY. Entablar un pleito contra una empresa.

LEGAL ADVICE. Asesoramiento jurídico.

LEGAL ADVISER. s. Asesor jurídico.

LEGAL AFFAIRS. Asuntos jurídicos.

LEGAL FEES. s. Honorarios de un abogado. Minuta.

LEGAL OWNER. s. Propietario.

LEGAL PERSON. s. Persona jurídica.

LEGAL PERSONALITY. s. Personalidad jurídica. To acquire legal personality. Poseer personalidad jurídica.

LEGAL PROCEEDINGS. s. Procedimiento judicial.

LEGAL PROVISIONS. s. Disposiciones judiciales.

LEGAL SAFETY NET. s. Seguridad jurídica.

LEGAL SYSTEM, THE. s. Ordenamiento jurídico.

LEGAL AND TAX FRAMEWORK. Marco jurídico y fiscal.

LEGAL TEAM, A. s. Equipo jurídico.

LEGAL TENDER. s. Moneda de curso legal.

LEGALLY BINDING RULES. s. Normas jurídicas vinculantes.

LEGALLY BINDING DOCUMENT. s. Documento jurídicamente vinculante.

LEGISLATIVE PROCEDURES. s. Procedimientos legislativos.

LEGIT. adj. Digno de confianza, leal.

LEGS. THE COMPANY IS ON ITS LAST LEGS. La empresa está al borde de la quiebra. La empresa está en las últimas.

LEG UP. TO GIVE SOMEONE A LEG UP. Mod. Ayudar a alguien.

LEISURE INTERESTS. s. Como emplea uno el tiempo libre.

LENDER. s. Acreedor.

LENGTH OF TIME IN CURRENT POST. Tiempo que lleva uno en el actual puesto de trabajo.

LESSEE. s. Arrendatario.

LESSON. s. Lección. To learn a key lesson. Aprender una lección especial.

LET ALONE. Para no hablar de.

LET FALL, TO. Ex. Dejar caer, mencionar.

LET SOMEONE DOWN, TO. Decepcionar.

LET'S GET TO IT! ¡Manos a la obra! ¡ A currar con ganas!

LETTER. s. Carta. I have got the letter on the computer. I will knock it out for you. Tengo la carta en el ordenador. Voy a imprimirla para tí. In my letter of 15 June I raised the issue. En mi carta del 15 de junio planteé la cuestión.

LETTER BOX. s. Buzón.

LETTER BOX. FRANKED MAIL LETTER BOX. s. Buzón para correo franqueado.

LETTER. A COVERING LETTER. s. Carta explicatoria.

LETTER. FIRST CLASS LETTER. Carta de primera clase. Second class letter. Carta de segunda clase. All these letters are first class but different weight. Todas estas cartas son de primera clase, pero no pesan lo mismo.

LETTER FOLDING MACHINE. s. Plegadora de cartas.

LETTER. A HAND - DELIVERED LETTER. Una carta entregada por servicio de mensajería.

LETTER HEAD PAPER. s. Papel con membrete. Can you print this letter on letter head paper? ¿Puedes imprimir esta carta en papel con membrete?

LETTER. AN IMPERSONAL LETTER. s. Una carta impersonal. To send someone an impersonal letter. Enviarle a alguien una carta impersonal.

LETTER. A NEWS LETTER. s. Carta informativa.

LETTER. A LETTER OF INTRODUCTION. Carta de presentación.

LETTER OPENER. AN ELECTRIC LETTER OPENER. s. Abrecartas eléctrico.

LETTER OPENER. s. Abrecartas.

LETTER. A REGISTERED LETTER. s. Carta certificada.

LETTER. REGISTERED LETTER SIGNED FOR. Correo certificado y con acuse de recibo.

LETTER SCALES. s. Peso para cartas.

LETTER SORTER. s. Casillero.

LETTER. A STRONG WORDED LETTER. Una carta de queja.

LETTER. THIS LETTER HAS TO BE IN PARIS BEFORE THE CRACK OF DAWN. Esta carta tiene que llegar a París antes del amanecer.

LETTER. TO THE LETTER. Mod. Al pie de la letra. To follow instructions to the letter. Seguir instrucciones al pie de la letra.

LETTER TRAY. s. Bandeja portadocumentos.

LETTERS. A BACKLOG OF LETTERS. s. Cartas acumuladas atrasadas.

LETTERS. CAN I HOLD ON TO THESE LETTERS? ¿Puedo quedarme con estas cartas?

LETTING SOMEONE GO. Despedir a alguien.

LEVEL. AT A NATIONAL LEVEL. A escala nacional, en el ámbito nacional. At a European level. A escala europea, en el ámbito europeo. At world level. A escala mundial.

LEVEL - HEADED PERSON, A. Persona que tiene la cabeza bien amueblada.

LEVEL. ON A PRACTICAL LEVEL. Concretamente.

LEVER ARCH FILE. s. Archivador con mecanismo de palanca.

LEVERAGED BUYOUT. s. Compra apalancada, en la que la deuda de la empresa es la garantía del crédito.

LEVY. s. Gravamen. To impose a levy. Imponer un gravamen.

LEXICAL. IN STRICT LEXICAL TERMS. En el sentido estricto de la palabra.

LIABILITY. s. Responsabilidad. To accept liability. Asumir responsabilidad. To assume liability for damages. Asumir responsabilidad por daños. Non - contractual liability. Responsabilidad extracontractual. To disclaim all liability. Declinar toda responsabilidad. The company has admitted liability. La empresa ha admitido responsabilidad.

LIBERTY. AT LIBERTY. Euf. Estar en el paro.

LIBERTY. I HAVE TAKEN THE LIBERTY OF DOING IT. Me he permitido de hacerlo.

LIBRARY. s. Biblioteca.

LIAR. A BLATANT LIAR. Un mentiroso descarado.

LIAR. A CONSUMATE LIAR. Un mentiroso consumado.

LIAR. A DOWNRIGHT LIAR. Un mentiroso redomado.

LIAR. A PREMIER LEAGUE LIAR. Un mentiroso de tomo y lomo.

LICKSPITTLE. s. Arg. Pelotas, lisonjero, cobista, zalamero, adulón, adulador servil y bajo, rastrero. Persona que le gusta babearle a alguien el bajo de la espalda. Persona que le gusta babearle a alguien donde la espalda pierde su nombre. Babearle a alguien donde la espalda pierde su decencia.

LID. TO BLOW ONE'S LID. Arg. Ponerse como una fiera, ponerse como un basilisco.

LIE. A BARE - FACED LIE. s. Una mentira descarada. To tell bare - faced lies. Contar mentiras descaradas.

LIE. A BIG FAT LIE. Una mentira como una catedral

LIE. A BLATANT LIE. Una mentira descarada

LIE. TELL A LIE AND FIND A TRUTH. Rfr. Dí mentira y saca verdad.

LIE, TO. v. Mentir. To lie by omission. Mentir por omisión.

LIE. TO LIE THROUGH ONE'S TEETH. Mod. Mentir más que un bellaco. Mentir más que parpadear. Mentir por la barba. Mentir más que hablar.

LIE. A TRHEADBARE LIE. Una mentira muy gastada.

LIE. A WHOPPING LIE. Una mentira como una catedral.

LIES. A BUNDLE OF LIES. Una sarta de mentiras.

LIES. A PACK OF LIES. Una sarta de mentiras.

LIES. TO PEDDLE LIES. Propagar bulos.

LIEU TIME. Trabajar alguna hora extra para cogerla libre otro día para asuntos propios.

LIFE AND LIMB. TO RISK LIFE AND LIMB. Jugarse el pellejo, jugarse el tipo.

LIFE. FOR THE LIFE OF ME. Ni aunque me maten, ni aunque me abran en canal. I can't for the life of me remember his name. No me acuerdo de su nombre ni aunque me abran en canal.

LIFE. GET A LIFE! ¡Búscate algo más interesante que hacer! ¡Métete en tu vida! Get a life, you poor old cow! ¡Búscate algo más interesante que hacer, desgraciada!

LIFE. IN MY PREVIOUS LIFE. Ex. En el pasado. En el trabajo anterior. En la vida pasada de uno. Before leaving his first life. Antes de abandonar su antiguo trabajo. To begin one's second life, as a leader of an organization. Comenzar una segunda vida como dirigente de una organización.

LIFE INSURANCE. s. Seguro de vida.

LIFE IS A GOLDFISH BOWL. No poder tener intimidad. No poder tener secretos.

LIFELONG EDUCATION. Educación permanente.

LIFELONG LEARNING. Formación permanente.

LIFE. THERE IS REAL LIFE OUTSIDE WORK. Hay vida fuera del trabajo

LIFE. TO BALANCE PUBLIC AND PRIVATE LIFE. Conciliar la vida profesional y la vida familiar.

LIFE. TO GET ONE'S LIFE BACK. Mod. Dejar un trabajo que odia uno.

LIFE. TO HAVE A LIFE OF ITS OWN. Tener vida propia. Tener voluntad propia. Dotado de vida propia. This machine has got a life of its own. Esta máquina tiene vida propia.

LIFE. TO MAKE SOMEBODY'S LIFE UNBEARABLE. Hacerle la vida a alguien insufrible.

LIFT. s. Ascensor. The lift is out of order. You will have to use the stairs. El ascensor está averiado. Tendrán que subir por la escalera. Someone has got stuck in the lift. Alguien se ha quedado atrapado en el ascensor. The other lift is out of order as well. El otro ascensor también está averiado.

LIFT LOBBY AREA, THE. s. El rellano del ascensor.

LIFT. s. Ascensor. Please do not use lift in case of fire. Por favor, en caso de incendio, no utilicen el ascensor. I am sorry to inform you that both lifts have gone again. Sorry for the inconvenience. Siento comunicarles que los dos ascensores se han averiado otra vez. Disculpen las molestias. These lifts are a pain in the neck. Always breaking down. Estos ascensores son una lata. Siempre se están averiando. What's wrong with this lift? ¿Qué ocurre con este ascensor? Can you hold the lift for a second, please? ¿Por favor, puedes aguantar un momento el ascensor?

LIFT DOESN'T GO ALL THE WAY TO THE TOP, THE. Faltarle a uno un hervor.

LIGHT BULB. s. Bombilla. We've got three light bulbs out on the third floor. Hay tres bombillas fundidas en la tercera planta.

LIGHT BULB. ABOUT AS BRIGHT AS A BURNT OUT LIGHT BULB. Tener tantas luces como una carretilla. Tener menos luces que un barco pirata.

LIGHT. IN THE LIGHT OF. A consecuencia de.

LIGHT. TO BRING TO LIGHT. Revelar.

LIGHT. TO COME TO LIGHT. Salir a la luz.

LIGHT. TO SHED LIGHT ON SOMETHING. Arrojar luz sobre algo.

LIGHTNING. I WANT YOU IN MY OFFICE LIKE GREASED LIGHTNING! ¡Te quiero en mi despacho tan rápido como una centella!

LIGHTNING NEVER STRIKES TWICE IN THE SAME PLACE. Algo irrepetible.

LIGHTWEIGHT. s. De poco calibre.

LIKELY. LEAST LIKELY. Lo menos probable.

LIKELY. MOST LIKELY. Lo más possible.

LILY. TO PAINT THE LILY. Mod. Esmerarse uno demasiado haciendo algo, pasarse.

LIMELIGHT. TO HOG THE LIMELIGHT. Mod. Estar en candelero.

LIMELIGHT. TO STEAL THE LIMELIGHT. Mod. Acaparar la atención.

LIMITED WARRANTY. s. Garantía limitada. Limited two - year warranty. Garantía limitada por dos años.

LINCHPIN. s. Punto, clave. The management policy's linchpin. El punto clave de la política de gestión de la empresa.

LINE. IN LINE WITH DEVELOPMENTS. En función de la evolución.

LINE. TO BRING INTO LINE. Mod. Llamar al orden.

LINE. TO BE IN THE FIRING LINE. Mod. Recibir críticas.

LINE. TO DRAW THE LINE. Mod. Marcar el límite, trazar el límite.

LINE. TO DRAW A LINE UNDER. Diferenciar una cosa de otra.

LINE. TO DRAW A LINE UNDER A MATTER. Zanjar un asunto

LINE. TO LAY IT ON THE LINE. Hablar con franqueza, a las claras.

LINE. TO SHOOT A LINE. Tirarse un farol. Exagerar. Fanfarronear.

LINE MANAGER. s. Jefe de sección. Our line manager, is not too bad really - his bark is worse than his bite. Nuestro jefe de sección no es verdaderamente malo; perro labrador poco mordedor. The line manager complained that his work was not satisfactory. El jefe de sección se quejó de que su trabajo dejaba mucho que desear. Carol answers to the line manager. Carol es responsable ante el jefe de sección.

LINE MANAGER. Jefe de sección. Clear this first with the line manager. Primero, pide la autorización del jefe de linea.

LINE MANAGER SIGNATURE. s. Firma del jefe de sección.

LINE OF BUSINESS. IT'S NOT MY LINE OF BUSINESS. Esa no es mi profesión, no me dedico a eso, eso no es lo mío.

LINE OF WORK. Profesión. What's the line of job you want to be in? ¿Qué clase de trabajo quiere hacer?

LINE. THAT'S MY LINE. Esa es mi profesión. Me dedico a eso.

LINE. TO SAY SOMETHING OUT OF LINE. Decir algo que no debería haberse dicho.

LINE. TO STEP OUT OF LINE. Mod. Saltarse las normas.

LINE. TO BE WAY OUT OF LINE. Mod. Estar en disonancia.

LINE. TO TOE THE LINE. Mod. Cumplir órdenes a rajatabla. Obedecer las normas.

LINES. A LONG THE LINES OF. Similar a.

LINES. TO BE IN THE RIGHT LINES. Mod. Tener toda la razón del mundo.

LINES. TO READ BETWEEN THE LINES. Mod. Leer entre lineas. Leer entre renglones.

LINGUIST. s. 1. Políglota/o. 2. Lingüista.

LION'S MOUTH. TO PUT ONE'S HEAD IN THE LION'S MOUTH. Mod. Exponerse a un peligro, correr un gran riesgo.

LIP. TO BUTTON ONE'S LIP. Callarse. Button your lip! ¡Cierra el pico!

LIP. TO KEEP A STIFF UPPER LIP. Mod. Permanecer impasible ante las circunstancias más adversas.

LIP. NONE OF YOUR LIP! ¡Calla la boca! ¡No seas descarado!

LIP SERVICE. TO PAY LIP SERVICE. Mod. De pico, mucho hablar, de boquilla.

LIPPED. A TIGHT - LIPPED PERSON. Persona a quien se la puede contar algo sin que lo pregone, persona que no suelta palabra, ser una tumba, no soltar prenda.

LIPPY. adj. Insolente, descarado, bribón.

LIPS. MY LIPS ARE SEALED. Mod. Soy una tumba, guardar un secreto.

LIPS. READ MY LIPS! Ex. ¡Presta atención a lo que digo! ¡Toma nota!

LIQUID WEALTH. s. Propiedades, acciones.

LIQUIDATOR. s. Síndico.

LIQUIDITY SHORTFALL. s. Arruinado.

LIST. s. Lista. To draw up a list. Confeccionar una lista, elaborar una lista.

LIST. THE A LIST. s. Las personas más importantes.

LIST. TO FEATURE ON A LIST. Figurar en una lista.

LIST. WAITING LIST. Lista de espera.

LITERATURE HOLDER. s. Expositor para prospectos.

LITTER. s. Basura. May I remind you to dispose your litter in the bins provided, please do not drop it in the lifts or stairwells. Se ruega que depositen la basura en las basureras provistas, por favor, no tiren basura en ascensores o hueco de la escalera.

LIVE. TO LIVE TO WORK RATHER THAN TO WORK TO LIVE. Vivir para trabajar, en vez de trabajar para vivir.

LIVE WIRE, A. s. Persona muy enérgica.

LIVELIHOOD. s. Sustento. The means of earning a livelihood. Los medios para ganarse el sustento.To find fault with one's livelihood. No estar contento con el trabajo que tiene uno. To lose one's livelyhood. Perder el trabajo.

LIVING. EKING OUT A LIVING. Ir tirando. Ganarse la vida con dificultad.

LIVING STANDARDS SQUEEZE. Recortes en el nivel de vida.

LIVING. TO EARN ONE'S LIVING. Ganarse la vida.

LIVING. TO SCRAPE A LIVING. Ir tirando, sobrevivir. Aldous scraped a living by running errands and doing odd jobs for the company. Aldous, iba tirando, haciendo recados y trabajos accidentales para la compañía. What do you do for a living? ¿A qué te dedicas? Where do you work? ¿Dónde trabajas? Aquí y allá. Respuesta que se da cuando no quieres decir a qué te dedicas. A decent standard of living. Un nivel de vida decente. To work for a living wage. Trabajar para ganar el salario mínimo vital.

LOAF. USE YOUR LOAF! Arg. ¡Usa el sentido

común! ¡Usa la chola!

LOAN. s. Préstamo. An interest - free loan. Préstamo sin interés. A loan interest payable. Préstamo pagadero de interés. Bank loan. Préstamo bancario. A hefty bank loan. Un préstamo bancario tremendo. A long term loan. Préstamo a largo plazo. Soft loan. Préstamo en condiciones favorables. A hard loan. Préstamo de mercado. Home equity loan. Hipoteca complementaria.

LOAN MANAGER. s. Director de préstamos.

LOAN SHARK. s. Usurero.

LOBBY. s. Grupo de presión. An influential business lobby. Grupo de negocios de presión influyente.

LOBBY, TO. v. Cabildear.

LOBBYING AND REPRESENTATION. Cabildeo y representación.

LOBBYIST. s. Cabildero.

LOCAL OFFICE. s. Oficina local.

LOCATION OF A COMPANY. s. Ubicación de una empresa.

LOCK. A COMBINATION LOCK. s. Cerradura de clave.

LOCKOUT. s. Cierre patronal.

LOCK UP, TO. v. Cerrar con llave. Do you want me to lock up your office? Yes, lock it up. ¿Quieres que cierre tu despacho con llave? Sí, ciérralo.

LOCKER. s. Taquilla.

LOGGERHEADS. TO BE AT LOGGERHEADS. Mod. Estar de pique, andar a la greña. Sam and Gary have been at loggerheads the whole week. Sam y Gary llevan de pique toda la semana.

LOGO. s. Logotipo. At their meeting on 13 January the directors approved a plan for implementation of the new logo. Durante la reunión del 13 de enero, la dirección aprobó un plan para la aplicación del nuevo logotipo de la empresa.

LOGORRHOEA. s. Diarrea mental.

LONG ARM STAPLE REMOVER. s. Extraegrapas de palanca.

LONG AND SHORT OF IT, THE. En resumidas cuentas.

LONG. DON'T BE LONG! ¡No tardes!

LONG - WINDED. Adj. Interminable. Verboso.

LONG. I WON'T BE LONG. No tardaré en volver.

LOO. s. Aseo. Please leave this loo as you would wish to find it. Thank you. Por favor, dejen éste aseo tal y como les gustaría encontrarlo. Gracias. Blocked loos do not use! ¡Aseos obstruidos, no los utilicen!

LOOK ASKANCE AT, TO. Mod. Mirar con recelo, mirar con mala cara, mirar de reojo, mirar con desconfianza.

LOOK AROUND, TO. v. Echar un vistazo.

LOOK DOWN ON SOMEONE, TO. Mod. Mirar por encima del hombro.

LOOK FORWARD TO, TO. Aspirar, anhelar, desear.

LOOK FORWARD TO SEEING YOU, I. Espero verte pronto.

LOOK THE OTHER WAY, TO. Hacerse la vista gorda, hacerse el sueco, hacerse el despistado.

LOOK TO ONE'S LAURELS, TO. Mod. No dejarse quitar la plaza.

LOOK UP THE NUMBER INVOLVED, TO. Buscar los números en cuestión.

LOOK UP TO SOMEONE, TO. Mod. Admirar a alguien, respetar a alguien.

LOOKING FORWARD TO. I AM LOOKING FORWARD TO WORKING WITH THE BOARD OF DIRECTORS. Estoy deseando trabajar con el consejo de administración.

LOOKS. BY THE LOOKS OF SOMEONE OR SOMETHING. Por el aspecto de.

LOOKS. IT LOOKS AS THOUGH HE ISN'T COMING. Por lo visto no va a venir.

LOOP. TO BE IN THE LOOP. Mod. Estar al corriente, estar en el ajo, estar en la onda, Estar informado.

LOOP' TO KEEP SOMEONE IN THE LOOP. Tener a alguien informado, tener a alguien al corriente, tener a alguien al tanto.

LOOP. TO LOOP THE LOOP. Rizar el rizo, hilar muy fino.

LOOPHOLE. s. Escapatoria, laguna, vacío legal. Tax loophole. Laguna fiscal. Every law has a loophole. Hecha la ley, hecha la trampa.

LOOSE JAWED, A. Persona que no puede guardar un secreto.

LOOSE LIPPED. Adj. Persona que no puede guardar un secreto, persona que lo cacarea todo.

LORD. TO LORD IT OVER SMEONE. Avasallar a alguien.

LOSE ONE´S COOL, TO. Ex. Perder la compostura, perder los estribos.

LOSE ONE´S PLOT, TO. Mod. Perder el norte. Andar descarriado.

LOSE ONE´S RAG, TO. Mod. Perder los estribos.

LOSE OUT, TO. Salir perjudicado.

LOSS. s. Pérdida. To sell a company at a loss. Vender una empresa con pérdidas.

LOSS - MAKING COMPANY, A. Compañía con pérdidas.

LOSS OF INCOME. s. Pérdida de renta.

LOSS OUTWEIGHS THE GAIN, THE. Los inconvenientes sobrepasan a las ventajas.

LOSSES. TO CUT LOSSES. s. Restructurar una compañía.

LOUD MOUTHED, A. s. Bocazas.

LOUD MOUTHED COW, A. s. Rabanera.

LOUSY. TO FEEL LOUSY. Sentirse mal.

LOVE. THERE IS NO LOVE LOST BETWEEN THEM. No poder verse entre ellos ni en pintura.

LOW COST COMPANY. Empresa de bajo coste.

LOW - FLYER, A. s. Una persona poco ambiciosa.

LOW PROFILE. I LIKE TO KEEP A LOW PROFILE AT WORK. Me gusta pasar inadvertido en el trabajo.

LOW. TO BE ON A LOW. Estar depre.

LOW. TO GET LOW ON SOMETHING. Mod. Estar acabándose las existencias. We are getting low on paper, soon we will have to place an order. Se nos está terminando el papel, pronto tendremos que hacer un pedido.

LOW - PAID EMPLOYEES. s. Empleados con salarios bajos.

LOW WORK RATE. s. Bajo rendimiento laboral.

LUCK. TO BE DOWN ON ONE´S LUCK. Salirle a uno las cosas mal, salirle a uno todo al revés.

LUCK. JUST MY LUCK! Ex. ¡Qué mala suerte la mía!

LUCKY ESCAPE. TO HAVE A LUCKY ESCAPE. Mod. Escapar de milagro, escapar por los pelos.

LUCKY. YOU SHOULD BE SO LUCKY! Ex. ¡Eso quisieras tú!

LUMP. TO HAVE A LUMP IN ONE´S THROAT. Mod. Tener un nudo en la garganta.

LUMP IT. IF YOU DON´T LIKE IT, YOU CAN LUMP IT! Ex. ¡Si no te gusta, te aguantas! Si no quieres taza, taza y media, y la tercera rebosando.

LUMP - SUM PAYMENT. s. Dinero de despido.

LUMP SUM. s. Pago único. A lump sum bonus payment. Bonificación.

LUNCH. s. Almuerzo, comida. To skip lunch. Pasar de comer. I´m going to have a peaceful lunch today. Hoy voy a tener un almuerzo tranquilo.

LUNCH. A BOOZY LUNCH. Beber sin comer.

LUNCH BOX. s. Caja de plástico donde se lleva la comida al trabajo. Una fiambrera.

LUNCH BREAK. s. Hora del almuerzo. Ted is at lunch. Do not disturb him. Ted está comiendo. No le molestes. To pop to the shops on the lunch break. Ir a comprar durante la hora del almuerzo.

LUNCH. s. Almuerzo, comida. Lunch is on me. Yo pago el almuerzo.

LUNCH. TO BE AWAY ON LUNCH. Haber salido a comer.

LUNCH. TO HAVE A STAGGERED LUNCH. Comer por turnos. Almuerzo escalonado. Ian and Andrew will have a staggered lunch today. Hoy, Ian y Andrew comerán por turnos.

LUNCH. TO HAVE A LIQUID LUNCH. Arg. Beber más que comer.

LUNCH. OVER LUNCH. Durante el almuerzo.

LUNCHTIME. s. Hora de la comida. Gordon always goes out at lunch time. Gordon siempre sale a la hora de la comida. I am not around at lunchtime. No estaré aquí durante la hora del almuerzo.

LUNCHTIME TIPPLE, THE. La visita al pub en la hora del almuerzo.

LUNCHEON VOUCHERS. s. Vales para comida.

LURCH. TO LEAVE SOMEONE IN THE LURCH. Mod. Dejar en la estacada, retirar el apoyo, abandonar, dejar a alguien que se las componga como pueda, que se las arregle como pueda.

LURGHI. TO HAVE THE LURGHI. Tener una dolencia sin especificar.

LUSH. s. Borrachín. A bunch of lush soaks. Una cuadrilla de borrachuzos.

LYING DOWN. TO TAKE IT LYING DOWN. Quedarse con los brazos cruzados.

LYING TOAD, A. s. Embustero.

M

MACHIAVELLIAN MANAGER, A. s. Un gestor maquiavélico.

MACHINE. AN IDIOT PROOF MACHINE. s. Una máquina a prueba de tontos.

MACHINE. TO SET A MACHINE PROPERLY. Operar una máquina debidamente.

MACHO REMARKS. Comentarios machistas.

M - COMMERCE. Shopping by mobile phone. Compra mediante el teléfono móvil.

MACROECONOMIC ENVIRONMENT, A. s. Entorno macroeconómico.

MAD. Adj. Loco. Work drives me mad. El trabajo me vuelve loco.

MAD AS A BAG OF SNAKES. Arg. Estar más sonado que las maracas de Machín.

McJOB, A. s. Un trabajo mal remunerado, y con poco futuro.

MAGAZINE FILES. s. Cajetín de archivo.

MAGAZINE. AN IN - HOUSE MAGAZINE. s. Boletín interno.

MAGAZINE HOLDER. s. Revistero.

MAGNETS. s. Imanes para pizarras adhesivas.

MAGNETIC DRAWING PINS. s. Imanes de pizarra magnéticas.

MAGNETIC DRYWIPE BOARD. s. Caballete magnético de borrado en seco.

MAGNETIC ERASER. s. Borrador magnético.

MAGNETIC WHITEBOARD. s. Pizarra volteable.

MAGPIE. TO CHATTER LIKE A MAGPIE. Hablar más que una cotorra, hablar más que un sacamuelas.

MAIL. s. Correo, correspondencia. Why were you tampering with the mail? ¿Qué andabas haciendo con el correo?

MAIL BAG. s. Saca de correos. The mail bags are on order. Las sacas de correo están pedidas.

MAIL BAG TAGS. s. Etiquetas arandela.

MAILBOX. s. Buzón. Apologies all, there is no change to the schedule. So please do delete from your list mailbox. Les pido disculpas a todos, no hay cambio en el plan de trabajo. Así que, por favor, borren la lista del buzón.

MAIL. A FLAME MAIL. s. Correo electrónico cuya finalidad es insultar al destinatario.

MAIL ROUND. s. Reparto del correo.

MAILING. s. Buzoneo.

MAILING LIST. s. Lista de destinatarios, lista de distribución. To remove from the mailing list. Borrar de la lista de destinatarios. Please take off maling list. This person no longer here. Por favor, borren de la lista de destinatarios. Esta persona ya no trabaja aquí.

MAILSHOT. s. Publicidad que se envía„ a numerosas personas al mismo tiempo.

MAIL SORTER. s. Casillero.

MAIL TROLLEY. s. Carrito transportador de correo.

MAIL VAN. s. Furgón de correos. The mail van has just pulled in there. Acaba de llegar el furgón de correos.

MAIN GATE, THE. s. La puerta principal.

MAINSTAY OF A PROJECT, THE. La parte fundamental de un proyecto.

MAINSTREAM MATTERS. s. Asuntos de interés general.

MAINTENANCE MAN. s. Persona encargada del mantenimiento.

MAJOR CHALLENGE, A. Una tarea muy importante.

MAJORITY, THE. La gran parte, la mayor parte. A great majority of. La inmensa mayoría.

MAKE. TO BE ON THE MAKE. Mod. Tener aspiraciones, ser ambicioso. Justin was a man on the make seizing the opportunities the job offered to raised his own status. Justin era un hombre ambicioso, que se aprovechaba de las oportunidades que le ofrecía el trabajo para medrar.

MAKE CLEAR, TO. Dejar claro.

MAKE DO WITH SOMETHING, TO. Arreglárselas con algo. We'll have to make do with it. Habrá que arreglárselas con ello.

MAKE OR BREAK. Mod. Ser el momento de la verdad, ser el éxito o la ruina, ser el momento decisivo, o te haces o te deshaces. Either make or break. O hacemos o rompemos.

MAKE THE MOST OF SOMETHING, TO. Aprovechar algo al máximo.

MAKE UP FOR, TO. 1. Compensar. 2 Adular. I am trying to make up for yesterday. Estoy tratando de compensar por ayer.

MAKER. TO MEET ONE'S MAKER. Diñarla, espicharla, morir.

MAKING. TO BE IN THE MAKING. Ex. En proceso de formación.

MAKING UP FOR LOST TIME. Recuperar tiempo.

MALPRACTICE. s. Mala práctica.

MALWARE. s. Programas maliciosos.

MAN. HE IS THE VERY MAN. Este es el mismísimo hombre.

MAN. A MAN IN A GREY SUIT. s. Tecnócrata, funcionario, administrador, burócrata.

MAN OF MANY PARTS, MOST OF THEM SPARES, A. Una persona de muchas habilidades, aunque la mayoría no sirvan para nada. Entender de todo un poco y de alabardero dos puntadas. Expresión jocosa que se utiliza para responder a alguien que le alaba de ser muy mañoso. Tom was sitting there sewing the hem of his trousers. Jane sees him and says to him, I didn't know you could sew. I am a man of many parts, most of them spares. Tom estaba sentado cosiendo el dobladillo del pantalón. Jane lo ve y le dice; no sabía que sabías coser. A lo que Tom le contesta; entiendo de todo un poco y de alabardero dos puntadas.

MAN OF THE MOMENT, THE. s. El hombre del día.

MAN OF STRAW, A. s. Testaferro.

MAN. A MAN OF HIS WORD. Ex. Hombre de palabra.

MAN. TO BE ONE'S OWN MAN. Ser dueño de sí mismo.

MAN. YOU CAN'T KEEP A GOOD MAN DOWN. El que vale llegará lejos.

MANAGE, TO. v. Administrar, dirigir.

MANAGE A COMPANY, TO. Dirigir una empresa. Llevar una empresa.

MANAGEMENT. s. Gestión, dirección. Responsible management. Gestión seria. A failure of management. Un fracaso de la gestión.

MANAGEMENT ACCOUNTABILITY. s. Rendición de cuentas de la dirección.

MANAGEMENT AIMS. LONG - TERM

MANAGEMENT AIMS. Objetivos de gestión a largo plazo.

MANAGEMENT. BAD MANAGEMENT CULTURE. Mala gestión empresarial.

MANAGEMENT. BAD MANAGEMENT PRACTICES. Malas prácticas de gestión.

MANAGEMENT BUY OUT. s. Adquisición de una empresa por sus gestores.

MANAGEMENT. A CHANGE OF MANAGEMENT. Cambio de equipo directivo.

MANAGEMENT COMMITTEE. s. Comité de gestión. To serve on the management committee of a firm. Formar parte del comité de gestión de una empresa.

MANAGEMENT CONSULTANT. s. Asesor de empresas. Especialista en organización de empresas.

MANAGEMENT. DEMAND - SIDE MANAGEMENT. La gestión de la demanda.

MANAGEMENT JARGON. s. Jerga utilizada en la gestión administrativa.

MANAGEMENT. A LOUSY MANAGEMENT. s. Una gestión pésima.

MANAGEMENT MEASURES. s. Medidas de gestión.

MANAGEMENT MEETING. s. Junta de dirección. Minutes of a management meeting. Actas de una junta de dirección.

MANAGEMENT OF RESOURCES. Gestión de los recursos.

MANAGEMENT OF STOCKS, THE. La gestión de recursos.

MANAGEMENT POLICY. s. Política de gestión.

MANAGEMENT. POOR MANAGEMENT DECISIONS. Decisiones de gestión deficientes.

MANAGEMENT SCHOOL. s. Facultad de Empresariales.

MANAGEMENTSHIP. Adj. Gestión. Efficient managementship. Gestión eficaz.

MANAGEMENT SKILLS. Técnicas de gestión.

MANAGEMENT. SOUND MANAGEMENT PRACTICES. s. Prácticas correctas de gestión.

MANAGEMENT SPEAK. s. El lenguaje de los directivos.

MANAGEMENT STUDIES. s. Empresariales.

MANAGEMENT. SYSTEMS MANAGEMENT. Gestión de sistemas.

MANAGEMENT. TO CUT MANAGEMENT COSTS. Reducir gastos de gestión.

MANAGEMENT TRAINING. Formación de empresa.

MANAGEMENT. A TRUSTWORTHY MANAGEMENT. Una dirección digna de confianza.

MANAGEMENT. UNDER NEW MANAGAMENT. Bajo nuevos directivos.

MANAGEMENT. THE UPPER MANAGEMENT. Los directivos.

MANAGEMENT TURMOIL. Caos en la gerencia.

MANAGEMENT VICTIMISATION. Acoso laboral por parte de los directivos.

MANAGER. Gerente, gestor, representante. Acting manager. Director provisional. A forward - thinking manager. Gestor con visión de futuro. Operations manager. Jefe de operaciones. Senior manager. Alto directivo. The manager is clinging to his job. El gerente se aferra a su puesto de trabajo.

MANAGER. s. Jefe, encargado. Department manager. Jefe de departamento. Operations manager. Jefe de operaciones. An abusive manager. Un jefe déspota. A hipster foreign manager. Gerente extranjero moderno.

MANAGERIAL. Adj. Administrativo, de gestión, gerencial, directivo. To lack managerial experience. Carecer de experiencia administrativa. Managerial dismissals. Despido de directivos. Managerial approach. Enfoque gerencial.

MANAGERIAL ABILITIES. s. Dotes de administrador.

MANAGERIAL APPOINTMENT. s. Nombramiento de directivo.

MANAGERIAL CAREER. s. Carrera en gestión de empresas. A fledgling managerial career. Una carrera incipiente en gestión de empresas. Clive forged his managerial career from the grass roots. Clive forjó su carrera en gestión de empresas desde el primer escalón.

MANAGERIAL CASUALTY, A. s. Despido de un mando medio.

MANAGERIAL CHANGES. Cambios de gestión.

MANAGERIAL CLASS, THE. s. Los directivos, los jefes.

MANAGERIAL COMPETENCY. s. Capacidad de gestión.

MANAGERIAL EFFICIENCY. Gestión eficaz.

MANAGERIAL FEES. s. Honorarios de gestión.

MANGERIAL FINESS. Astucia empresarial.

MANAGERIAL. A FLURRY OF MANAGERIAL CHANGE. Una ola de cambios en la dirección.

MANAGERIAL INCOMPETENCE. Incompetencia de gestión.

MANAGERIAL JOBS. s. Trabajos de gestión. To take a managerial job at a firm. Asumir un cargo en la gestión de una empresa.

MANAGERIAL JUDGEMENT. s. Juicio de gestión.

MANAGERIAL LADDER. TO MOVE UP THE MANAGERIAL LADDER. Ascender de grado en la gerencia de una empresa.

MANAGERIAL PROBLEMS. s. Problemas de gestión.

MANAGERIAL RECORD. s. Historial administrativo.

MANAGERIAL ROLE. s. Función administrativa.

MANAGERIAL ROTATION. Rotación de directivos.

MANAGERIAL SACKING. Despido de directivo.

MANAGERIAL STAFF. s. Personal directivo.

MANAGERIAL STATUS. s. Categoría gerencial.

MANAGERIAL STYLE. s. Estilo de gerencia.

MANAGERIAL TENURE. Tiempo que dura un cargo directivo. Mandato.

MANAGERIAL VACANCY. s. Vacante de directivo.

MANAGERS. A NATION OF MANAGERS. Una nación de gerentes.

MANAGING DIRECTOR. s. Director gerente. The managing director left the company by mutual consent. El director gerente se fue de la empresa de común acuerdo. A lightweight managing director. Director gerente de poco peso.

MANAGING INFORMATION EFFICIENTLY. Gestión eficiente de la información.

MANNED BY TRAINED STAFF. Dirigido por personal competente.

MANPOWER. s. Mano de obra. Skilled manpower. Mano de obra cualificada. Overqualified manpower. Mano de obra sobrecualificada.

MANUFACTURING SECTOR, THE. s. La industria manufacturera.

MARBLE, THE. s. Arg. La chola. Suffering from a marble deficiency. Faltarle a uno un hervor.

MARBLE. s. Canica. As sharp as a marble. Faltarle a uno un hervor.

MARBLES. s. Sentido común, razón. I still have all my marbles. Todavía no he perdido la razón.

MARCH. TO STEAL A MARCH ON SOMEONE. Mod. Quitarle a alguien la delantera.

MARCHING ORDERS. TO GET ONE'S MARCHING ORDERS. Arg. Ser despedido del trabajo.

MARCHING ORDERS. TO TAKE ONE'S MARCHING ORDERS. Acatar las órdenes.

MARGIN. s. Margen. To increase profit margins. Aumentar el margen de beneficios.

MARGINAL COSTS. s. Costes marginales.

MARITAL STATUS. s. Eatado civil.

MARK. TO BE QUICK OFF THE MARK. Mod. Responder a una situación con rapidez.

MARK. TO BE UP THE MARK/ NOT TO BE UP THE MARK. Mod. Estar a la altura de las circunstancias, reunir las cualidades necesarias, dar la talla. Don't apply for that job because you are not up to the mark. No solicites ese trabajo porque no das la talla.

MARK. TO BE WIDE OF THE MARK. Mod. No acertar, fallar, equivocarse.

MARK. TO OVERSHOOT THE MARK. Mod. Pasarse, excederse.

MARK. TO OVERSTEP THE MARK. Mod. Pasarse de la raya, pasarse de castaño oscuro. This time you have overstepped the mark. You are going to get the sack! Esta vez te has pasado de la raya ¡Te van a despedir!

MARK. TO BE WAY OFF THE MARK. Mod. Estar muy equivocado.

MARKER. s. Rotulador. Washable dry marker. Rotulador de borrado en seco.

MARKET. TO COME OFF THE MARKET. Retirar un producto del mercado.

MARKET. TO COME ON THE MARKET. Poner en venta.

MARKET. THE DOMESTIC MARKET. s. El mercado nacional.

MARKET DRIVEN APPROACH, A. Un enfoque orientado de acuerdo con el mercado.

MARKET. A FAST MOVING MARKET. Un Mercado en rápida evolución.

MARKET. THE INTERNAL MARKET. s. El Mercado interior.

MARKET. THE LABOUR MARKET. s. El mercado de trabajo. The Charter lays down a range of social rights that are to be guaranteed in the labour market. La Carta establece determinados derechos sociales que deberán garantizarse en el mercado de trabajo. The labour market has turned the corner. El mercado de trabajo ha repuntado.

MARKET MELTDOWN. s. Desplome de los mercados.

MARKET RESEARCH. s. Estudio de mercado. Market research company. Empresa de estudios de mercado.

MARKET SHARE. Participación en el mercado.

MARKET SURVEY. s. Estudio de mercado.

MARKET. TO BE IN THE MARKET. 1. Estar libre, estar disponible. 2. Estar interesado en comprar algo.

MARKET. TO PLAY THE MARKET. Especular.

MARKETING. s. Comercialización, mercadotecnia, mercadeo.

MARKETING ACTIVITIES. Actividad comercial.

MARKETING ADVICE AND ASSISTANCE. Consejo y asistencia en técnicas de comercialización.

MARKETING OF BOOKS. Comercialización de libros.

MARKETING. ASSOCIATE PROFFESSOR OF MARKETING. Profesor adjunto de mercadotecnia.

MARKETING CAMPAIGN. s. Campaña de comercialización.

MARKETING CON, A. s. Una estafa comercial.

MARKETING CONSULTANT. s. Asesor de

mercadotecnia.

MARKETING DEPARTMENT. s. Sección de comercialización.

MARKETING DIRECTOR. s. Gerente de comercialización. Tom is in a meeting with the Marketing Director. Tom está reunido con el gerente comercial.

MARKETING MANAGER. s. Jefe de comercialización.

MARKETING PLOY, A. Estratagema de comercialización.

MARKETING STRATEGY. s. Estrategia de comercialización.

MARKETING YEAR. s. Campaña de comercialización.

MARKETS. COMPETITIVE MARKETS. s. Mercados competitivos.

MARRIAGE. A SEE - SAW MARRIAGE. Matrimonio que trabaja, y se turna para cuidar de los niños y hacer las tareas de la casa.

MASKING TAPE. s. Cinta de carrocero o de pintar. Do you have any masking tape that I can borrow, please? Por favor, ¿tienes cinta de carrocero que puedas prestarme?

MASSAGE THE FIGURES, TO. Maquillar los datos, falsificar las cifras, amañar las cifras. To massage the budget figures. Maquillar las cifras del presupuesto.

MASTER AT MANAGEMENT. s. Master en gestión.

MASTER. TO BE A PAST MASTER AT SOMETHING. Ser un experto en algo.

MASTER. TO BE MASTER OF ONESELF. Ser dueño de sí mismo.

MASTER PLAN. s. Plan general. To approve a master plan. Aprobar un plan general.

MASTER SAMPLE. s. Muestra general.

MASTERMIND, TO. v. Planear, dirigir, organizar, ser el cerebro de, ser el artífice de.

MAT. TO BE ON THE MAT. Arg. Llevarse uno una bronca.

MATCH, TO. v. Poner otro tanto.

MATCH, TO. v. Corresponder. This number has got to match that number. Este número tiene que corresponder con ese.

MATE. s. Compañero.

MATERNITY COVER. Suplencia por baja de maternidad.

MATERNITY LEAVE. s. Permiso por maternidad. To celebrate the fact that Liza is about to begin her maternity leave, we are having a celebratory drink next Friday. Para celebrar el acontecimiento de que Liza, está a punto de comenzar su permiso por maternidad, el viernes que viene, nos tomaremos una copa para celebrarlo. Sarah returns today after maternity leave. Sarah vuelve hoy al trabajo tras el permiso por maternidad.

MATERNITY LEAVE ENTITLEMENT. Derecho a permiso de maternidad.

MATERNITY LEAVE ON FULL PAY. Permiso por maternidad con el sueldo completo. To cover maternity leave. Cubrir una vacante de maternidad.

MATTER. FOR THAT MATTER. Y si vamos a eso, y ya que estamos en eso, y lo que es más, y por cierto que también, y también por cierto en.

MATTER. IT IS A MATTER OF. Se trata de.

MATTER OF HEATED DISPUTE, A. s. Un asunto de enconadas disputas.

MATTER. TO DISCUSS A MATTER. Examinar un asunto.

MATTER. TO RAISE A MATTER. Plantear un asunto.

MATTERS OF SUBSTANCE. s. Aspectos de contenido.

MAY I CALL YOU PETER? ¿Puedo tutearte?

MAXIMIZATION. s. Maximización.To pursue a profit maximization strategy. Proseguir una estrategia de maximización de beneficios.

MEAL. TO MAKE A MEAL OF SOMETHING. Emplear más tiempo del necesario para hacer algo. Jeremy made a meal of that job, it took him two hours. Jeremy empleó más tiempo del necesario para hacer ese trabajo, le llevó dos horas.

MEALY - MOUTHED. TO BE MEALY - MOUTHED ABOUT. Ser demasiado comedido.

MEAN REMARK, A. Comentario malicioso.

MEAN - TEMPERED PERSON, A. Persona de malas pulgas, persona de mal genio.

MEANDERINGS. s. Variaciones.

MEAN. NO MEAN FEAT/ ACHIEVEMENT. Mod. Proeza poco desdeñable. No ser poca cosa, no ser moco de pavo. Finishing the job before five o´clock is no mean feat. Acabar el trabajo antes de las cinco no es moco de pavo.

MEAN. NO MEAN TASK. Tarea difícil.

MEAN - TEMPERED. De malas pulgas.

MEANS. s. Medios. Means to an end. Medios para conseguir un fin.

MEANS. BY FAIR OR FOUL MEANS. Mod. Por las buenas o por las malas. By fair or foul means they were to get him into the car waiting at the corner of the street. Por las buenas o por las malas, tenían que meterle en el coche que esperaba en la esquina.

MEANS. TO LIVE BEYOND ONE´S MEANS. Mod. Vivir por encima de las posibilidades de uno. Es malo estirar el pie fuera de la sábana. Extender la pierna más de lo que alcanza la manta. Abarcar uno más de lo que le permiten sus posibilidades.

MEANS. TO LIVE WITHIN ONE´S MEANS. Vivir dentro de las posibilidades de uno.

MEASURE. IN EQUAL MEASURE. En igual medida.

MEASURES. s. Medidas. Accompanying measures. Medidas de acompañamiento. A panoply of measures. Iniciativas. Certain measures. Algunas medidas. Key measures. Medidas clave. To consider further measures. Estudiar nuevas medidas.

MEASURES. TO TAKE MEASURES. Tomar medidas, adoptar medidas, tomar cartas en el asunto.

MEAT. THERE ´S A LOT OF MEAT IN IT. Mod. Algo que da mucho en que pensar.

MEDIA CAMPAIGN, A. s. Campaña mediática.

MEDIA CARNIVAL, THE. s. El circo mediático.

MEDIA CIRCUS, THE. s. El circo mediático.

MEDIA COMMUNICATIONS WORKSHOP. Taller de medios de comunicación.

MEDIAGENIC. Adj. Dícese de la facilidad que tienen algunas personas para expresarse en los medios de comunicación.

MEDIA MANAGER. Gestor de los Medios de Comunicación de Masas.

MEDIA. THE MASS MEDIA. s. Los medios de comunicación de masas. Los medios informativos. A career in the media. Una carrera en los medios de comunicación de masas.

MEDIA MONITORING. Análisis de los medios de comunicación de masas.

MEDIA PROJECT MANAGER. s. Gestor de proyecto de los Medios de Comunicación de Masas.

MEDIA RELATIONS. s. Relaciones con los Medios de Comunicación de Masas.

MEDIA RELATIONS DIRECTOR. s. Director de Relaciones con los Medios de Comunicación de Masas.

MEDIA SAVVY, A. s. Un sesudo de los Medios de Comunicación de Masas.

MEDIA SAVVY MOVE, A. Muestra de habilidad mediática.

MEDICAL. s. Reconocimiento médico. To undergo a medical. Someterse a una revisión médica.

MEDICAL CONDITION, A. Enfermedad, dolencia.

MEDICAL QUESTIONNAIRE. s. Cuestionario médico.

MEDICALS. STAFF MEDICALS. s. Reconocimiento médico de los empleados.

MEDIUM - SIZED ENTERPRISE. s. Empresa mediana.

MEET UP, TO. v. Reunirse, encontrarse. Tom said that he would speak to Pet before meeting up with Andrew to hear what he has to say. Tom dijo que hablaría con Pet, antes de encontrarse con Andrew, para saber que es lo que quería.

MEETING. s. Reunión. At a meeting. En una reunión. To be in a meeting. Estar reunido. Andy is at a meeting. Andy está reunido. To arrange a meeting. Concertar una reunión, organizar una reunión. fijar una reunión. Tomorrow´s meeting has been called off. Se ha cancelado la reunión que iba a tener lugar mañana. In a meeting. Estar reunido. The meeting has been moved forward to two o´clock. Han adelantado la reunión a las dos en punto. I began to go into meetings feeling about as confident as a baby chihuahua facing a coked - up pit bull. Empecé a asistir a las reuniones, tan seguro de mí mismo, como un cachorro chihuahua enfrentándose a un feroz pit bull. To break up a meeting. Terminar una reunión. The meeting is about to break up. La reunión está a punto de terminar. The meeting will break up at 5 o'clock. La reunión terminará a las cinco. To squash a meeting into a very busy day. Acomodar una reunión en una agenda muy apretada.

MEETING. s. We have a meeting at 4 o'clock today. It must be bad news. I think. Hoy tenemos una reunión a las cuatro. Creo que deben ser malas noticias.

MEETING. AN ACRIMONIOUS MEETING. Una reunión avinagrada.

MEETING. ANNUAL GENERAL MEETING. s. Junta general anual.

MEETING. A BEHIND - CLOSED - DOORS MEETING. Reunión a puerta cerrada.

MEETING. TO ADJOURN A MEETING. Suspender una reunión.

MEETING TO BE HELD IN CAMERA. Reunión a puerta cerrada.

MEETING. TO BE IN BACK TO BACK MEETINGS ALL DAY. Atender a una reunión tras otra todo el día.

MEETING. TO BRING A MEETING FORWARD. Adelantar una reunión. The meeting has been moved forward to two o'clock. La reunión se ha adelantado para las dos

MEETING. THE MEETING BROKE UP AT 4.000'CLOCK. La reunión terminó a las cuatro.

MEETING. THE MEETING GOT OFF TO A BAD START. La reunión comenzó mal.

MEETING. TO CALL A MEETING. Convocar una reunión. To call an Extraordinary General Meeting. Convocar una junta general extraordinaria.

MEETING. TO CALL A MEETING TO ORDER. Abrir la sesión.

MEETING. TO CALL MEETING AT SHORT NOTICE. Convocar una reunión a última hora.

MEETING. TO CANCEL A MEETING AT SHORT NOTICE. Cancelar una reunión a última hora.

MEETING. TO CHAIR A MEETING. Presidir una reunión.

MEETING. A CONFIDENTIAL MEETING. Reunión confidencial. To hold a confidential meeting. Celebrar una reunión confidencial.

MEETING. TO CONVENE A MEETING. Convocar una reunión.

MEETING. A CRISIS MEETING. Reunión de emergencia.

MEETING. A CRUCIAL MEETING. s. Reunión crucial.

MEETING. A CRUNCH MEETING. Una reunión trascendental.

MEETING. A CRUNCH TIME MEETING. s. Reunión de urgencia.

MEETING. DATE OF NEXT MEETING. Fecha de la próxima reunión. The next meeting will be held on Monday 22 June. La próxima reunión tendrá lugar el lunes 22 de junio.

MEETING. TO DECLARE A MEETING CLOSED. Levantar la sesión.

MEETING. A FACE TO FACE MEETING. Una reunión cara - a - cara.

MEETING. A FIERY MEETING. s. Reunión acalorada.

MEETING. A FORMAL MEETING. s. Reunión oficial.

MEETING. A FORTHCOMING MEETING. Una próxima reunión.

MEETING. TO HAVE A MEETING SCHEDULED WITH SOMEONE. Tener una reunión programada con alguien.

MEETING. A HEATEAD MEETING. s. Reunión acalorada.

MEETING. TO HOLD A MEETING. Celebrar una reunión.

MEETING. TO HOST A MEETING. Organizar una reunión. Acoger una reunión.

MEETING. I AM AFRAID YOU MISSED THE MEETING. Me temo que se le pasó ir a la reunión.

MEETING INDICATOR SIGN. s. Letrero indicador de reuniones.

MEETING. AN INFORMAL MEETING. s. Una reunión oficiosa, una reunión extraoficial. An informal staff meeting. Una reunión extraoficial de la plantilla.

MEETING IN PROGRESS. Reunión en curso.

MEETING. IS THE MEETING OVER? NOT QUITE. ¿Se ha terminado la reunión? No del todo.

MEETING. A JOINT MEETING. s. Una reunión conjunta.

MEETING. MANAGEMENT MEETING. s. Junta de dirección.

MEETING. TO POSTPONE A MEETING. Aplazar una reunión. The meeting has been postponed. Se ha aplazado la reunión.

MEETING. PREPARATORY MEETING. Reunión preparatoria.

MEETING. TO PUT OFF A MEETING. Cancelar una reunión.

MEETING. s. Reunión. I am sorry that I have to re - arrange this meeting, as the managing director has to attend a meeting with the A D S C on that day. The meeting will take place on: Monday 3 February at 1600 hours in room 312. I hope this date is convenient to you. Siento tener que cambiar la fecha de esta reunión, ya que el director gerente tiene que asistir a una reunión con A D S C ese día. La reunión tendrá ahora lugar el lunes 3 de febrero a las cuatro de la tarde, en la sala 312. Espero que dicha fecha les sea conveniente.

MEETING. TO RECONVENE A MEETING. Volver a convocar una reunión.

MEETING. TO ROLL A MEETING INTO A SINGLE MEETING. Incorporar una reunión a otra reunión.

MEETING ROOM. s. Sala de reuniones.

MEETING SKILLS. s. Técnicas de reuniones.

MEETING. SPECIAL MEETING. Reunión extraordinaria. Special meetings may be convened at short notice to discuss important issues affecting staff. Se podrían convocar reuniones extraordinarias a última hora para deliberar asuntos que afecten al personal.

MEETING. STAFF MEETING. s. Reunión de la plantilla.

MEETING. TO TURN DOWN A MEETING. Declinar una reunión.

MEETING. AN UPCOMING MEETING. Una próxima reunión.

MEETING. VENUE OF MEETING. Lugar de reunión.

MEETING. HE WALKED OUT OF THE MEETING WITHOUT SAYING A WORD. Abandonó la reunión sin decir nada.

MEETING. TO WRAP UP A MEETING. Concluir una reunión.

MEMBER. s. Miembro. If you are interested in becoming a member please fill in your details below and we will send you an application form. Si le interesa afiliarse, por favor, rellene este formulario, y le enviaremos un formulario de solicitud. Three members who shall be appointed as permanent members. Tres miembros que serán designados en calidad de miembros permanentes.

MEMBER. TO BECOME A MEMBER PLEASE CALL... Para afiliarse llame al número...

MEMBER COMPANY. s. Compañía afiliada.

MEMBER. A FULL MEMBER COMPANY. s. Compañía de pleno derecho.

MEMBER. A FULLY FLEDGE MEMBER. Miembro de pleno derecho.

MEMBER. A LIFE MEMBER OF AN ORGANISATION. Miembro vitalicio de una organización.

MEMBER. A LONG - SERVING MEMBER OF A FIRM. s. Empleado que hace muchos años que trabaja para una empresa.

MEMBER OF THE MANAGEMENT TEAM. Miembro del equipo gerencial, miembro de la junta drectiva.

MEMBER. A POTENTIAL NEW MEMBER. Un potencial nuevo miembro.

MEMBER RATE. s. Cuota de miembro.

MEMBER. THE SHARE OF INDIVIDUAL MEMBERS IS CALCULATED. La parte que le corresponde a cada miembro se calcula.

MEMBERSHIP. s. Afiliación. Pertenencia. Calidad de miembro. Membership application. Solicitud de ingreso. Your membership for 2019/2020 is due for renewal. Debe pagar la renovación de afiliación para 2019/2020. Your membership will lapse if we not receive payment prompt. Su afiliación caducará sino paga la cuota pronto. Membership of the Committee for the ensuing year. Afiliación del Comité para el año siguiente. A rough and ready mix of criteria for membership. Una mezcla improvisada de criterios para la pertenecia a una empresa. Companies in membership. Compañías afiliadas.

MEMBERSHIP. LIFE MEMBERSHIP. Pertenencia perpetua.

MEMBERSHIP DEPARTMENT. s. Sección de afiliación.

MEMBERSHIP NUMBER. s. Número de afiliación.

MEMBERSHIP OFFICE MANAGER. s. Gestor de la sección de afiliaciones.

MEMBERSHIP RENEWAL. s. Renovación de afilación. It is with regret that due to the current economic climate we are not able to renew our membership T O P. Lamentamos tener que comunicarles, que dadas las condiciones económicas reinantes en este momento, no podemos renovar nuestra afiliación TOP.

MEMBERSHIP RIGHTS. s. Derechos de afiliación.

MEMBERSHIP SUBSCRIPTIONS. s. Suscripción de afiliaciones.

MEMBERSHIPS. s. Afiliaciones. Last year 20 memberships lapsed. El año pasado caducaron 20 afiliaciones.

MEMO. s. Circular.

MEMORANDUM. CONFIDENTIAL MEMORANDUM. Memorándum confidencial.

MEMORANDUM OF AGREEMENT. s. Memorándum de acuerdo.

MEMO PAD. s. Bloc de notas.

MEMORIAL SERVICE. s. Funerales. Sarah is going to a memorial service tomorrow and she won't come to work. Sarah va mañana a unos funerales y no vendrá a trabajar.

MEMORY. A THREE SECOND MEMORY. Una memoria de pez.

MEMORY. TO HAVE A MEMORY LIKE A SIEVE. Ser flaco de memoria. Tener muy mala memoria.

MEMORY. IF MY MEMORY SERVES ME RIGHT. Si no me falla la memoria.

MEMORY. IN LIVING MEMORY. Que se recuerde.

MEMORY. TO JOG SOMEONE'S MEMORY. Refrescarle a alguien la memoria.

MEMORY STICK, U S B. s. U S B, memoria exterior. Memoria U S B. To unload a document into a memory stick. Descargar un documento en un U S B.

MENIAL WORK. s. Trabajo de poca categoría. To do menial work. Hacer trabajos de poca categoría.

MENTAL APPROACH. s. Actitud.

MENTAL TOIL. s. Trabajo intelectual.

MERCHANDISING. s. Promoción comercial, comercialización. Merchandising manager. Director de comercialización.

MERCURIAL PRESIDENTE, A. s. Un voluble presidente.

MERGER. s. Fusión. An aborted merger. Una fusión malograda.

MESS AROUND, TO. Perder el tiempo, gandular.

MESS. AN UNHOLY MESS. Un desbarajuste padre.

MESS THINGS UP, TO. Liar las cosas.

MESS - UP. s. Desorden.

MESS UP, TO. v. Desordenar.

MESS WITH, TO. v. Meterse, entrometerse. Stop messing with things that don't concern you. Deja de entrometerte en las cosas que no te incumben.

MESSAGE. Euf. Advertisement. Anuncio.

MESSAGE. TO CONVEY A MESSAGE. Transmitir un mensage. He doesn't get the message. No se entera.

MESSAGE. TO GET THE MESSAGE. Comprender, entender,enterarse, pillar el mensaje. I have got the message. Ya he captado el mensaje.

MESSAGE. TO GET THE MESSAGE ACROSS. Mod. Hacerse entender.

MESSAGE. TO HAMMER HOME THE MESSAGE. Mod. Hacer hincapié en algo para que se entienda, insistir en algo para que quede claro. Repetir, machacar.

MESSENGER. s. Mensajero.

METAL ROUND BIN. s. Papelera metalizada.

METAL SHELVING. s. Anaqueles de metal.

METEORIC RISE, A. Un ascenso meteórico.

METTLE. TO PUT SOMEONE ON HIS METTLE. Mod. Poner a alguien a prueba.

METTLE. TO SHOW ONE'S METTLE. Mod. Demostrar lo que se vale.

MANAGEMENT OF HEALTH AND SAFETY AT WORK REGULATIONS. MHSWR. Regulaciones para la gestión de seguridad e higiene en el trabajo.

MICKEY MOUSE JOB, A. s. Un trabajo de poca monta.

MICKEY MOUSE ORGANIZATION, A. s.

Organización de poca monta.

MICKEY MOUSE OPERATOR. s. Chapucero.

MICKEY TAKER. s. Guasón, socarrón.

MIDDLE - AGED MAN, A. s. Un hombre de mediana edad.

MIDDLE. I AM IN THE MIDDLE OF DOING SOMETHING. Estoy en medio de hacer algo. Can I call you back? I am in the middle of doing something. ¿Puedo volver a llamarte? Estoy en medio de hacer algo.

MIDDLE MANAGEMENT. s. Mandos intermedios. A middle manager. Mando intermedio. Middle management women. Mujeres en puestos directivos intermedios.

MIDDLE MARKET FUNDS. s. Fondos de medio tamaño.

MID - TERM REVIEW. Examen a mitad de periodo.

MIGHT - HAVE BEENS. Los que hubieran podido ser algo.

MIGHTY MOUTH, A. s. Bocazas.

MIKE. TO BE ON THE MIKE. Arg. 1. Periodo de tiempo que pasa uno sin trabajar. 2. Gandulear.

MILD HICCUP, A. s. Un pequeño contratiempo, un pequeño bache.

MILE. TO BE A MILE WIDE. Estar totalmente equivocado.

MILE. TO GO THE EXTRA MILE. Mod. No escatimar esfuerzos.

MILES AWAY. TO BE MILES AWAY. Estar en Babia, estar pensando en las musarañas, no prestar atención, estar distraído. Sorry Tom, I was miles. Could you repeat that? Perdona Tom, no te estaba prestando atención. ¿Podrías repetir eso otra vez?

MILK. s. Leche. The milk is off. La leche se ha hechado a perder.

MILK. IT IS NOT USE CRYING OVER SPILT MILK. Mod. A lo hecho, pecho.

MIND. TO BEAR IN MIND. Mod. Tener en cuenta. Please, bear in mind! ¡Por favor, tenga en cuenta!

MIND. TO BLOW ONE'S MIND. Dejarle a uno una cosa asombrado.

MIND - BLOWING. Adj. Alucinante.

MIND - BOGGLING. Adj. Alucinante.

MIND. I DON'T MIND ONE WAY OR ANOTHER. Me da igual.

MIND. NEVER YOU MIND! ¡Ocúpate de tus asuntos!

MIND. TO CALL TO MIND. Mod. Recordar, tener presente.

MIND. TO CAST ONE'S MIND BACK. Mod. Tratar de recordar.

MIND. TO CROSS ONE'S MIND. Mod. Ocurrírsele algo a uno.

MIND. TO GIVE SOMEONE A PIECE OF ONE'S MIND. Mod. Cantarle a alguien las cuarenta. Echarle una bronca a alguien.

MIND. TO HAVE A DIRTY MIND. Ser un malpensado.

MIND. TO KEEP IN MIND. Mod. Tener en cuenta. Just keep it in mind. Tenlo en cuenta.

MIND. TO KEEP ONE'S MIND MINDFUL. Mantener la mente activa.

MIND. TO KEEP ONE'S MIND ON. Mod. Prestar atención, estar atento, estar en lo que se celebra.

MIND. TO KNOW EACH OTHER'S MIND. Mod. Saber lo que piensa cada uno.

MIND. TO MAKE UP ONE'S MIND. Mod. Decidirse, actuar por su cuenta, tomar partido por. I have made up my mind to leave the company. He decidido marcharme de la empresa. Make up your mind! ¡Decídete!

MIND. TO MIND ONE'S OWN BUSINESS. Ocuparse uno de sus asuntos. What are you doing now? Minding my own business. ¿Qué estás haciendo ahora? Ocupándome de mis asuntos.

MIND. TO MY MIND. En mi opinión.

MIND. TO PUT ONE'S MIND TO IT. Concentrarse en lo que está haciendo uno.

MIND. TO PUT SOMEBODY'S MIND AT REST. Mod. Sosegar a alguien. Tranquilizar a alguien, calmar. If it will put your mind at rest, I will go to the doctor's tomorrow. Para tranquilizarte, iré al médico mañana.

MIND. TO READ SOMEBODY'S MIND. Mod. Adivinar lo que piensa alguien.

MIND. TO RUN IN ONE'S MIND. Mod. Recordar algo constantemente.

MIND. TO MIND THE SHOP. Mod. Ponerse uno,

temporalmente, al cargo de algo.

MIND. TO SPEAK ONE´S MIND. Expresar lo que piensa uno con franqueza. If you allow me to speak my mind, you are talking rubbish. Si me permites que hable con franqueza, estás hablando sandeces.

MIND. TO SPRING TO MIND. Mod. Recordar algo de repente. It has just sprung to mind that tomorrow I will have to top up my mobile. Acabo de recordarme que mañana tendré que recargar el móvil

MIND THE STEP! ¡Cuidado con el escalón!

MIND THE TELEPHONE, TO. Atender el teléfono. ¿Who is minding the phones today? I am! ¿Quién va a atender los teléfonos hoy? ¡Yo!

MIND. TO TURN A THING OVER IN ONE´S MIND. Analizar.

MIND. A WEIGHT OFF ONE´S MIND. Mod. Quitarse uno un peso de encima.

MIND YOUR OWN BUSINESS! ¡Ocúpate de tus asuntos!

MINDLESS BEHAVIOUR. Comportamiento sin sentido.

MINDLESS REPETITIVE WORK. Trabajo mecánico y repetitivo.

MINDS ON. Tarea mental.

MINDS. TO BE IN TWO MINDS. Mod. Estar indeciso.

MINI - JOB, A. A part - time job. Un trabajo a tiempo parcial. A tax - free mini - job. Un trabajo parcial libre de tasas.

MINI - JOBBER, A. A part - timer. Trabajador a tiempo parcial.

MINUTE. DON´T HAVE A MINUTE TO CALL MY OWN. Mod. Estar muy ocupado. No tener un minuto para uno mismo.

MINUTE BOOK. s. Libro de actas.

MINUTE - TAKER. s. Redactor de actas.

MINUTE - TAKING. Redacción de actas.

MINUTE - TAKING TECHNIQUE. s. Técnica de redacción de actas.

MINUTES OF A MEETING. s. Acta de una reunión. Minutes of meeting held on 20th June. Acta de la reunión celebrada el 20 de junio. Carol could you take the minutes of the meeting,

please? Carol, por favor, ¿podrías levantar el acta de la reunión? Minutes of the Annual General Meeting on 23 November 2019. Acta de la Junta Annual del 23 de noviembre de 20169. The minutes of the meeting held on 20th May were confirmed as a correct record by the meeting and sign by the chair. El acta de la reunión, celebrada el 20 de mayo, fue corroborada como testimonio fiel por los reunidos, y firmada por el presidente. Approval of the minutes of the previous meeting. Aprobación del acta de la reunión anterior.

MIRACLE. s. Milagro. Little short of a miracle. Poco menos que un milagro, casi un milagro.

MISCHIEF. TO PLAY THE MISCHIEF. Crear problemas.

MISCONDUCT. s. Mala conducta. To be fired for gross misconduct. Ser despedido por falta grave de conducta.

MISERABLE. s. Triste. I am feeling miserable today. Me siento tristón.

MISERABLE. TO HAVE A MISERABLE DAY AT WORK. Tener un mal día en el trabajo.

MISERY. s. Sufrimiento.

MISERY - GUTS, A. s. Arg. Cascarrabias, agonías, quejica.

MISLEAD SOMEONE, TO. v. Engañar a alguien.

MISLEADING ADVERTISING. s. Publicidad engañosa.

MISMANAGE, TO. v. Administrar mal.

MISMANAGMENT. s. Mala administración. Mala gestión.

MISMATCH. s. Disparidad.

MISNOMER. s. Error.

MISS SOMEONE, TO. Echar de menos, echar en falta. Get better soon, we miss you. Recupérate pronto, te echamos en falta.

MISS. TO GIVE SOMETHING A MISS. Mod. Decidir no hacer algo, pasar por alto.

MISSION. s. Misión. To set on a fact finding mission. Misión de análisis.

MISTAKE. s. Error. To correct a mistake. Rectificar un error.

MITTEN. TO BE GIVEN THE MITTEN. Mod. Ser despedido del trabajo.

MIXED ECONOMY, A. s. Economía mixta.

MIXED BLESSING. Algo que tiene sus ventajas e inconvenientes.

MIXED FEELINGS. Mod. Opiniones distintas.

MO. WAIT UP A MO. Espera un momento.

MOAN AT, TO. v. Quejase. This morning everyone keeps moaning at me. Esta mañana todo el mundo está quejándose a mí.

MOANER. s. Quejica, gruñón.

MOBILE. s. Móvil. I can't find my mobile anywhere. Could you ring me on my moilbe? No puedo encontrar el teléfono móvil en ninguna parte. ¿Podrías llamarme a mi móvil?

MOBILE COMBINATION WHITEBOARD. s. Pizarra volteable, móvil y doble cara.

MOBILE STEPS WITH WHEELS. s. Escalera rodante para almacenes.

MOBILE WORK. Trabajo desde un lugar que no sea la oficina.

MOBILE WORKER. s. Empleado que se desplaza de un sitio otro.

MOBY. s. Mobile phone. Teléfono móvil.

MOLEHILL. TO MAKE A MOUNTAIN OUT OF A MOLEHILL. Mod. Hacer una montaña de un grano de arena, exagerar las cosas.

MONDAY MORNING BLUES. THAT MONDAY MORNING FEELING. Deprimirse al tener que volver al trabajo después del fin de semana. Estar de capa caída. Estar un poco depre.

MONDAY TO FRIDAY. Ex. La semana laboral.

MONETISATION. Monetización. En la jerga de la economía, el pago del déficit mediante la impresión de dinero.

MONEY. A LICENCE TO PRINT MONEY. Un negocio muy rentable.

MONEY DOWN THE DRAIN. Dinero perdido, dinero malogrado.

MONEY FOR JAM. Mod. Un trabajo fácil y bien remunerado. Un chollo de trabajo.

MONEY. FOR MY MONEY. Ex. En mi opinión.

MONEY FOR OLD ROPE. Mod. Trabajo fácil y bien remunerado. Un chollo de trabajo.

MONEY. HARD EARNED MONEY. Dinero ganado con mucho sacrificio.

MONEY. THE COMPANY IS LOSING MONEY HAND OVER FIST. Euf. La empresa se encuentra en una situación financiera delicada.

MONEY. TO GIVE SOMEONE A GOOD RUN FOR HIS MONEY. Mod. Poner a alguien en un apuro.

MONEY. TO LEND MONEY. Prestar dinero.

MONEY IS NOT AN ISSUE. Por dinero que no sea, por dinero que no quede.

MONEY LAUNDERING. Blanqueo de capitales.

MONEY IS NOT OBJECT. El dinero no será un impedimento, por dinero que no sea, por dinero que no quede, sin reparar en gastos, por falta de dinero que no sea.

MONEY IS TIGHT. El dinero anda escaso.

MONEY MANAGER. s. Gestor de capital.

MONEY MATTERS. s. Asuntos financieros.

MONEY MOVERS, THE. s. Los banqueros.

SERIOUS MONEY. Grandes cantidades de dinero.

MONEY. A MONEY - SPINNER. Artículo que tiene mucha acptación en el mercado.

MONEY. THE COMPANY HAS RUN OUT OF MONEY. La empresa se ha quedado sin dinero.

MONEY. TO BORROW MONEY. Tomar dinero prestado.

MONEY. TO PUT UP THE MONEY. Financiar.

MONEY. PLASTIC MONEY. Tarjeta de crédito.

MONEY TALKS. Mod. Poderoso caballero es don dinero.

MONEY. TO SET ASIDE MONEY. Ahorrar dinero. Reservar dinero.

MONEY. TO THROW MONEY AT. Financiar un negocio que no es rentable.

MONEY. TO WITHDRAW MONEY FROM THE BANK. Sacar dinero del banco.

MONIES. s. Dinero.

MONITOR, TO. v. Seguir, controlar, supervisor. We will continue to monitor developments. Seguiremos el desarrollo de los acontecimientos. A scheme to monitor. Un programa de seguimiento.

MONITOR MOUNTED COPYHOLDER. s. Atril para monitor.

MONITOR SWIVEL ARM. s. Brazo para monitor.

MONITORING COMMITTEE. s. Comité de seguimiento.

MONITORING AND CONTROL. Seguimiento.

MONITORING AND EVALUATION. Seguimiento y evaluación.

MONITORING PERFORMANCE. Control de rendimientos.

MONITORING AND SURVEILLANCE. Seguimiento y vigilancia.

MONKEY. TO GET ONE'S MONKEY UP. Cabrearse más que un mono.

MONKEY. TO PUT SOMEONE'S MONKEY UP. Cabrear a alguien.

MONKEY'S CAST. I DON'T GIVE A MONKEY'S CAST. Me importa un pito.

MONTH. A MONTH OF SUNDAYS. Mucho tiempo.

MONTH. A MONTH TO TODAY. Dentro de un mes.

MONTHS. IN RECENT MONTHS. En los últimos meses.

MONTHS. IN THE INTERVENING MONTHS. En los meses que sucedieron.

MONTHLY BASIS. ON A MONTHLY BASIS. Mensual.

MONTHLY MEETING. Reunión mensual.

MONTHLY PLANNER. s. Pizarra planificación mensual.

MOON. ONCE IN A BLUE MOON. Mod. De Pascuas a Ramos.

MOONLIGHTING. s. Tener un trabajo extra sin declarar a Hacienda.

MOON. TO BARK AT THE MOON. Mod. Ladrar a la luna. Quejarse en vano

MORE IMPORTANT THAN. Por encima de.

MORE OR LESS. TO BE NOTHING MORE OR LESS THAN. Ser nada más o menos que.

MORNING. s. Mañana. The morning has gone quickly. La mañana ha pasado rápidamente.

MORON. A HALF - WITTED MORON. Un imbécil.

MORTGAGE REPAYMENT. El pago de la hipoteca.

MOST PEOPLE. La mayoría de las personas.

MOTHBALL A BUSINESS, TO. Cerrar un negocio temporalmente.

MOTHBALL A PLAN, TO. Aplazar un plan.

MOTHER'S MAIDEN NAME. s. Segundo apellido.

MOTIONS. TO GO THROUGH THE MOTIONS. Mod. Cumplir con las formalidades, hacer las cosas como es debido, hacer las cosas como Dios manda. Hacer las cosas por pura fórmula, hacer las cosas por puro trámite, trabajar por cumplir, hacer las cosas de mala gana.

MOTTO. s. Lema.

MOUSE MAT. s. Alfombrilla para ratón.

MOUSE POTATO. Dícese de la persona que pasa el tiempo divirtiéndose jugando en el ordenador.

MOUTH. TO LOOK DOWN IN THE MOUTH. Mod. Estar depre. Jane feels a bit down in the mouth. Jane está un poco deprimida.

MOUTH. A LOOSE MOUTH. Adj. Indiscreto, incauto, imprudente.

MOUTHY BIRD, A. s. Arg. Una tía bocazas.

MOVE AROUND A LOT, TO. Viajar mucho.

MOVE. GET A MOVE ON! ¡Date prisa! ¡Arreando que es gerundio! Ya estás tardando!

MOVE ON, TO. v. Marcharse de un trabajo. I have decided to move on from the company. He decidido marcharme de la compañía.

MOVERS AND SHAKERS. s. Los jefes, los que dirigen el cotarro, las personas con poder, los que cortan el bacalao, los que tienen la sarten por el mango.

Ms. Se utiliza para dirigirse uno a una mujer, sin tener en cuenta su estado civil.

MUCH OF MUCHNESS. Expr. Lo mismo, igual.

MUCK. TO MAKE A MUCK OF. Jorobar algo, hacer una chapuza.

MUCK IN, TO. Arg. Participar en un trabajo. Echar una mano.

MUD. AS CLEAR AS MUD. Mod. Tan claro como la avenida de un río, incomprensible, turbio, difícil de entender. James has explained to me twice how to do it, but it's still as clear as mud. James me ha explicado dos veces como hacerlo, pero todavía está tan claro como la avenida de un río.

MUD. TO DRAG SOMEONE'S NAME THROUGH THE MUD. Mancillar el nombre de alguien.

Arrastrar un nombre por el cieno.

MUDDLE THROUGH, TO. Salir del paso. Ir tirando.

MUG. s. Tazón cilíndrico con una sola asa.

MULE. TO BE AS STUBBORN AS A MULE. Mod. Ser más terco que una mula.

MULL OVER, TO. v. Pensar detenidamente, reflexionar, pensárselo bien. Cavilar, ponderar. I have been offered a two - year contract and it is something I am mulling over at the present time. Me han ofrecido un contrato de dos años y me lo estoy pensando bien.

MULTIANNUAL. Adj. Plurianual. A multiannual guidance programme. Programa de orientación plurianual.

MULTINATIONAL CORPORATE BODY. s. Empresa multinacional.

MULTIPLE REINVESMENT. s. Reinversiones multiples.

MULTI - PUNCHED POCKETS. s. Fundas multitaladro.

MULTI - TIER. s. Múltiples niveles.

MULTI - WORD STAMP. s. Formulario de entintaje automático.

MUM. TO KEEP MUM. Ser una tumba, no soltar prenda, no decir ni pío.

MUM´S THE WORD. Mod. Ser una tumba, no decir ni pío, no soltar prenda.

MUNCHIES. TO HAVE THE MUNCHIES. Tener hambre.

MUPPET. s. Lelo, memo.

MURDER. TO GET AWAY WITH BLUE MURDER. Mod. Hacer uno lo que le da la real gana. Late again, you would get away with blue murder. Otra vez llegas tarde; haces lo que te sale de la real gana.

MURPHY´S LAW. En Los Estados Unidos de América. SOD´S LAW. (en Inglaterra) s. La ley de Murphy. If anything can go wrong, it will. Si algo puede salir mal, saldrá mal. Sod´s Law applies to literary conversation as much as to anything else in life. La Ley de Sod se aplica tanto a la conversación literaria, como a cualquier otra cosa en la vida.

MUSE, TO. v. Meditar.

MUST BE. Debe ser.

MUST FULFIL. Debe cumplir.

MUSTARD. TO BE AS KEEN AS MUSTARD. Estar muy entusiasmado con algo.

MUSTARD. TO BE ABLE TO CUT THE MUSTARD. Mod. Estar a la altura de las circunstancias, dar la talla, ser competente. The employee wasn´t cutting the mustard. El empleado no daba la talla. El empleado no era idóneo para el trabajo.

MUSTER. TO PASS MUSTER. Recibir el visto bueno.

MUTTONHEAD. s. Imbécil, cretino, idiota.

MUTUAL CONSENT. s. De común acuerdo. To leave a company by mutual consent. Abandonar una empresa de común acuerdo.

MUTUALLY BENEFICIAL. Acuerdo que beneficia a todas las partes por igual.

N

NAIL, TO. v. Hacer algo, trabajar.

NAIL DOWN, TO. v. Definir, precisar.

NAIL. TO DRIVE A NAIL INTO ONE'S COFFIN. Mod. Hacer algo en detrimento propio.

NAILS. TO LIE ON A BED OF NAILS. Mod. Estar en un apuro, estar en un brete.

NAME. s. Nombre. Don't bring my name into it! ¡No me incluyas en eso!

NAME BADGE, A. s. Identificador.

NAME BADGE NECKLACE. s. Identificador con cinta.

NAME BADGE TEXTILE NECKLACE. s. Portanombres.

NAME - DROPPER. s. Persona a quien le gusta mencionar a amistades importantes durante una conversación para presumir.

NAME HOLDER. s. Portanombre de sobremesa.

NAMES. TO CALL SOMEONE NAMES. Isultar a alguien.

NAPPING. TO CATCH SOMEONE NAPPING. Pillar a alguien desprevenido, estar distraído, pillar a alguien pensando en las musarañas. Estar en Babia.

NARK. TO NARK ON SOMEONE. Arg. Chivarse de alguien.

NARROW - MINDED PERSON. s. Persona de miras estrechas.

NASTY CREATURE, A. s. Un mal bicho, persona del colmillo retorcido, un tipo de mala catadura.

NASTY PIECE OF WORK, A. A NASTY PERSON. Arg. Un mal bicho, tener mala catadura, ser del colmillo retorcido, tener mala índole, estar destetado con leche de avispa, ser peor que un divieso en el culo, tener mala baba, tener mala leche.

NASTY TRICK, A. s. Una mala pasada, una canallada, una granujada, una cabronada, una fechoría, una mala faena. To play a nasty trick on someone. Hacerle una mala pasada a alguien.

NATIONAL AUDIT OFFICE, THE. N A O. s. Oficina Nacional de Auditoría.

NATIONAL INSURANCE CONTRIBUTION. s. Cuotas de la Seguridad Social.

NATIONAL INSURANCE NUMBER. s. Número de la Seguridad Social.

NAVIGATE ONE'S WAY, TO. Mod. Salvar los escollos.

NAVVY. TO WORK LIKE A NAVVY. Trabajar como un troyano.

NECESSARY. WHERE NECESSARY. Llegado el caso.

NECESSITY IS THE MOTHER OF INVENTION. Rfr. La necesidad aguza el ingenio.

NECK. TO BE BONE - HEADED FROM THE NECK UP. Arg. Ser tonto prdido.

NECK. TO BREATH DOWN SOMEONE'S NECK. Mod. No dejar ni a sol, ni a sombra, estar siempre encima de alguien.

NECK. TO BE A REAL PAIN IN THE NECK. Mod. Ser un pelma, ser un plomo, ser un cansino, ser más pesado que las moscas.

NECK. TO GET IT IN THE NECK. Mod. Llevarse una buena bronca por algo que ha hecho mal uno.

NECK. GET OFF MY NECK! ¡Déjame en paz!

NECK.TO PUT ONE'S NECK ON THE LINE. Mod. Arriesgarse, jugarse el tipo.

NECK. TO STICK ONE'S NECK OUT. Mod. Arriesgarse. To be willing to stick one's neck out. Estar dispuesto a arriesgarse.

NECKED. TO BE STIFF - NECKED. Mod. Ser terco como una mula.

NEEDLE. TO GIVE THE NEEDLE. Arg. Dar la brasa.

NEED. I NEED HARDLY SAY THAT. Apenas hace falta decir que.

NEEDLESS TO SAY. Huelga decir.

NEET. NOT IN EDUCATION, EMPLOYMENT OR TRAINING. NI - NI. Ni estudian ni trabajan. The NEET generation. La generación NI - NI.

NEGATIVE CAPITAL. s. Deudas.

NEGOTIATE BY THE BACKDOOR, TO. Negociar en secreto.

NEGOTIATION SKILLS. s. Técnicas de negociación.

NEITHER HERE NOR THERE. TO BE NEITHER HERE NOR THERE. No ser ni fu, ni fa.

NELLIE. NOT ON YOUR NELLIE. De ninguna manera.

NERD. s. 1. Un tipo aburrido. 2. Un especialista en algo.

NERVE. TO KEEP ONE'S NERVE. Mod. No perder los nervios, mantener la calma.

NERVE. TO LOSE ONE'S NERVE. Mod. Perder los nervios, perder la calma.

NERVE. TO TOUCH A RAW NERVE. Mod. Meter el dedo en la llaga, mencionar un asunto espinoso, tocar las fibras sensibles, hurgar en la herida.

NERVOUS WRECK, A. s. Dícese de una persona que está agobiada. Una persona que está hecha polvo de los nervios. Un manojo de nervios.

NEST EGG. s. Los ahorrillos que tiene uno. To raid one's nest egg. Gastarse los ahorrillos.

NEST. TO FEATHER ONE'S NEST. Mod. Forrarse los bolsillos. The director has been feathering his nest for the last ten years. El director se ha estado forrando los bolsillos durante los últimos diez años.

NET - HEAD. s. Aficionado al Internet.

NETIZEN. s. Internauta.

NET JUNKIE. s. Adicto al Internet.

NET MONTHLY SALARY. s. Salario mensual neto.

NET PROFIT. s. Beneficio neto.

NETTLE. TO GRASP THE NETTLE. Mod. Coger el toro por los cuernos. Hacer frente de una manera decidida a una situación difícil.

NET. TO SURF THE NET. Navegar en la Red.

NETWORK, THE. s. La Red.

NETWORK DESIGNING. Diseño de Redes.

NETWORKING. s. Intercambio the información con otras personas por medio de la la Red.

NEVER LET IT BE SAID. Que nunca pueda decirse que.

NEVER PUT OFF TILL TOMORROW WHAT YOU CAN DO TODAY. Rfr. No dejes para mañana lo que puedas hacer hoy.

NEVERSWEAT, A. s. Holgazán, vago, malpica.

NEW BLACK, THE. s. La última moda, el último grito.

NEWS. s. Noticias. The news is good. Las noticias son buenas. Monthy news update. Noticias actualizadas mensualmente. A good piece of news. Una buena noticia. No news is good news. Rfr. Cuando no hay nuevas, es que son buenas. ¿No hay noticia? Buena noticia.

NEWSLETTER. s. Boletín informativo.

NEWSPAPER CIRCULATION. s. La tirada de un periódico.

NEWSPAPER HEADLINES. s. Titulares de los periódicos.

NEWAPAPER. A SCURRILOUS NEWSPAPER. Un periódico insidioso.

NEWSPEAK. s. Neolengua.

NEWSROOM WORKERS. s. Trabajadores de los informativos.

NEW TECHNOLOGIES, THE. s. La nuevas tecnologías.

NEST - EGG. s. Ahorrillos que tiene uno para un caso de necesidad. To break into one's nest - egg. Gastarse los ahorrillos.

NEXT OF KIN. s. Familiares más allegados.

NHS. National Health Service. Sistema Nacional de Sanidad. Free at the point of need. Accesible y gratuito para todo el mundo.

NIBBLE AWAY, TO. Menoscabar.

NICE WORK. Bien hecho.

NICHE. TO CARVE OUT A NICHE. Conseguir un buen trabajo en una empresa.

NICHE. TO CARVE OUT A NICHE IN THE MARKET, A. s. Hacerse un hueco en el mercado.

NICK. IN THE NICK OF TIME. En el momento preciso. You have arrived in the nick of time. Has llegado en el momento preciso

NIGHT IS THE MOTHER OF COUNSEL. Rfr. La noche es buena consejera. Dormiréis sobre ello y tomaréis acuerdo.

NIGHT. SO LONG AS NIGHT FOLLOWS DAY. Mod. Para siempre.

NIGHT. TO WORK LATE INTO THE NIGHT. Trabajar hasta las tantas de la noche.

NINE TO FIVE JOB, A. La jornada laboral.

NINE - TO - FIVER. s. Oficinista. Empleado de cuello blanco.

N I N J A'S. NO INCOME, NO JOB, NO ASSETS. Sin

ingresos, sin trabajo, sin activos.

NIT - PICKING. Entretenerse en nimiedades. Rizar el rizo, hilar muy fino.

NITTY - GRITTY. TO GET DOWN TO THE NITTY - GRITTY. Mod. Ir al grano, ir a lo fundamental, ir a lo esencial, ir al meollo del asunto.

NO ANSWER IS ALSO AN ANSWER. Rfr. Quien calla otorga.

NO BEES, NO HONEY; NO WORK, NO MONEY. Rfr. En esta vida caduca, el que no trabaja no manduca.

NOBODY. TO BE A NOBODY. Mod. Ser un donnadie, ser un cero a la izquierda. I don't have to take orders from a nobody like Llewellyn. No tengo que obedecer órdenes de un donnadie como Llewellyn.

NO - BRAINER, A. s. Algo muy sencillo.

NODDY. s. Simplón, torpe.

NO FIXED ABODE. N F A. Sin domicilio fijo. Sin domicilio cierto.

NOGGIN. s. Arg. Chola.

NO IFS OR BUTS. No hay pero que valga.

NO LONGER WITH US. Empleado que fue despedido de la empresa.

NO WONDER. No es de extrañar.

NO MARGARET TODAY. Hoy no viene Margaret al trabajo.

NOD, TO. v. Asentir con la cabeza.

NOD. TO GET THE NOD. Mod. Recibir la autorización.

NOD. TO GIVE THE NOD. Mod. Dar vía libre, dar el visto bueno.

NOD GUY. s. Cobista, lisonjero, sumiso, persona que dice sí a todo lo que le dicen sus superiores

NO - HOPER, A. s. Un inútil.

NOMINATE, TO. v. Nombrar, designar.

NOMINATE, TO. v. Proponer para una designación.

NOMINEE. s. Persona que ha sido propuesta candidato.

NOMINATION FORM. s. Formulario de propuesta de candidato.

NOMOPHOBIA. s. Nomofobia. Pavor a no poder usar el móbil.

NON - BINDING AGREEMENT, A. Un acuerdo no vinculante.

NON - COMPLIANCE. Incumplimiento.

NON - EXECUTIVE DIRECTOR, A. s. Director no ejecutivo. To take up a seat on the board as a non - executive director. Formar parte de la junta directiva en calidad de director no ejecutivo.

NON LUCRATIVE COMPANY, A. s. Empresa sin afán de lucro. Empresa sin ánimo de lucro.

NON - MANUAL WORK. Trabajo intelectual.

NONPLUSSED. TO BE NONPLUSSED. Estar desorientado, estar asombrado, estar desconcertado, no saber que decir.

NON PROFIT MAKING COMPANY, A. s. Empresa sin afán de lucro, entidad sin ánimo de lucro.

NON - STARTER, A. s. Algo que no tiene la mínima posibilidad de llevarse a cabo. Una idea imposible. Algo inaplicable. To dismiss a plan as a non- starter. Desestimar un plan por ser inaplicable.

NORMAN NORMAL. s. Persona muy convencional.

NOSE. s. Nariz. To stick one's nose into someone's affairs. Entrometerse en los asuntos de otra persona.

NOSE. TO CUT OFF ONE'S NOSE TO SPITE ONE'S FACE. Mod. Hacer algo en detrimento propio. Quien su nariz acorta, su cara afea.

NOSE. TO GET RIGHT UP SOMEONE'S NOSE. Mod. Irritar a alguien. Enojar, cabrear.

NOSE ABOUT, TO. v. Curiosear, fisgar, husmear.

NOSE OUT, TO. v. Descubrir un secreto.

NOSE. TO HAVE A NOSE FOR BUSINESS. Tener talento para los negocios. Tener olfato para los negocios. Tener cabeza para los negocios.

NOSE. TO KEEP ONE'S NOSE OUT OF SOMETHING. No meterse en lo que no le incumbe a uno. Keep your nose out of my affairs. This is nothing to do with you. No te metas en mis asuntos. Esto no tiene nada que ver contigo.

NOSE. TO LOOK DOWN ONE'S NOSE AT. Mod. 1. Creerse superior a los demás. 2. Despreciar.

NOSE. TO POKE ONE'S NOSE INTO SOMEONE ELSE'S BUSINESS. Mod. Inmiscuirse en los asuntos de otro.

NOSE. TO PUT SOMEONE'S NOSE OUT OF JOINT. Mod. Enojar a alguien.

NOSE. TO SHOVE ONE'S NOSE IN. Entrometerse, inmiscuirse, meterse uno donde no le llaman.

NOSE. YOU CAN'T SEE FURTHER THAN THE END OF YOUR NOSE. No ves más allá de tus narices.

NOSY PARKER, A. s. Fisgón, averiguador, entrometido, alcahuete, inquisidor.

NOT ALL THERE. Mod. No estar en lo que celebra uno.

NOT BY A LONG SHOT. Ni de lejos, ni por asomo.

NOT EVEN. Ni siquiera.

NOTCH UP. TO NOTCH UP 20 YEARS AT THE SAME JOB. Llevar veinte años en el mismo trabajo. This summer I will have notched up 40 years at the company. Este verano hará cuarenta años que estoy en la empresa.

NOTCHES. TO GO UP SEVERAL NOTCHES. Ascender.

NOT THE BRIGHTEST BULB IN THE BOX. Un tonto.

NOT THE BRIGHTEST CANDLE IN THE CANDELABRUM. Un tonto.

NOTE, A. s. Nota. Have you seen this note? ¿Has visto esta nota?

NOTE, TO. v. Tener en cuenta. Please note that. Téngase en cuenta que.

NOTEBOOK COMPUTER. s. Ordenador de bolsillo.

NOTEBOOK. SPIRAL NOTEBOOK. s. Cuaderno espiralado.

NOTE COUNTER. s. Cuenta billetes.

NOTE PAD. s. Bloc de notas.

NOTE TAKING. Toma de notas. Digital note taking. Toma de notas digital.

NOTE. TO STRIKE THE RIGHT NOTE. Dar en el clavo, acertar. The director's speech struck the right note. El discurso del director fue acertado.

NOTES. SUMMARY NOTES. Notas de síntesis.

NOTES. TO COMPARE NOTES. Intercambiar impresiones. If we compare notes I expect we will agree on the essentials. Si intercambiamos impresiones, espero que nos pongamos de acuerdo en lo esencial.

NOTHING TO WRITE HOME ABOUT. Nada del otro jueves.

NOTICE. Notificación, aviso. Tina said, I couldn't leave you in the lurch and, anyway, I had to give three months' notice. Tina dijo, no te podía dejar en la estacada, y, de todos modos, tenía que avisarte con tres meses de antelación. At short notice. Con poco tiempo de antelación. At a moment notice. Sin previo aviso. Notice in writing. Notificación por escrito. To serve a notice on. Notificar un aviso a. To give notice to a company. Avisar a una empresa con antelación. To be fired at a moments notice. Ser despedido sin previo aviso. To put on notice. Avisar a alguien. Under notice. Estar avisado oficialmente. You are on notice. Estás advertido. To give notice of end of contract. Presentar un preaviso de extinción de contrato. To hand in one's notice. Dimitir. A letter of notice. Carta de preaviso.

NOTICE. TO GIVE AN EMPLOYEE NOTICE OF DISMISSAL. Despedir a un empleado.

NOTICEBOARD. s. Tablero de anuncios. Could you pin up this key on the noticeboard? Someone must have lost it. ¿Podrías colgar esta llave en el tablero de anuncios? La ha debido perder alguien. I have put up a few photographs on the noticeboard for you to see. He colgado unas cuantas fotos en el tablero de anuncios para que las vean. To keep the notice board up - to - date. Mantener el tablero de anuncios al día. Staff noticeboard. Tablero de anuncios para los empleados.

NOTICE. IMPORTANT NOTICE. Muy importante.

NOTICE OF INITIATION. s. Anuncio de inicio.

NOTICE. TO PUT ON NOTICE OF REDUNDANCY. Despedir a un empleado.

NOTICE. RENEWAL NOTICE. Notificación por la cual se comunica que un contrato, acuerdo, está a punto de terminar.

NOTICE. TO TAKE NOTICE. Mod. Prestar atención.

NOTICE. TO TAKE NOTICE OF. Mod. Hacer caso.

NOTICE. UNTIL FURTHER NOTICE. Hasta nuevo aviso.

NOTIFY, TO. v. Avisar. To notify staff of impending redundancies. Avisar a los empleados de los inminentes despidos. Written notification of redundancies. Notificación de despidos por escrito.

NOW THAT. Ya que.

NUISANCE CALL, A. s. Una quintada por teléfono.

NUISANCE. WHAT A BLOODY NUISANCE YOU ARE! ¡ Qué tío más palizas! ¡Qué tío más pesado!¡Qué muermo!¡Qué tío más inaguantable!

NUISANCE. TO MAKE A NUISANCE OF ONESELF. Dar la lata.

NUMBER. A BACK NUMBER. s. Pensionista.

NUMBER CRUNCHER. s. Estadístico.

NUMBER CRUNCHER. s. Ordenador.

NUMBER. A NUMBER OF. Algunos, un cierto número.

NUMBER ONE. TO DO A NUMBER ONE ON SOME ONE. Hacerle una mala jugada a alguien.

NUMBER. TO PLUCK A NUMBER OUT OF THE AIR. Elegir un número al azar.

NUMBERS. IN ROUND NUMBERS. Mod. En números redondos.

NUMBERS. TO CRUNCH NUMBERS. Hacer cuentas.

NUMBERS. TO ROUND OFF NUMBERS. Redondear números.

NURSERY. s. Guardería infantíl.

NUT. TO DO ONE´S NUT. Ponerse como un basilisco.

NUT. TO USE A SLEDGE HAMMER TO CRACK A NUT. Mod. Matar gorriones a cañonazos.

NUTSHELL. IN A NUTSHELL. Mod. En dos palabras, en breves palabras, en pocas palabras.

NUTS AND BOLTS. Ex. El aspecto práctico de las cosas. To come up with the nuts and bolts. Proponer los aspectos prácticos de algo.

NUTS. TO DRIVE SOMEONE NUTS. Sacar a alguien de quicio. Desmond is driving me nuts. Desmond me está sacando de quicio.

NUTS. TO WORK ONE´S NUTS OFF. Arg. Trabajar como un descosido.

NUTTER. s. Chalado. I meet a lot of nutters in my line of work. Encuentro a muchos chalados en mi profesión.

O

OAR. TO STICK ONE'S OAR IN. Mod. Meter el cuezo. Meter baza. Meter cuña. Inmiscuirse en una conversación. Meterse uno donde no le llaman, meterse uno donde donde no le va, ni le viene.

OBLIGE, TO v. Prestarse a ello, aceptar, acordar, avenirse a ello, estar dispuesto a hacer lo que se le pide.

OBLIGATION. s. Obligación. To meet obligations. Cumplir las obligaciones contraídas.

OBSERVE, TO. v. Comentar.

OBLIVION. THE RIGHT TO OBLIVION. Derecho al olvido en Internet.

OCCASION. ON THE OCCASION. Con motivo.

OCCUPATION. s. Ocupación. A glamorous occupation. Una ocupación atractiva. A less than glamorous occupation. Una ocupación poco atractiva.

OCCUPATIONAL ACCIDENT. s. Accidente de trabajo.

OCCUPATIONAL HEALTH. s. Salud ocupacional.

OCCUPATIONAL SAFETY. Prevención de riesgos laborales.

OCCUPATIONAL TRAINING. Adiestramiento profesional.

OCCUPIED. TO BE FULLY OCCUPIED. Estar muy ocupado.

ODDBALL, AN. s. Un tipo raro, un tío que va a lo suyo, un excéntrico.

ODD JOB, AN. s. Trabajo accidental. Edward can't find a steady job. He has been doing odd jobs for a long time. Edward no puede encontrar un trabajo fijo. Lleva haciendo trabajo accidental mucho tiempo. To get an odd job for the summer. Conseguir un trabajo accidental para el verano.

ODD MAN OUT, THE. Persona que sobra en un lugar. Quedar excluido. New technologies have come about to make me the odd man out. Desde que aparecieron las nuevas tecnologías me he quedado a la zaga.

ODDS. AGAINST ALL ODDS. Mod. A pesar de las adversidades.

ODDS AND ENDS. Mod. Varios, restos. ODDS.

THE ODDS ARE. Mod. Es probable que, cabe la posibilidad que. The odds are that Nick will lose his job. Es probable que Nick pierda el trabajo.

ODDS. TO BE AT ODDS WITH SOMEONE. Mod. Pelearse, andar a la greña.

ODDS IT, TO. Arriesgarse.

ODDS. IT MAKES NO ODDS. Es lo mismo.

ODDS. OVER THE ODDS. Mod. Más de la cuenta, más de lo que se espera.

ODDS. WHAT'S THE ODDS? ¿Qué importa? ¿Qué más da?

O E C D. ORGANISATION OF ECONOMIC COOPERATION AND DEVELOPMENT. O C D E. La Organización para la Cooperación y el Desarrollo Económico.

OF LATE. En los últimos tiempos.

OF THE ESSENCE. Ex. De la mayor importancia.

OFF - BRAND. Adj. Algo que no tiene que ver con la política de una empresa.

OFF - COLOUR. Adj. De mal gusto, subido de tono.

OFF DAY, AN. Día que trabaja uno mal.

OFF FORM. TO BE OFF FORM. No trabajar como de costumbre, no rendir lo suficiente.

OFF. I AM OFF ON MONDAY. Libro el lunes.

OFF - LIMITS. Zona prohibida, terreno vedado.

OFF THE BEAN. Mod. Equivocado, descarriado, desorientado.

OFF THE CUFF. Improvisado, sin preparación. To deliver an off the cuff speech. Pronunciar un discurso improvisado.

OFFER. TO TURN AN OFFER DOWN. Rechazar una oferta.

OFFICE. s. Oficina, despacho. I have been working at this office for seven months. Hace siete meses que trabajo en esta oficina. Is Emma in her office? Yes, she is. ¿Está Emma en su despacho? Si que está. A bad day at the office. Un mal día en la oficina. Another bad day at the office. Otro mal día en la oficina. A cramped office. Despacho con poco espacio.

OFFICE ADMINISTRATION. s. Administración de oficinas.

OFFICE ADMINISTRATOR. s. Administrador de oficinas.

OFFICE BIKE, THE. s. Arg. Dícese de la oficinista que se acuesta con todo quisque que trabaja en la oficina. Una secretaria facilona.

OFFICE. A BLEAK OFFICE. Un cuchitril de oficina.

OFFICE BOY. s. Ordenanza, el chico de los recados, el chico de los cafes. The company is advertising for an office boy. La compañía publica una plaza de ordenanza.

OFFICE CHAIR MAT. s. Estera para protección del suelo.

OFFICE CHRISTMAS DO, THE. s. La fiesta de navidad de la oficina.

OFFICE AND COMMERCIAL CLEANING. Limpieza de oficinas y centros comerciales.

OFFICE DOOR NAMEPLATES. s. Placas para puertas de despachos.

OFFICE ENVIRONMENT. s. El entorno en la oficina.

OFFICE EQUIPMENT. s. Material de oficina.

OFFICE GLUE PEN. s. Pegamento en lápiz adhesivo.

OFFICE GOSSIP. s. Chismorreo en la oficina, cotilleo.

OFFICE. A HECTIC DAY AT THE OFFICE. Un día muy ajetreado en la oficina.

OFFICE. A HUMBLE OFFICE. s. Una humilde oficina.

OFFICE JUNIOR. s. Auxiliar administrativo.

OFFICE MANAGER. s. Administrador de oficina. Merlin would break into a cold sweat every time the office manager wanted to talk to him. A Merlin le entraba un sudor frío, cada vez que el administrador de oficina quería hablar con él.

OFFICE. I AM OUT OF THE OFFICE FOR THE REST OF THE WEEK. SEE YOU ON MONDAY. No vuelvo a la oficina hasta el lunes. Hasta entonces pues.

OFFICE. I WANT YOU OUT OF THE OFFICE. RIGHT NOW! No te quiero ver más en la oficina. ¡Fuera de aquí!

OFFICE OF NATIONAL STATISTICS. s. Instituto Nacional de Estadística.

OFFICE PAPER. s. Papel de oficina.

OFFICE PARTITIONS. s. Mamparas divisorias.

OFFICE PERSONNEL AND ADMINISTRATION. s. Dirección y personal administrativo.

OFFICE. A PLUSH OFFICE. s. Una oficina de lujo.

OFFICE RAGE. Desmadre en la oficina

OFFICE RELOCATION. s. Traslado de oficina.

OFFICE. REPORT TO MY OFFICE! ¡Preséntese en mi despacho!

OFFICE. A RENTED OFFICE. Una oficina alquilada.

OFFICE SKILLS. s. Técnicas de oficina.

OFFICE SUPPLIER. s. Suministrador de oficinas.

OFFICE SUPPLIES. s. Material de oficina.

OFFICE. A TACKY OFFICE. s. Un cuchitril de oficina. Una oficina miserable. To work in a tacky office. Trabajar en un cuchitril de oficina.

OFFICE. THE DEMISE OF THE OFFICE. La desaparición de la oficina como tal.

OFFICE TO LET. s. Se alquila local para oficinas.

OFFICE TO NOTE, AN. s. Una nota interior.

OFFICE. TO TAKE OFFICE. Tomar posesión de un cargo. The new director will take office next week. El nuevo director tomará posesión del cargo la semana que viene.

OFFICE VIRUS, THE. s. Un resfriado de mil narices.

OFFICE WALLAH, AN. s. Arg. Chupatintas, cagatintas, burócrata.

OFFICE. I WILL BE IN MY OFFICE FOR THE NEXT TWENTY MINUTES. Estaré en mi despacho los próximos veinte minutos.

OFFICE WIRE BINDER. s. Encuadernadora de alambre.

OFFICE. TO WORK REMOTELY FROM THE OFFICE. Trabajo remoto, desde casa o cualquir lugar que no sea la oficina.

OFFICES. OUR OFFICES ARE BASED AT THE HEART OF THE CITY OF LONDON WITH EXCELLENT TRANSPORT LINKS. Nuestras oficinas están ubicadas en el centro de la City of London, con excelentes enlaces de transporte.

OFFICES. THROUGH THE GOOD OFFICES OF SOMEONE. Mod. Con la ayuda de alguien.

OFFING. TO BE IN THE OFFING. Mod. Estar en cartera, estar en preparación.

OFFLINER. s. Persona que prefiere no usar el Internet.

OFF - SHORE BANK. s. Paraíso fiscal, banco extraterritorial.

OFF - SHORE ENTITY. s. Entidad extraterritorial.

OFF - SHORE. TO MOVE OFF - SHORE. Desplazarse a zonas extraterritoriales.

OFF - SHORE TRUST. s. Fideicomiso extraterritorial.

OFF - THE - WALL. Adj. Poco convencional.

OIL. TO BURN THE MIDNIGHT OIL. Mod. Trabajar hasta las tantas horas de la noche.

OIL. TO POUR OIL ON TROUBLED WATERS. Calmar los ánimos, pacificar, apaciguar.

O.K. I'M O.K EITHER WAY. Eso me da lo mismo.

O.K. TO GET THE O.K. FOR SOMETHING. Mod. Tener el visto bueno, tener vía libre, obtener la autorización.

OKEY - DOKEY. Excl. Entendido, de acuerdo.

OLD - AGE PENSIONER. O. A. P. s. Pensionista, jubilado.

OLD. TO FEEL OLD AND CREAKY. Sentirse viejo y decrépito.

OLD BOY NETWORK, THE. Amiguismo, enchufe.

OLD HABITS DIE HARD. Mod. Costumbre mala, tarde o nunca es dejada. Las malas costumbres nunca se pierden.

OLD HEAVE - HO. TO GIVE SOMEONE THE OLD HEAVE - HO. Arg. Darle a alguien la patada en el trabajo.

OLDERPRENEUR. s. Persona que establece un negocio a partir de los cincuenta años de edad.

OLD SCHOOL BOY, AN. s. Ex alumno de un colegio de élite.

SCHOOL. THE OLD SCHOOL. La vieja escuela. To be of the old school. Ser de la vieja escuela. Dícese de aquellos que conservan las ideas y formas de vivir antiguas. Call me old school, but I think it should be compulsory for a birthday cake to have jam, icing and candles. Dí que estoy anticuado, pero creo que debería ser obligatorio que las tartas de cumpleaños llevaran; mermelada, glaseado y velas.

OLD TIMER. s. Empleado que lleva muchos años en una empresa.

ON AN EVEN KEEL. Mod. Sin complicaciones, sin contratiempos. To keep things on an even keel. Mantener las cosas sin contratiempos.

ON AVERAGE. De promedio.

ON - BRAND. Adj. De acuerdo con la política de una empresa.

ONCE AND FOR ALL. Mod. Por última vez.

ONCE EVERY PANCAKE DAY. De Pascuas a Ramos. De uvas a peras.

ON DEMAND. A voluntad, a su antojo, a petición, a su albedrío.

ONE. TO BE AT ONE WITH SOMEONE. Mod. Estar de acuerdo con alguien.

ONGOING. Adj. En marcha, actualmente en funcionamiento. Ongoing matters. Asuntos en curso.

ONLINE. Adj. En Línea.

ONLINE COMMUNICATION. Comunicación en Línea.

ONLINE DIARY. s. Blog.

ONLINE DISCUSSION, AN. s. Discusión en la Red.

ONLINE TRAINING. Formación en Línea.

ONLY THING, THE. THE ONLY PROBLEM. El única dificultad.

ON SWITCH, THE. s. El botón de encendido.

ON TAP. Mod. Preparado para utilizarlo, disponible, tener a mano.

ON THE GO. TO BE ON THE GO ALL THE TIME. Mod. No parar ni un momento de tanto trabajo, estar muy ocupado, estar agobiado de trabajo.

ON THE LEVEL. Legal, persona honrada, persona decente, persona leal, persona en quien se puede confiar. Persona sin antecedentes penales.

ON THE NAIL. Mod. A la hora, puntual.

ON THE RECORD. Mod. Oficialmente.

ON THE WHOLE. Mod. En general.

ON YOUR BIKE! Arg. ¡Vete a paseo!

ON YOUR OWN TODAY? ¿Estás solo hoy?

ONCE IN A BLUE MOON. Mod. De Pascuas a Ramos. De uvas a peras.

ONCE WOULD HAVE BEEN. En el pasado.

ONE HANDED CLOCK, A. s. Arg. Un inútil. Un

florero.

ONE - OFF, A. s. Un fuera de serie. I have a great respect for Barry. He is a fantastic eccentric, really, a one - off. Le tengo un gran respeto a Barry. En realidad, es un excéntrico fantástico, un fuera de serie.

ONE - OFF PAYMENT, A. Un pago único.

ONE - SIDED AGREEMENT. Acuerdo que solo favorece a una de las partes.

ONE - SIDED. TO BE ONE - SIDED. Ser injusto.

ONE SUIT OF LAWS BREEDS TWENTY. Rfr. Un pleito trae consigo ciento.

ONE. TO TAKE ONE WITH THE OTHER. Sopesar.

ONION, THE. s. Arg. La cabeza, la chola.

ONION. TO BE OFF ONE'S ONION. Arg. Estar como una regadera.

ONIONS. TO KNOW ONE'S ONIONS. Mod. Conocer el oficio, ser competente uno en su profesión, conocer el paño, saber de que va el asunto, saber lo que se trae uno entre manos. Darren had been in the job so long that he definitely knew his onions. Darren llevaba tanto tiempo en el trabajo que sin duda alguna conocía el oficio. I spend three hours with Harold preparing my CV. And my gosh he knows his onions. Pasé tres horas con Harold preparando mi CV, y, ¡Dios mío! Sabe lo que se trae entre manos.

OPEN DAY. s. Jornada de puertas abiertas. Día de puertas abiertas. Abierto al público en general.

OPEN HEART SURGERY. A COMPANY NEEDING OPEN HEART SURGERY. Empresa que está a punto de irse al garete.

OPEN MIND. TO KEEP AN OPEN MIND. Mod. Estar dispuesto a considerar diferentes opiniones. No opinar definitivamente.

OPEN - MINDED. Adj. De mentalidad abierta.

OPEN PLAN OFFICE. s. Oficina diáfana, local corrido. I walked through the huge open - plan office to my desk at precisely 9.00 o'clock. Me dirigí, a través de la enorme oficina diáfana, a mi escritorio a las nueve en punto.

OPEN THE FLOODGATES, TO. Mod. Abrir las puertas, dar facilidad para algo.

OPERATION. s. Iniciativa, operación. Short - term operations. Operaciones limitadas en el tiempo.

OPERATOR. s. Operario. A brisk operator. Operario diestro.

OPERATING COSTS. Costes de explotación.

OPINION. TO HAVE TOO IMPORTANT AN OPINION OF ONESELF. Darse mucha importancia. Darse más importancia que una burra cuesta abajo.

OPPORTUNITY. s. Oportunidad. Equality of opportunity. Igualdad de oportunidades.

OPPOSITE NUMBER. s. Colega.

OPTICAL MOUSE. s. Ratón optico.

OPTIONS. TO KEEP ONE'S OPTIONS OPEN. Mod. No descartar ninguna posibilidad.

ORANGE. A SUCKED ORANGE. Persona que ha servido su propósito y ya no se necesita más.

ORDER ABOUT, TO. Avasallar, llevar a patadas, llevar a rajatabla, no tener ningún miramiento por los semejantes.

ORDER OF THE BOOT. TO GIVE SOMEONE THE ORDER OF THE BOOT. Arg. Echar a alguien del trabajo. They have given Thomas the order of the boot for being a bad timekeeper. Han echado a Thomas del trabajo por llegar siempre tarde.

ORDER FORMS. s. Talonario de pedidos.

ORDER. IN GOOD RUNNING ORDER. Mod. En buen funcionamiento.

ORDER. IN ORDER TO ENSURE. A fin de garantizar.

ORDER. IN SHORT ORDER. Mod. Inmediatamente. Ya.

ORDER. ON ORDER. Estar pedido. We have got 200 biros on order. Hemos hecho un pedido de doscientos bolis.

ORDER. TO PLACE AN ORDER. Hacer un pedido. I want to place an order. Quiero hacer un pedido.

ORDER. TO RESTORE THE CORRECT ORDER. Mod. Poner las cosas en su sitio.

ORDER. A TALL ORDER. Mod. Una tarea difícil de lograr, ser mucho pedir, nada fácil.

ORDERS. TO GET ONE'S MARCHING ORDERS. Arg. Ser despedido del trabajo.

ORGANIZATION AND MANAGEMENT. s. Organización y gestión.

ORGANIZATION CHART. s. Organigrama.

ORGANIZATION FOR ECONOMIC CO - OPERATION AND DEVELOPMENT. O E C D. Organización para la Cooperación y el Desarrollo Económico. O C D E.

ORGANIZATION. A PENNY - FARTHING ORGANIZATION. s. Empresa mal gestionada por falta de recursos.

ORGANIZATION. A SMALL ORGANIZATION. s. Una empresa pequeña.

OTHER THAN. Distintos de, que no sean.

OUT AND ABOUT. Mod. Haber vuelto a la actividad normal tras una enfermedad.

OUTCOME. s. Resultado. Overall outcome. Resultado global.

OUTGOING. Adj. Abierto, comunicativo.

OUT - OF - COURT SETTLEMENT, AN. Una solución extrajudicial de litigios. An extra - judicial settlement. Solución extrajudicial de litigios. To agree an out - of - court settlement for unfair dismissal. Acordar una solución extrajudicial por despido injusto.

OUT OF THE OFFICE. GLENDA IS OUT OF THE OFFICE UNTIL THE END OF NEXT WEEK. Glenda no vendrá al trabajo hasta el final de la semana que viene. Marjorie is out of the office at the moment. Can I take the message? Marjorie no está en el despacho ahora. ¿Quiere dejar el recado?

OUTGOING CALL. TO MAKE AN OUTGOING CALL. Hacer una llamada al exterior.

OUTGOING DIRECTOR GENERAL. s. Dierector general saliente.

OUTLET ONLINE, AN. s. Venta mediante Internet.

OUTLINE. s. Programa. In accordance with the following outline. Con arreglo al siguiente programa.

OUTLINE THE AIMS AND PLANS OF A COMPANY, TO. Exponer los objectivos y planes de una empresa.

OUTLOOK. s. Perspectivas.

OUT OF HOURS. Fuera del horario de trabajo. To work out of hours for no pay. Trabajar fuera del horario de trabajo sin cobrar.

OUT OF ORDER. Inadmisible.

OUT OF SORTS. TO FEEL OUT OF SORTS. 1. No encontrarse uno bien. 2. No estar muy contento.

OUT OF THE ORDINARY. Mod. Poco común. In the past was out of the ordinary for women to be company directors. En el pasado, era poco común que las mujeres fueran directoras de empresa.

OUTPUT. s. Resultados, producción. Output gap. Brecha de producción. To plot an output. Representar gráficamente. Average output. Producción media.

OUTSELL. TO OUTSELL THE PANTS OF ONE'S COMPETITORS. Ser mejor que los competidores de uno.

OUTSET. FROM THE OUTSET. Desde el principio.

OUTSMART SOMEONE, TO. Ser más listo que alguien.

OUT SOMEONE, TO. Superar a alguien.

OUTSOURCING. s. Contrata externa, subcontratación. Outsourcing cleaning services. Contrata externa de los servicios de limpieza. I T outsourcing. Subcontratación del departamento de I T.

OUT TO LUNCH. Arg. Estar pirado.

OUT OF. A partir de.

OUT OF MY SIGHT! Ex. ¡Fuera de mi vista!

OUT OF ORDER. Averiado.

OUT OF ORDER. Comportamiento inaceptable, propasarse, pasarse de la raya

OUT OF STOCK. Agotado.

OUTSIDE. I'M JUST GOING OUTSIDE. Voy un momento al aseo.

OUTSPOKEN. A VERY OUTSPOKEN PERSON. Persona que no tiene pelos en la lengua.

OUTSTRIP, TO. v. Superar. To outstrip someone. Superar a alguien con creces, superar con mucho. Dejar atrás.

OUT - TRAY, AN. s. Una bandeja de salida. When I went up this morning to the second floor there was post in the out - tray. Why is it still there? Cuando subí a la segunda planta esta mañana, había cartas en la bandeja de salida, ¿por qué están todavía allí?

OUT WITH IT! Mod. ¡Dí lo que tengas que decir!

OVER AND OVER AGAIN. Una y otra vez, repetidamente.

OVERBOOKING. s. Sobrecontratación.

OVERCOME, TO. v. Superar.

OVERDRAFT. s. Descubierto. The company has £30,000 overdraft. La empresa tiene un descubierto de £30.000. To be deep into overdraft. Estar muy endeudado con un banco.

OVERDUE ACCOUNT. s. Cuenta vencida. We wish to bring to your attention that your account is now overdue. Queremos informarle que su cuenta está vencida.

OVER AND ABOVE. Además de.

OVERESTIMATION. s. Una cifra exagerada.

OVERHEAD COSTS. s. Gastos generales. We have to reduce overhead costs in this business. Tenemos que reducir gastos generales en este negocio. Property overheads. Gastos generales en la propiedad.

OVERHEAD PROJECTOR. s. Proyector fijo.

OVERLAP. s. Duplicación, solape.

OVERLAP, TO. v. Traslapar. The project overlaps with the other. El proyecto traslapa con el otro.

OVERLAPPING. v. Traslapo.

OVERRATE SOMETHING, TO. Sobreestimar, sobrevalorar, dar una importancia excesiva a algo.

OVERRIDE, TO. v. Anular.

OVERRIDING CHALLENGE, AN. s. Un desafío fundamental.

OVERRULE, TO. v. No tener en cuenta.

OVERSEER. s. Supervisor.

OVERSKILLED. Adj. Sobrecualificado. Overskilled employees. Empleados sobrecualificados.

OVERSUPPLY. s. Exceso de oferta.

OVER - THUMBED PAGES. Páginas manoseadas. Sobadas.

OVERTIME. s. Horas extras. I work 10 hours overtime a week. Trabajo diez horas extras a la semana.To put in unpaid overtime. Hacer horas extra sin cobrarlas. To reduce overtime pay. Reducir la tarifa de las horas extra. To reduce overtime. Reducir las horas extra.

OVERVIEW. s. Visión de conjunto, visión general, perspectiva global, visión global, visión abarcadora. A complete overview. Cuadro completo.

OWN. TO COME INTO ONE'S OWN. Mod. Tener la oportunidad de demostrar uno sus habilidades.

OWN. TO HOLD ONE'S OWN. Mod. Saber defenderse.

OWNERSHIP. s. Propiedad. Third party ownership. Propiedad de terceros.

OYSTER. AS CLOSE AS AN OYSTER. Mod. Ser una tumba, guardar un secreto, no soltar prenda.

OYSTER CARD. s. Tarjeta de transporte, bono de autobús o Metro. A la entrada de autobuses se puede leer; please touch your oyster card flat on the yellow reader. Por favor, pase la tarjeta de autobús por el lector. If you don't touch your oyster in and out , you will have to pay the maximum fare. Si no pasa la tarjeta de transporte por el lector, tendrá que pagar la tarifa máxima por el recorrido que hace en el Metro. Anuncio por megafonía en el Metro.

OYSTER. THE GRIT IN THE OYSTER. Algo irritante, algo que joroba más que una china en un zapato, ser tan incordio como grano en el culo.

P

P A. PERSONAL ASSISTANT. s. Ayudante personal.

Ps and Qs. To mind one's Ps and Qs. Mod. Andarse con cuidado con lo que se hace. PACE. TO STAY THE PACE. Mod. No quedarse a la zaga, seguir el ritmo. The firm must stay the pace in these times of technological change. La empresa tiene que seguir el ritmo en estos tiempos de cambios tecnológicos.

PACES. TO PUT SOMEONE THROUGH HIS PACES. Mod. Poner a alguien a prueba, hacerle demostrar a alguien cual es su valía. Anne put Bobby through his paces this morning. Esta mañana, Anne puso a Bobby a prueba.

PACK IT IN, TO. Arg. Jubilarse.

PACK NAKED, TO. Embalar algo sin ninguna protección.

PACK SOMETHING IN, TO. Cesar una actividad.

PACKAGE. s. Paquete. All packages must be signed by the person who's name is on the package. El destinatario tiene que firmar los paquetes.

PACKAGE. s. Conjunto de medidas.

PACKAGE HOLIDAYS. s. Vacaciones combinadas.

PACKAGE TOURS. s. Circuitos combinados.

PACKAGE TRAVEL. s. Viajes combinados.

PACKAGING TAPE. s. Cinta adhesiva de embalaje.

PACKED LUNCH. s. Almuerzo que llevan los empleados al trabajo o los niños al colegio.

PACKET SOUPS. s. Sopas en sobre.

PACKING BOXES. s. Cajas de embalaje.

PACKING FOAM. s. Empuma para embalaje.

PACKING. TO SEND SOMEONE PACKING. Arg. Despedir a alguien del trabajo.

PACK UP, TO. v. Averiarse. The air conditioner has packed up. El acondicionador de aire se ha averiado. The photocopier on the second floor has packed up. La fotocopiadora en el segundo piso se ha averiado.

PADDED BAGS PEAL AND SEAL. s. Bolsas acolchadas con tira adhesiva.

P45. s. Formulario de declaración de la renta que recibe un empleado al dejar o ser despedido de una empresa. To pick up one's P45. Ser despedido de la empresa. Collect your P45! ¡Estás despedido! To get the P45. Ser despedido. To hand someone his P45. Despedir a alguien. ¡Good night and your P45!¡Estás despedido!

P45. TO GIVE A P45. Despedir a un empleado.

PAGE - PROOFS. s. Pruebas.

PAGE. TO TURN THE PAGE. Mod. Pasar página.

PAGER. s. Buscador.

PAID. THE LOW PAID. Empleados que cobran salarios bajos. To take a low paid job. Coger un trabajo mal remunerado.

PAID. TO GET PAID BUGGER ALL. Arg. Cobrar una miseria.

PAIN. TO BE A PAIN IN THE BACK SIDE. Ser un pelma, ser un cansino.

PAIN. ON PAIN OF SOMETHING. So pena de. The employees were forbidden to go on strike, on pain of instant sacking. Se les prohibió a los empleados que se pusieran en huelga, so pena de ser despedidos.

PAINS. TO TAKE PAINS. Esforzarse, no escatimar esfuerzos.

PALE. TO BE BEYOND THE PALE. Mod. Pasarse de castaño oscuro.

PALM SOMEBODY OFF, TO. Arg. Endilgar, endiñar. When at work I get palmed off with the worst jobs. En el rabajo, siempre me endiñan las peores tareas.

PALM. TO GREASE SOMEONE'S PALM. Arg. Untar, sobornar.

PAN - FLASHER, A. s. Un éxito efímero. Flor de un día.

PANEL OF EXPERTS. s. Grupo de expertos.

PANEL SCREENS. s. Paneles divisorios.

PANIC BUTTON. TO PRESS THE PANIC BUTTON. Ponerse nervioso.

PANOPTICAL WATCHING. Videovigilancia. Vigilancia del exterior de un edificio mediante cámaras de televisión.

PAPER BAG. HE COULDN'T FIND THE WAY OUT OF A PAPER BAG WITH A PAIR OF SCISSORS. Ser tonto de capirote, ser tonto de remate.

PAPER CLIP. s. Sujetapapeles. Always take care

with straightened - out paper clips or you will have somebody's eye out. Ten cuidado siempre con los sujetapapeles enderezados, le podrías sacar a alguien un ojo. Clip this document on the front. Pon este documento delante con un sujetapapeles. To be paper - clipped. Estar sujeto con un sujetapapeles.

PAPER CLIP. FOLD BACK PAPER CLIP. s. Pinza sujetapapeles reversible.

PAPER CLIPS DISPENSER. s. Dispensador de sujetapapeles.

PAPER. LISTING PAPER. s. Papel continuo.

PAPER NAPKIN. s. Servilleta de papel.

PAPER. NOT WORTH THE PAPER SOMETHING IS WRITTEN ON. No tener ningún valor.

PAPER. ON PAPER. Mod. En teoría.

PAPER - PUSHER. s. Arg. Oficinista. Paper - pushing. Trabajo de oficinista.

PAPER THIN. Tan fino como una hoja de papel.

PAPERWEIGHT. s. Pisapapeles.

PAPERWORK. s. Papeleo, burocracia, trámites, cartas.

PAPERS. TO ASK FOR ONE'S PAPERS. Dimitir del cargo.

PARADIGMA SHIFT. s. Llevar a cabo importantes cambios en una empresa.

PARANOID. Adj. Paranoico. To be paranoid about the post. Estar obsesionado con la correspondencia.

PARAPET. TO PUT THE HEAD OVER THE PARAPET. Mod. Arriesgarse a hacer algo.

PARAPHERNALIA. s. Equipo, equipamentos, instrumental, dotación.

PARCEL. s. Paquete. The parcel turned up yesterday. Ayer apareció el paquete.

PARCEL. TO PASS THE PARCEL. Desentenderse de un asunto difícil de resolver.

PARENT COMPANY. s. Compañía matriz.

PARENTAL LEAVE. s. Permiso parental. To share - parental leave. Permiso parental por turnos para cuidar a los hijos.

PARITY COMMITTEE. s. Comité paritario, comité de igualdad.

PARK. TO BE SOMETHING A WALK IN THE PARK. Ser algo muy fácil de hacer, ser pan comido. This task is a walk in the park. Esta tarea es pan comido.

PAROL CONTRACT. s. Contrato verbal.

PARROT. TO BE AS SICK AS A PARROT. Arg. Estar depre.

PART AND PARCEL. Mod. Parte integrante, parte esncial de algo. Disagreements and heated exchanges are part and parcel of any profession. Desacuerdos y discusiones acaloradas son parte integral de cualquier profesión. A bit of risk is part and parcel of the job: if you accept it, you'll have a long career. If you don't, you shouldn't take it. Algún riesgo es parte esencial del trabajo: si lo aceptas como tal, tendrás una larga carrera. En el caso de que no aceptases, dicho riesgo, no deberías cogerlo. The study of grammar is considerd to be part and parcel of the study of a foreign language. El estudio de la gramática está considerado como parte esencial del estudio de un idioma extranjero.

PARTNER. s. Socio. Equal partners. Socios en condición de igualdad. Key partner. Socio esencial. Junior partners. Socios minoritarios.

PARTNER. s. Socio. An awkward partner. Un socio incómodo.

PARTNER. SLEEPING PARTNER. s. Socio capitalista. Socio que invierte en una empresa pero no forma parte de la dirección de dicha empresa.

PARTNERSHIP. s. Partenariado, asociación, sociedad. Public - private partnership. Partenariado público privado. To work in partnership. Trabajar asociado con otra persona. A partnership of equals. Una relación en pie de igualdad. To offer someone a prtnership in a company. Ofrecer a alguien una participación en una empresa.

PARTNERSHIP AGREEMENT. s. Contrato de sociedad.

PARTNERSHIP DISPUTE. s. Conflicto de una asociación.

PATERNITY LEAVE. s. Permiso por paternidad

PARTICULARS. TO DESCEND TO PARTICULARS. Dejar de generalizar e ir al grano.

PART - TIME WORK. Trabajo a tiempo parcial. To take part - time work to make both ends meet. Tener que hacer un trabajo a tiempo parcial para poder llegar a fin de mes.

PART - TIME WORKER. s. Trabajador a tiempo parcial. The rise of the part - time worker. El surgimiento del trabajador a tiempo parcial.

PART - TIMER. s. Trabajador a tiempo parcial. A time of part - timers. Tiempos del trabajador a tiempo parcial.

PARTIES CONCERNED. s. Las partes afectadas.

PARTIES. s. Partes. The parties involved. Las partes interesadas. There's absolute agreement between the parties. Entre las partes existe un acuerdo total.

PARTITION. REMOVABLE PARTITIONS. s. Paredes desmontables.

PARTY. A LEAVING PARTY. s. Fiesta de despedida. We will hold a leaving party for Alice next Friday. El viernes que viene, vamos a hacer una fiesta de despedida para Alice.

PARTY. A THIRD PARTY. s. Un tercero.

PARTY. THE ANNUAL OFFICE PARTY. La fiesta anual de la oficina.

PARVENU. s. Trepa, arribista, oportunista.

PASS. s. Pase. All passes issued on arrival must be returned to this reception on leaving the building. Todo pase expedido a la entrada, deberá entregarse en la recepción al marcharse.

PASS AWAY, TO. Morir.

PASS ON, TO. v. Morir.

PASS OUT, TO. v. Desmayarse.

PASS OVER, TO. v. Morir.

PASS WORD. s. Contraseña.

PASSIVE SMOKERS. s. Fumadores involuntarios. Fumadores pasivos.

PAST YOUR SELL - BY DATE. Indica que algo o alguien ha dejado de ser útil. Estar caducado.

PASTEL REMOVE NOTES. s. Notas de quita y pon gama pastel suave.

PASTURE. TO PUT OUT TO PASTURE. Mod. Jubilar a alguien.

PASTURES NEW. TO MOVE ON TO PASTURES NEW. Ex. Un cambio de lugar o actividad, un cambio de aires, mudar de aires, cambiar de trabajo, irse de una empresa en busca de nuevos horizontes. Quien se muda, halla ventura. Desmond is leaving the firm for pastures new. Desmond se va de la empresa en busca de nuevos horizontes. To be off for pastures new. Irse en busca de nuevos horizontes. To move to greener pastures. Irse en busca de nuevos horizontes. Benny is moving to greener pastures. Benny nos deja en busca de nuevos horizontes. To seek new pastures. Ir en busca de nuevos horizontes. As you are moving on to pastures new spare a second for our plight. We are going to miss you tons and tons so don't forget to write. Como te vas en busca de nuevos horizontes, acuérdate unos segundos de nuestra situación. Te vamos a echar en falta muchísimo, así que no te olvides de escribir. To move on to richer pastures. Irse en busca de nuevas aventuras.

PAT SOMEONE, TO. Darle unas palmaditas en la espalda a alguien.

PATENT. s. Patente.

PATERNITY LEAVE. s. Permiso por paternidad.

PATIENCE. TO WEAR SOMEONE'S PATIENCE THIN. Mod. Acabar con la paciencia de alguien.

PAUL FRY, A. s. Entrometido, fisgón, metomentodo.

PAY. s. Salario. The take - home pay isn't anything to shout about. El salario que cobra uno tampoco es para tirar cohetes. To slash someone's pay. Recortarle el salario a uno.

PAY ADVICE. s. Hoja de liquidación de sueldos. Where is my pay advice? ¿Dónde está mi hoja de liquidación de sueldos?

PAY AND CONDITIONS. s. Sueldos y condiciones.

PAY - AS - YOU - EARN. P A Y E. Retención en origen.

PAY - AS - YOU GO PHONE. Teléfono de tarjeta.

PAY. BASIC PAY. Salario base.

PAY CUT. s. Reducción en el salario. To take a voluntary pay cut. Acordar una reducción de salario voluntaria. The employees agreed yesterday to take a 10% pay cut to give their jobs a chance of surviving the recession. Ayer, los empleados, acordaron una reducción del 10% en el salario, para mantener los puestos de trabajo durante la recesión. Pay cuts across the board. Reducción lineal de salarios.

PAY DAY. s. Día de pago. It is pay day today. Hoy es día de pago.

PAY DOWN, TO. Liquidar parte de una deuda. The building had to be sold off to pay down some of the company´s massive debts. Tuvieron que vender el edificio para liquidar parte de las enormes deudas que tenía la empresa.

PAY. EQUAL PAY FOR EQUAL WORK. Salario igual por trabajo igual.

PAY FREEZE. s. Congelación de salarios.

PAY HIKE. s. Aumento. To get a pay hike. Recibir un aumento de sueldo.

PAY. LOUSY PAY. Salario de miseria.

PAYMENT DEADLINE. s. Fecha de pago.

PAY. EMPLOYEES ON LOW PAY. Empledos con salarios bajos. Low pay is endemic in the country. Los salarios bajos son endémicos en el país.

PAY. NET PAY. s. Salario neto.

PAYMENT. TO DEFAULT ON A PAYMENT. Incumplir los pagos.

PAYMENTS. s. Pagos.

PAY - OFF. Despido remunerado. The D G walked off with a multi million pound pay - off. El director se llevó una paga de despido multimillonaria. I have been given a pay - off and as a condition of that I could not go to the press. Me han dado una cantidad de despedido considerable, con la condición de que no vaya a contárselo a la prensan.

PAY OFFER. s. Oferta de salario.

PAY ON THE NAIL, TO. Mod. Pagar en el acto, pagar a tocateja, pagar al contado.

PAYOUT. THE COMPANY FACES A HEFTY PAYOUT IF IT SACKS THE DIRECTOR. La empresa tendrá que desmbolsar una tremenda cantidad de dinero si echa al director.

PAY PACKET. s. La paga.

PAY. PROGRESSIVE PAY. Paga progresiva.

PAY RISE. s. Aumento de salario. Peggy is angling for a pay rise. Peggy anda tras un aumento de sueldo. I have got a pay rise. Me han aumentado el sueldo. To ask for a pay rise. Pedir un aumento de sueldo.

PAYROLL. s. Nómina. To be on the payroll of a company. Estar en la nómina de una compañía. Payroll administration. Gestión de nóminas. Payroll manager. Gerente de nóminas, supervisor de nóminas.

PAY ROUND. s. Ronda de negociaciones, entre la

Patronal y los sindicatos. Para convenir los aumentos de salarios.

PAY SCHEME, A. s. Plan de pago.

PAY SLIP. s. Hoja de paga, hoja de liquidación de sueldos.

PAY UP FRONT, TO. Pagar por adelantado.

PAY WAGES AND RENT, TO. Pagar salarios y alquiler.

PAYMENT METHOD. Modo de pago.

PAYMENT WITHIN 30 DAYS ISSUE. Forma de pago, un plazo de 30 días a partir de la firma del contrato.

PAYMENTS. AN AGREEMENT OVER PAYMENTS WAS REACHED YESTERDAY. Ayer se alcanzó un acuerdo en lo que concierne a pagos.

PEA - BRAINED. Adj. Imbécil.

PEACE. TO HOLD ONE´S PEACE. Mod. Permanecer callado.

PEAK HOURS. s. Horas punta. Off peak hours. Horas valle.

PEANUTS. TO EARN PEANUTS. Ganar una miseria.

PEAR - SHAPED. TO GO PEAR - SHAPED. Mod. Fracasar. Salir mal.

PECKING ORDER. s. Jerarquía.

PEDESTAL WITH CASTERS. s. Cajonera móvil.

PEEK. s. Vistazo. To take a peek. Echar un vistazo.

PEERLESS. Adj. Sin par, único.

PEERS. MY PEERS. s. Mis iguales.

PEG IT, TO. v. Arg. Diñarla, espicharla, palmarla, pasar a mejor vida.

PEG. TO TAKE SOMEONE DOWN A PEG OR TWO. Bajarle los humos a alguien.

PEN. s. Boli. There´s never a pen when you need one! ¡Nunca encuentras un boli cuando lo necesitas! Does this pen work? After a fashion. ¿Funciona este boli? De alguna manera.

PEN. TO PUT PEN TO PAPER. Ponerse uno a escribir.

PENCIL. s. Lápiz.

PEN CUP. s. Cubilete para bolígrafos.

PEN HOLDER. s. Cubilete para bolígrafos.

PEN POT. s. Cubilete para bolígrafos. They agreed to sign the deal and I handed them a pen from my pot on de desk. Acordaron firmar el acuerdo, y les pasé un boli del cubilete que se encontraba en mi escritorio.

PEN A CONTRACT, TO. Firmar un contrato.

PENNIES FROM HEAVEN. Beneficios inesperados. Ganancia inesperada.

PENNY. NOT TO BE THE BRIGHTEST PENNY IN THE BOX. Mod. Faltarle a uno un hervor.

PENNY. THE PENNY DROPPED. Mod. Caer en la cuenta.

PENNY. TO MAKE AN HONEST PENNY. Mod. Ganarse la vida trabajando honradamente.

PENNY. TO SPEND A PENNY. Ir al aseo.

PENNY. TO TURN LIKE A BAD PENNY. Mod. Ser como la sombra, no poder deshacerse de ella, aparecer hasta en la sopa.

PENNY FOR YOUR THOUGHTS. ¿En qué estás pensando?

PENNY. IF YOU GIVE A PENNY FOR HIS THOUGHTS YOU'D GET CHANGE BACK. Ser tonto de capirote.

PENNY PINCHING ACCOUNTANT. Contable muy cuidadoso con el dinero.

PENNY PINCHING BOSSES. s. Empleadores tacaños.

PEN - PUSHER. s. Chupatintas, cagatintas, burócrata, oficinista.

PENSION. s. Pensión. They got lower pensions than they originally were entitled to. Recibieron unas pensiones más bajas que las que inicialmente tendrían derecho a recibir.

PENSIONABLE AGE. Adj. Edad de jubilación. Approaching pensionable age. Acercarse a la edad de jubilación.

PENSION ACCRUAL. Acumulación de la pensión.

PENSION. s. Pensión. To draw the state pension. Cobrar la pensión del Estado. To live on a pension. Vivir de la pensión.

PENSION ADVISER. s. Asesor de pensiones.

PENSION FUND. s. Fondo de pensiones. The national pension fund. El fondo nacional de pensiones. The pension fund is in surplus. El

fondo de pensiones arroja superávit. A hole in the pension fund. Un agujero en el fondo de pensiones.

PENSION FUND MANAGER. s. Director de fondo de pensiones.

PENSION. A GOLD - PLATED PENSION. s. Una pensión de oro. The director earns £7000,000 a year, and has a gold - plated pension. El director gana 7000.000 libras al año, y tiene una pensión de oro. A meagre pension. Una pensión baja.

PENSION. A MEAGRE PENSION. Una pensión exigua.

PENSION POT. s. Fondo de pensiones.

PENSION PROVISION. s. Provisión de fondo de pensiones.

PENSION. TO QUALIFY FOR A PENSION. Cumplir los requisitos para cobrar una pensión.

PENSION RIGHTS. Derechos de pensión.

PENSION SCHEME. s. Plan de pensiones. An occupational pension scheme. Plan profesional de pensiones. To join an occupational pension scheme. Acogerse a un plan profesional de pensiones. To opt out of an occupational pension scheme. Abandonar un plan profesional de pensiones. A personal pension scheme. Un plan personal de pensiones. To cut pension schemes. Recortar planes de pensiones.

PENSION SOMEONE OFF, TO. Jubilar a alguien. His work shows that Gareth needs pensioning off and quickly. Su trabajo demuestra que Gareth necesita la jubilación, y pronto.

PENSION SOMETHING OFF, TO. Mod. Desechar algo.

PENSIONABLE PAY. s. Paga de jubilación.

PENSIONS. TO OVERHAUL THE PENSIONS SYSTEM. Revisar el sistema de pensiones.

PENSIONS. s. To slash pensions. Rebajar las pensiones.

PENSIONS PROVIDER. s. Proveedor de pensiones.

PEN TRAY. s. Reposarotuladores, cajetín.

PEOPLE TEAM, THE. Euf. El personal de una empresa.

PEOPLE TELL ME. Me dicen.

PEP TALK. TO GIVE A PEP TALK. Mod. Infundir coraje, ánimo.

PERCENTAGE. s. Porcentaje. He began by stating that the percentge of. Comenzó por decir que el porcentaje de.

PERCENTAGE POINTS. Puntos porcentuales.

PERCH. TO FALL OFF THE PERCH. Morir, espicharla, diñarla. The director has fallen off his perch. El director la ha espichado.

PERFORM, TO. v. Realizar, llevar a cabo, desempeñar.

PERFORMANCE. A COMPANY'S PERFORMANCE. Rendimiento de una empresa.

PERFORMANCE EVALUATION POLICY. s. Orientaciones para la evaluación del rendimiento.

PERFORMANCE. GOOD OVERALL PERFORMANCE. s. Buen rendimiento global.

PERFORMANCE. HIGHLIGHTS OF THE PERFORMANCE. Lo más relevante del rendimiento en el trabajo.

PERFORMANCE MANAGEMENT. s. Gestión del rendimiento en el trabajo.

PERFORMANCE. OVERALL PERFORMANCE. s. Rendimiento global.

PERFORMANCE. POOR PERFORMANCE AT WORK. Rendimiento deficiente laboral.

PERFORMANCE REVIEW. s. Revisión del rendimiento en el trabajo.

PERFORMANCE REVIEW GUIDELINES. s. Directrices para la revisión del rendimiento en el trabajo.

PERFORMANCE SUMMARY. s. Sumario del rendimiento en el trabajo.

PERFORMANCES RELATED. Relacionados con el rendimiento.

PERFORM, TO. v. Rendir. The firm is performing extremely well. La empresa funciona muy bien.

PERIOD. s. Período. An interim period. Un período transitorio.

PERK. s. Gratificación. Abreviatura de perquisite. Gratificación. A perk of the job. Una gratificación del trabajo. Lavish perk. Gratificación suntuosa.

PERKY. TO BE PERKY. Estar alegre.

PERMANENT MARKER. s. Marcador permanente.

PERSON. s. Persona. A keen, hard working, forward planning and reliable person. Una persona entusiasta, muy trabajadora, con dotes para planificar por adelantado y fiable.

PERSON. s. Persona. This person no longer works at this place. Esta persona ya no trabaja en esta empresa.

PERSON. s. Persona. A dynamic and ambitious person. Persona dinámica y ambiciosa.

PERSON. s. Persona. A responsible person. Una persona seria.

PERSON. SLOW PERSON. s. Arg. Empleado que se mueve menos en el trabajo que el caballo de un fotógrafo. Manta, rácano. Se mueve menos que el salario base.

PERSONAL COMPUTER. s. Ordenador personal.

PERSONAL DEVELOPMENT. Desarrollo personal.

PERSONAL. TO GET PERSONAL. Hacer alusiones personales.

PERSONAL ISSUES. s. Problemas personales.

PERSONAL REASONS. s. Razones personales.

PERSONNEL ADMINISTRATION. Administración de personal.

PERSONNEL ASSISTANT. s. Auxiliar de personal.

PERSONNEL COMPETENCE. Aptitudes.

PERSONNEL DEPARTMENT. s. Dirección de personal.

PERSONNEL MANAGER. s. Director de personal.

PERSONNEL OFFICER. s. Jefe de personal.

PERSONNEL RECRUITMENT. s. Contratación de personal. Head of recruitment. Jefe de contratación de personal.

PERUSE A DOCUMENT, TO. Examinar un documento detenidamente. A fondo.

PEST. TO BE A REAL PEST. s. Ser un verdadero pelmazo, cargante, plomo, cansino, cagueras, taladro, pesado. What a pest you are! ¡Qué cansino que eres!

PESTER, TO. v. Dar la monserga, dar la lata, molestar.

PET PROJECT, A. s. Un proyecto favorito. Proyecto al que se le presta mucha atención.

PETER OUT, TO. v. Agotarse.

PETTY CASH. s. Dinero para gastos menores. I

will give you £20 out of the petty cash for the taxi. Te daré veinte libras esterlinas del dinero de gastos generales para el taxi. Petty cash book. Libro de gastos menores.

PHASE OUT, TO. Eliminar progresivamente.

PHILISTINE. s. Ignorante.

PHISHING. El robo de contraseñas, cuentas bancarias, la suplantación y extorsión en Internet.

PHONE. s. Teléfono. We are only a phone call away. No tiene mas que levantar el teléfono.

PHONE. s. Teléfono. Can I use your phone? By all means. ¿Puedo usar tu teléfono? Por supuesto.

PHONE. s. Teléfono. Luke is never off the phone. Luke siempre está pegado al teléfono. To be glued to the phone. Estar siempre en el teléfono. Henry is always on the bloody phone. Henry siempre está en el condenado teléfono.

PHONE. TO HANG THE PHONE ON SOMEONE. Colgarle el teléfono a alguien.

PHONE. TO PUT THE PHONE DOWN. Colgar. I was talking to Eldred and suddenly he put the phone down on me. Estaba hablando por teléfono con Eldred, y de repente, me colgó.

PHONE. A SMART PHONE. s. Teléfono inteligente.

PHONE SOMEONE AT THE OFFICE, TO. Telefonear a alguien en la oficina.

PHOTOCOPIER. s. Fotocopiadora. The photocopier isn´t working. La fotocopiadora está averiada. The photocopier works well. La fotocopiadora funciona bien.

PHOTOCOPIER PAPER. s. Papel para fotocopiadora. We are out of photocopier paper. Se nos ha acabado el papel para la fotocopiadora. Did you order the photocopier paper this morning? No, I didn´t. ¿Hiciste el pedido de papel para la fotocopiadora esta mañana? No lo hice. Keep the photocopier room tidy! ¡Mantenga el lugar de la fotocopiadora ordenado! The photocopier keeps jamming. La fotocopiadora sigue atascándose.

PHOTOCOPYING. THEY CAUGHT FRED PHOTOCOPYING HIS ARSE AND SACKED HIM. Pillaron a Fred fotocopiándose el trasero y lo despidieron.

PHRASE. THE PHRASE OF THE MOMENT. La frase del momento, de moda.

PICK ON SOMEONE, TO. Mod. Tomarla con alguien, tenerle manía a alguien, meterse con alguien. Why are you always picking on me? I do my work all right, don't I? ¿Por qué siempre la tomas conmigo? ¿No hago mi trabajo bien?

PICKET LINE. s. Piquete que se monta a la puerta de una empresa, para evitar que nadie entre a trabajar durante una huelga.

PICKLE, A. s. Lío. You have got yourself in a right pickle. Estás metido en un buen lío.

PICTOGRAM SIGNS. s. Pictogramas.

PICTURE. TO GET THE PICTURE. Comprender, entender. I have got the picture. He entendido. Do you get the picture? ¿Lo comprendes?

PICTURE. TO PUT SOMEONE IN THE PICTURE. Mod. Explicarle a alguien cual es una situación, poner a alguien al corriente, poner a alguien al tanto, informar.

PIECE. TO TAKE A PIECE OUT OF A. Arg. Reprender, echar una bronca.

PIECEWORK. s. Trabajo a destajo.

PIECES. TO PICK UP THE PIECES. Mod. Arreglar los desperfectos.

PIE IN - THE - SKY IDEAS. Castillos en el aire.

PIE IN - THE - SKY THINKING. Ilusiones.

PIG. s. Cerdo. To have a pig of a day. Tener un mal día, salirle a uno todo mal.

PIG. TO STARE LIKE A STUCK PIG. Quedarse boquiabierto.

PIGEONHOLE. s. Casillero.

PIGEONHOLE, TO. 1. Archivar. 2. Asignar una categoría a alguien. 3. Encasillar a alguien. Catalogar a alguien.

PIG - HEADED. Adj. Obstinado. Terco como una mula.

PIG´S EAR. IN A PIG´S EAR! ¡Que te crees eso!

PIG´S. TO MAKE A PIG´S EAR OUT OF SOMETING. Hacer algo malamente, hacer una chapuza. The film - makers have made a pig´s ear of the novel. Los productores de la película han hecho una chapuza de la novela.

PIGS MIGHT FLY, IF THEY HAD WINGS. Ver a un buey volar, a muchos necios vi afirmar. Algo increible, algo poco probable. Eso no te lo crees ni tú. I might win the lottery one day! And pigs might fly! ¡ Quizá gane la lotería algún día!

¡Cuando san Juan baje el dedo, y lo tiene de palo!

PIKESTAFF. AS PLAIN AS PIKESTAFF. Mod. Estar algo clarísimo, ser evidente.

PILE. TO MAKE ONE'S PILE. Mod. Hacerse rico. He wants to move out of politics and go to City and make his pile. Quiere dejar la política para irse a la City y hacerse rico.

PILL. A BITTER PILL TO SWALLOW. Mod. Un mal trago, un trago amargo.

PILL. TO GILD THE PILL. Mod. Dorar la píldora.

PILL. TO SUGAR THE PILL. Mod. Dorar la píldora, mitigar alguna mala noticia.

PILLAR OF SOCIETY, A. Una persona respetable, digna, noble.

PILLAR TO POST. TO DRIVE SOMEONE FROM PILLAR TO POST. Mod. Mandar a alguien de una parte a otra, marear a alguien, ir de la Ceca a la Meca. He was driven from pllar to post in search of accommodation. Lo mandaron de una parte a otra en busca de alojamiento.

PILLOCK, A. s. Imbécil. A talking pillock. Persona que no dice mas que chorradas.

PILLOW TALK. Conversación de alcoba.

PILLOW. TO HIT THE PILLOW. Planchar la oreja, dormir.

PILOT SCHEME, A. s. Programa piloto.

PILOT. TO DROP THE PILOT. Prescindir de un asesor experto.

PIN DOWN, TO. Definir, precisar.

PIN. NOT TO CARE A PIN. Mod. No importarle a uno un bledo.

PIN ON, TO v. Culpar. Andrew tried to pin the blame for the disaster on Daniel. Andrew intentó culpar a Daniel por el desastre.

PIN UP. THE LIST IS PINNED UP ON THE NOTICEBOARD. La lista está en el tablero de anuncios.

PINCH. TO FEEL THE PINCH. Pasar escaseces, acusar una crisis. Due to the credit crunch people are feeling the pinch. Debido a la crisis crediticia, la gente pasa escaseces.

PINK COLLAR WORKERS. s. Empleados de la limpieza, camareros, y, por lo general, trabajos mal remunerados.

PINK. TO BE TICKLED PINK. Mod. Estar encantado, estar la mar de contento. Arnold was tickled pink when he saw his picture in the papers. Arnold se puso la mar de contento cuando vio su fotografía publicada en los periódicos.

PINK. IN THE PINK. Blooming with health. Rebosar de salud.

PINK PAPER, THE. s. The Financial Times.

PIPE DREAM. Quimera. To get a mortgage in London is a pipe dream. Obtener una hipoteta en Londres es una quimera.

PIPELINE. IN THE PIPELINE. En cartera, en preparación.

P K T U D STAFF ARE NOT ALLOWED TO USE THESE TOILETS UNLESS THEY HAVE BOOKED A ROOM ON THIS FLOOR. Los empleados de, P K T U D, tiene prohibido el uso de estos aseos, a no ser que hayan reservado una sala de reuniones en esta planta.

PIPE DOWN! Arg. ¡Cállate! Pipe down, will you! I am trying to talk on the blower! ¡Cállate! ¡Estoy intentando hablar por teléfono!

PIPE DREAMS. s. Ilusiones, fantasías. To indulge in pipe dreams. Fantasear.

PIPE LINE. TO BE IN THE PIPE LINE. Mod. Estar en cartera, estar en preparación.

PIPER. HE WHO PAYS THE PIPER CALLS THE TUNE. Mod. Quien paga manda.

PIPSQUEAK. s. Arg. Un donnadie, un cero a la izquierda.

PISS ON SOMEONE'S CHIPS, TO. Arg. Hacerle la santísima a alguien, hacerle la Pascua a alguien.

PITFALLS OF MANAGING PERFORMANCE. Dificultades de gestión de rendimiento en el trabajo. The job has pitfalls. El trabajo entraña dificultades.

PITIFUL. GIVE ME MY PITIFUL WAGES! ¡Dame mi sueldo de miseria!

PITS. TO BE IN THE PITS. Arg. Estar de capa caída, estar depre.

PITTANCE. TO WORK HARD FOR A PITTANCE. Trabajar con tesón por una miseria.

PLACE. TO BE ALL OVER THE PLACE. Mod. Un caos total.

PLACE. IN PLACE OF. En lugar de.

PLACE OF BIRTH. s. Lugar de nacimiento.

PLACE. TO KNOW ONE'S PLACE. Mod. Saber uno cual es su sitio. Bien está San Pedro en Roma. Cada cual debe estar en su sitio. Saber el lugar que le corresponde a uno. You should know your place! ¡Deberías saber el lugar que te corresponde!

PLACE. TO PUT SOMEONE IN HIS PLACE. Mod. Poner a alguien en su sitio.

PLACES. ROGER WOULD GO PLACES. Mod. Triunfar en la vida, llegar lejos.

PLAIN SAILING. TO BE PLAIN SAILING. Mod. Ser pan comido, ser coser y cantar, algo fácil de hacer.

PLAN. A CRACKPOT PLAN. Un plan descabellado.

PLAN. A VIABLE PLAN. Un plan realizable.

PLAN. THE PLAN JUST CAME APART AT THE LAST MOMENT. El plan se vino abajo en el último momento.

PLAN. TO CARRY OUT A PLAN. Llevar a cabo un plan. Aplicar un plan, ejecutar un plan. To carry out a plan to perfection. Ejecutar un plan a la perfección.

PLAN. TO FALL FLAT OF A PLAN. Mod. Fracasar.

PLAN. TO HATCH A PLAN. Mod. Urdir un plan.

PLAN. TO KILL A PLAN STONE DEAD. Suprimir un plan.

PLAN. TO NIP A PLAN IN THE BUD. Frustrar un plan.

PLAN. TO PUT A PLAN FORWARD. Proponer un plan.

PLAN. ROLLING PLAN. Plan renovable.

PLAN. TO SCUPPER A PLAN. Tirar por tierra un plan.

PLAN. TO STICK TO A PLAN. Seguir con un plan.

PLAN. A STILL BORN PLAN. Un plan nacido muerto.

PLAN. TO TEAR UP A PLAN AND START AGAIN. Cancelar un plan y comenzar de nuevo.

PLANNER. s. Planificador.

PLANNING. s. Planificación. Long term planning. Planificación a largo plazo. Short term plannaing. Planificación a corto plazo.

PLANNING BOARD. s. Junta de planificación.

PLANKS OF WOOD. TO BE AS THICK AS TWO SHORT PLANKS OF WOOD. Arg. Ser más tonto que un cerrojo.

PLANS AFOOT. Planes en preparación.

PLANT AND EQUIPMENT. s. Instalaciones.

PLASTIC COMB BINDING. s. Canutillo de plástico.

PLASTIC COMB BINDING MACHINE. s. Encuadernadora de espiral de plástico.

PLASTIC MAGAZINE FILE. s. Revistero de plástico.

PLASTIC RING BINDER. s. Carpeta de anillas.

PLASTIC SLEEVES. s. Portadocumentos de plástico.

PLATE. TO HAVE A LOT ON ONE'S PLATE. Mod. Tener mucho trabajo por delante, tener mucha faena por delante, tener buen tajo por delnte.

PLATINUM HANDSHAKE. s. Cantidad considerablede de dinero que recibe un directivo al jubilarse o ser despedido.

P L C. PRIVATE LIMITED COMPANY. s. Sociedad Anónima Privada.

PLAY SOMEONE UP, TO. Enojar a alguien.

PLAY SOMETHING DOWN, TO. Quitar hierro a un asunto, quitar importancia.

PLAY UP, TO. v. Funcionar mal, andar mal. My computer is playing up. Mi ordenador funciona mal. PLAY UP TO SOMEONE. Halagar. Jessie is always playing up to her boss. Jessie siempre está halagandoa su jefe.

PLAYER, A. s. Una persona importante.

PLEAD, TO. v. Abogar, argumentar.

PLEASE ACKNOWLEDGE RECEIPT. Por favor, acuse recibo.

PLEASE INSURE THIS DOOR IS FULLY CLOSED WHEN ENTERING AND LEAVING THE BUILDING. Por favor, asegúrese de cerrar esta puerta completamente al entrar y salir del edificio.

PLEASE MAKE SURE! ¡Asegúrese!

PLEASED. ROSE WOULD NOT BE PLEASED. A Rose no le haría ninguna gracia.

PLENARY LECTURE. s. Sesión plenaria.

PLOT AN OUTPUT, TO. Trazar una gráfica.

PLOUGH BACK. TO. Invertir los beneficios en la propia compañía.

PLOUGH THROUGH, TO. Avanzar laboriosamente.

PLOUGH. TO PUT ONE'S HAND TO THE PLOUGH. Emprender una tarea.

PLUCKY. Adj. Osado.

PLUG IN, TO. v. Enchufar. Do not plug the computer in yet. No enchufes el ordenador todavía.

PLUG. TO PULL THE PLUG ON SOMEONE. Mod. Dar por terminada una ayuda económica.

PLUMES. TO BORROW PLUMES. Presumir de lo que no se es. Presumir de indumentaria que no es de uno.

PLUNDER, TO. v. Saquear. The director plundered the firm. El director saqueó la empresa.

PLUNGE. TO TAKE THE PLUNGE. Mod. Dar un paso decisivo.

POACH, TO. v. Arg. Incitar a los empleados de una empresa para que se vayan a trabajar a la de uno. Robar empleados a otra empresa.

PO BOX. s. Apartado de correos.

POCKET CALCULATOR. s. Calculadora de bolsillo.

POCKET DIARY. s. Agenda de bolsillo.

POCKET. TO BE OUT OF POCKET. Mod. Perder dinero en una transacción. I am £3,000 pounds out of pocket because the company's failure. He salido perdiendo 3.000 libras debido al fracaso de la empresa.

POCKET. I PAID FOR THAT OUT OF MY POCKET. Lo pagué con mi dinero.

POCKETS. TO LINE ONE'S POCKETS. Forrarse de dinero. The employee was sacked when the company discovered he had been lining his pocket. Despidieron al empleado cuando la empresa descubrió que había estado forrándose de dinero.

POINT. TO BE BESIDE THE POINT. Mod. No venir al caso.

POINT. TO BE ON THE POINT OF DOING SOMETHING. Estar a punto de hacer algo.

POINT. TO CARRY ONE'S POINT. Mod. Ganar un argumento.

POINT. A CASE IN POINT. Mod. Ejemplo de ello.

POINT. TO COME TO THE POINT. Mod. No andarse con rodeos. Ir al grano.

POINT. AT SOME POINT. En algún momento.

POINT. ON A SEPARATE POINT. En un apartado especial.

POINT. TO GET OFF THE POINT. Irse por los cerros de Úbeda, desviarse del tema, andarse por las ramas.

POINT. TO GET ONE'S POINT ACROSS. Mod. Saber explicar el punto de vista de uno a alguien.

POINT. TO GET TO THE POINT. Ir al grano.

POINT. THE POINT AT ISSUE IS. Mod. De lo que se trata es.

POINT. A KEY POINT. Un punto esencial.

POINT. TO HAVE A POINT. Mod. Tener razón.

POINT. TO HAVE A VITAL POINT. Tener razón en un punto fundamental.

POINT. TO MAKE A REASONABLE POINT. Defender un argumento razonable.

POINT. TO MAKE ONE'S POINT. Dejar algo bien claro. You have made your point. Ya sabemos lo que piensas, ya has dejado bien claro. Ye, Tim, you have made your point, so let me have my say. Tim, ya lo has dejado bien claro, así que, ahora es mi turno.

POINT. TO MISS THE POINT. Mod. No comprender.

POINT. MOOT POINT, A. Mod. Algo discutible, cuestionable, debatible.

POINT. NOT TO COME TO THE POINT. Expr. Andarse por las ramas, andarse con rodeos.

POINT. NOT TO PUT TOO FINE A POINT ON IT. Hablar con sinceridad, hablar con franqueza. Not to put too fine a point on it, you will have to do better if you want to keep your job. Te lo digo francamente, si quieres conservar el trabajo tendrás que esmerarte más.

POINT OF VIEW. Punto de vista. A crazy point of view. Un punto de vista excéntrico.

POINT OUT, TO. v. Señalar, indicar.

POINT. SHORT AND TO THE POINT. Responder sin vacilar.

THERE IS NO POINT. Mod. A lo hecho pecho.

POINT. TO PROVE THE POINT. Para probar lo dicho.

POINT. TO PUT FORWARD A POINT. Expresar una opinión.

POINT. TO RAISE A POINT. Mod. Plantear una cuestión.

POINT, A SORE POINT. Un asunto delicado, un asunto espinoso.

POINT. TO STICK TO THE POINT. Centrarse en.

POINT. TO STRETCH A POINT. Mod. Forzar las cosas.

POINT. TO TAKE SOMEONE'S POINT. Mod. Entender un argumento.

POINT TAKEN. Entendido.

POINT. TALKING POINT. Tema de conversación.

POINT. UP TO A POINT. Mod. Hasta cierto punto. I agree with Graham up to a point. Estoy de acuerdo con Graham hasta cierto punto.

POINT. WHEN IT COMES TO THE POINT. A la hora de la verdad.

POINTS DISCUSSED. Puntos debatidos.

POINTS IN ISSUE. Puntos polémicos.

POINTS. TALKING POINTS. Asuntos para debatir.

POISON. s. Veneno. To drip poison in someone's ear. Meter cizaña.

POISON. s.Veneno. To whisper poison in someone's ear. Meter cizaña.

POKER FACE. Cara de póquer, rostro impasible.

POLICY. s. La política a seguir.

POLICY OF OUR DEPARTMENT, THE. La norma de nuestro departamento.

POLICYHOLDER. s. El tenedor de una poliza de seguros.

POLITICAL AND BUSINESS ELITES. s. Las élites políticas y empresariales.

POLITE AND PLEASANT. TO BE POLITE AND PLEASANT IN DEALING WITH PEOPLE. Ser cortés y agradable en el trato con las personas.

POLLSTER. s. Encuestador.

POMPOUS. Adj. Pedante, redicho. Pompous little prat. Un pedante e imbécil.

PONY. ONE TRICK PONY. Persona que solo sabe hacer una cosa.

POOR SHOW, A. s. Un trabajo poco satisfactorio.

POOR TIME - KEEPING. Poca puntualidad.

POOR WORKMANSHIP. Trabajo descuidado.

POORLY. Adj. Mal. Dawn was poorly this morning and she had to go to the doctor's. Dawn no se encontraba bien esta mañana y tuvo que ir al médico.

POP IT, TO. Arg. Palmarla, estirar la pata.

POP OFF, TO. Arg. Espicharla, diñarla.

POP ONE'S CLOGGS, TO. Arg. Palmarla, diñarla.

POP OPEN, TO. Abrirse súbitamente.

POP OUT FOR LUNCH, TO. s. Salir a almorzar.

POPULAR. TO BE AS POPULAR AS A WHEEL CLAMP. Ser tan reputado como el cepo de inmovilizar coches. Ser tan popular como un banquero en un desahucio.

POPYCOCK. s. Tonterías, memeces.

PORKIES. TO TELL PORKIES. Contar mentiras.

PORT. ANY PORT IN A STORM. Mod. Agarrarse a un clavo ardiendo.

PORTABLE OVERHEAD PROJECTOR. s. Proyector portátil.

PORTFOLIO. s. Cartera.

POSITION. s. Postura, opinión, punto de vista. To shift one's position. Cambiar the postura.

POSITION, A. s. Cargo, puesto de trabajo. To fill a position. Ocupar un cargo. Your position. Su cargo. To resign from one's position. Dimitir del cargo. Position in an organisation. Cargo en una organización. To consider one's position Plantearse dimitir del cargo. Plantearse dejar el cargo. The director should consider his position. El director debería plantearse la dimisión. An in - house and free lance positions. Puestos de trabajo internos y para trabajadores por cuenta propia.

POSITION, TO. v. Asumir, mantener una actitud, tomar una postura, decidirse por. To take a position. Tomar partido. To state one's position. Dar a conocer la postura de uno.

POSITION OF TRUST, A. s. Un cargo de confianza.

POSITIVE DISCRIMINATION. s. Discriminación positiva.

POSSUM. TO PLAY POSSUM. Mod. Fingir no saber algo.

POST. s. Correo, correspondencia. To send something on the post. Enviar algo por correo. Jo is away on holidays for two weeks I will take care of her post. Jo se ha ido de vacaciones por dos semanas, me ocuparé yo de su correspondencia. Tom has phoned and said that the post is downstairs. Tom ha telefoneado, y dice que el correo está en la planta baja. To reply by return of post. Responder a vuelta de correo. The post has been a bit dodgy lately. Últimamente, el correo no anda muy bien. When the post comes in let me know. Cuando llegue el correo házmelo saber. Is the post ready yet? No, it is not in yet. ¿Está la correspondencia lista ya? No, todavía no ha llegado. Perhaps the postman has forgotten to drop it off. Quizá el cartero se ha olvidado de traérnoslo. Sorting of post. Clasificación del correo. Can you drop my post on my desk all this week? ¿Puedes dejar el correo en mi escritorio toda la semana?

POST, A. s. Puesto, trabajo, cargo. To propose someone for a post. Proponer a alguien para un cargo. To take up a post. Asumir un cargo. To interview someone for a new post. Entrevistar a alguien para un puesto nuevo de trabajo. To relinquish a post. Renunciar a un puesto de trabajo.

POST. s. First class post. Correo de primera clase. Second class post. Correo de segunda clase.

POST - CHRISTMAS SLUMBER. Modorra después de Navidad.

POST. FREE POST AND POSTAGE. Envio gratuito.

POST HASTE. TO DO SOMETHING POST HASTE. Mod. Hacer algo inmediatamente.

POST HOLDER. s. Titular de un puesto de trabajo.

POST - IT. s. Notas de quita y pón.

POST - IT INDEX DISPENSER. s. Dispensador index.

POSTMARK. s. Matasellos. A letter postmarked Brighton. Una carta con el matasellos de Brighton.

POST OFFICE. s. Correos. From Monday the Post Office will be collecting our post at 4. 00 P M. A partir del lunes, el cartero recogerá la correspondencia a las cuatro.

POSTPAID. Adj. Porte pagado.

POSTPONE, TO. v. Aplazar, retrasar. To postpone to the Greek calends. Aplazar ad calendas grecas. Olvidar y no cumplir algo.

POST RATES. Tarifa de correos. They have put the post rates up. Han subido las tarifas de correos.

POST ROOM s. En una empresa, despacho donde se recibe, se distribuye y se envía el correo. Post room staff. Empleados encargados de la correspondencia.

POST. THE POST WILL BE COLLECTED AT THREE O'CLOCK TODAY. Hoy, vendrán a recoger la correspondencia a las tres.

POST. WAS THERE ANY POST FOR ME THIS MORNING? ¿Hubo correspondencia para mí esta mañana?

POSTAL CODE or POSTCODE. s. Código postal. The letter has got the wrong postcode. La carta lleva el código postal erróneo.

POSTAL INDUSTRIAL ACTION. Huelga de carteros.

POSTAL SCALES. s. Balanza postal.

POSTAL TUBES WITH PLASTIC END CAPS. s. Tubos de envio con fondo y tapa de plástico.

POSTAL PRICES. s. Tarifas postales.

POSTAGE AND PACKING. s. Costes de envio y embalaje.

POSTDATE. Con fecha posterior.

POSTED. TO KEEP SOMEONE POSTED. Tener a alguien al corriente, tener a alguien informado.

POSTER. s. 1. Cartel que anuncia algo. 2. cartel que sirve de adorno. POSTIE. s. Cartero. Nombre afectivo. Posties are taking strike action in defence of jobs and the quality of Royal Mail. Los carteros se declaran en huelga, para defender sus puestos de trabajo y la calidad de Correos.

POT. TO GO TO POT. Arg. Ir a la ruina, irse al garete, fracasar.

POT. TO KEEP THE POT BOILING. Mod. Mantener la llama viva. Mantener una actividad.

POTTY MOUTH. TO HAVE A POTTY MOUTH. Arg. Ser un malhablado, ser un grosero.

POWER LUNCH. s. Almuerzo durante el cual se habla de negocios con los socios.

POWER NAP. s. Una siestecita para recuperar energías.

POWER OF ATTORNEY. Poder notarial.

POWDER. TO KEEP ONE'S POWDER DRY. Mod. Estar preparado para cualquier eventualidad.

PRACTICES. UNFAIR PRACTICES. Prácticas desleales.

PRATT BY NAME PRATT BY NATURE. Gilipollas.

PRIVATE PUBLIC PARTNERSHIP. P P P. s. Colaboración Público - Privada.

PRAWN SHORT OF A COCKTAIL, A. Arg. Faltarle a uno un hervor.

PREDICTABLE. Adj. De manera previsible.

PREFER A LIE - IN TO HARD WORK, TO. Preferir quedarse en casa durmiendo que ir a trabajar con tesón.

P R ASSISTANT. s. Asistente de relaciones públicas.

P R GURU. s. Gurú de relaciones públicas.

P R. PUBLIC RELATIONS. s. Relaciones públicas.

P R. A SLICK P R COMPANY. Empresa de relaciones públicas eficiente.

PRAT, A. s. Lelo, tonto. Thanks Sean for letting me make a complete prat of myself. Henry, I don't think you need any help from me on that score. Gracias Sean, por hacerme quedar como un lelo. Henry, no creo que necesites que te eche una mano para quedar como lo que eres. He is a nice chap, but a prat. Es una bella persona, pero es un lelo.

PRECEDENT. TO SET A PRECEDENT. Mod. Sentar precedente.

PRECISION GUILLOTINE. s. Cizalla de palanca.

PRECISION TRIMMER. s. Cizalla de rodillo.

PRECLUDE, TO. v. Excluir.

PREDICAMENT. s. Apuro.

PRE - INKED STAMP. s. Preentintado.

PREMISES. s. Local. Business premises. Local comercial.

PREMIUMS. s. Primas.

PREPAID LETTER. s. Sobre prepagado.

PRE - REGISTRATION DEPARTMENT. Departamento de pre - inscripción.

PRESENT COMPANY EXCEPTED. Mod. Excluyendo a los presentes. Present company

excepted, I don't think many people realise the full significance of this project. Excluyendo a los aquí presentes, no creo que muchas personas se den cuenta de todo el significado de este proyecto.

PRESENTATION MOBILE WHITEBOARD. s. Pizarra caballete sobre ruedas.

PRESENTEEISM. s. Presentismo. A culture of presenteeism. Una cultura presentista.

PRESIDE OVER, TO. Presidir.

PRESIDENT. s. Presidente. Life president. Presidente vitalicio. Immediate past president. Presidente anterior.

PRESIDENT. s. Presidente. The president addressd a record audience at the annual dinner. El presidente pronunció un discurso, a una audiencia record, durante el almuerzo anual de la empresa.

PRESIDENT'S WELCOME SPEECH, THE. El discurso de bienvenida del presidente.

PRESS CONFERENCE. A JOINT PRESS CONFERENCE. s. Una rueda de prensa conjunta.

PRESS CUTTINGS. s. Recortes de prensa. For the remainder of this week and all of next, please can I have an extra set of press cuttings. Por lo que queda de semana, y toda la semana que viene, me pudes añadir un lote extra de recortes de prensa. The press cuttings are on the machine. Los recortes de prensa están en la fotocopiadora. Did you do the press cuttings yesterday? ¿Fotocopiaste los recortes de prensa ayer?

PRESS NOTICE. s. Nota de prensa.

PRESS OFFICE. s. Oficina de prensa.

PRESS OFFICER. s. Persona que se ocupa de enlazar con los medios de comunicación.

PRESS RELEASE. s. Comunicado de prensa, nota de prensa. To issue a press release. Publicar una nota de prensa.

PRESSURE. s. Presión. To cope under pressure. Sobrellevar la presión. To snap under the pressure. Sufrir un ataque de nervios.

PRETTY. TO SIT PRETTY. Mod. Disfrutar de una buena situación social.

PRICE. s. Precio. To fetch high prices in the market. Alcanzar precios elevados en el mercado.

PRICE. s. Precio. A fancy price. Un precio exagerado.

PRICE LIST. s. Lista de precios.

PRICES. AFFORDABLE PRICES. s. Precios asequibles.

PRICES AND AMOUNTS. Precios e importes.

PRIDE. s. Orgullo. To swallow one's pride. Tragarse el orgullo.

PRINTER. s. Imprenta.

PRINTER, A. s. Impresora.

PRINTING. Adj. Commercial printing. Imprenta comercial.

PRINT OUT, A. s. Una impresión. Could you please print out these letters? They are to go in white envelopes with a copy of the monthly magazine. ¿Podrías imprimir estas cartas? Hay que enviarlas en sobres blancos, con un número de la revista mensual.

PRINT OUT, TO. v. Imprimir.

PRINTING CALCULATOR. s. Calculadora impresora.

PRINTING. IN HOUSE PRINTING. Imprenta en la empresa.

PRINTED IN BOLD TYPE. Impresos en caracteres gruesos.

PRINTED IN LIGHT TYPE. Impresos en caracteres finos.

PRINTED SUBJECT DIVIDERS. s. Separador multitaladro.

PRIORITIES. TO HIGHLIGHT THE MAIN PRIORITIES. Poner de relieve las principales tareas.

PRIOR NOTIFICATION. Notificación previa.

PRIORITY. A KEY PRIORITY. Prioridad principal.

PRIORITY. THAT'S TO PRIORITY. Eso es primordial.

PRITT STICK. s. Pegamento en barra.

P and C. Private and confidential. Personal y confidencial.

PRIVATE EQUITY. s. Capital riesgo.

PRIVATE PARKING. STAFF ONLY. s. Aparcamiento particular. Sólo para los empleados.

PRIVATE PUBLIC PARTNERSHIP. P P P. Colaboración Público Privada.

PRIVATEER. s. Partidario de la empresa privada.

PRIVILEGED INFORMATION. s. Información privilegiada.

PRIVATIZE, TO. v. Privatizar.

PRIVY. TO BE PRIVY TO. Mod. Estar en el secreto de algo, tener conocimiento de algo, estar en el ajo.

PROACTIVE. Adj. Proactivo. Proactive approach. Enfoque proactivo.

PROACTIVITY. s. Proactividad.

PROACTIVITY IN THE WORKPLACE. Proactividad en el trabajo.

PROBE, TO. v. Poner a prueba, explorar.

PROBLEM. TO ADDRESS A PROBLEM. Abordar un problema.

PROBLEM. A CORE PROBLEM. Un problema fundamental.

PROBLEM. TO FACE A PROBLEM. Afrontar un problema.

PROBLEM. TO GET AROUND A PROBLEM. Salirse de un problema.

PROBLEM. A MULTI - FACETED PROBLEM. s. Un problema multifacético.

PROBLEM. NO MATTER HOW SERIOUS THE PROBLEM. Sea cual fuere la magnitud del problema.

PROBLEM SOLVING. s. Resolución de problemas.

PROBLEM. TO TACKLE A PROBLEM. Hacer frente a una situación. To tackle a problem at source. Erradicar un problema de raiz .

PROBLEM. AN UNDERLYING PROBLEM. Un problema de fondo.

PROBLEMS. DEEP - SEATED PROBLEMS. Problemas muy arraigados.

PROCEEDINGS. TO INSTITUTE PROCEEDINGS. Interponer un recurso.

PROCEEDINGS. TO TAKE LEGAL PROCEEDINGS. Entablar un pleito, presentar una demanda. Unless our account is settled within the next fourteen days, we shall be obliged to take legal proceedings. A menos que nuestra cuenta se salde, en un plazo de dos semanas, nos veremos obligados a presentar una demanda.

PROCEEDS OF A SALE. s. 1. Ingresos de la venta. 2. Beneficios de una venta.

PROCEDURE. s. Procedimiento. To follow the proper procedure. Seguir el procedimiento apropiado.

PROCUREMENT. s. Compra.

PRODUCT. s. Producto. To roll out a new product. Presentar un nuevo producto.

PRODUCTION MANAGER. s. Jefe de producción.

PRODUCTIVITY. s. Productividad. Overall productivity. Productividad global.

PRODUCTIVITY. s. Productividad. To increase productivity. Incrementar la productividad.

PROFESSION. TO BE IN THE WRONG PROFESSION. Haber elegido una profesión equivocada.

PROFESSIONAL. A CONSUMMATE PROFESSIONAL. Un profesional consumado. Un profesional como la copa de un pino.

PROFESSIONAL AND LEGAL ADVICE. s. Asesoramiento profesional y jurídico.

PROFESSIONAL LIFE. s. Vida profesional.

PROFESSIONAL LINE DIAL - OR - PHRASE DATER. s. Sello profesional.

PROFESSIONAL. SUITABLY QUALIFIED PROFESSIONAL. Profesional debidamente cualificado.

PROFILE. TECHNICAL PROFILE. s. Características técnicas.

PROFIT. s. Beneficio. Pre - tax profits. Beneficios antes de impuestos.

PROFIT AND LOSS ACCOUNT. Cuenta de pérdidas y ganancias.

PROFIT. TO BE IN PROFIT. Hacer beneficios.

PROFIT BODIES. s. Empresas con afán de lucro.

PROFIT DRIVEN. Afán de lucro.

PROFIT. TO GENERATE PROFITS YEAR IN, YEAR OUT. Generar beneficios año tras año.

PROFIT HUNGRY FIRM. s. Empresa con afán de lucro.

PROFIT MAXIMISATION. Maximación de beneficios.

PROFIT MAXIMISATION STRATEGY. Estrategia de maximación de beneficios.

PROFIT. NOT - FOR - PROFIT ORGANIZATION. Organización sin ánimo de lucro.

PROFITABILITY. s. Rentabilidad. To boost profitability. Estimular la rentabilidad. Sustainable profitability. Rentabilidad sostenible.

PROFITS. A SOURCE OF PROFITS. Fuente de beneficios.

PROFITS. COMPANY PROFITS ARE BOOMING. Los beneficios de la empresa están en auge.

PROFITS. AFTER TAX PROFITS. Beneficios después de pagar los impuestos.

PROFITS. TO MAKE VERY HEFTY PROFITS. Obtener grandes beneficios.

PROFITS. TO MAXIMISE PROFITS. Maximizar beneficios. A jump in profits. Un aumento de beneficios.

PROGRAMME MANAGEGMENT. Gestión de programas.

PROGRAMME. TO IMPLEMENT A PROGRAMME. Ejecutar un programa. Aplicar un programa.

PROGRESS. TO MAKE PROGRESS. Hacer avances.

PROGRESS MADE. Avances registrados.

PROJECT. s. Proyecto. A high - risk project. Un proyecto de alto riesgo. A major research project. Un gran projecto de investigación. To pull out of a project. Retirarse de un proyecto.

PROJECT CO - ORDINATOR. s. Coordinador de projectos.

PROJECT LEADER. s. Lider de proyectos.

PROJECT MANAGEMENT. s. Gestión de proyectos.

PROJECT MANAGER. s. Gestor de proyectos.

PROJECTOR TROLLEY. s. Mesa de proyección.

PROMISE. . s. Promesa. To make promises that one can not keep. Hacer promesas que uno no puede cumplir.

PROMOTED. TO GET PROMOTED. Ascender.

PROMOTION AND MARKETING. Promoción y comercialización.

PROOF - EDITING. Corrección de pruebas.

PROOF OF PURCHASE. s. Prueba de compra.

PROOFREADER. s. Corrector de pruebas.

PROOFREADING. s. Corrección de pruebas.

PROPERTY AND EQUIPMENT. Inmuebles y equipo.

PROPERTY INCOME. s. Ingresos inmobiliarios.

PROPERTY INSURANCE COMPANY. s. Compañía aseguradora de inmobiliaria.

PROPERTY MARKET. s. Mercado de la propiedad. A feverish property market. Mercado de la propiedd en auge.

PROPHET OF DOOM AND GLOOM, A. s. Un profeta del catastrofismo. Un profeta del desastre. Un profeta de calamidades.

PROPOSAL. s. Propuesta. To submit a proposal. Presentar una propuesta. The thrust of a proposal. La orientación de una propuesta.

PROSPECT. s. Perspectivas. Future prospects. Perspectivas futuras. A company's long - term prospects. Las perspectivas de una empresa a largo plazo.

PROPERTY LADDER. TO STEP ON THE PROPERTY LADDER. Comprar la primera vivienda. I am saving money. I want to step on the property ladder. Estoy ahorrando. Quiero comprarme una vivienda.

PROS AND CONS. Mod. Pros y contras, ventajas e inconvenientes. The are a lot of pros and cons with regard to private cars and public transport. Hay muchos pros y contras en lo tocante a los coches particulares, y el transporte público.

PROSPECTUS. s. Folleto.

PROTECTION OF HEALTH AND THE ENVIRONMENT. Protección de la salud y el medio ambiente.

PROTESTANT ETHIC. s. Etica profesional.

PROUD. Adj. Orgulloso. To be proud of one's ignorance. Estar orgulloso uno de su ignorancia.

PROVERBIALS. A PAIN IN THE PROVERBIALS. Un coñazo.

PROVISIONAL. TO SET A PROVISIONAL. Fijar con carácter provisional.

PROXIMITY. s. Proximidad. In close proximity. En estrecha vecindad.

PRY ON SOMEBODY'S AFFAIRS, TO. Inmiscuirse en los asuntos de alguien.

Ps AND Qs. TO MIND ONE'S Ps AND Qs. Mod. Portarse uno bien. Andarse con cuidado con lo que se dice o hace. Poner los cinco sentidos en lo que hace uno.

PSYCOPHANT. s. Adulador, zalamero, pelotas. Persona Persona que le gusta babear donde la espalda pierde su nombre.

PUB GOSSIP. Rumores de café.

PUB. HE COULDN'T ORGANIZE A FIGHT IN A PUB. Un inútil.

PUBLIC HEALTH. Salud pública. In the field of public health. En el ámbito de la salud pública.

PUBLIC. THE BROADER PUBLIC. s. El público en general.

PUBLIC OPINION POLL. P O P. s. Sondeo de opinión pública, encuesta. To carry out an opinión poll. Llevar a cabo una encuesta pública.

PUBLIC PROCUREMENT POLICY. s. Política de contratación pública.

PUBLIC RELATIONS FIRM. s. Empresa de relaciones públicas.

PUBLIC RELATIONS MANAGER. s. Director de relaciones públicas.

PUBLIC REVENUE, THE. s. El Erario Público. To cheat the Public Revenue. Defraudar a Hacienda.

PUBLICATIONS INCOME. Ingresos de la venta de publicaciones.

PUBLICATIONS OFFICER. s. Encargado de publicaciones.

PUBLICITY STUNT, A. s. Truco publicitario.

PUBLISHING MANAGER. s. Gerente editor.

PUDDING. THE PROOF OF THE PUDDING IS IN THE EATING. Mod. El movimiento se demuestra andando. Al freír será el reír.

PUFF - ADDER, A. s. Arg. Contable. Vocablo ofensivo.

PULL DOWN 80 HOURS A WEEK, TO. Trabajar ochenta horas a la semana. Echar ochenta horas a la semana.

PULL IN £2,000 A WEEK, TO. Ganar 2.000libras a la semana.

PULL ONE'S SOCKS UP, TO. Mod. Hacer un esfuerzo.

PULL ONESELF TOGETHER. Mod. Tranquilizarse, sosegarse, calmarse.

PULL OUT, TO. v. Romper, no cumplir, volverse

atrás, echarse atrás. The company pulled out of the contract that the employees had got. La empresa rompió el contrato que tenía con los empledos.

PULL THROUGH, TO. Recuperarse de una enfermedad.

PUNCH. NOT TO PULL ONE'S PUNCHES. No andarse con chiquitas.

PUNCH, TO. v. Encender un aparato.

PUNCH DECK, TO. En la jerga de la informática, teclear, chasquear.

PUNCHES. TO PULL ONE'S PUNCHES. Mod. Actuar con moderación.

PUNCTUAL EMPLOYEE, A. s. Empleado que llega a su hora al trabajo. Puntual. To be punctual. Ser puntual.

PUNDIT. s. Experto. Gran autoridad en una materia.

PURCHASE LEDGER CLERK. s. Encargado del libro mayor de compras.

PURCHASE ORDER. s. Orden de compra.

PURCHASER. s. Comprador.

PURCHASING MANAGER. s. Jefe de compras.

PURCHASING POWER. s. Poder adquisitivo.

PURPOSE. FIT FOR PURPOSE. Mod. Idóneo. Not fit for purpose. Incompetencia, ineptitud.

PUSH BARS OF THE EMERGENCY EXIT, THE. s. Las barras de las puertas de salida de emergencia.

PUSH IT, TO. Expr. Propasarse. PUSH. WHEN PUSH COMES TO SHOVE. Mod. A la hora de la verdad, cuando las cosas se ponen feas, cuando las cosas se ponen difíciles. Things are not good at work, and if push comes to shove, I will leave the firm. Las cosas no marchan bien en el trabajo, y si las cosas se ponen feas, me iré de la empresa.

PUSH THE ENVELOPE, TO. Mod. Arriesgarse a hacer algo.

PUSH. TO GIVE SOMEONE THE PUSH. Arg. Despedir del trabajo, prescindir de un empleado. The director has been thinking of giving Ian the push. El director está pensando en despedir a Ian del trabajo. To get the push. Ser despedido del trabajo.

PUSH OUT OF THE JOB. AS SOON AS THE MANAGEMENT KNEW THAT SHE WAS PREGNANT SHE WAS PUSHED OUT OF HER JOB. Tan pronto como la dirección se enteró que estaba embarzada, le hicieron la vida imposible, hasta que se tuvo que marchar del trabajo.

PUSHOVER. TO BE A PUSHOVER. 1. Persona fácil de manipular. 2. Dícese de algo que es fácil de hacer.

PUSH PINS. s. Agujas de señalización.

PUSHED. TO BE A BIT PUSHED. Estar un poco apurado.

PUSHED. TO BE PUSHED FOR TIME. Andar escaso de tiempo.

PUSH THROUGH, TO. Impulsar.

PUSHY. Adj. Ambicioso.

PUSSY - FOOT AROUND, TO. Actuar con demasiada cautela.

PUT SOMEONE DOWN, TO. Arg. Criticar, atacar verbalmente, desacreditar, censurar, vituperar, tirar por los suelos, poner a caer de un burro, poner de vuelta y media.

PUT DOWN AS. Anotar, registrar, catalogar. I will have to put this money down as travelling expenses. Tendré que registrar este dinero como gastos de viaje.

PUT FORWARD BY. Presentado por.

PUT OFF, TO. Bajar el ánimo, quitar las ganas, tirar para atrás.

PUT OUT YOUR TUBS WHEN IT IS RAINING. Rfr. La ocasión la pintan calva. Abre el ojo hermano, que asan carne. Las flores y la ocasión son de poca duración. Quien de la ocasión no sabe aprovecharse, no tiene de qué quejarse.

PUT UP. TO PUT A CASE UP FOR DISCUSSION. Proponer un asunto para debate.

PUT UP OR SHUT UP. Mod. Demostrar algo con hechos y no con palabras. You keep complaining about him either put up or shut up. Te quejas de él, o bien lo demuestras o te callas.

PUT UP WITH, TO. Aguantar, tolerar, permitir, soportar. You shouldn't have to put up with such brutalizing conditions. No deberías aguantar esas condiciones embrutecedoras.

PUT UP WITH SOMEONE,TO. Mod. Aguantar a alguien.

PUT YOUR DIRTY TOILET PAPER DOWN THE PAN NOT ON THE FLOOR! ¡Deposite el papel

higiénico usado dentro de la taza del water, y no
en el suelo! Aviso en un aseo.

PUZZLE. s. Acertijo, enigma. To face a puzzle.
Enfrentarse a un enigma.

Q

QUAGMIRE. s. Berenjenal, atolladero.

QUALIFICATIONS. s. Cualificaciones, estudios.To exaggerate one´s qualifications. Exagerar las cualificaciones.

QUALITIES, THE.s. La prensa seria.

QUALITY ASSURANCE. s. Garantía de calidad.

QUALITY ASSUARANCE MANAGER. s. Gestor de garantía de calidad.

QUALITY CERTIFICATION. s. Certificación de calidad.

QUALITY CHECKS. s. Verificaciones de calidad.

QUALITY CONTROL. s. Control de calidad.

QUALITY MANAGEMENT. s. Gestión de calidad.

QUALITY MANAGER. s. Jefe de calidad.

QUALITY STANDARDS. s. Normas de calidad.

QUALITY SYMPOSIUM. Jornadas sobre calidad.

QUANTITATIVE EASING. Q E. Flexibilización cuantitativa. Expansión cuantitativa. Imprimir dinero. Inyectar dinero en la economía. Política monetaria expansiva.

QUESTION. s. Pregunta. To ask relevant questions. Hacer preguntas pertinentes. The question stuck in my throat for a moment. La pregunta me dejó pensativo por unos instantes.

QUESTION. s. Pregunta. An awkward question. Una pregunta incómoda. A leading question. Una pregunta capciosa. To ask a deliberately leading question. Hacer una pregunta, deliberadamente, para arrancarle al contrincante una respuesta que puede comprometerle.

QUESTION. TO ASK A CHEEKY QUESTION. Hacer una pregunta descarada.

QUESTION. TO BALK A QUESTION. Evitar una pregunta.

QUESTION. TO BEG THE QUESTION. Mod. Dar por hecho lo que se quiere probar.

QUESTION. A BURNING QUESTION. s. Un asunto candente.

QUESTION. A STRAIGHTFORWARD QUESTION. Una pregunta sencilla. To answer a straight question with a straight answer. Contestar a una pregunta sencilla con una respuesta clara.

QUESTION. IF THE QUESTION ARISES. Si surge la cuestión.

QUESTION. THE QUESTION IN POINT. La cuestión es.

QUESTION. TO CALL INTO QUESTION. Mod. Poner en tela de juicio, poner en duda, poner en entredicho.

QUESTION. TO DODGE A QUESTION. Esquivar una pregunta.

QUESTION. TO DUCK A QUESTION. Eludir una pregunta. To duck a tough question. Eludir una pregunta difícil.

QUESTION. A FUNDAMENTAL QUESTION. Pregunta de fondo.

QUESTION. A LEADING QUESTION. Una pregunta con retranca, una pregunta capciosa, una pregunta con malicia.

QUESTION. THE QUAINT OLD QUESTION. La eterna pregunta, la tan traída y llevada pregunta.

QUESTION. TO RAISE A QUESTION. Mod. Plantear una pregunta, formular una pregunta, hacer una pregunta.

QUESTION. A SENSITIVE QUESTION. Una pregunta delicada.

QUESTION. A TRICKY QUESTION. Una pregunta difícil.

QUESTION. OUT OF THE QUESTION. Mod. De ninguna manera.

QUESTIONS. s. Incertidumbres, dilemas, interrogantes.

QUESTIONS. NO QUESTIONS ASKED. Ex. No hacer preguntas incómodas.

QUESTIONS. TO PEPPER SOMEONE WITH QUESTIONS. Mod. Acribillar a preguntas.

QUESTIONNAIRE. s. Cuestionario.

QUICK FIX, A. s. Solución temporal de un problema.

QUICK ON THE UPTAKE. TO BE QUICK ON THE UPTAKE. Mod. Cazarlas al vuelo, verlas venir.

QUIDDLER. s. Empleado que no hace nada, y pasa el tiempo hablando a los que trabajan.

QUILLS TO GET ONE´S QUILLS UP. Ponerse furioso, ponerse fuera de sí, enojarse.

QUIT ONE'S JOB, TO. Dejar el trabajo.

QUITS. TO CALL IT QUITS FOR HEALTH

REASONS. Arg. Jubilarse por motivos de salud.

QUITE. Adv. Completamente, totalmente. I quite agree. Estoy muy de acuerdo, estoy completamente de acuerdo.

QUITTER. s. Rajado, blando, que tira la toalla enseguida, persona que es fácil de amedrantar, persona que se desanima fácilmente. He was not a quitter; he couldn't give up his seat of his own volition. No era ningún rajado; no podía dejar su escaño voluntariamente.

R

RACK AND RUIN. TO GO RACK AND RUIN. Mod. Deteriorarse. The building has gone rack and ruin. El edificio se ha deteriorado.

RACKET. TO STAND THE RACKET. Mod. Afrontar las consecuencias.

RABBIT ON, TO. Arg. No parar de darle a la sinhueso, no parar de cascar, hablar hasta debajo del agua, hablar por los codos.

RAG. s. Periódico despreciable, periodicucho, periódico carroñero. The local rag. El periodicucho local. The editor of a rag. El director de un periodicucho.

RAG. TO FEEL LIKE A WET RAG. Arg. Estar para el arrastre, estar agotado, estar hecho polvo. I feel like a wet rag lately. Últimamente no valgo una perra gorda. .

RAG. TO LOSE ONE'S RAG. Perder los estribos, ponerse como una fiera.

RAG TRADE, THE. s. La industria de la confección.

RAIL STRIKES. s. Huelga de ferrocarriles. It is very likely that there will be another national rail strike tomorrow. This will not affect London Underground or buses. Whilst it is appreciated that this will cause difficulties for certain members of staff, you are expected to make every effort to attend the Office. Es muy probable que mañana habrá otra huelga nacional de ferrocarriles. La huelga no afectará ni al Metro de Londres ni a los autobuses. Comprendemos que dicha huelga creará problemas para algunos empleados, esperamos que hagan todo lo posible para venir al trabajo.

RAILS. TO GO OFF THE RAILS. Mod. Ponerse chalado.

RAIN, TO. v. Llover. Is it raining outside? Just drizzling. ¿Está lloviendo? Lloviznea. To rain cats and dogs. Caer chuzos de punta. Llover a cántaros.

RAIN. TO FEEL AS RIGHT AS RAIN. Gozar de buena salud.

RAKE IN, TO. Ganar, hacer beneficios. The company raked in £200 m profit last year. El año pasado, la compañía hizo unos beneficios de 200 millones de libras esterlinas.

RAMBLER. s. Dícese de la persona que no cesa de hablar durante una reunión. Generalmente, tonterias.

RANDOM FASHION. ARRANGED IN A RANDOM, DISORDERED FASHION. Organizado al azar, de manera desordenada.

RANDOM NUMBERS. s. Números fortuitos, números aleatorios.

RANDOMLY. Adv. De manera fortuita.

RANGE. s. Gama. To offer a wide range of services. Ofrecer una amplia gama de servicios. In a wide range of. En una gran variedad de.

RANGE, TO. v. Fluctuar, variar, oscilar, ir de tanto en tanto.

RANK - AND - FILE WORKERS. s. Albañiles, carpinteros, mineros, y un largo etc.

RANKING. s. Escalafón.

RANKS. TO RISE UP THE SOCIAL RANKS. Ascender, prosperar.

RAP. TO TAKE THE RAP FOR SOMETHING. Mod. Llevarse las culpas, comerse un marrón, pagar por otro, pagar el pato, pagar los vidrios rotos. RASH.

RASH. TO BE OVER SOMEONE LIKE A GHASTLY RASH. No dejar a alguien un instante en paz. Estar encima de alguien constantemente. Con el aliento en el cogote. No dejar a alguien ni a sol ni sombra.

RAT RACE, THE. Mod. Competencia encarnizada para disputarse el trabajo, la riqueza, etc, a fin de triunfar en la vida. In the company where I work it is just a rat race, with everyone working his head off, trying to get ahead of everyone else. En la empresa donde trabajo, no hay más que una lucha, entre uno contra todos y todos contra uno. Todo quisque trabaja como un loco para tratar de adelantarse a los demás.

RATE. A RISE IN RATES. Aumento de los tipos de interés.

RATE. A RISK - FREE RATE. Tipo de interés sin riesgos.

RATE DIFFERENT. s. Porcentaje distinto.

RATE OF INCREASE IN SALARIES. Proporción de aumento de salarios.

RATE OF INFLATION. s. Tasa de inflación.

RATE OF REFUND. Tipo de restitución.

RATE. s. Tasa. Yield of rate. Tasa de rendimiento.

RATES. s. Contribución municipal.

RATES. s. Cuotas. The rates of subscription were agreed at the Annual General Meeting. Las cuotas de suscripción se aprobaron en la Junta General Anual.

RATES. CONVERSION RATES. Tipos de conversión.

RATES OF RETURN. Tasa de rendimiento de capital.

RATES. SOARING INTEREST RATES. Tipos de interés por las nubes.

RATEPAYER. s. Contribuyente.

RATING AGENCY. s. Agencia de calificación de riesgos.

RATIONALIZATION. Euf. En otras palabras, despidos y recortes de salarios.

RATTLE THROUGH. Hacer algo rápidamente, acabar algo pronto. I found the book very enjoyable and I rattled through it in a day. Me gustó mucho el libro, y lo leí en un día.

RAZOR EDGE SITUATION, A. Una situación crítica.

RAZOR. AS SHARP AS A RAZOR. Ingenioso, ocurrente.

REACTION. s. Reacción. The reaction was over the top. La reacción fue desmesurada.

READ. A CURSORY READ. Una lectura por encima.

READ INTO SOMETHING, TO. Ex. Comprender.

READ OUT, TO. Leer en voz alta. To read a document out. Leer un documento en voz alta.

READ SOMEONE THE RIOT ACT, TO. Mod. Leerle a alguien la cartilla.

READY. TO BE READY FOR. Estar dispuesto, estar preparado para.

READY. WHEN YOU ARE READY. Cuando puedas, cuando estés preparado. I will be back for the documents. When you are ready. Volveré a por los documentos cuando los tengas listos.

REAM OF PAPER, A. s. Un paquete de folios. Can you bring me some reams of paper to my office? ¿Puedes traerme unos paquetes de folios a mi despacho?

REAPPOINT, TO. v. Volver a nombrar. To be reappointed chairman. Volver a nombrar

presidente de nuevo.

RE - ARRANGE, TO. v. Reordenar.

REASON. s. Razón. It stands to reason that. Se cae por su peso.

REASON. s. Razón. Troubling reason. Razón preocupante.

REASONABLE CERTAINTY. Con bastante exactitud, con cierta exactitud.

REBOOT A COMPUTER, TO. Encender el ordenador.

REBRAND, TO. v. Cambiar la marca de una compañía.

RECANT, TO. v. Volverse atrás, desdecirse, retractarse echarse atrás.

RECEIPT BOOK. s. Libro de recibos.

RECEIVER, THE. s. El síndico. The official receiver. El síndico.

RECEIVER. s. Auricular. He put the receiver down next to the telephone and walked out of the office. Puso el auricular al lado del teléfono, y salió del despacho.

RECEIVERSHIP. s. Administración judicial. The company is about to go into receivership. La empresa está a punto de entrar en administración judicial. To go into voluntary receivership. Entrar en administración judicial voluntaria. The company is currently in receivership. Actualmente, la empresa está en liquidación.

RECENTLY. MORE RECENTLY. En los últimos tiempos.

RECEPTION. s. Recepción. A drab reception lobby. Una recepción gris, un cuchitril de recepción. Reception will be unmanned from 2.00 to 4.00 o'clock today. Hoy, la recepción estará desatendida de 2 a 4 de la tarde.

RECEPTION COUNTER. s. Mostrador de recepción.

RECEPTION DUTY. Turno de recepción.

RECEPTION - SUPERVISOR. s. Jefe/a de recepción.

RECEPTIONIST. s. Recepcionista. Small company seeks a full o part time recepcionist. Empresa pequeña necesita recepcionista, a tiempo parcial o completo.

RECESSION. A DOUBLE - DIP RECESSION. s. Una

segunda recesión. Riesgo de recaída de la economía. Una recuperación en forma de dientes de sierra. A hard hitting recession. Una recesión devastadora.

RECORD. FOR THE RECORD. Que conste.

RECORD. OFF THE RECORD. Oficiosamente, confidencialmente, en secreto, yo te lo digo pero no te lo he dicho.

RECORD. TO BE ON THE RECORD. Constar.

RECORD. TO SET THE RECORD STRAIGHT. Mod. Poner las cosas en su sitio, aclarar las cosas.

RECORD. s. Disco. To sound like a broken record. Parecer un disco rayado.

RECORD. TO HAVE A GOOD TRACK RECORD. Tener un buen historial, tener una buena trayectoria.

RECORDS. s. Archivos. I am updating my records. Estoy actualizando mis archivos.

RECORDS. SINCE RECORDS BEGAN. Dede que existen registros. Desde que tenemos datos.

RECOUP, TO. s. Recuperar. The company is trying to recoup some of the £10 m that it lost in revenue. La empresa trata de recuperar parte de los 10 millones de libras esterlinas que perdió en ingresos.

RECRUIT, TO. v. Contratar.

RECRUITMENT. s. Contratación de empleados. The company is committed to an equal opportunity policy for recruitment. La empresa está comprometida, en lo que respecta a la contratación de empleados, en una política de igualdad de oportunidades. To be recruited to a firm. Ser contratado por una empresa. To appoint a director of recruitment. Nombrar a un director de contratación de personal.

RECRUITMENT COSTS. Costes de contratación de empleados.

RECRUITMENT DEPARTMENT. s. Departamento de contratación.

RECRUITMENT DRIVE. Campaña para contratar empleados.

RECRUITMENT FIRM. s. Agencia de contratación de empleo.

RECYCLED PAPER. s. Papel regenerado, reciclado.

RECYCLING. s. Reciclaje. Four boxes of old magazines are in my office, can you collect them for recycling, please? Hay cuatro cajas de revistas viejas en mi despacho. Por favor, ¿podrías recogerlas para el reciclaje?

RECYCLING BIN. s. Papelera para el reciclaje. Our recycling bin is overflowing. La papelera de reciclaje está rebosando.

RED CARPET TREATMENT, THE. Un recibimiento con todos los honores. Recibir por todo lo alto. To roll out the red carpet for someone. Recibir a alguien con todos los honores. The government rolled out a welcome carpet for the foreign dignataries. El Gobierno les dio la bienvenida a los dignatarios extranjeros con todos los honores.

REDEPLOYMENT OF OFFICES. Reorganización de officinas.

RED HERRING. TO DRAW A RED HERRING ACROSS A PATH. Mod. Sacar a colación material irrelevante al asunto en discusión.

RED - LETTER DAY, A. s. Una fecha marcada en rojo.

RED RAG. TO BE LIKE A RED RAG TO A BULL. Mod. Algo/alguien que le enciende la sangre a uno. Algo que le hace subir a uno por las paredes.

RED TAPE. s. Burocracia, papeleo, trámites. To cut the red tape. Reducir los trámites burocráticos.

RED TAPER. s. Burócrata.

RED. TO SEE RED. Enojarse.

REDUCED HOURS. Jornada reducida.

REDUNDANCIES. SUBSTANCIAL REDUNDANCIES. Despidos numerosos.

REDUNDANCY. s. Despido. For most people redundancy is a devastating experience. Para la mayoría de las personas, el despido es una experiencia devastadora. To slash redundancy rights. Reducir derechos de despido. Mass redundancies. Despidos en masa. Ola de dspidos.

REDUNDANCY COMPENSATION. s. Compensación por despido.

REDUNDANCY. FAIR REDUNDANCY. s. Despido justo.

REDUNDANCY NOTICE. s. Notificación de despido. The company has issued redundancy notices to all its 300 staff. La empresa ha expedido notificaciones de despido a sus trescientos empleados. To hand out redundancy notices. Expedir notificaciones de despido. To receive a redundancy notice. Recibir una notificación de despido. We just got up on Saturday morning, and the postman came, and your redundancy notice was on your mat. El sábado por la mañana, acabábamos de levantarnos, vino el cartero, y trajo la notificación de despido.

REDUNDANCY PAYOUT. s. Indemnización por despido.

REDUNDANT. TO BE MADE REDUNDAT WITH IMMEDIATE EFFECT. Ser despedido con carácter inmediato.

REFILLS AND INK. s. Tinta de rellenado.

REFUNDS. s. Restituciones.

REGARDS. s. Recuerdos. Lennox sends his regards. Lennox manda recuerdos.

REGARDS. WITH MY BEST REGARDS. Un cordial saludo.

REGULARLY. Adv. Periodicamente.

REHAB. REHABILITATION. s. Rehabilitación. Godfrey has gone into rehab, admitted for depression and stress. A Godfrey lo han admitido en rehabilitación, por depresión y agotamiento físico.

REINS. TO TAKE UP THE REINS. Mod. Asumir un cargo.

RELATIONSHIP. s. Relaciones. A cosy relationship. Una cómoda relación. Explosive relationships. Relaciones antagónicas, relaciones tormentosas.

RELEVANCE. s. Pertinencia.

RELIEVE. TO RELIEVE SOMEONE OF HIS DUTIES. To sack someone. Echar a alguien del trabajo, prescindir de los servicios de alguien, despedir. The director has been relieved of his duties. Han despedido al director.

RELOCATE, TO. v. Reubicar, trasladarse. To relocate a company to another place. Reubicar una empresa en otro lugar.

REMAINER. s. Partidario británico de la Permanencia del Reino Unido en la Unión Europea. Diehard remainer. Partidario británico acérrimo de la Permanencia del Reino Unido en la Unión Europea.

REMAINERS AND BREXITEERS ARE AT DAGGERS DRAWN. Partidarios a favor y en contra de la Permanencia en la UE del RU se llevan a matar.

REMARK, TO. v. Comentar, observar.

REMARK. BELOW THE BELT REMARK. Mod. Comentario ofensivo. To deliver a caustic remark. Hacer un comentario mordaz.

REMARK. AN OUTLANDISH REMARK. Comentario descabellado.

REMARK. TO MAKE AN OFF THE CUFF REMARK. Hacer un comentario espontáneo.

REMEMBER. TO BE REMEMBERED TO. Mandar recuerdos. I saw Dean yesterday, he wishes to remembered to you. Vi a Dean ayer, te manda recuerdos.

REMARK. TO MAKE A SNEERING AND SNOBBISH REMARK. Hacer un comentario pijo.

REMINDER. s. Recordatorio. If you have already paid your subscription please disregard this reminder. En el caso de que haya pagado la suscripción, por favor, no tenga en cuenta este recordatorio. To issue a reminder. Expedir un recordatorio.

REMINISCENCE. s. Reminiscencia. Mainly reminiscence. Pura reminiscencia.

REMORTGAGE, TO. v. Refinanciación de una hipoteca mediante otra hipoteca complementaria.

REMOTE EXECUTIVE ASSISTANT. s. Persona que asiste a un ejecutivo desde otro país. Le ayuda, a concertar citas, contesta llamadas telefónicas, recordarle que tiene que ir al gimnasio, etc.

REMOTE WORKING. Trabajar desde cualquier lugar menos desde la oficina del empleador. Desde casa, un café, un tren, etc. Utilizando el móvil u ordenador portátil.

RENEGE ON SOMETHING, TO. v. No cumplir algo. To renege on one's promises. Incumplir las promesas.

RENEWAL. s. Renovación. Renewal of a subscription. Renovación de una suscripción. Renewal of a contract. Renovación de un contrato.

RENT REVIEW. s. Revisión de alquiler.

RENTER. s. Inquilino.

REP. REPRESENTATIVE. s. Comercial. Representante.

REPAIR. s. Reparación. To be beyond repair. No tener algo remedio, no tener solución.

REPAIR. s. Reparación. Cost of repairs. Costo de reparaciones.

REPAIRS AND MAINTENANCE. s. Reparaciones y mantenimiento.

REPAY, TO. v. Reembolsar. To be duly repaid. Ser debidamente reembolsado.

REPAYMENT. s. Reembolso.

REPLACEMENT BLADES. s. Cuchillas de recambio. Recambios cortadores.

REPORT. s. Informe. We will submit the report to the Council for action. Presentaremos el informe al Consejo para que adopte las medidas correspondientes. A comprehensive report. Un informe global. To draw up a report. Elaborar un informe. To draw up quarterly reports. Elaborar informes trimestrales. Own - initiative report. Informe de propia iniciativa. To present an annual report. Elaborar un informe anual. A three - yearly report. Un informe trienal. A devastating report. Un informe demoledor. Please find enclosed 2018 annual report for your information. Adjunto el informe annual de 2018 para su información.

REPORT, TO. v. Notificar, avisar, comunicar.

REPORT. s. Informe, I want a full report on my desk as soon as possible. Quiero un in informe completo en mi escritorio lo antes posible.

REPORT. s. Informe. A damning report. Un informe demoledor. Un informe crítico.

REPORT. s. Informe. A summary report. Informe de síntesis.

REPORT WRITING. s. Redacción de informes. To write a report. Redactar un informe.

REPOSSESSION. s. Confiscación por incumplimiento de pago.

REPOSITIONABLE NOTE HOLDER. s. Portanotas.

REQUEST. s. Solicitud, petición. At someone's request. A petición de alguien. At the request of the chairman. A solicittud del presidente. A meeting at one's request. Reunión a petición propia.

RESEARCH DEVELOPMENT AND INNOVATION. R+D+I. Investigación, Desarrollo e Innovación. We will invest £30 million pounds in Research, Development and Innovation this year. Este año, invertiremos £30 m en Investigación, Desarrollo

e Innovación. Head of Research Development and Innovation. Director de Investigación, Desarrollo e Innovación.

RESCIND, TO. v. Rescindir. To rescind a contract. Rescindir un contrato. To rescind a resignation. Rescindir una renuncia.

RESCISSION OF CONTRACT. Rescisión de contrato.

RESEARCHED. Documentado.

RESERVATION. s. Reserva. To make a reservation by telephone. Hacer una reserva por teléfono.

RESIGN, TO. v. Dimitir, renunciar a un cargo. To resign for personal reasons. Dimitir por motivos personales. To submit one's resignation. Presentar la dimisión.

RESIGN EN MASS, TO. Dimitir en bloque.

RESIGN ON MEDICAL ADVICE, TO. Dimitir por motivos de salud.

RESIGN WITH IMMEDIATE EFFECT, TO. Dimitir con carácter inmediato. Dimitir irrevocablemente.

RESIGNATION. s. Dimision. To hand in one's resignation. Presentar la dimisión. To tender one's resignation with immediate effect. Presentar la dimisión con carácter inmediato. Mass resignations. Dimisiones en masa. Following the resignation of Andrew, we will be recruiting for a replacement and will keep you informed as we progress. Tras la dimisión de Andrew, contrataremos a alguien para sustituirlo. Les mantendremos al corriente del asunto.

RESKILL, TO. v. Formación continua de los empleados.

RESOLUTIONS. s. Propósitos. To make new years resolutions. Hacer los buenos propósitos de Año Nuevo.

RESOUNDING NO, A. Un no rotundo.

RESOURCES. s. Recursos. Lack of resources. Falta de recursos.

RESPECT. WITH ALL DUE RESPECT. Con el debido respeto.

RESPONSABILITIES. s. Obligaciones. Funciones. Competencias.

RESPONSABILITIES. ALLOCATION OF RESPONSABILITIES. El reparto de competencias.

RESPONSIBLE. TO BE RESPONSIBLE FOR. Estar al cargo de. Jeremy is respossible for the security of the building. Jeremy está al cargo de la seguridad del edificio.

REST BREAK. Pausa de descanso.

RESTLESS LEGS SYNDROME. Síndrome de piernas inquietas.

REST ROOM. s. Enfermería.

RESTRUCTURE, TO. v. Reestructurar. Significa, por lo general, despidos y recortes de salarios.

RESTRUCTURING. s. Reestructuración. N C T D is cutting up to 2,300 jobs as it undergoes restructuring. La empresa, N C T D, elimina 2.300 puestos de trabajo al sufrir una reestructuración.

RESULT. s. Resultado. This result was nothing but inevitable. Este resultado no tenía nada de inevitable.

RESULTS. SUBSTANTIAL RESULTS. Resultados apreciables.

RESULTED. IT RESULTED IN. La consecuencia fue, el resultado fue.

RESULTING FROM. Resultante de.

RESUMÉ INFLATION. s. Tendencia a exagerar el currículo vitae cuando se solicita un trabajo.

RETAIL OUTLET. s. Establecimiento de venta al pormenor.

RETAIN CONSULTANTS, TO. Contratar a especialistas.

RETIRE, TO. v. Jubilarse. They are going to retire me. Me van a jubilar. To be fully retired. Estar jubilado. When I retire I will have a farewell party. Cuando me jubile daré una fiesta de despedida. Jim is to retire at the end of the year. Jim se jubila a finales de año. Charles retired on his own iniciative. Charles se jubiló por iniciativa propia. To be retired on medical grounds. Estar jubilado por motivos de salud.

RETIREE. s. Jubilado.

RETIREMENT. s. Jubilación. Semi - retired. Jubilado a medias. Semi - retirement. Jubilación a medias. Mr. Blair is now in semi - retirement. El señor Blair está ahora jubilado a medias. To come out of retirement. Volver a trabajar después de estar ya jubilado. If my health holds up may be I retire when I am 70. Si tengo salud, puede que me jubile a los setenta años. To push someone into retirement. Presionar a alguien para que se jubile. Early retirement. Jubilación anticipada.Tambien significa, "estás despedido." Because the impending retirement of Roger. Debido a la inminente jubilación de Roger. To enjoy one's retirement. Disfrutar la jubilación.

RETIRING AGE. s. Edad de jubilación.

RETRAINING. s. Readaptación profesional, reconversion profesional.

RETURN. s. Beneficios. To get enough of a return. Obtener buenos beneficios.

RETURN A CALL, TO. Devolver una llamada. Rose has returned your call. Rose ha devuelto to llamada.

RETURNS. TO COOK THE RETURNS. Amañar las cuentas.

RETURNER. s. Dícese de la mujer que vuelve a una empresa, de la que se había ido para formar una familia.

REVENUE. s. Ingresos. A revenue stream. Fuente de ingresos. To raise revenue. Aumentar los ingresos.

REVERSE, TO. v. Revertir.

REVOLVING DOORS. s. Las puertas giratorias. Pasar de la política a la empresa, y viceversa

REVOLVING LEAFLET HOLDER. s. Expositor giratorio.

REWARDS AND BENEFITS. s. Premios y beneficios.

RID. TO GET RID OF SOMEONE. Deshacerse de alguien.

RIDE. A BUMPY RIDE. Un periodo difícil. The company is going through a bumpy ride. La empresa pasa por un mal momento.

RIDE ROUGHSHOD OVER SOMEONE, TO. Mod. Tratar a alguien sin ninguna clase de miramientos. Sin ninguna clase de consderación. Pisotear.

RIDE SOMETHING OUT, TO. Superar un problema.

RIDE. TO TAKE SOMEONE FOR A RIDE. Mod. Burlarse de alguien.

RIDING HIGH. Mod. Triunfar.

RIGHT - HAND MAN, A. s. Un estrecho colaborador, el brazo derecho de alguien. Un Sancho Panza.

RIGHT. IF IT IS ALL RIGHT BY YOU, IT IS ALL RIGHT BY ME. Si a tí te parece bien, a mí también.

RIGHT. IN THE RIGHT. Es lo cierto.

RIGHT. IN ITS OWN RIGHT. Por sí mismo.

RIGHT MOVE, A. Una baza apropiada, una baza acertada.

RIGHT OFF! ¡Inmediatamente!

RIGHT. THE RIGHT TO BE FORGOTTEN. El derecho al olvido en la Red. El derecho al borrado en la Red.

RIGHT. TO PUT SOMEONE RIGHT. Mod. Decirle cuatro verdades a uno, poner a uno en su sitio.

RIGHT. TO SEE SOMEONE RIGHT. Compensar a alguien por las molestias que se ha tomado. Compensar un favor.

RIGHT. TO SERVE SOMEONE RIGHT. Tener alguien lo que se merece.

RIGHT YOU ARE! Interjección. ¡Claro que sí!

RIGHT. YOU ARE QUITE RIGHT. Tienes toda la razón del mundo.

RIGHT. s. Derecho. Lack of rights in the workplace. Carencia de derechos en el trabajo.

RIGHTS. HARD - WON RIGHTS. Derechos obtenidos con muchos sacrificios.

RIGHTSIZE, TO. v. Euf. Despido de personal.

RING, TO. v. Telefonear. Can you ring David on this number? ¿Puedes llamar a David a este número? Could you get Cathy to ring me? It is a matter of urgency. ¿Podrías decirle a Cathy que me telefonee? Es un asunto de urgencia. Will you ring Anthea? ¿Puedes telefonear a Anthea? I am ringing on behalf of. Llamo de parte de. Will you ring Andrew on the mobile? ¿Puedes llamar a Andrew a su móvil? Will you ring Dorothy urgently. Puedes llamar a Dorothy urgentemente. Andrew, will you ring Sarah in her office? Andrew, ¿puedes llamar a Sarah a su oficina? I will ring you in five minutes. Te telefonearé dentro de cinco minutos.

RING BACK, TO. Devolver una llamada. Jude is not available at the moment. Will you ring back next week? Jude no está libre en este momento. ¿Podría volver a llamar la semana próxima? Alma is on the other line at the moment, can I get her to ring you back when she's finished? Alma está en el otro teléfono ahora, ¿Puedo decirle que le devuelva la llamada cuando termine?

RING. TO HOLD THE RING. Mod. Hacer de mediador en una disputa.

RING OFF, TO. v. Colgar. I picked up the phone and he rang off. Cogí el teléfono y colgó. Don't ring off! ¡No cuelgue! Hold on! ¡No cuelgue!

RING UP, TO. Llamar por teléfono. I rang him up, but he would not come to the phone. Lo llamé, pero no cogía el teléfono.

RINGS. TO RUN RINGS ROUND SOMEONE. Mod. Darle cien míl vueltas a alguien, dar sopas con honda. He boasted that his team could run rings round their team. Se vanagloriaba de que su equipo podía darle cien mil vueltas al suyo.

RIOT ACT. THE DIRECTOR READ THE EMPLOYEES THE RIOT ACT. Mod. El director les echó a los empleados una soberana bronca.

RISE, A. s. Aumento de sueldo. Whether you get a rise or not or anybody else gets a rise or not has nothing to do with you. Que te suban el sueldo o no, o a cualquier otra persona le suben el sueldo o no, no tiene que ver nada contigo.

RISE. TO GIVE RISE. Plantear.

RISE. TO RISE TO THE OCCASION. Dar la talla, estar a la altura de las circunstancias.

RISK ASSESMENT. s. Evaluación de riesgos.

RISK CAPITAL. s. Capital de riesgo.

RISK - FREE. Sin riesgos.

RISK MANAGEMENT. s. Gestión de riesgos.

RISK PREVENTION IN THE WORKPLACE. Prevención de riesgos laborales.

RISK - REDUCTION POLICIES. s. Políticas de reducción de riesgos.

RISK - TAKING. Asunción de riesgos.

RITZY. Adj. Elegante.

ROAD. TO BE ON THE ROAD TO RECOVERY. Estar recuperándose.

ROAD. TO HAVE TO GO DOWN THE ROAD. Euf. Haber sido despedido del trabajo.

ROARING TRADE. TO DO A ROARING TRADE. Irle a uno bien el negocio.

ROASTING. s. Bronca. To get a roasting. Llevarse una bronca.

ROB PETER TO PAY PAUL, TO. Mod. Desnudar a

un santo para vestir a otro.

ROBIN HOOD TAX. s. La imposición de 0.05% de impuesto a las transacciones bancarias internacionales.

ROBOT. s. Robot. The robts have arrived. Ya están aquí los robots.

ROBOTIC ROUTINE, A. Trabajo repetitivo.

ROBOTIC TASK, A. Tarea repetitiva.

ROCK BOTTOM. TO BE AT ROCK BOTTOM. Estar depre.

ROCK BOTTOM. TO REACH ROCK BOTTOM. Mod. Estar por los suelos. On the shop floor, morale is at rock bottom. En el trabajo, la moral está por los suelos.

ROCK. BETWEEN A ROCK AND A HARD PLACE. Mod. Estar entre la espada y la pared. Estar en un callejón sin salida.

ROCK. AS STEADY AS A ROCK. Mod. Firme como una roca.

ROCKER. TO BE OFF ONE'S ROCKER. Estar majareta. No estar uno en sus cabales.

ROCKET. TO GET A ROCKET. Mod. Llevarse una buena bronca.

ROCKET SCIENCE. IT IS NOT ROCKET SCIENCE. Mod. No ser ninguna ciencia, no hace falta que lo dijera Einstein.

ROCKS. TO BE HEADING FOR THE ROCKS. Mod. Ir camino del desastre, caminar hacia la ruina. The company is heading for the rocks. La empresa camina hacia la ruina.

ROCKS. TO BE ON THE ROCKS. Mod. Tener problemas financieros.

ROLE. s. Cargo, función. Sarah has been appointed to the new role. Han nombrado a Sarah para desempeñar el nuevo cargo. A marginal role. Una función marginal. To play an active role. Desempeñar un papel activo.

ROLL OF KRAFT PAPER. s. Bobina de papel embalaje.

ROLL ON. COME ON! ROLL ON LUNCH TIME. ¡Vamos! Que llegue pronto la hora del almuerzo.

ROLL ON SUMMER. Que llegue pronto el verano.

ROLL ON WEEKEND. Que llegue pronto el fin de semana. Roll on the weekend. I am going on holiday on Sunday. Que llegue pronto el fin de semana. Me marcho de vacaciones el domingo.

ROLLERCOASTER CAREER IN MANAGEMENT, A. Una carrera en administración de empresas con altibajos.

ROLLING STONE GATHERS NO MOSS, A. Rfr. Piedra movediza, nunca moho la cobija.

ROME WASN'T BUILT IN A DAY. Rfr. No se ganó Zamora en una hora.

ROOF. TO HIT THE ROOF. Ponerse como una fiera.

ROOFTOPS. TO SHOUT FROM THE ROOFTOPS. Mod. Anunciar a bombo y platillo. Pregonar a los cuatro vientos. Tirar cohetes. Echar las campanas al vuelo.

ROOM LAYOUT FOR A MEETING. Disposición de las mesas de una reunión.

ROOST. TO RULE THE ROOST. Dirigir el cotarro, ser quien parte el bacalao.

ROOT AND BRANCH REFORM, A. Una reforma total.

ROPE SOMEONE IN, TO. Inducir a alguien para que participe en algo.

ROPE STANDS. s. Postes separadores de cordón.

ROPES. TO BE ON THE ROPES. Mod. Estar en las cuerdas.

ROPES. TO KNOW THE ROPES. Mod. Saber de que se trata algo, conocer el oficio, saber más que el diablo, saber más que el aceite rancio, saber más que Merlín. The new employee won't know yet the full ropes. El nuevo empleado no sabrá todavía bien de que trata el trabajo.

ROPES. TO SHOW SOMEONE THE ROPES. Mod. Mostrarle a uno como se hace un trabajo. The new employee is still learning the ropes. El nuevo empleado todavía está aprendiendo el oficio. We have a new person learning the ropes from today. A partir de hoy, tenemos a un nuevo empleado aprendiendo el oficio.

ROSES. A PATH STREWN WITH ROSES. Una carrera sin obstáculos.

R's. THE THREE R's. Reading, 'riting and 'rithmetic. Leer, escribir y contar. Las tres reglas básicas de toda educación. He doesn't know his three R's from his elbow. Ser un tonto.

ROSTER. s. Lista de turnos. The staff on the roster. Los empleados en la lista de turnos.

ROT. TO TALK ROT. Hablar sandeces.

ROTA. s. Lista de turnos. To be on rota. Trabajar

por turnos. To cover the rota. Cubrir la lista de turnos.

ROTARY BUSINESS CARD FILES. s. Rotativo para tarjetas de visita.

ROTARY CARD FILE. s. Rotativo para fichas.

ROTARY CUTTER. s. Cortador rotary.

ROTARY PAPER TRIMMER. s. Guillotina con rodillo.

ROTTEN SWINE, A. s. Un tipo de cuidado, un mal bicho.

ROUGH DAY. TO HAVE A ROUGH DAY. Tener un mal día. Uno de esos días que debería haberse quedado uno en la cama

ROUGH EDGES. s. Asperezas, aristas. It´s time to smooth the rough edges. Ya es hora de limar asperezas.

ROUGH SOMETHING OUT, TO. Hacer un boceto.

ROUND. TO COME ROUND. Entrar en razón.

ROUND ROBIN. s. Petición que se hace, de manera que las firmas forman un círculo para que ninguna conste a la cabeza. A round robin circulated by the employees demanded the resignation of the director. Una petición con las firmas de los empleados, formando un círculo en el papel, pedía la dimisión del director.

ROUND TABLE. s. Mesa redonda. To organize a round table. Organizar una mesa redonda. Negotiations at a round table. Negociaciones en una mesa redonda.

ROUND - THE - CLOCK SURVEILLANCE. s. Vigilancia las veinte horas del día.

ROUND TRIP. s. Viaje de ida y vuelta

ROUND WALL CLOCK. s. Reloj de pared redondo.

ROUTINE. s. Pocedimiento de trabajo establecido. A strict routine. Plan de trabajo riguroso. To follow a routine. Seguir un plan the trabajo establecido. This is a normal routine job. Este es un trabajo normal habitual.

ROUTINE. s. Habitual. Non - routine. No habituales.

ROUTINE. TO DO OFFICE ROUTINE WORK. Hacer trabajo habitual de oficina.

ROW. A HECK OF A ROW. Una zapatiesta de mil demonios.

ROW. TO HAVE A HARD ROW TO HOE. Mod.

Pasar muchas fatigas, llevar una vida penosa, tener una vida llena de dificultades.

ROW. TO ROW IN THE SAME DIRECTION. Mod. Tirar del carro en la misma dirección.

ROW. A STINKING ROW. Pelotera, discusión acalorada, trifulca.

ROYAL MAIL. s. Correos.

ROYAL MINT, THE. s. La Casa de la Moneda.

ROYALTIES. s. Derechos de autor.

RUB SOMEONE UP THE WRONG WAY, TO. Mod. Irritar, enojar, enfadar.

RUBBER BAND, A. s. Goma elástica.

RUBBER HEEL, A. s. Arg. Dícese del empleado que espía a otros empleados.

RUBBER STAMP, A. s. Un sello.

RUBBER - STAMP, TO. Aprobar maquinalmente. To rubber stamp a deal. Aprobar un trato automaticamente.

RUBBISH. s. Basura. What´s all this rubbish piling up here? ¿Qué hace toda esta basura amontonada aquí?

RUBBISH SOMEONE DOWN, TO. Arg. Denigrar, poner por los suelos, poner a caer de un burro.

RUCKING, A. arg. Reprimenda.

RUDE. Adj. Grosero.

RUG. TO PULL THE RUG OUT FROM UNDER SOMEONE. Mod. Dejar a alguien en la estacada, abandonar a alguien a su suerte.

RUG. TO SWEEP A PROBLEM UNDER THE RUG. Mod. Ocultar un problema.

RUGS. TO KEEP ONE´S VIEWS UNDER RUGS. Mod. Guardarse una opinión para sí mismo.

RULE. A HARD AND FAST RULE. Norma que no puede cambiarse bajo ningún pretexto.

RULE MAKING. Reglamentación.

RULE. THE EXCEPTION THAT PROVES THE RULE. La excepción que confirma la regla.

RULE OUT, TO. v. Descartar, excluir. We would not rule anything in or out. No daríamos por sentado ni descartaríamos nada.

RULE OVER, TO. Presidir.

RULE THE ROOST, TO. Dirigir el cotarro. ¿Who rules the roost here? ¿Quién dirige el cotarro aquí? James doesn't rule the roost here. James no dirige el cotarro aquí.

RULED PAPER. s. Papel rayado.

RULER. s. Regla.

RULES. A SET OF OFFICE RULES. s. Una serie de normas de oficina.

RULES AND REGULATIONS. s. Reglamento.

RULES. TO BEND THE RULES. Mod. Saltarse las normas a la torera. Adaptar las normas a los intereses de uno. Sortear las regulaciones.

RULES OF COMPETITION. s. Normas sobre competencia.

RULES. TO DRAW UP RULES. Adoptar normas.

RULES OF PROCEDURE. s. Reglamento interno.

RUMBLE ON, TO. v. Aburrir a las ovejas de tanto hablar.

RUMPUS. TO KICK UP A RUMPUS. Armar un revuelo, montar un pollo, armar un zipizape, armar un pitote.

RUN - AROUND. TO GIVE SOMEONE THE RUN - AROUND. Mod. Engañar a alguien. Poor Tom. Liza did him the run - around. Pobre Tom. Liza le engañó.

RUN A BUSINESS, TO. Regentar un negocio.

RUN DOWN. TO FEEL RUN DOWN. Mod. Sentirse agotado.

RUN. TO RUN HARD JUST TO STAND STILL. Mod. Mucho ajetreo para nada. Dar muchas vueltas para nada.

RUN. TO RUN INTO SOMEONE. Encontrarse con alguien, toparse con alguien.

RUN LATE, TO. Ir con retraso, ir tarde. I am running late for work today. Hoy voy con retrasado al trabajo.

RUN - OF - THE - MILL JOB, A. s. Un trabajo corriente y moliente.

RUN WITH SOMEONE. TO HAVE A RUN IN WITH SOMEONE. Discutir con alguien.

RUNNING COSTS. s. Costes de explotación.

RUNNING. TO BE UP AND RUNNING. Funcionar, marchar, trabajar.

RUNNING OUT OF SOMEONE. IT IS RUNNING OUT OF ME. Mod. Sudar la gota gorda, sudar a chorros, sudar tinta, sudar a mares, sudar el calcetín.

RUNNING SPEED. TO DO SOMETHING AT RUNNING SPEED. Mod. Hacer algo a la carrera.

RUSH HOUR TRAFFIC, THE. s. El tráfico en la hora punta. I got caught up in the tail end of the rush hour. Me quedé atrapado en la caravana de tráfico en la hora punta.

RUSH OFF ONE'S FEET, TO. Mod. Estar muy ocupado, estar agobiado de trabajo.

RUT. TO BE STUCK IN A RUT. Mod. Estar estancado en un trabajo aburrido. To get out of a rut. Escapar de un trabajo aburrido.

S

SABBATICAL LEAVE. s. Año sabático. Sabbatical leave entitlement. Derecho a año sabático.

SACK. s. Bolsa. Heavy duty refuse sack. Bolsa de basura de gran resistencia.

SACK. I AM GIVING YOU THE SACK! ¡Estás despedido! The director sacked the employee with a stroke of pen. El director despidió al empleado de un plumazo.

SACK. TO FACE THE SACK. Enfrentarse al despido.

SACK. TO GET THE SACK. Arg. Ser despedido del trabajo. You should get the sack for being late. Deberían despedirte por llegar tarde. To be sacked with inmediate effect. Ser despedido con carácter inmediato. To be sacked at a moment's notice. Ser despedido con poco aviso de antelación. To get the sack for incompetence. Ser despedido por incapacidad.

SACK SOMEONE, TO. Despedir a alguien, poner de patitas en la calle. To sack someone with a token pay - off. Despedir a alguien con una paga de despido simbólica.

SACK SOMEONE ON THE SPOT, TO. Despedir a alguien en el acto, despedir a alguien de forma fulminante. Fulminar a un empleado.

SACK SOMEONE WITHOUT JUSTIFICATION, TO. Despedir a uno sin motivos para ello.

SACK THE MANAGEMENT, TO. Despedir a la dirección.

SACK. TIPPED FOR THE SACK. Estar señalado para el despido.

SACKABLE OFFENCE, A. s. Una falta que puede costarle a uno el puesto de trabajo.

SACKED ON A WHIM. Ser despedido el trabajo por nada, por poca cosa, por un quítame allá esas pajas, por cualquier motivo sin importancia.

SACKINGS. MASS SACKINGS. Despidos en masa. Despidos masivos.

SACRIFICIAL GOAT/LAMB, A. s. Un chivo expiatorio, un cabeza de turco.

SADDLE. IN THE SADDLE. Mod. En control, tener el mando, tener la sarten por el mango, ser quien parte el bacalao, ser el que dirige el cotarro. I am in the saddle here! Do you understand!¡Aquí mando yo! ¡Te enteras!

SAD - GIT, A. s. Arg. Un agonías, un Jeremías, un quejica, un cansino, un tío más pesado que la caguera.

SAFE. TO PLAY IT SAFE. Tener cuidado, no arriesgarse.

SAFETY. s. Seguridad.

SAFETY AND HEALTH. Seguridad y salud. To promote safety and health. Promover la seguridad y salud.

SAFETY AT WORK. s. Seguridad en el trabajo. A seminar on safety at work. Seminario sobre seguridad laboral.

SAFETY AND SECURITY. s. Seguridad y protección.

SAFETY. FIRE SAFETY. s. Prevención de incendios.

SAFETY FIRST. s. Ante todo la seguridad.

SAFETY REGULATIONS. s. Normas de seguridad. Stringent safety regulations. Estrictas regulaciones de seguridad.

SAFETY'S. FOR SAFETY'S SAKE. Por seguridad.

SAIL CLOSE TO THE WIND, TO. Mod. 1. Arriesgarse. 2. Llegar al límite de lo permitido. Hacer algo al límite o bordeando la ilegalidad. Moverse al filo de la ley. Actuar al borde de la legalidad, pisar la frontera de la legalidad, rebasar los límites de la legalidad. Rayar la ilegalidad.

SAILING. TO BE PLAIN SAILING. Mod. Ser algo coser y cantar, ser pan comido.

SAILS. TO TAKE THE WIND OUT OF SOMEONE'S SAILS. Mod. Pararle los pies a alguien, bajarle a alguien los humos.

SAILS. TO TRIM ONE'S SAILS. Mod. Economizar.

SALARIED EMPLOYEES. s. Asalariados.

SALARIES BOOKS AND PAYSLIPS. s. Libros de sueldos y nóminas.

SALARIES. A CAP ON SALARIES. Tope salarial.

SALARIES. PHONE NUMBER SALARIES FOR THE BOSSES. Sueldos astronómicos para los jefes.

SALARY. s. Sueldo. Salary review. Revisión de sueldos. The salary review has been conducted within very strict financial constraints. La revisión de sueldos ha sido llevada a cabo dentro de las limitaciones financieras más estrictas. A salary net of tax. Sueldo neto. A fat salary. Un sueldo astronómico, un sueldo millonario, un sueldo descomunal. A bloated salary. Un sueldo inflado. A lavish salary. Un salario astronómico. Average annual salaries. Promedio anual de sueldos. Salary expectations. Expectativas de sueldos. Salaries are stagnant. Los sueldos están estancados. Off - payroll salaries. Sueldos sin declarar. Gross annual salary. Sueldo bruto anual. Salary scale. Escala salarial. Salary level. Escala salarial. An inflated salary. Un sueldo elevado.

SALARY. TO BLOW ONE'S SALARY AT THE PUB. Gastarse el sueldo en el bar.

SALE BY TENDER. Venta mediante un procedimiento de licitación.

SALES. s. Ventas. Third party sales. Ventas por terceros.

SALES BROCHURE. s. Folleto de ventas.

SALES FORCES. s. Personal de ventas.

SALES HOUSES. s. Firmas de ventas.

SALES MANAGER. s. Jefe de ventas.

SALES REP. s. Comercial.

SALES REPORT. s. Informe de ventas.

SALES REVENUE. s. Ingresos por ventas. Sales dropped last year. Las ventas cayeron el año pasado.

SALT. TO BE WORTH ONE'S SALT. Mod. Merecer lo que gana uno. Not worth one's salt. No merecerse lo que gana uno.

SALT. TO TAKE SOMETHING WITH A PINCH OF SALT. Mod. Acoger con reservas, tomar algo con cierta cautela, cogido por dos alfileres. I hope you will take anything I say with a massive pinch of salt it deserves. Espero, que cualquier cosa que diga, la acojas con la gran cautela que se merece. The article in the paper should be taken with a pinch of salt. El artículo en el periódico debería tomarse con reservas.

SALTMINES. TO GET BACK TO THE SALTMINES. Volver al curro, volver a la brega.

SALOON. THE LAST CHANCE SALOON. La última oportunidad.

SALUTATION. s. Salutación.

SAME. THE VERY SAME. Los mismísimos.

SAND. TO PUT SAND IN SOMEBODY'S TANK. Mod. Sabotear los planes de alguien, poner palos en las ruedas,

SAND. TO RUN INTO THE SAND. Mod. Fracasar, no tener éxito, quedar empantanado.

SANDWICH COURSE. s. Curso de capacitación, en el que se compagina, la instrucción y la práctica.

SANDWICH MAN IS ON THE GROUND FLOOR RECEPTION, THE. El vendedor de bocadillos está en la recepción de la planta baja. Freshly cut sandwiches. Bocadillos recién hechos.

SANDWICHES. A FEW SANDWICHES SHORT OF A PICNIC. Arg. Falta de sentido común.

SARKY. Adj. Sarcástico. To be sarky. Ser sarcástico.

SARKY BUGGER, A. Socarrón, burlón.

SASH WINDOW. s. Ventana de guillotina.

SATAN FINDS SOME MISCHIEF FOR IDLES HANDS. Mod. La pereza es la madre de todos los vicios.

SATURDAY DELIVERY. s. Entrega en sábados.

SATURDAY. TO GIVE UP ONE'S SATURDAY AND GO TO WORK. Trabajar horas extra. Santificar las fiestas trabajando.

SAUCE. DON'T GIVE ME ANY OF YOUR SAUCE! No me vengas con tus insolencias!

SAUSAGE. NOT A SAUSAGE. Nada en absoluto.

SAVE SIDE. TO BE IN THE SAVE SIDE. Mod. Para asegurarse, par estar más seguro.

SAY. Por ejemplo.

SAY. AS THEY SAY. Ex. Como aquel que dice, como si dijéramos.

SAY. AS YOU MIGHT SAY. Ex. Como aquel que dice, como si dijéramos, como quien dice, por así decirlo.

SAY. I NEED HARDLY SAY. Apenas hace falta decir que.

SAYING. AS THE SAYING GOES. Ex. Como dice el dicho.

SAYING. IT GOES WITHOUT SAYING THAT. Ex. No es preciso decir que, huelga decir que.

SAYING. THUS THE OLD SAYING. Afirma un viejo dicho.

SCAB. s. Arg. Esquirol.

SCALE DOWN, TO. Euf. Despedir empleados en una empresa.

SCALPELS AND BLADES. s. Escalpelos y

cuchillas.

SCALPELS. DISPOSABLE SCALPELS. s. Escalpelos desechables.

SCAM. s. Estafa, timo. A phone scam. Un timo por teléfono.

SCANDAL SHEET. s. Periódico sensacionalista, periódico carroñero.

SCANDAL - SPREADER. Murmurador, chismoso, cizañero.

SCAPEGOAT. s. Un cabeza de turco, un chivo expiatorio.

SCENARIO. s. Panorama, perspectiva, contexto, situación, entorno, opción. The best case scenario. La situación más favorable. The worst case scenario. La situación más desfavorable. Scenarios ruled out. Opciones descartadas.

SCENE. TO MAKE A SCENE. Mod. Armar un jaleo, montar un pitote, montar un numerito.

SCENES. BEHIND THE SCENES. Mod. Entre bambalinas, entre bastidores, en secreto. James would hit the roof if he knew what was going on behind the scenes. James se pondría como una fiera si supiera lo que pasa entre bastidores.

SCHEDULE. s. Programa, calendario, plan de trabajo. A packed schedule. Un calendario apretado. To work on a tight schedule. Tener un calendario de trabajo apretado. A working schedule. Un plan de trabajo. A hectic schedule. Un calendario apretado. To run behind schedule. Ir retrasado.

SCHEDULE, TO. v. Programar. To schedule a meeting. Programar una reunión. The two parties are scheduled to meet on 11 January. Está programado para que se reúnan las dos partes el 11 de enero. An unscheduled meeting. Una reunión imprevista.

SCHEME. s. Plan, programa, proyecto. A money - making scheme. Un proyecto rentable. To discontinue a scheme. Interrumpir un proyecto. A cock - eyed scheme. Un plan descabellado. A hare - brained scheme. Un plan disparatado. A crazy off - the wall scheme. Un plan absurdo. To roll out a scheme. Presentar un plan.

SCHEMER. s. Conspirador.

SCHOOLBOY. AS EVERY SCHOOLBOY KNOWS. Como todo el mundo sabe. The printing press, as every schoolboy knows, was invented by Joham Gutenberg. Como todo el mundo sabe, la imprenta, la inventó Joham Gutenberg.

SCHOOL LEAVER. s. Joven que acaba de terminar el colegio.

SCHOOL. TO GO STRAIGHT FROM SCHOOL INTO WORK. Comenzar a trabajar nada más terminar el colegio.

SCIENTIFIC REVIEW, A. s. Una recensión científica, una reseña científica.

SCISSORS. s. Tijeras.

SCOLD. TO SCOLD SOMEONE SEVERELY. Echarle a alguien una buena bronca, echarle a alguien un buen rapapolvo.

SCORE, A. s. Veinte.

SCORE. TO KNOW THE SCORE. Estar en el secreto, estar bien informado, estar en el ajo, estar al corriente, estar al tanto.

SCORES. s. Veintenas.

SCORN. TO POUR SCORN ON SOMEONE. Menospreciar a alguien.

SCRAP HEAP. TO BE THROWN ON THE SCRAP HEAP. Mod. Desechar, no querer saber nada de alguien. The employees face the scrap heap. A los empleados les espera el estercolero. To be consigned to the scrap heap. Destinado para la chatarra.

SCRAP PAPER. s. Papel de desechar.

SCRATCH. TO COME UP TO SCRATCH. Mod. Estar a la altura de las circunstancias, dar la talla.Thomas was not given the job because he didn't come up to scratch. A Thomas no le dieron el trabajo porque no estaba a la altura de las circunstancias.

SCRATCH. TO START FROM SCRATCH. Mod. Empezar desde cero, empezar desde el principio. Vover a la casilla de salida.

SCRATCH. THIS WORK IS NOT UP TO SCRATCH. Este trabajo no alcanza el nivel requerido.

SCREEN FILTER. s. Filtro de pantalla.

SCREENAGER. s. Adolescente experto en ordenadores.

SCREW UP. s. Arg. Fracaso.

SCREW SOMETHING UP, TO. Arg. Jorobar algo.

SCREW. TO HAVE A SCREW LOOSE. Faltarle un tornillo a uno.

SCRIMP AND SAVE, RELYING ON POOR WAGES, TO. Pagar poco a los empleados y así la empresa ahorra.

SCRUTINY. TO STAND TO SCRUTINY. Resistir un examen riguroso, resistir un análisis riguroso. Does not stand to scrutiny. No se sostiene.

SEA. TO BE ALL AT SEA. Mod. Estar confundido, no saber por donde anda uno, andar despistado.

SEA - CHANGE, A. s. Un cambio radical, un cambio fundamental, cambio esencial, metamorfosis, cambio profundo.

SEAL OF APPROVAL. TO BE GIVEN THE SEAL OF APPROVAL. Recibir el visto bueno.

SEAL UP, TO. Cerrar, precintar. Can you seal this envelope up? ¿Puedes precintar este sobre? SEAMS. TO BE CRACKING AT THE SEAMS. Volverse loco.

SEAMS. TO FALL APART AT THE SEAMS. Reventar las costuras, venirse un plan abajo, arruinarse algo. The whole project fell apart at the seams when the bank refused to give the firm a loan. Todo el proyecto se vino abajo cuando el banco le negó un préstamo.

SEARCH ENGINE. s. Buscador. En Internet.

SEARCH ME!¡No lo sé!¡No sé como se hace! How do you work this machine? Search me! ¿Cómo funciona esta máquina?¡No lo sé!

SEASON´S GREETINGS! ¡Felices fiestas!

SEASON TICKET. s. Abono del Metro o autobús. A season ticket holder. Titular de un abono del Metro o autobús.

SEAT. TO KEEP A SEAT WARM FOR SOMEONE. Mod. Guardar un puesto de trabajo hasta que otra persona esté disponible para ocuparlo.

SECONDARY. AND ONLY SECONDARY. Y sólo después.

SECONDMENT. ON SECONDMENT. Cedido. Mark has joined on secondment from the Department of Trade and Industry. (D T I) as Executive Consultant, reporting to James. Mark ha asumido el puesto, cedido por el Ministerio de Industria y Comercio, como Asesor Ejecutivo. Rendirá cuentas a James.

SECOND TO NONE. Que no se queda atrás. No ser menos que nadie.

SECRETARIAL TRAINING. s. Capacitación de secretariado.

SECRETARIES´ CHRISTMAS BASH, THE. s. La fiesta de Navidad de las secretarias.

SECRET. s. Secreto. A best kept secret. El secreto mejor guardado. An open secret. Un secreto a voces.

SECRET. IN THE SECRET. Estar en el cuento, estar al corriente, estar enterado de un asunto, estar en el ajo.

SECURITIES AND EXCHANGE COMMISSION. S E C. s. Comisión Nacional del Mercado de Valores.

SECURITY ANALYSIS. s. Análisis de títulos, análisis de valores.

SECURITY FIRM. s. Empresa de seguridad.

SECURITY GUARD. s. Guarda jurado.

SECURITY STAFF. s. Personal de seguridad.

SECURITY. TO STAND SECURITY. Avalar, prestar fianza.

SEE. LONG TIME NO SEE!. ¡Hace mucho que note veo!

SEE TO IT! ¡Ocúpate de ello! To see to something. Ocuparse de algo.

SEEING THAT. En vista de que, visto que.

SEEK TO MAKE, TO. Pretender.

SEEK TO OBTAIN, TO. Intentar obtener.

SEEK TO REDUCE, TO. Perseguir reducir.

SELF - CONFESSED IGNORAMUS, A. Un ignorante confeso.

SELF - EMPLOYED PERSON. s. Trabajador por cuenta propia, trabajador autónomo, ser patrón de sí mismo.

SELF - EMPLOYMENT. BOGUS SELF - EMPLOYMENT. EL falso autónomo.

SELF - ESTEEM. s. Autoestima.

SELF - INKING DATE STAMP. s. Fechador con placa y entintaje automático.

SELF INKING DATER. s. Numerador de entintaje automático.

SELFIE. s. Autofoto instantánea. The age of the selfie. La era del selfie. The ultimate selfie. El selfie de todos los selfies. Selfie stick. Palo de selfie.

SELF - MADE MAN, A. s. Hombre que ha triunfado por su propio mérito, hombre que ha triunfado por su propio trabajo, por su propio esfuerzo. A self - made tycoon who built a world - wide hotel and catering empire. Fue un magnate que había triunfado por su propio trabajo. Creó un imperio a escala mundial de hoteles y provisiones alimenticias. He told me it was all very well for stuck - up, smart - arsed grammar - school boys like me to mock the grammar of a self - made man, but some people did not think it was funny and he resented it very much. Me dijo que un engreído, espabilado que había sido admitido al colegio por sus habilidades como yo, podía decir lo que quisiera y mofarse de la gramática de un hombre que había triunfado por su propio mérito, pero algunos pensaron que no tenía ninguna gracia y él lo resentía mucho.

SELF - REGULATION. s. Autorregulación.

SELF - SEEKING PERSON, A. s. Un interesado.

SELF - SERVING LITTLE TOAD. Arg. Un tipo despreciable e interesado. Nick is a self - serving little toad who only got the job because his father had connections. Nick es un tipo despreciable e interesado, que sólo consiguió el trabajo porque su padre tenía contactos.

SELF - STARTER, A. s. Persona ambiciosa y motivada.

SELF - TAUGHT. Adj. Autodidacta, autodidacto.

SELL OFF A COMPANY, TO. Vender una empresa.

SELL SHORT, TO. Subestimar el valor de alguna cosa.

SELL ONESELF SHORT, TO. Mod. Menospreciarse uno.

SELL UP A FIRM, TO. Vender una empresa.

SELLO TAPE. s. Cinta adhesiva.

SEMI SKILLED. Adj. Semicualificado. Semi-skilled worker. Obrero semicualificado.

SEND SOMEONE AWAY WITH A FLEA IN HIS EAR, TO. Mod. Echarle a alguien una buena bronca. The director sent the employee away with a flea in his ear. El director le echó una buena bronca al empleado.

SEND - OFF. s. Despedida. Just a little note to thank you all very much for the nice send - off for my maternity leave. Dos lineas para agradecerles la fantástica despedida que me dieron el día que me fui con permiso de maternidad. To give the director a fitting send - off. Darle una despedida digna al director.

SEND SOMEONE PACKING, TO. Arg. Echar a alguien del trabajo.

SENDER. RETURN TO SENDER. Devuélvase al remitente. Return to sender. This person is no longer with this company. Please remove from your database. Devuélvase al remitente. Esta persona ya no trabaja para esta empresa. Por favor, borre su nombre de su base de datos. Return to sender not known at this address. Devuélvase al remitente. No existe en esta dirección.

SENIOR EXECUTIVE, A. s. Gerente.

SENIOR MANAGEMENT. s. Directivos de una organización. Our senior management team have agreed that, as long as your workload permits, you may close shop from 3.30 today. Hoy, los directivos han acordado, que siempre y cuando, el volumen de trabajo lo permita, pueden marcharse a casa a partir de las tres y media.

SENIOR STAFF. s. Directivos.

SENSE. IN THE NARROW SENSE. En el sentido estricto de la palabra.

SENSES. TO COME TO ONE'S SENSES. Entrar en razón.

SENSE. TO MAKE SENSE OF. Comprender.

SENSES. TO BRING SOMEONE TO HIS SENSES. Hacer entrar en razón a alguien.

SENSES. TO TAKE LEAVE OF ONE'S SENSES. Perder la razón. Perder el juicio.

SENSIBLE BUSINESSLIKE WOMAN, A. Una mujer sensata y profesional .

SENSIBLE DECISION, A. Una decisión razonable.

SENSIBLE PERSON, A. s. Una persona sensata.

SENSIBLE THINKING. Pensamiento razonable.

SENSITIVE DATA. s. Datos confidenciales.

SENSITIVE DOCUMENTS. s. Documentos confidenciales.

SENSITIVE PERSON, A. s. Una persona sensible.

SENSITIVE SECTOR. s. Sector problemático.

SENTENCE. TO CUT SOMEONE OFF MID SENTENCE. Dejar a alguien con la palabra en la boca.

SENTINEL BIN. s. Cenicero - papelera metálico. Se encuentran al lado de la puerta de edificios.

SERIOUS INVESTMENTS. Inversiones considerables.

SERMON. A GOOD EXAMPLE IS THE BEST SERMON. Mod. No es lo mismo predicar que dar trigo.Cacarear y no poner huevos, cada día lo vemos.

SERVER. s. Servidor. (Informática).

SERVICE DEPARTMENT. s. Departamento de servicios.

SERVICE ECONOMY, A. s. Economía de servicios.

SERVICE. TO RENDER SOMEBODY A SERVICE. Prestarle a alguien un servicio.

SERVICES SECTOR, THE. s. El sector servicios. Agency work is thriving in the service sector. Están en auge, los trabajos en el sector servicios, que facilitan las agencias de colocación de empleo privadas.

SERVICES COMPANY, A. s. Compañía de servicios.

SERVICES. TO DISPENSE WITH SOMEONE'S SERVICES. Despedirlo. Prescindir de los servicios de alguien.

SERVICES. FOR SERVICES RENDERED. Por los servicios prestados.

SERVICES. SOMEONE'S SERVICES ARE NO LONGER REQUIRED. Despedirlo.

SESSION. s. Sesión. A forthcoming session. Una próxima sesión.

SET AN OBJECTIVE, TO. Establecer un objetivo.

SETBACK. s. Revés, contratiempo. To suffer a setback. Sufrir un revés.

SET OFF ON THE WRONG FOOT, TO. Mod. Comenzar algo mal.

SET OUT, TO. s. Exponer.

SET OUT. AS SET OUT IN. Según lo establecido.

SET, TO. v. Fijar.

SET - TO, A. s. Trifulca, pelea.

SET TO WORK, TO. Ponerse a trabajar, meterse en faena, empezar a hacer algo.

SET UP A COMPANY, TO. Fundar una empresa.

SET UP. WAS SET UP IN. Se creó.

SETTLEMENT. AMIABLE SETTLEMENT. Arreglo amistoso.

SETTLEMENT. AN OUT - OF - COURT SETTLEMENT. Resolución extra judicial de litigios. An undisclosed compensation settlement. Una resolución extra judicial cuya compensación no ha sido revelada.

SEVEN - FIGURE SALARIES. s. Salarios millonarios. Salarios astronómicos.

SEVERAL. Adj. Varios.

SEX DISCRIMINATION. s. Discriminación sexual.

SEX UP, TO. Aumentar, exagerar.

SEXISM. THE CULTURE OF SEXISM. Cultura machista.

SEXIST BOSS, A. Jefe machista.

SEXIST JOKES. s. Chistes machistas.

SEXIST LANGUAGE. Lenguaje machista. To make sexist comments. Hacer comentarios machistas.

SEXUAL ADVANCES. s. Insinuaciones sexuales. Pedir sesión de carne. Unwanted sexual advances. Insinuaciones sexuales no deseadas.

SEXUAL HARRASMENT IN THE WORKPLACE. Acoso sexual en el trabajo.

SHADOW. FIVE O'CLOCK SHADOW. La barba que ha crecido desde haberse afeitado uno por la mañana hasta la tarde.

SHAGGY DOG STORY, A. s. Un chiste muy malo.

SHAKE UP A COMPANY, TO. Reorganizar una empresa. A radical shake up of a company. Una reorganización drástica de una empresa.

SHAKES. TO DO SOMETHING IN TWO SHAKES. Mod. Hacer algo en menos que canta un gallo. I will do that job in two shakes. Haré ese trabajo en menos que canta un gallo.

SHAKES. NO GREAT SHAKES. Mod. Algo poco importante.

SHAMBLES, A. s. Un caos, un desbarajuste padre, un desastre. This piece of work is a real shambles. Este trabajo es un verdadero desastre.

SHAPE OF THINGS TO COME, THE. Lo que está por venir.

SHAPE. TO TAKE SHAPE. Tomar forma.

SHARES. s. Acciones.

SHAREHOLDER. Accionista. Shareholders' meeting. Asamblea de accionistas. To maximize shareholder wealth. Maximizar la riqueza de los accionistas. To provide high returns for shareholders. Conseguir elevados beneficios para los accionistas.

SHAREHOLDER AGREEMENT. s. Contrato de accionista.

SHARP END. AT THE SHARP END. Tratar directamente con los clientes.

SHARPENER. s. Sacapuntas. We have run out of sharpeners. Could you order some? No nos quedan sacapuntas. ¿Podrías hacer un pedido?

SHARP PRACTICE. s. Artimañas, zorrería, argucias.

SHARP - TONGUED. Adj. Persona de lengua afilada.

SHED EMPLOYEES, TO. Despedir empleados.

SHEET. AS WHITE AS A SHEET. Mod. Más pálido que la cera.

SHELF. s. Estante.

SHELL COMPANY, A. s. Empresa ficticia.

SHIFT. s. Turno laboral. Shift swap. Intercambio de turnos. Day shift. Turno de día. Night shift. Turno de noche. Shift work. Trabajo por turnos. To be on shift. Estar de turno. To work insane shifts for risible rate. Trabajar turnos demenciales por remuneraciones de risa.

SHIFTY BLOKE, A. s. Arg. Un tipo de poco fiar.

SHILLING. NOT THE FULL SHILLING. Ser poco inteligente. Faltarle cinco pesetas para el duro, un poco excéntrico. Donovan doesn't sound like he is the full shilling. Donovan no tiene la pinta de ser muy inteligente.

SHINY ARSE, A. s. Arg. Oficinista, chupatintas, cagatintas, burócrata.

SHILLY - SHALLY, TO. Mod. Vacilar. Ser indeciso. Que si sí, que si no.

SHIP. TO JUMP SHIP. Mod. Abandonar un empleo, cuando uno sospecha que la compañía está al borde de la ruina.

SHIP. TO RUN A TIGHT SHIP. Mod. Dirigir una empresa estrictamente.

SHIP. TO STEADY THE SHIP. Mod. Mantener el rumbo del barco.

SHIP. WHEN MY SHIP COMES IN. Mod. Cuando me haga rico, cuando se haga uno rico. When are you going on holidays? When my ship comes in. ¿Cuándo vas de vacaciones? Cuando me haga rico.

SHIPMENTS. s. Exportaciones.

SHIPMENTS WITHIN 45 DAYS. Embarques a cuarenta y cinco días, dentro de un plazo de cuarenta y cinco días días.

SHIRK, TO. v. Racanear, escaquear.

SHIRKER, A. s. Arg. Rácano. Persona alérgica al trabajo.

SHIRTY. TO BE SHIRTY. Arg. Estar cabreado. SHIT - FOR – BRAINS. TO HAVE SHIT - FOR - BRAINS. Ser un ablandabrevas, ser un cazurro, bobo, zoquete, tener la cabeza llena de serrín.

SHIT - STIRRER. Adj. Arg. Metemierda, maldiciente, cizañero, chismoso, murmurador, correveidile, chinchorrero.

SHIT. TO KNOW SHIT ABOUT SOMETHING. No tener ni zorra idea de un asunto, no tener ni puta idea, saber una mierda pinchada en un palo. He knows shit about computers. No tiene ni puta idea de ordenadores.

SHITTY. WHAT A SHITTY DAY! ¡Qué día más asqueroso! ¡Qué jornada de mierda!

SHOE. TO CAST AWAY LIKE AN OLD SHOE. Desechar algo como si fuera un trasto viejo.

SHOE. TO KNOW WHERE THE SHOE PINCHES. Mod. Saber donde le aprieta el zapato a uno, saber donde le aprieta la abarca a uno, saber lo que le conviene a uno.

SHOESTRING. TO LIVE ON A SHOESTRING. Mod. Hacer malabarismos para llegar a fin de mes, pasar apuros económicos. Because Jane wanted to save for her holidays she was going on a shoestring for four months. Debido a que Jane quería ahorrar par las vacaciones, tendría que hacer malabarismos durante los próximos cuatro meses.

SHOE THE GOOSE, TO. Hacer el ganso.

SHOES. TO BE IN SOMEBODY'S SHOES. Mod. Ponerse en el lugar de alguien. If I were in your shoes, I wouldn't do that. Yo en tu lugar, no lo haría.

SHOES. TO STEP INTO SOMEONE'S SHOES. Mod. Ocupar el trabajo de otra persona. Por ejemplo, cuando un trabajo ha quedado vacante, la persona que lo ocupaba muere o es despedida. When Mr. Cook retires, Yolanda ocupará su puesto. Sean would like to step into his shoes as soon as posible. A Sean le gustaría ocupar su puesto de trabajo lo antes posible. There was no certainty of continued employment and plenty of men were waiting to step into the shoes of anyone who left their work. La incertidumbre de trabajos, hacía que muchos hombres esperaran a que aquellos que dejaban el trabajo para ocuparlos ellos.

SHOP. TO MIND THE SHOP. Ponerse uno al cargo de algo temporalmente. With the director general away on holidays, the assistant manager director will mind the shop. Durante las vacaciones del director general, el subdirecto se hará cargo de la empresa.

SHOP. TO TALK SHOP. Hablar de trabajo cuando no se está en la oficina. Whenever Barry and Edward went for a drink after work they spent the whole time talking shop. Siempre que Barry y Edward iban a echar una copa, se pasaban todo el rato hablando de trabajo.

SHORT. TO SELL ONESELF SHORT. Menospreciarse uno.

SHOOT OFF, TO. Salir disparado, salir pitando. Andrew shot off without saying goodbye. Andrew salió disparado sin decir adiós.

SHOOT ONESELF IN THE FOOT, TO. Mod. Hacer algo en detrimento propio.

SHOOT OUT, TO. I´m going to shoot out now. Me voy volando. You can shoot out, I will finish the job. Puedes largarte, ya acabaré yo el trabajo.

SHOP. ALL OVER THE SHOP. Mod. En desorden, un desbarajuste, por todas partes.

SHOP FLOOR. s. Los obreros de una fábrica.

SHOP - FLOOR POLITICS. Actividad sindical en una fábrica.

SHOP ON - LINE, TO. Efectuar compras en Línea.

SHOP. TO SET UP SHOP. Mod. Establecerse. Montar un negocio.

SHOP. TO SHUT UP SHOP. Ir a la ruina, echar el cerrojo, echar el cierre.

SHOP. LET'S SHUT UP SHOP FOR THE DAY. Vamos a plegar por hoy. Vamos a parar ya.

SHOPPING. ONLINE SHOPPING. Compra en Línea.

SHORT. TO FALL SHORT. Mod. No ser suficiente, no alcanzar, no llegar.

SHORT. TO SELL SOMEONE SHORT. Mod. Menospreciar a alguien. Rebajar a alguien.

SHORT - LIST, TO. Preseleccionar, escoger.

SHORTHAND AND TYPING. A COURSE IN SHORTHAND AND TYPING. s. Curso de mecanografía y taquigrafía.

SHORTCOMINGS. TO IDENTIFY SHORTCOMINGS. Detectar carencias.

SHORTFALL. s. Déficit. The company has a shortfall of £7 million. La empresa tiene un déficit de 7 millones de libras esterlinas.

SHORTHAND PAD. s. Bloc de taquigrafía.

SHORT SHRIFT. TO GIVE SHORT SHRIFT. Despedir a alguien sin ningun clase de contemplaciones.

SHORT - TIME WORK. Trabajo a tiempo parcial. To be on short - time work. Trabajar a tiempo parcial.

SHORT WORKING WEEK. Semana laboral reducida.

SHOT ACROSS THE BOWS. TO FIRE A SHOT ACROSS THE BOWS. Mod. Advertir. Lanzar una advertencia.

SHOT. TO BE SHOT OF SOMEONE. Deshacerse de alguien, perder de vista, quitarse de encima.

SHOT. TO HAVE A SHOT AT SOMETHING. Mod. Probar a hacer algo.

SHOT. GIVING A JOB THE BEST SHOT. Hacer un gran esfuerzo para hacer un trabajo.

SHOT IN THE ARM, A. Un balón de oxígeno. Inward investment is a shot in the arm for the economy. La inversión extranjera en el país es un balón de oxígeno para la economía.

SHOT IN THE DARK, A. Mod. Disparo al buen tuntún, palo de ciego, dé donde diere, a tientas y a ciegas, tirar a ciegas.

SHOTS. TO CALL THE SHOTS. Mod. Ser quien manda. Ser el que parte el bacalao, ser el que dirige el cotarro, ser quien tiene la sartén por el mango.

SHOULDER. TO GIVE IT TO SOMEONE STRAIGHT FROM THE SHOULDER. Mod. Decirle algo a alguien sin rodeos, sin miramientos o consideración.

SHOULDER OUT, TO. v. Quitarle a alguien el puesto de trabajo.

SHOULDERS. TO CHECK OVER SOMEBODY´S SHOULDERS. Mod. Escudriñar, inspeccionar, comprobar. No dejar a alguien, ni a sol ni a sombra. Sentir el aliento en el cogote. The manager kept checking over the employee´s shoulder. El gerente no dejaba al empleado, ni a sol ni a sombra.

SHOULDERS. TO HAVE ON ONE'S SHOULDERS. Mod. Tener que responder por.

SHOULDERS TO THE WHEEL. TO PUT ONE'S SHOULDERS TO THE WHEEL. Mod. Arrimar el hombro.

SHOUT. TO GIVE SOMEONE A SHOUT. Telefonear a alguien.

SHOW. TO GET THE SHOW ON THE ROAD. Mod. Organizar algo.

SHOW. TO RUN THE SHOW. Estar al mando, ser quien dirige el cotarro.

SHOW UP, TO. v. Aparecer, presentarse, hacer acto the presencia. Agatha didn't show up at work yesterday. Agatha no apareció por el trabajo ayer.

SHREDS. TO CUT SOMEONE TO SHREDS. Arg. Criticar, poner como un trapo, poner de vuelta y media, poner a caer de un burro, poner a escurrir, poner a caldo.

SHREDDER. s. Trituradora de papel. All these documents are for shredding. Todos estos documentos son para destruirlos.

SHREDDER. OFFICE SHREDDER. s. Trituradora de despacho.

SHREDDER. A PERSONAL SHREDDER. s. Trituradora personal.

SHRUBS. TO KICK SOMETHING INTO THE SHRUBS. Ocultar un problema, echar tierra a un asunto.

SHUT SOMEONE UP, TO. Hcer callar a alguien.

SHUTTERS. TO PUT UP THE SHUTTERS. Mod. Ir a la ruina, cerrar un negocio, pegar el cerrojazo, cerrar la persiana definitivamente. The company has put up the shutters. La compañía ha ido a la ruina

SICK. TO BE AS SICK A DOG. Encontrarse muy mal.

SICK. TO BE OFF SICK. No ir al trabajo por estar enfermo. Nick is off sick today. Nick no ha venido al trabajo hoy porque no se encuentra bien.

SICK. TO BE ON THE SICK. Arg. Estar con la baja.

SICK BUILDING SYNDROME. Dolencias que padecen determinados empleados, en edificios donde el ambiente no es muy saludable. Por ejemplo, el polvo que acumulan los ordenadores fotocopiadoras, mala ventilación, acumulación de papeles. Dichas dolencias suelen ser, entre otras, problemas respiratorios y dolores de cabeza.

SICK. TO CALL IN SICK. Arg. Llamar al trabajo para comunicar que uno no se encuentra bien, y quedarse en casa. Que puede ser verdad o no. To phone in sick because unmanageable stress levels. Llamar al trabajo para comunicar que uno no se encuentra bien debido a tensión nerviosa incontrolable.

SICK DAYS. s. Baja por enfermedad. To take sick days. Coger la baja por enfermedad. We will no longer accept a doctors statement as proof of sickness. If you are able to go to the doctor, you are able to come to work. No aceptamos más el certificado médico, como prueba de enfermedad. Si usted puede ir al médico, también puede venir a trabajar.

SICK LIST. s. Estadillo de altas y bajas.

SICK LIST. TO BE ON THE SICK LIST. Estar con la baja.

SICK. TO TAKE A DAY'S SICK LEAVE. Cogerse el día de permiso por no encontrarse bien.

SICK LEAVE. TO BE SINGNED OFF ON SICK LEAVE. Dar de baja. To be on a permanent sick leave. Estar de baja permanente.

SICK NOTE. Justificante de baja médica. A false sick note. Justificante de baja falso.

SICK PAY. s. Subsidio de enfermedad.

SICKIE, A. s. Cogerse el día libre, pretendiendo estar enfermo sin estarlo. I felt terrible, I should have taken a sickie. Me encontraba fatal, debería haberme quedado en casa.

SICKIE DAY. NATIONAL SICKIE DAY. El primer lunes del mes de febrero. Día en el que muchos empleados no se sienten bien y se quedan en casa.

SICKIE. TO FAKE A SICKIE. Pretender estar enfermo para no ir a trabajar.

SICKIE. TO PULL A SICKIE. Quedarse en casa por no sentirse bien. Puede ser verdad o no.

SICKIES. SERIAL SICKIES. s. Pretender estar enfermo para no ir a trabajar, especialmente, el viernes o el lunes, y así disfrutar de un largo fin de semana.

SICKNESS ABSENCE. s. Baja por enfermedad. Company policy on sickness absence. Política de una empresa sobre baja por enfermedad.

SICKNESS BENEFIT. s. Subsidio de enfermedad.

SICKNESS. A DOCTOR'S STATEMENT AS PROOF OF SICKNESS. Justificante médico.

SICKNESS AND MATERNITY LEAVE. Permisos por enfermedad y maternidad.

SICKNESS. LONG TERM SICKNESS. Enfermedad crónica.

SIDE. TO LET THE SIDE DOWN. Mod. Dejar a alguien mal, decepcionar.

SIDE ENTRANCE. s. Puerta lateral.

SIDEKICK, A. s. Estrecho colaborador, ayudante. A faithful sidekick. Un Sancho Panza.

SIDE. ON THE SIDE. Ingresos extra. Generalmente, sin declarar a Hacienda. To make a bit of dodgy money on the side. Tener un trabajillo extra sin declarar. To make a bit on the side. Trabajar sin declarar. Paid work on the side. Trabajo sin declarar.

SIDE. TO MAKE A BIT ON THE SIDE. Trabajar sin declarar.

SIDE OPENING TAMBOUR DOOR CUPBOARD. s. Armario de persiana.

SIDE. PAID WORK ON THE SIDE. Trabajo sin declarar. Dinero que hace uno por su cuenta y no declara.

SIDE WITH SOMEONE, TO. Ponerse del lado de alguien.

SIDES. TO TAKE SIDES. Ponerse de parte de alguien.

SIDESTEP, TO. v. Evitar. To sidestep a serious issue. Evitar de tratar un problema grave.

SIGHT. NOT TO BE ABLE TO STAND THE SIGHT OF SMEONE. No poder ver a alguien ni en pintura. I can't stand the sight of Robert. No puedo ver a Robert ni en pintura.

SIGHT. TO KNOW SOMEONE BY SIGHT. Conocer a alguien de vista.

SIGHT. TO LOSE SIGHT OF SOMETHING. Olvidarse de algo importante.

SIGNATORY. s. Signatario.

SIGNATURE. s. Firma. Open for signature. Abierto a la firma, abrir a la firma un tratado.

SIGNATURE. TO FORGE A SIGNATURE. Falsificar una firma.

SILENCE GIVES CONSENT. Rfr. Quien calla otorga.

SILICON VALLEY. s. Valle de silicio.

SILLY. s. Tonto. Don't get silly! ¡No te pongas tonto!

SILLY BILLY, A. s. Idiota, imbécil.

SILLY SEASON, THE. La penuria informativa del verano. Cuando la prensa se encoge por falta de noticias. Debido al receso parlamentario. Durante este periodo estival, los periodistas suelen inventar más historietas que el resto del año, para llenar las páginas de los periódicos. The silly season stories guaranteeed to make headlines this August. Este mes de agosto, se garantiza, que las historietas del verano harán los titulares de los periódicos. The silly season may be weeks away, but the stupid season is always with us. Puede que falte bastante para la penuria informativa del verano, pero la época tonta siempre la tenemos presente. August is normally the height of Britain's silly season. El mes de agosto es, normalmente, el apogeo de la penuria informativa.

SILVER TONGUE, A. s. Un pico de oro, tener labia.

SIMILARLY. Adv. De un modo parecido.

SIMPLETON, A. s. Simplón, panoli.

SINGLE - ENTRY BOOKEEPING. s. Contabilidad por partida simple.

SINGLE - HOLE PUNCH. s. Taladro con un punzón.

SINGLE - MINDED PERSON, A. Una persona con determinación.

SINGLE OUT, TO. Señalar. The manager singled out a member of staff and screamed at him: Pack your bags and go. Now! El gerente señaló a un empleado, y le gritó; recoge tus cosas y lárgate. ¡Ahora mismo!

SINK IN, TO. v. Llegar a comprender algo.

SIPHON MONEY OFF A COMPANY, TO. Arg. Desfalcar a una empresa.

SIT - DOWN STRIKE, A. s. Una sentada.

SIT - IN, A. s. Ocupación de una empresa.

SIT NEXT TO NELLY, TO. Aprender un oficio mirando como lo hacen los demás.

SIT, TO. v. Sentarse. Where shall I sit? Anywhere you like. ¿Dónde me siento? ¿Donde quiera?

SIT UP TOO LATE, TO. Acostarse muy tarde.

SITE ON THE INTERNET, A. s. Un sitio en Internet.

SITUATED. JEAN IS TO BE SITUATED ON THE 6th FLOOR, ON EXTENSION 348 AND HAS TAKEN OVER FROM NORMA. Jean trabajará en la sexta planta, su extensión es, 348. Ha sustituido a Norma.

SITUATION AND OUTLOOK. Situación actual y perspectivas.

SIX DIGIT AUTO NUMBERER, A. s. Numerador automático.

SIX OF ONE AND HALF A DOZEN OF THE OTHER. Mod. Problema que admite dos soluciones igualmente aceptables. Ser lo mismo.

SIX. TO KNOCK SOMEONE FOR SIX. Sorprender a alguien, dejar atónito, dejar pasmado, dejar de piedra, dejar de una pieza.

SIZE. TO CUT SOMEONE DOWN TO SIZE. Mod. Poner a alguien en su sitio.

SKEDADDLE, TO. v. Escabullirse.

SKELETON STAFF, A. s. Plantilla de mínimos.

SKETCH, A. s. Un breve apunte.

SKETCH OUT, TO. v. Esbozar.

SKEW. TO BE IN A SKEW. Estar en un brete.

SKILL AND TECHNIQUE. Pericia y técnica.

SKILL IS NO BURDEN. Rfr. El saber no ocupa lugar.

SKILL SET. s. Habilidades.

SKILLED. HIGHLY - SKILLED EMPLOYEES. Empleados muy bien cualificados.

SKILLED JOBS. s. Puestos de trabajo cualificados.

SKILLED. LOW - SKILLED JOBS. Trabajos de baja cualificación.

SKILLED OFFICE WORK. Trabajo de oficina cualificado.

SKILLED WORKFORCE. s. Obreros cualificados.

SKILLS. BUSINESS SKILLS. Técnicas de negocios.

SKILLS. APPROPRIATE SKILLS. Competencias adecuadas.

SKILLS. COMMUNICATIONS SKILLS AT WORK. Técnicas de comunicación en el trabajo.

SKIMP, TO. v. Economizar, recortar gastos, ahorrar.

SKIP ONE'S MEAL, TO. Saltarse el almuerzo, pasar sin comer.

SKIRT AROUND, TO. Andarse por las ramas.

SKIVE OFF, TO. Arg. Racanear, escaquearse, escurrir el bulto. I wondered where you were I thought you were skiving off. Me preguntaba donde estabas, creía que estabas racaneando. To skive off despite being able - bodied. Racanear a pesar de ser apto para el trabajo.

SKIVE. TO BE ON THE SKIVE. Racanear.

SKIVER. s. Rácano.

SKIVING SKILLS. Trucos de escaqueo.

SKY. THE SKY IS THE LIMIT. Mod. Todo es possible, no hay límites. Ancha es Castilla.

SLACK. WE'VE BEEN A BIT SLACK TODAY. Hoy no he hemos tenido mucho quehacer.

SLACKER. s. Arg. Vago, zángano, rácano, malpica.

SLACKING. Arg. No hacer nada, gandular, racanear, escurrir el bulto. I caught you slacking again. Te he pillado racaneando otra vez. Get your finger out! Lazybones you are! ¡Ponte a currar! ¡Vago, que eres un vago!

SLACKING OFF IN ONE'S JOB. No hacer el trabajo, racanear.

SLAG SOMEONE OFF, TO. Arg. Poner a alguien por los suelos. Denigrar, poner a parir, poner a caer de un burro, poner de vuelta y media, poner de hoja de perejil, poner a escurrir.

SLAM, TO. v. Poner a parir, poner a caer de un burro, poner de vuelta y media, poner a escurrir.

SLAM THE DOOR ON SOMEBODY'S FACE, TO. Darle a alguien con la puerta en las narices. Sorry! I didn't mean to slam the door in your face. ¡Lo siento! No ha sido mi intención de darte con la puerta en las narices. Please, do not let the door slam. Por favor, no deje que se golpee la puerta.

SLANGING MATCH, A. s. Una discusión acalorada.

SLANGING MATCH. TO HAVE A SLANGING MATCH. Arg. Insultarse.

SLASH, TO. v. Cercenar, reducir drásticamente.

SLASH JOBS, TO. Despedir empleados. The company has slashed hundres of jobs. La empresa ha despedido a cientos de empleados.

SLATE SOMEONE OFF, TO. Poner a alguien a parir, poner a uno como un trapo.

SLATE. TO WIPE THE SLATE CLEAN. Mod. To start with a clean slate. Hacer borrón y cuenta nueva.

SLAVE AWAY, TO. Trabajar como un esclavo. You will be slaving away at your desk while we are lying on the beach. Mientras que tú trabajas como un eslavo en el escritorio, nosotros estaremos tumbados en la playa.

SLAVE DRIVER, A. s. Negrero. I am not a slave driver! ¡No soy ningún negrero!

SLEEP OVER IT, TO. Consultar con la almohada. Antes de hacer nada, consúltalo con la almohada.

SLEEP. TO DROP TO SLEEP. Quedarse dormido.

SLEEP. GO BACK TO SLEEP. Sigue durmiendo, estás pensndo en las musarañas, estás en Babia. "Go back to sleep, you don't pay me any attention when I try to explain the job to you when you mind is somewhere else". "No me prestas ninguna atención cuando trato de explicarte como se hace el trabajo; sigue pensando en las musarañas.

SLEEPING ILLNESS. s. Enfermedad del sueño.

SLEEVE TUGGING. Tirar de la levita.

SLEEVES. TO ROLL UP ONE'S SLEEVES. Mod. Arremangarse. Ponerse a trabajar.

SLIDE BINDERS. s. Varillas deslizantes.

SLIDING DOORS. s. Puertas correderas.

SLIDING DOOR GLAZED CASE. s. Vitrina de anuncios.

SLIDING PARTITIONS. s. Tabiques móviles.

SLINK OFF HOME, TO. Arg. Pirárselas a casa a hurtadillas.

SLIP. COMPLIMENT SLIP. s. Tarjeta de saludo.

SLIP. TO GIVE SOMEONE THE SLIP. Hacerle el vacío a alguien, evitar de encontrarse con alguien, dar esquinazo, librarse de la presencia de alguien.

SLIP UP. s. Error. No room for slip ups. No hay margen para errores.

SLOB, A. s. Arg. Vago, zángano, manta.

SLOG, s. Arg. Curro, brega.

SLOG AWAY, TO. v. Trabajar con tesón.

SLOG. TO SLOG ONE'S GUTS OUT. Arg. Trabajar como un troyano. Andar a la brega.

SLOPE OFF, TO. Arg. Esfumarse, darse el piro.

SLOPPINESS. s. Descuido, dejadez, negligencia.

SLOPPY EMPLOYEE. s. Empleado indolente.

SLOPPY THINKING. Ideas chapuceras.

SLOWCOACH. s. Malpica, manta, gandul. Persona que se mueve menos en el trabajo que el caballo de un fotógrafo.

SLOW ON THE UPTAKE. TO BE SLOW ON THE UPTAKE. Mod. Ser torpe, costarle a uno mucho aprender las cosas, ser lento.

SLUGGISH. I FEEL SLUGGISH TODAY. Hoy no tengo energias.

SLUSH FUND. s. Fondos secretos, fondos de reptiles.

SMACKERS. s. Arg. Libras esterlinas.

SMALL AND MEDIUM - SIZED ENTERPRISES. s. Pequeñas y Medianas Empresas.

SMALL POTATOES. s. Algo de poca importancia.

SMALL TALK. TO MAKE SMALL TALK. Hablar de cosas de poca importancia, cosas intranscendentes, estar de palique, estar de cháchara, conversaciones de patio de vecinos.

SMART ALEC GUY, A. s. Sabelotodo, vivales, listillo, pedante, sabihondo.

SMART - ARSE KNOW ALL, A. Arg. Sabihondo, pedante, redicho, sabelotodo. I don't need some smart - arse know all to tell me how do I have to do my job. No necesito a ningún sabihondo para que me diga como debo hacer mi trabajo.

SMART CARD. s. Tarjeta inteligente.

SMART COMPANY OF SLICK OPERATORS, A. s. Una compañía muy eficiente.

SMARTY BOOTS. s. Sabihondo, sabelotodo.

SMARTY - PANTS, A. s. Arg. Listillo, sabiondo, espabilado, sabelotodo.

SMOKE ALARM. s. Alarma de humo.

SMOKE DETECTOR. s. Detector de humo.

SMOKE AND MIRRORS. s. Una cortina de humo.

SMOKE FREE PREMISES. Prohibido fumar en este edificio.

SMOKE WITHOUT FIRE. THERE'S NO SMOKE WITHOUT FIRE. Mod. Cuando el río suena, agua lleva. Cuando el río suena, riada que te pego. Donde fuego se hace, humo sale.

SMOKING. A NON - SMOKING POLICY. Política antitabaco. Sean was sacked for breaching the terms of the company policy on smoking. Despidieron a Sean por incumplimiento de la política antitabaco de la empresa.

SMOOTHLY. TO PROCEED SMOOTHLY. Efectuarse sin contratiempos.

S M S. SHORT - MESSAGING SERVICE. Servicio de mensajes cortos. Mensajes de texto. Mensajitos.

SMUG LOOKING GUY, A. s. Listillo.

SNAG. s. Problema, pega, obstáculo, contratiempo, dificultad. To come across a snag. Toparse con un problema.To run into a snag. Presentarse una pega.

SNAIL MAIL. s. Correo convencional; cartas. En oposición a correo electrónico. Peter is the only person who uses snail mail. Peter en el único que emplea el correo convencional.

SNAKE. A SNAKE IN THE GRASS. Untrustworthy. Persona traicionera, una persona de poco fiar. Baldwin has been talking about you. He is a snake in the grass. Baldwin va por haí hablando de ti. Es un tipo de poco fiar.

SNAKES AND LADDERS. Mod. Los altibajos de la vida.

SNAZZY. Adj. Elegante.

SNEAK. Adj. Solapado, zorro, ladino, maniobrero, traicionero, hipócrita, retorcido.

SNEAK OUT, TO. Arg. Escurrir el bulto, escabullirse. To sneak out of the office. Irse de la oficina a hurtadillas.

SNIPPETS. s. Pequeños fragmentos de información.

SNOOP AROUND, TO. v. Fisgonear, husmear. Tom has been snooping around again. Tom ha estado fisgoneando por aquí otra vez.

SNOOTY, A. s. Persona que se cree superior a los demás, altivo, altanero, arrogante, engreído. I had a row with someone snooty PR woman who said it wasn't as bad as i was claiming. Tuve una trifulca con una tía arrogante de Relaciones Públicas, que afirmaba, que no estaba la cosa tan mal como yo la pintaba.

SNOWBALL'S CHANCE. NOT TO HAVE A SNOWBALL'S CHANCE IN HELL. No tener la mínima posibilidad de lograr algo. Roger doesn't have a snowball's chance in hell of keeping hi job after swearing at the director. No veo como pueda seguir Roger en la empresa tras insultar al director.

SNOWED UNDER. TO BE SNOWED UNDER WITH WORK. Mod. Estar agobiado de trabajo. I'm going to be snowed under today. Hoy voy a estar agobiado de trabajo.

SNUB, TO. v. Hacer un desplante, hacer un desaire.

SNUFF IT, TO. Arg. Espicharla, diñarla, doblar la servilleta. SNUFF.

SNUFF. TO BE UP TO SNUFF. Estar a la altura de ls circunstancias, dar la talla. The new employee is not up to snuff. We will have to sack him. El nuevo empledo no da la talla. Tendremos que despedirlo.

SO AS TO. Ex. Con el fin.

SO TO SPEAK. Ex. Por así decirlo, como si dijéramos.

SOAP DISPENSER. s. Dosificador de jabón.

SOCIAL CLIMBER. Trepa, arribista, advenedizo.

SOCIAL DUMPING. Práctica que consiste en el traslado de empresas, a zonas con niveles sociales más bajos, para obtener ventajas en cuanto a la competitividad.

SOCIAL AND EMPLOYMENT POLICY. s. Política social y de mercado de trabajo.

SOCIAL LADDER. TO MOVE UP THE SOCIAL LADDER. Prosperar. Irle a uno bien.

SOCIAL MEDIA NETWORKS. s. Las redes sociales. A social media savvy. Un sesudo de las redes sociales.

SOCIAL MOBILITY. s. Movilidad social.

SOCIAL NETWORKS. s. Las redes sociales.

SOCIAL SCIENTISTS. s. Sociólogos.

SOCIAL SECURITY. s. Seguridad social. Social security costs. Costes de la seguridad social.

SOCK. TO PUT A SOCK IN IT. Arg. Cerrar el pico, achantar la muí.

SOD ABOUT, TO. Arg. Jorobar la marrana.

SOD OFF! Arg. ¡Anda y que te den morcilla!

SOD YOU! Arg. ¡Que te den!

SOD'S LAW. s. La tendencia natural de las cosas, a que algo pueda salir mal, salga mal. Véase Murphy's Law.

SO FAR, SO GOOD. Hasta aquí, nada que objetar. But apart from that, so far, so good. Pero aparte de eso, nada que objetar

SOFT LOAN. s. Préstamo sin interés.

SOFT - SIDED PILOT CASE. s. Maletín básico.

SOFTWARE. s. Programa informático.

SOLDIER ON, TO. v. Perseverar.

SOLVENT. Adj. Solvente. Our members pay our fees and keep us solvent. Nuestros miembros pagan nuestros honorarios y nos mantienen solventes.

SOONER BEGUN, SOONER DONE. Rfr. La buena jornada, empieza muy de mañana.

SORCERER'S APPRENTICE, A. s. Aprendiz de brujo.

SORRY I AM LATE! I OVERDID IT THIS MORNING. ¡Siento el haber llegado tarde! Me he dormido esta mañana. Se me han pegado las sábanas. I have overdone it today, I will be in as soon as possible. Me he dormido hoy, llegaré al trabajo lo antes posible.

SORRY! OPENED IN ERROR. ¡Lo siento! La he abierto por error. Nota que se escribe en un sobre, al abrirlo, cuando no va dirigido a uno.

SORT SOMEONE OUT, TO. Mod. Aclararle las cosas a alguien. Meter en vereda. Meter en cintura.

SOUND. IT SOUNDS GOOD TO ME. Me parece bien.

SOUP. TO BE IN THE SOUP. Mod. Estar en un apuro, estar en brete.

SOUR - FACED, A. s. Un cara avinagrada.

SPACE CADET. s. 1. Cabeza de chrlito, casquivano, cabezahueca. 2. Correo basura.

SPACE. WATCH THIS SPACE. Esperar a que suceda un acontecimiento.

SPADE. TO CALL A SPADE A SPADE. Mod. Llamar al pan pan, y al vino, vino.

SPAM. s. Correo electrónico no deseado, correo basura.

SPANISH PRACTICES. Euf. Hacer demasiadas horas extras.

SPARE. CAN YOU SPARE ME A MOMENT NOW, PLEASE? ¿Tienes un momento ahora, por favor?

SPARE. TO GO SPARE. Arg. Ponerse como una fiera. Ponerse como un basilisco.

SPARK. TO BE A BRIGHT SPARK IN SOMETHING. Ser competente en su profesión.

SPARK. NO TO BE THE BRIGHTEST SPARK IN THE HEAVENS. No ser muy inteligente.

SPARKS. s. Chispas, electricista.

SPARROW BRAIN, A. s. Un cabeza de chorlito, un casquibano, una persona de poco juicio.

SPANNER. TO THROW A SPANNER IN THE WORKS. Mod. Poner palos en las ruedas, poner piedras en el camino.

SPAT. s. Discusión. To be involved in a spat with someone. Discutir con alguien.

SPEAK CANDIDLY, TO. Hablar con franqueza.

SPEAK, TO. v. Hablar. Gareth does not speak to me. Gareth no me habla.

SPEAK PLAINLY, TO. Hablar en plata, hablar claramente y sin rodeos, hablar en román paladino.

SPEAK PROPER, TO. Hablar correctamente.

SPEAKING. IN A MANNER OF SPEAKING. Exp. Por así decirlo, como si dijéramos, como aquel que dice, como quien dice.

SPEAKING. TO BE NOTORIOUS FOR SPEAKING FIRST AND THINKING AFTERWARDS. Ser muy conocido por hablar primero y pensar después.

SPEAR CARRIER, A. s. Avisacoches, el chico de los recados, un recogepelotas. Persona poco importante. Persona de poca monta.

SPEAR PHISHING. Estafa que consiste en la obtención no autorizada, por medio del correo electrónico, de datos confidenciales.

SPECULATE, TO. v. 1 Especular. 2 Conjeturar, elucubrar.

SPEECH. A LONG WINDED SPEECH. Mod. Un discurso largo y aburrido. Un discurso más largo que un sermón de Pascua.

SPEECH. DIRECTOR GENERAL'S SPEECH. Discurso del director general.

SPELLCHECK, TO. v. Corregir las faltas de ortografía.

SPENDING CUTS. Reducción de gastos.

SPENDING. TO KEEP TAPS ON SPENDING. Controlar gastos.

SPILL THE BEANS, TO. Mod. Tirar de la manta, descubrir el pastel, levantar la liebre.

SPITTING FEATHERS. TO BE SPITTING FEATHERS. Arg. Echar chispas por los ojos, echar espumarajos por la boca.

SPEAK OUT, TO. Mod. Expresar uno lo que piensa. He was fired for speaking out. Lo despidieron por expresar lo que pensaba. To be afraid to speak out. Tener miedo de expresar uno lo que piensa.

SPEAK OUT OF TURN, TO. Hablar uno cuando no debe hablar, hablar cuando no le corresponde a uno.

SPEAK PUNGENTLY, TO. Hablar con mordacidad.

SPEAKING TERMS. TO BE ON SPEAKING TERMS. Mod. Hablarse. Not to be on speaking terms. No hablarse. Jeremy and Roger weren´t on speaking terms. Jeremy y Roger no se hablaban.

SPEECH. AN OFF - THE WALL SPEECH. Un discurso poco convencional.

SPEECH BY THE PRESIDENT. Discurso del presidente.

SPELL THE END OF SOMETHING, TO. Ser el fin de algo.

SPILL OVER, TO. Desbordarse.

SPINNING. PLATES SPINNING. Arreglárselas uno para hacer varias taras al mismo tiempo.

SPIN - OFFS. s. Derivaciones.

SPIRAL NOTEBOOK. s. Bloc de espiral continua.

SPIT OUT NONSENSE, TO. Soltar tonterías.

SPITEFUL PERSON, A. s. Una persona maliciosa, malévola.

SPITEFUL. TO MAKE SPITEFUL REMARKS. Hacer comentarios maliciosos.

SPOKEN. TO BE EVENLY SPOKEN. No oírse una palabra más alta que otra. Nada dicho con malos modos.

SPOKEN. TO BE SPOKEN TO. Llamarle la atención a uno.

SPONSOR. s. Patrocinador.

SPONSOR, TO. v. Patrocinar. The DTI sponsored the meeting. El DTI patronizó la reunión.

SPONSORSHIP. s. Patronazgo, mecenazgo. To get some benefit out of a sponsorship. Obtener algún tipo de beneficio de algún patronazgo.

SPOONFEED SOMEONE, TO. Dárselo a uno todo mascado.

SPORT. A GOOD SPORT. s. Persona de buen carácter.

SPOT ON. Con exactitud.

SPOT. TO BE IN A TIGHT SPOT. Mod. Encontrarse en una situación complicada.

SPOTLIGHT, THE. s. El foco de atención.

SPOT. TO GET ONESELF INTO A SPOT OF HOT WATER. Mod. Meterse uno en un lío.

SPOT OF BOTHER. TO GET INTO A SPOT OF BOTHER. Mod. Meterse en un problema.

SPOT. TO PUT SOMEONE ON THE SPOT. Mod. Poner a uno en un apuro. Poner a uno en un brete.

SPOUT OUT, TO. Arg. Hablar por hablar.

SPREAD ONESELF TOO THIN, TO. Mod. Querer abarcar demasiado.

SPRING CLEANING. Limpieza general. I am doing spring cleaning. Estoy haciendo limpieza general.

SPRING LETTER SCALES. s. Pesacartas.

SPUR. TO DO SOMETHING IN THE SPUR OF THE MOMENT. Mod. Hacer algo impulsivamente.

SPURS. TO WIN ONE´S SPURS. Mod. Destacar, distinguirse, hacer algo importante.

SQUARE. THINKING OUTSIDE DE SQUARE. Tener ideas innovadoras.

SQUEEZE ON PROFITS, A. s. Una reducción de beneficios.

SQUARE ONE. TO GO BACK TO SQUARE ONE. Mod. Volver al principio, volver a empezar, volver al punto de partida, volver a la casilla de salida.

SQUARE UP TO SOMEONE, TO. Enfrentarse a alguien, encararse, plantar cara.

SQUARE PEG IN A ROUND HOLE, A. Mod. No estar uno en su salsa, no estar uno en su lugar, no estar uno en su ambiente, encontrarse como pez fuera del agua. Being the only woman in an office full of men, Joan felt like a square peg in a round hole. Al ser la única mujer en la oficina, y el resto todo hombres, Joan no se encontraba a gusto.

SQUIB. A DAMP SQUIB. To produce a damp squib. Resultar algo ser un fiasco.

STAB IN THE DARK, A. Mod. Palos de ciego.

STAB. TO BE STABBED IN DE BACK. Ser traicionado.

STACK UP, TO. v. Cuadrar. The numbers don't stack up. Las cuentas no cuadran. The plan doesn't stack up. El plan no cuadra.

STAEDTLER TEXSURFER HIGHLIGHTER. s. Rotulador fluorescente.

STAFF. s. Empleados, personal. On Monday there will be a meeting of all staff. El lunes habrá una reunión para todos los empleados.

STAFF. s. Personal. Understaffed. Andar mal de personal. Andar escaso de personal.

STAFF. s. Personal. A high - ranking member of staff. Empleado de alta categoría.

STAFF. BACK OFFICE STAFF. s. Personal auxiliar.

STAFF. TO CALL INTO QUESTION THE DEDICATION OF THE STAFF. Poner en tela de juicio la dedicación de la plantilla.

STAFF CHANGES. s. Cambios de personal.

STAFF CHRISTMAS PARTY. s. Fiesta de empresa de Navidad.

STAFF COMMITTEE. s. Comité de personal.

STAFF COSTS. s. Costes de personal.

STAFF CUTS. Reducción de plantilla.

STAFF. TO DISENGAGE STAFF. Euf. Despedir empleados.

STAFF. EXPERT STAFF. s. Personal experto.

STAFF. FORMER MEMBER OF STAFF. Antiguo miembro de la plantilla.

STAFF HANDBOOK. s. Manual de personal. The company staff handbook. Manual de personal de la empresa.

STAFF. s. Personal. I think that you and your staff deserve the highest praise for this very professional organisation which created nothing but admiratión among all visiting guests. Creo, que usted y sus empleados merecen los mayores elogios, por esta organización tan profesional,

que no suscitó otra cosa que no fuera admiración entre los invitados.

STAFF MATTERS. s. Asuntos del personal.

STAFF. MEMBERS OF STAFF. s. Personal fijo de una empresa.

STAFF ONLY. Personal solamente.

STAFF PERFORMANCE DISCUSSION. Discusión sobre el rendimiento de los empleados.

STAFF. PERMANENT STAFF. Empleados fijos.

STAFF RECRUITMENT.Contratación de personal.

STAFF REDUNDANCIES. Despido de empleados.

STAFF RULES AND REGULATIONS. Normas y reglamento del personal.

STAFF. SHORT - STAFFED. Andar mal de personal, falto de personal.

STAFF SUGGESTIONS BOX. s. Buzón para sugerencias de los empleados.

STAFF. SUPPORT STAFF. s. Personal auxiliar.

STAFF. THE MANAGER RANG ALL THE STAFF UP. El director de personal llamó a toda la plantilla por teléfono.

STAFF. TO CUT STAFF TO THE BARE BONES. Reducir la plantilla de empleados al mínimo.

STAFF TRAINING. s. Capacitación de personal.

STAFF. WE CAN'T HAVE OUR STAFF UPSET. No podemos permitir que nuestro empleados estén descontentos.

STAFF WELFARE. Bienestar de los empleados.

STAFF. WELL TRAINED STAFF. s. Personal bien capacitado.

STAFFER. SENIOR MEMBERS OF STAFF. s. Empleados más antiguos.

STAFFING LEVELS. Niveles de plantilla.

STAFFING. TO CUT CORNERS ON STAFFING. Reducir la plantilla.

STAFFING. UNDER STAFFING. Faltos de personal.

STAGE. TO PUSH TO CENTRE STAGE. Mod. Poner en primer plano.

STAGNATION. A PERIOD OF STAGNATION. Una fase de estancamiento.

STAGNATION OF THE ECONOMY. Estancamiento de la esconomía.

STAIRCLIMBER TRUCK. s. Carretilla para subir escaleras.

STANDARDS OF GOOD PRACTICES. Las normas de buenas prácticas.

STANDING. s. Reputación. Of good standing. De buena reputación.

STANDS FOR. Quiere decir.

STARTING IN MAY. A partir de mayo.

STATE OF THE ART TECHNOLOGY. Adj. Tecnología avanzada, tecnología punta, tecnología de vanguardia..

STATE - OWNED COMPANY. s. Empresa estatal.

STAKHANOVITE. s. Estajanovista. To work like an stakhnovite. Trabajar como un estajanovista.

STAKE. TO BE AT STAKE. Mod. Estar en juego.

STAKEHOLDERS. s. Partes interesadas. Operadores.

STAKEHOLDERS. INDUSTRIAL STAKEHOLDERS. Empresarios industriales.

STALL. TO SET OUT ONE'S STALL. Mod. Demostrar lo que se vale.

STAMP PAD. s. Tampón entintado. Can you order Chelsea a new red stamp pad? ¿Puedes encargar un tampón entintado nuevo de color rojo para Chelse?

STAMP RACK. s. Portasellos.

STAMP OUT, TO. Acabar, erradicar, poner fin. There is a need to stamp out the inefficiency of the previous chief executive. Tenemos que acabar con la incompetencia del anterior director general.

STAMP. TRADITIONAL RUBBER STAMP. s. Sellos con mango de madera o plástico.

STAMP AND SIGNATURE. Firma y sello.

STAMPS ALBUM. s. Album de sellos.

STAND DOWN, TO. Dimitir de un cargo. Dejar un cargo.

STAND DOWN, TO. v. Dimitir. I agree to stand down as a member of the committee. Acepto dimitir como miembro del comité.

STAND IN FOR SOMEONE, TO. Sustituir a alguien.

STAND. TO KNOW WHERE ONE STANDS. Saber a que atenerse.

STAND UP AND BE COUNTED. Dar la cara. Ponerse de pie y responder al llamamiento.

STANDARD CUTTING KNIFE. s. Cortador estándar.

STANDARDS OF GOOD PRACTICE. Las normas de buenas prácticas.

STANDARDISE, TO. s. Armonizar.

STANDARDIZATION. s. Normalización.

STANDING INVITATION TO TENDER. Licitación pemanente.

STANDING ORDER. s. Orden de domiciliación.

STANLEY CRAFT KNIFE. s. Cuchilla. cúter. Have you seen the Stanley blade anywhere? ¿Has visto la cuchilla por alguna parte?

STANLEY RETRACTABLE BLADE KNIFE. Cúter hoja retraíble.

STAPLE, TO. Grapar. Can you staple these documents? ¿Puedes grapar estos documentos? Put all these ducuments together and staple them! ¡Pon todos estos documentos juntos y grápalos!

STAPLE REMOVER. s. Extraegrapas, sacagrapas. Couldn't you use the stable remover instead of using your nails? ¿No podrías utilizar el extraegrapas en lugar de las uñas?

STAPLER. s. Grapadora.

STAPLER. AUTOMATIC STAPLER. s. Grapadora automática.

STAPLER. LONG ARM STAPLER. s. Grapadora de largos.

STAPLES. s. Grapas. Could you order ten boxes of staples? ¿Podrías hacer un pedido de diez cajas de grapas?

STARTER. FOR STARTERS. Para empezar, en primer lugar.

START - UP, A. Una empresa nueva.

STASH AWAY, TO. v. Almacenar.

STATE OF THE ART. El último grito.

STATE OF THE ART SECURITY SYSTEM, A. Un sistema de seguridad de lo más novedoso.

STATE OF THE ART TECHNOLOGY. s. Tecnología punta.

STATED. UNLESS OTHERWISE STATED. Si no se dispone lo contrario.

STATEMENT. s. Declaración.

STATEMENT OF ACCOUNT. s. Extracto de cuenta.

STATIONERY. s. Objetos de escritorio. Stationery issuing. Distribución de objetos de escritorio. Stationery ordering. Pedidos de objetos de escritorio. Could you tell me who is the person who orders stationary? ¿Podría decirme quién es la persona que hace los pedidos de objetos de escritorio?

STATIONERY CUPBOARD. s. Almacén donde se guardan los objetos de escritorio. Could you get me two pens and a sharpener from the stationery cupboard? ¿Podrías traerme dos bolis y un sacapuntas del almacén?

STATISTICAL DATA. s. Datos estadísticos.

STATISTICS. CONFIDENTIALITY OF STATISTICS. Secreto estadístico.

STATUTE BOOK, THE. s. El corpus legal.

STATUTORY PAY. s. Pago reglamentario.

STATUTORY RIGHTS. s. Derechos reglamentarios.

STAVE - OFF, A. s. Un tentempie.

STAVE OFF, TO. s. Evitar, sortear, escapar. The firm not only staved off bankruptcy, but it was doing a brisk trade in coffee. La empresa, no sólo evitó la bancarrota, sino que le iba bien comerciando café.

STAYCATION. s. Pasar las vacaciones uno en su país. Debido a la crisis económica.

STAY LATE. CAN YOU STAY LATE TODAY?¿Puedes quedarte a trabajar más horas hoy?

STEEL SHELVING SYSTEM. s. Estanterias metálicas.

STEER. TO STEER A COMPANY BACK ON COURSE. Reconducir una empresa.

STEERING COMMITTEE, A. s. Comité directivo.

STEP. s. Paso. A step in the right direction. Un paso en la dirección adecuada. To go one step further. Ir un paso más allá.

STEP AFTER STEP THE LADDER IS ASCENDED. Rfr. Escalón a escalón, se sube la escalera a mejor mansión.

STEP ASIDE, TO. Dimitir.

STEP BY STEP. Mod. Paso a paso, gradualmente. We need to introduce changes step by step. Tenemos que hacer cambios gradualmente.

STEP. TO BE OUT OF STEP. Mod. No estar en consonancia, no estar en sintonía.

STEP - CHANGE, A. s. Cambio radical.

STEP DOWN, TO. Dimitir, dejar el puesto, dejar el cago. The director is stepping down with immediate effect. El director dimite con carácter inmediato.

STEP IN, TO. v. Intervenir, tomar cartas en el asunto.

STEP LADDER. s. Escalera de tijera.

STEP STOOL or KICK STOOL. s. Taburete Twinco.

STEPS. TO TAKE STEPS. Tomar medias. To take bold steps. Tomar medidas arriesgadas.

STEW. TO BE IN A RIGHT STEW. Estar metido en un buen lío.

STICK. TO GET HOLD OF THE WRONG END OF THE STICK. Mod. Entender mal algo que le han dicho.

STICK. TO GET THE DIRTY END OF THE STICK. Mod. Ser mal tratado. Salir mal parado, llevarse uno la peor parte. Llevarse las culpas.

STICK. TO GIVE SOMEONE STICK. Arg. 1. Criticar a alguien. 2. Culpar a alguien de algo. To get loads of stick. Recibir muchas críticas.

STICK - IN - THE - MUD, A. s. Carca. Aburrido.

STICK OUT FOR SOMEONE, TO. Salir en defensa de alguien, romper una lanza por alguien.

STICK TO YOUR LAST! Rfr. ¡Zapatero a tus zapatos! ¡Tú, a lo tuyo!

STICK. TO STICK UP FOR SOMEONE. Apoyar, respaldar a alguien. Romper una lanza por alguien. Echar un capote.

,STICKING POINTA. s. Tropiezo, escollo, un asunto peliagudo. A key sticking point. Un escollo difícil de superar. The sticking point. El punto de la discordia.

STICKLER. s. Exigente, detallista, puñeticas, puntilloso, perfeccionista. Cuthbert is a stickler for doing things properly. Cuthbert, en lo que concierne a hacer las cosas como es debido, es un perfeccionista.

STICKLER. TO BE A STICKLER FOR THE RULES. Arg. Hacer las cosas en toda regla.

STICKS. TO BE AS CROSS AS TWO STICKS. Mos. Estar de muy mal genio.

STICKS. TO LIVE IN THE STICKS. Vivir en el campo, vivir en una zona rural. To up sticks. Mudarse de vivienda. Asentar los reales.

STICKY END. TO COME TO STICKY END. Mod. Acabar mal.

STICKY NOTES. s. Notas de quita y pon.

STICKY SITUATION. TO BE IN A STICKY SITUATION. Estar en un brete.

STICKY WICKET. TO BAT ON A STICKY WICKET. Mod. Encontrarse en una situación difícil, estar en un aprieto, estar en un brete, estar en un apuro.

STIFF - NECKED. TO BE STIFF - NECKED. Ser terco como una mula.

STIMATE, TO. v. Calcular. It is estimated that. Se calcula que.

STINGING REVERSE, A. Un revés lamentable.

STINK. TO CAUSE A STINK. Arg. Armar la marimorena.

STINKER. s. Arg. Una tarea difícil.

STINKER. WHAT A STINKER OF A WEEK! ¡Vaya semanita!

STIR. TO CAUSE A STIR. Mod. Armar un revuelo.

STITCH SOMEONE UP, TO. Arg. Colgarle un marrón a uno. Inculpar a un inocente.

STITCHES. TO BE IN STITCHES. Mondarse de risa.

STOCK. s. Reservas, existencias, mercancía, surtido. To keep stock records. Llevar una cuenta de existencias.

STOCK EXCHANGE, THE. s. La Bolsa.

STOCK MARKET CRASH. Quiebra de la Bolsa.

STOCK MARKET MELTDOWN. Desplome de la Bolsa.

STOCK REPLACEMENT. Reposición de provisiones.

STOCKROOM. s. Almacén.

STOCK TAKING. Cerrado por inventario.

STOCK. TO TAKE STOCK. Mod. Recapacitar

acerca de. Evaluar, examinar. To take stock of progress. Hacer balance de la situación. STOKE.

TO STOKE UP THE FIRES. Avivar el fuego, crear descontento, atizar el fuego, meter cizaña, echar leña al fuego. He was always stoking up the fires of discontent and dissatisfaction among the employees. Siempre estaba fomentando el descontento e insatisfacción de los empleados.

STOMP OUT, TO. v. Salir pisando fuerte. The director stomped out of a press conference after the issue was raised. El director salió pisando fuerte de la conferencia de prensa cuando se planteó la cuestión.

STONES. TO BREAK STONES. Hacer trabajo que no sirve para nada.

STONE. SET IN STONE. Grabado en piedra, consagrado, inamovible.

STONY GROUND. TO FALL ON STONY GROUND. No hacer caso, pasar por alto.

STOOL PIGEON, A. s. Chivato, confidente, soplón.

STOP - AT - HOME. Pasar las vacaciones en casa.

STOPGAP. s. Solución provisional.

STOPPAGE. s. Paro, huelga. The employees voted for a 48 hour stoppage. Los empleados votaron a favor de un paro de cuarenta y ocho horas.

STOPS. TO PULL OUT ALL THE STOPS. Mod. Hacer un gran esfuerzo para. No escatimar esfuerzos.

STORAGE BOX. s. Caja americana multiuso.

STOREROOM. s. Almacén. Keep the storeroom spick and span. Mantengan el almacen limpio y ordenado.

STORM. TO RIDE THE STORM. Mod. Capear el temporal.

STORM IN A TEA CUP, A. Mod. Una tempestad en un vaso de agua.

STORY. TO CUT A LONG STORY SHORT. Ser breve.

STRAIN. s. Tensión. To buckle under the strain. Sufrir un patatús debido a la tensión nerviosa.

STRATEGY. AN OVERALL STRATEGY. Una estrategia general.

STRAIGHTEN THINGS OUT, TO. Mod. Aclarar las cosas.

STRANGER TO THE TRUTH. TO BE A STRANGER

TO THE TRUTH. To be a liar. Ser un mentiroso.

STRAW COMPANY, A. s. Empresa pantalla, empresa fantasma, empresa ficticia, empresa tapadera.

STRAWS. TO CLUTCH AT STRAWS. Mod. Recurrir a lo que sea en un momento de desesperación, esperar un milagro, agarrarse a la última esperanza, agarrarse a un clavo ardiendo, agrrarse a una zarza.

STREAK. TO HAVE A NASTY STREAK. Arg. Tener mal café, tener mala uva, tener mala catadura, ser del colmillo retorcido, estar destetado con leche de avispa, tener malaleche, tener mal yogur.

STREAM. TO GO AGAINST THE STREAM. Ir contra corriente.

STREAMLINE A COMPANY, TO. Racionalizar una compañía. Despedir empleados. The company has streamlined its information services. La empresa ha racionalizado sus servicios de información.

STREET. THAT'S RIGHT UP MY STREET. Esa es mi profesión, me dedico a eso, eso es lo mío.

STRENGTH. TO BE ON THE STRENGTH. Estar en la nómina de una empresa.

STRENGTH. TO GO FROM STRENGTH TO STRENGTH. Mod. Ir viento en popa, ir cada vez mejor. The company is going from strength to strength. La empresa va viento en popa. Va cada vez mejor.

STRENGTHS AND WEAKNESSES. Los puntos más fuertes y más débiles.

STRESS. s. Tensión nerviosa, agotamiento. Stress at work. Agotamiento en el trabajo.

STRESS, TO. v. Subrayar. Resaltar. Hacer hincapié.

STRESS MANAGEMENT. s. Gestión de estrés.

STRESS TEST. s. Pruebas de solvencia.

STRESS. TO GO SICK WITH STRESS. Caer enfermo por agotamiento físico.

STRESSED OUT. TO BE STRESSED OUT. Tener tensión nerviosa.

STRESSFUL DAY, A. Un día agobiante.

STRESSFUL ENVIRONMENT, A. s. Entorno agobiante.

STRESSFUL JOB, A. s. Un trabajo agobiante,

STRESSURISED. Adj. Estar agobiado, tener tensión nerviosa, estar agotado. To feel stressurised. Estar agobiado. Palabra formada por la yustaposición de los vocablos, stress y pressure.

STRETCH BACK, TO. Remontarse.

STRIDE. s. Paso. To make great strides. Dar pasos de gigante.

STRIKE ACTION. TO CALL FOR STRIKE ACTION. Convocar una huelga. Declararse en huelga. The Union has chosen to call for strike action in different parts of the country. El Sindicato ha decidido declararse en huelga en varias partes del país. To stage a 24 - hour strike. Hacer una huelga de veinticuatro horas.

STRIKE A BALANCE, TO. Lograr un equilibrio, encontrar un justo medio.

STRIKE A CONVERSATION WITH SOMEONE, TO. Entablar una conversación con alguien.

STRIKEBREAKER. s. Esquirol.

STRIKEBUSTER. s. Esquirol.

STRIKE. s. Huelga. Right to strike. Derecho a la huelga. No - strike clause. Cláusula antiguelga.

STRIKE PAY. s. Dinero que paga un sindicato a aquellos que están en huelga.

STRIKE - STAND OFF. Huelga.

STRIKE. TO CALL OFF A STRIKE. Desconvocar una huelga. The postal strike for today has been called off. Han desconvocado la huelga de correos que iba a tener lugar hoy.

STRIKE WHILE THE IRON IS HOT. Rfr. Al hierro candente, batir de repente. Aprovechar la oportunidad.

STRING. s. Cuerda. Cordel de polipropileno.

STRING. HOW LONG IS A PIECE OF STRING? Una pregunta difícil de contestar.

STRING. TO HARP ON THE SAME STRING. Mod. Insistir uno, una y otra vez, en demostrar sus argumentos.

STRINGS. NO STRINGS ATTACHED. Sin condiciones, sin cortapisas.

STRINGS. TO PULL STRINGS. Mod. Buscar padrino, buscar enchufe.

STRINGS. TO PULL THE STRINGS. Mod. Mover los hilos, dirigir entre bastidores.

STRIPE. s. Rango, género. Of the same stripe. Del mismo género, del mismo rango, de la misma categoría.

STRIVER. s. Persona que tiene que hacer malabarismos para llegar a fin de mes.

STROKE. NOT TO DO A STROKE. Arg. Estar con los brazos cruzados, no hacer nada, no pegar pique. Trabajar menos que el sastre de Tarzán.

STRONG - MINDED. Adj. Intransigente, porfiado, tozudo, empecinado.

STRONGLY. Adj. Con firmeza.

STROPPY. TO GET STROPPY. Sulfurase, encolerizarse, subirse a la parra, montar en cólera, ponerse agresivo, cabrearse. Don´t get stroppy! ¡No te subas a la parra!

STRUCTURE. TO GIVE STRUCTURE. Estructurar.

STUBBORN. Adj. Terco, testarudo, obstinado. To have a stubborn streak. Tender a ser testarudo

STUCK IN. TO GET STUCK IN. Arg. Ponerse a hacer algo con ganas.

STUDY. TO CARRY OUT A STUDY. s. Llevar a cabo un estudio. Early studies. Estudios previos.

STUFF. AND STUFF. And so on. Etcétera.

STUFF. DO YOUR STUFF! ¡Tú, a lo tuyo!

STUFF. I COULDN´T GIVE A STUFF! ¡No me importa un pepino! ¡No me importa un bledo!

STUFF. I DON´T BELIEVE THAT STUFF! ¡No me lo creo!

STUFF. I´M TIRED OF ALL THAT STUPID STUFF! ¡Estoy hasta las narices de todas estas estupideces¡

STUFF. TO BE HEADY STUFF. Algo que da dolor de cabeza; bebida, droga, el jefe.

STUFF TO DO. Tarea por hacer.

STUFF. TO KNOW ONE´S STUFF. Ser competente en la especialdad de uno, ser competente en la profesión de uno, conocer su oficio, saber lo que se lleva entre manos.

STUFF. ONE´S STUFF. Lo que mejor se le da a uno, lo suyo, la especialdad de uno. La profesión de uno.

STUFF. TO SHOW ONE´S STUFF. Mostrar lo que se vale. Mostrar uno su valia.

STUFF. THAT´S THE STUFF! ¡Así se hace!

STUFF. WHAT THE HELL IS THIS STUFF? ¿Qué diablos es esto?

STUFFED SHIRT, A. Pedante, pretencioso, engreído.

STUMB UP A PAYMENT, TO. Saldar una cuenta.

STUMBLING BLOCK. s. Escollo, dificultades. To put a stumbling block in the way. Poner piedras en el camino. Poner palos en las ruedas.

STUNT. s. Truco. A P R stunt. Un truco publicitario.

STUPID. UTTERLY STUPID. Tonto de remate.

SUB - COMMITTEE. s. Subcomité.

SUBCONTRACTING. Subcontracta.

SUB - HEADING. Sub partida.

SUBJECT COMES UP, THE. El asunto sale a relucir.

SUBJECT MATTER. s. Asunto.

SUBJECT OF PRIMARY IMPORTANCE, A. Un asunto de importancia primordial.

SUBJECT TO. Sujeto a.

SUBLET, TO. s. Subarrendar.

SUBMITTED BY. Presentado por.

SUB PRIME MORTGAGE, A. s. Hipoteca basura.

SUBSCRIPTIONS. s. Subcripciones. Turnover from subscriptions. Monte de las subcripciones, facturación derivada de las subcripciones.

SUBSIDIARY COMPANY. s. Compañía filial.

SUBSIDY, A. s. Subvención.

SUB - UNITS. Subunidades, elementos fundamentales, unidades básicas.

SUBURB. s. Zona residencial en las afueras de una ciudad, zonas acomodadas.

SUBURBAN BEDROOM DORMITORY. s. Población dormitorio.

SUBURBIA. s. Zonas residenciales de las afueras de las ciudades.

SUCK UP TO SOMEONE, TO. Arg. Hacer la pelota, lamer el culo. To suck up to the line manager. Hacerle la pelota al jefe de sección.

SUCKER. s. Arg. Mamón, lelo.

SUFFICE IT TO SAY. Basta decir.

SUGAR - COAT SOMETHING, TO. Dorar la píldora.

SUGGESTIONS BOX. s. Buzón de sugerencias.

SUIT, A. s. Ejecutivo. SUIT. s. Traje. A drab suit. Un traje insulso, un traje apagado. Statement suit. Traje llamativo. Traje rimbombante.

SUIT. TO FOLLOW SUIT. Mod. Hacer lo mismo, hacer otro tanto.

SUIT. A FORMAL SUIT. s. Traje de etiqueta.

SUIT YOURSELF. Mod. Haz lo que te parezca.

SUITED AND BOOTED. Vestido con la mejor ropa.

SUM. A FIXED SUM. Una cantidad fija.

SUMMARY. s. Resumen.

SUMMARY TABLE. s. Cuadro recapitulativo.

SUNDRY EXPENSES. Gastos diversos.

SUNRISE INDUSTRIES. s. Nuevas industrias y en estado de expansión.

SUNSET INDUSTRIES. s. Industrias en declive.

SUPER GLUE. s. Pegamento rápido.

SUPER TWO HOLE PUNCH. s. Supertaladro.

SUPERVISION. s. Vigilancia. Poor supervision. Poca vigilancia.

SUPERVISOR. s. Supervisor.

SUPERVISORY BOARD. s. Consejo supervisor.

SUPERVISORY MANAGEMENT. s. Gestión de supervisión.

SUPPLIER. s. Suministrador, abastecedor.

SUPPLY, TO. v. Abastecer, suministrar.

SUPPOSED. IT WAS SUPPOSED. Se pensaba.

SURPLUS AFTER TAX. s. Superávit después de los impuestos.

SURPLUS. TO BE SURPLUS TO REQUIREMENTS. Sobrar, estar por demás. You are surplus to our requirements. Sobras aquí. The employee was deemed surplus to requirements. Se consideró que ya no se necesitaba al empleado más.

SURPLUS OF REVENUE OVER EXPENDITURE, A. Desfase entre ingresos y gastos.

SURPLUS. TO MOVE FROM SURPLUS TO DEFICIT. Pasar de superávit a déficit.

SURVEY. TO CARRY OUT A SURVEY. Llevar a cabo un estudio.

SURVEY. A DODGY SURVEY. Un estudio poco fiable.

SURVEY. A TELEPHONE SURVEY. s. Encuesta por teléfono.

SUSPECT PACKAGE, A. s. Un paquete sospechoso. If you find a suspect package you must alert Security Staff. Si encuentra un paquete sospechoso debe avisar al personal de seguridad.

SUSPENSION FILE. s. Carpeta colgante.

SUSPENSION FILE DESK ORGANIZER. Bastidor de sobremesa.

SUSS OUT SOMEONE, TO. Tomarle las medidas a alguien.

SUSSED. Adj. Estar en el ajo, estar al corriente, estar bien informado.

SUSTAINABLE DEVELOPMENT. s. Desarrollo sostenible.

SWAMP. TO DRAIN THE SWAMP. Mod. Ir al origen del problema. Atacar la enfermedad en la raíz.

SWAMPED. TO BE SWAMPED. Estar agobiado de trabajo.

SWASHBUCKLING EXECUTIVE, A. s. Un ejecutivo emprendedor, con iniciativa.

SWEAR AT SOMEONE, TO. Insultar. Gary has been sacked for swearing at the director. A Gary lo han echado del trabajo por insultar al director.

SWEAR BLIND, TO. Jurar con vehemencia.

SWEAR. TO SWEAR UNDER ONE'S BREATH. Mod. Jurar por lo bajinis.

SWEARING IS CONSIDERED TO BE BEYOND THE PALE. Decir palabrotas es pasarse de castaño oscuro.

SWEAR WORD. s. Palabra malsonante, palabra soez, palabra oscena, palabrota.

SWEAT, TO. v. Sudar. To make workers sweat. Hacer sudar a los obreros.

SWEAT. TO EARN ONE'S BREAD BY THE SWEAT OF ONE'S BROW. Ganar el pan con el sudor de la frente.

SWEAT HOT WATER OVER SOMETHING, TO.

Sudar la gota gorda.

SWEAT IT AWAY, TO. Trabajar como un condenado.

SWEAT LIKE A PIG, TO. Arg. Sudar a mares.

SWEATSHOP LABOUR. s. Esclavitud.

SWEAT. TO WORK UP A SWEAT QUICKLY. Sudar pronto.

SWEETNER. s. Regalo, acicate, incentivo.

SWINDLING OF RETIRED PEOPLE. Estafas a los jubilados.

SWING A CAT. We haven't room to swing a cat here. Aquí no se puede ni revolver uno de pequeño que este sitio.

SWING BIN. MAD AS A SWING BIN. Arg. Excéntrico.

SWING DOORS. s. Puertas de vaivén.

SWINGEING CUTS IN EXPENDITURE. s. Recortes drásticos en los gastos.

SWINGEING JOB CUTS. s. Despidos masivos.

SWIPE. TO TAKE A SWIPE AT SOMEONE. Criticar a alguien. Atacar verbalmente.

SWIPE CARD. s. Tarjeta de identificación. Have you seen my swipe card anywhere? ¿Has visto mi tarjeta de identificación en alguna parte? Swipe card access only. TAD Staff. Sólo se accede con tarjeta de identificación. Empleados de TAD. Could you get Jim a swipe card from my desk's drawer and write the number down? ¿Podrías sacar una tarjeta de identificacíon del cajón de mi escritorio, anotar el número, y dársela a Jim? May I remind you to wear your swipe card whenever you are in the building. Por favor, siempre que estén en el edificio, lleven la tarjeta de identificación. Please wear and display your swipe card at all times. Por favor, lleve visible su tarjeta de identificación siempre. The swipe card system is currently down. Actualmente, el sistema de tarjetas de identificación no funciona. You can take my swipe card and bring it down when you've finished. Puedes utilizar mi tarjeta de identificación y bajármela cuando hayas terminado. You are reminded to carry your security cards at all times. Les recordamos que lleven siempre la tarjeta de identificación. Can you issue me with a swipe card? ¿Puede expedirme una tarjeta de identificación? Could you let me in please, I forgot my swipe card at home? ¿Por favor, podrías abrirme la puerta? me he dejado la tarjeta de identificación en casa. I

have mislaid my swipe card. No se donde he puesto mi tarjeta de identificación. Have you got a spare swipe card for the engineer? ¿Te sobra una tarjeta de identificación para el técnico?

SWITCHBOARD. s. Centralita de teléfonos. A switchboard operator. Telefonista. Can you keep an eye on the switchboard while I go to the loo? ¿Puedes vigilar la centralita mientras voy al aseo? Dawn is on the switchboard. Dawn está en la centralita de teléfonos. Who is that on the switchboard? ¿Quién es la persona que está en la centralita? I am on the switchboard all day. Estoy en la centralita todo el día.

SWITCHBOARD COVER. s. Relevo en la centralita de teléfonos. To provide switchboard cover. Relevar a alguien en la centralita de teléfonos.

SWITCHBOARD RELIEF. s. Relevo en la centralita de teléfonos.

SWITCHBOARD ROTA. s. Lista de turnos de la centralita de teléfonos. Have you got next week's switchboard rota. Tienes la lista de turnos de la centralita de teléfonos para la semana que viene.

SWORD. TO FALL ON ONE'S OWN SWORD. Mod. 1. Hacer algo en detrimento propio. 2. Suicidarse

SWORDFISH METAL SCALPEL. s. Cortador metálico.

SWORDS. TO CROSS SWORDS WITH SOMEONE. Discutir, enfrentarse, pleitear.

SYCOPHANT. s. Pelotillero, adulador, lameculos, cobista, lisonjero, zalamero.

SYCOPHANCY. s. Adulación.

SYNDROME OF THE BURNT OUT WORKER, THE. El síndrome del empleado quemado.

SYSTEM. s. Sistema. To streamline a system. Simplificar un sistema.

SYSTEM FILE STORE MODULE. s. Módulo cuatro carpetas.

SYSTEM MAGAZINE FILE. s. Revistero de cartón.

SYSTEM STORAGE DRAWER. s. Cajón archivador.

SYSTEM STAX FILE STORE. Contenedor para archivadores de palanca.

T

T. TO A T. TO SUIT TO A T. Mod. Ir de maravilla, ir de perillas. This job suits me to a t. Este trabajo me va de maravilla.

TABLE. GET ONE'S FEET UNDER THE TABLE. Mod. Ponerse a trabajar en serio.

TABLE PLACE NAME HOLDERS. s. Portanombres de sobremesa.

TABLES. TO TURN THE TABLES. Mod. Dar la vuelta a la tortilla, cambiar las tornas.

TACKLE, TO. v. Abordar. I would like to tackle that problem myself. Me gustaría abordar ese problema yo mismo.

TAG, TO. v. Etiquetar.

TAIL. TO CHASE ONE'S OWN TAIL. Mod. Dar vueltas sin lograr nada. Mucho ajetreo para nada. Mucho correr para no llegar a ninguna parte.

TAIL. THE TAIL WAGGING THE DOG. El mundo al revés.

TAIL. WITH HIS TAIL BETWEEN HIS LEG. Mod. Con el rabo entre las piernas. My tail was so firmly between my legs that I found it rather hard to walk. Llevaba el rabo tan apretado entre las piernas que apenas podía caminar.

TAILORED COURSES TO ONE'S NEEDS. Cursos adaptados a las necesidades de uno. Formación a medida.

TAKE CHARGE OF, TO. Tomar posesión de un cargo.

TAKE - HOME PAY. s. Salario neto. A meagre take home pay. Un salario neto de miseria.

TAKE IT BACK, TO. Retirar lo que ha dicho uno.

TAKE IT OUT ON SOMEONE, TO. Tomarla con alguien.

TAKE SOMEONE'S MIND OFF SOMETHING, TO. Mod. No dejar a alguien pensar.

TAKE PEOPLE ON, TO. Contratar empleados, ampliar la plantilla. The company took on 35 people last month. El mes pasado, la compañía contrató a 35 personas.

TAKEOVER. s. Adquisición. To launch the takeover of a company. Iniciar la adquisición de una empresa. A company takeover. Adquisición de una empresa. A takeover bid. Una O P A, oferta pública de adquisición. A potential takeover. Una adquisición en potencia.

TAKE OVER, TO. Sustituir, tomar posesión de, hacerse cargo de. This job requires total commitment in both time and effort and I feel now is the right time for me to step aside and a new person to take over. Este trabajo, requiere una entrega total, tanto en tiempo, como en esfuerzo. Ahora, pienso que es el momento apropiado de dejar paso, para que otra persona nueva se haga cargo de el.

TAKINGS. s. Ingresos. The takings went down about £2,000 a week. Los ingresos descendieron unas £2.000 por semana.

TALENT SCOUT. s. Cazatalentos.

TALK AT LENGTH, TO. Hablar largo y tendido.

TALK BACK TO SOMEONE, TO. Contestar de malas maneras.

TALK BALLS, TO. Arg. Hablar gilipolleces.

TALK BEHIND SOMEONE'S BACK, TO. Mod. Hablar a espaldas de alguien.

TALK BULLSHIT, TO. Arg. 1. Hablar chorradas. 2. Mentir.

TALK OF THE DEVIL, AND HE IS BOUND TO APPEAR. Rfr. En nombrando al ruin de Roma, por la puerta asoma.

TALK DOWN TO SOMEONE, TO. Mod. Dirigirse a alguien con aires de superioridad.

TALK DRIVEL, TO. Arg. Hablar chorradas.

TALK. IDLE TALK. s. Tonterías.

TALK THE HIND LEG OFF A DONKEY, TO. Hablar como un descosido. Hablar por los codos.

TALK. THE LINE OF TALK. De lo que se dice.

TALK NINETEEN TO THE DOZEN, TO. Mod. Hablar por los codos.

TALK ONE'S HEAD OFF, TO. Mod. Hablar por los codos.

TALK ONE'S WAY OUT OF SOMETHING, TO. Tener un pico de oro para salir de un apuro.

TALK OUT OF TURN, TO. Decir lo que no bería decir uno. Hablar demás. Decir tonterías. Decir sandeces.

TALK OVER EACH OTHER, TO. Hablar a la vez.

TALK POSH, TO. Ser fino hablando.

TALK SHOP, TO. Mod. Hablar de negocios, hablar

de trabajo cuando no se está en el trabajo. We never talk shop at home. Nunca hablamos de trabajo en casa.

TALK SOMEONE OUT OF, TO. Mod. Disuadir a alguien, desaconsejar, desalentar, convencer. Godric has been trying to talk Eugene out of writing the book. Godric ha estado tratando de disuadir a Eugene para que no escriba el libro.

TALK SOMEONE'S HEAD OFF, TO. Arg. Marear a alguien hablando, volver a alguien loco. Importurnar, hostigar, hastiar.

TALK THE TALK. GORDON TALKS THE TALK BUT DOES NOT WALK THE WALK. Mod. Gordon habla mucho, pero hace poco. Most people talk the talk. But not walk the walk. La mayoría de la gente habla mucho, pero hace poco.

TALK THROUGH, TO. Debatir un asunto a fondo.

TALK THROUGH THE BACK OF ONE'S HEAD, TO. Arg. Hablar sandeces. Hablar chorradas.

TALK THROUGH ONE'S ARSE, TO. Arg. Decir chorradas, hablar sandeces.

TALK OF THE TOWN, THE. Ser el platillo de la conversación, ser la comidilla del día.

TALK TURKEY, TO. Hablar en serio, ir al grano, no andar con rodeos.

TALKATHON, A. s. Una larga sesión de conversaciones.

TALKATIVE. Adj. Parlanchín.

TALK UNTIL BLUE IN THE FACE, TO. Comunicación ineficaz.

TALK UTTER ROT, TO. Hablar puras sandeces. Don't talk rot. No hables sandeces.

TALKING. NOW YOU ARE TALKING! ¡Por fin eres razonable! Eso ya es otra cosa!

TALKING TO, A. s. Una buena reprimenda.

TANGENT. TO FLY OFF/GO OFF AT A TANGENT. Mod. Salirse por la tangente, contestar con una evasiva.

TANGLED WEB, A. s. Una situación compleja.

TAP OUT, A. s. Cajero automático.

TAPE. ADHESIVE INVISIBLE TAPE. s. Cinta invisible adhesiva.

TAPE DESK DISPENSER. s. Portarrollos sobremesa.

TAPE DISPENSER. s. Dispensador de rollo adhesivo.

TARGET. s. Objetivo. I am pleased to report that the firm reached its annual target within the first six months. Me complace comunicarles que la empresa ha alcanzado su objetivo anual el primer semestre del año.

TARGETING. Fijación de objetivos.

TARGETS TO BE REACHED. Objetivos a alcanzar. To exceed the targets. Rebasar los objetivos.

TARGETS. TO MEET THE TARGETS. Cumplir los objectivos. To meet one's financial targets. Cumplir los objetivos financieros.

TARGETS. TO SET TARGETS. Proponer objetivos.

TARIFOLD DESK STAND. s. Clasificador sobremesa.

TARIFOLD POCKETS. s. Fundas para clasificador.

TARIFOLD WALL UNIT. s. Clasificador de pared.

TASK. s. Tarea, trabajo. To be faced with a difficult task. Enfrentarse a una tarea difícil. To carry out a task. Hacer un trabajo. To complete a task on time. Completar una tarea a tiempo. To handle a task. Llevar a cabo una tarea. To apply oneself to a task. Aplicarse a una tarea. To assign a task to. Asignar una tarea. A run - of - the - mill task. Un trabajo aburrido. Un trabajo monótono.

TASK. s. Tarea. To be up to the task. Estar a la altura de la tarea.

TASK FORCE. s. Comisión especial.

TASK. A PAINSTAKING TASK. Una tarea concienzuda.

TASK. THE TASK IN HAND. La tarea en marcha. La tarea que nos ocupa. La tarea que se tiene entre manos. To continue with the task at hand. Continuar con la tarea que nos ocupa.

TASK. TO SET ABOUT A TASK. Emprender una tarea con ganas.

TASK. TO TAKE SOMEONE TO TASK. Mod. Reprender a alguien. Echarle una bronca, echarle un rapapolvo.

TASK. A TRICKY TASK. s. Una tarea complicada.

TASK. TO UNDERTAKE A TASK. Asumir una tarea.

TASK. TO UNDERTAKE A TASK WITHOUT DELAY. Emprender una tarea sin demora.

TASK. A WHALE OF A TASK. Una tarea enorme.

TASKS. THE TASK OF A COMPANY, THE. Misión de una empresa.

TASTE OF THINGS TO COME, A. Lo que nos espera.

TATTERS. THE ECONOMY IS IN TATTERS. La economía está en la ruina.

TATTERS. THE PLAN IS IN TATTERS. El plan está hecho jirones.

TAX. s. Impuesto. To pay tax. Pagar impuestos. Tax breaks for married couples. Reducción de tasas para matrimonios. Especialmente para el marido. Employees get their taxes deducted at source. A los empleados se les deducen los impuestos en origen.

TAXABLE. Adj. Sujeto a impuesto. Taxable pay. Salario sujeto a impuesto. Non - taxable. No imponible.

TAX ADVISER. s. Asesor fiscal.

TAX AVOIDANCE. s. Elusión de impuestos. To get involved in a tax avoidance scheme. Involucrarse en un plan de elusión de impuestos. To crack down on tax avoidance. Tomar medias enérgicas contra la elusión de impuestos. Tax avoidance societies. Empresas que se dedican a la elusión de impuestos.

TAX BOX, THE. s. Arg. Coche, automóvil.

TAX BRACKETS. s. Tramos fiscales.

TAX BREAK. s. Exención tributaria.

TAX BURDEN. s. Carga impositiva.

TAX CREDIT. s. Bonificación fiscal.

TAX CUTS. s. Recortes fiscales.

TAX DODGER. s. Evasor de impuestos.

TAX DODGING. s. Evasión de impuestos. Corporate tax - dodging. Evasión de impuestos empresariales.

TAX DUCKER. s. Persona que no quiere pagar impuestos. Para ello utiliza la elusión o la evasión.

TAX EVASION. Evasión de impuestos.

TAX. FLAT TAX. Impuesto fijo.

TAX HAVEN. s. Paraíso fiscal.

TAX INSPECTOR. s. Inspector de Hacienda.

TAX HIKE. s. Subida de impuestos.

TAX. TO PAY FAIR TAX. Pagar tasas justas.

TAX RATE. s. Tasa impositiva. A fair tax rate. Tasa impositiva justa.

TAX REBATE. s. Desgravación fiscal.

TAX RELIEF. Desgravación fiscal.

TAX SHIRKER, A. s. Evasor de impuestos.

TAX. THE PHASE - OUT OF TAX. La reducción de los impuestos.

TAX. TRANSACTION TAX. Impuesto sobre transacciones.

TAX. UNPAID TAX. s. Impuesto sin pagar.

TAXATION. PROGRESSIVE TAXATION. Imposición fiscal progresiva.

TAXATION. SYSTEM OF TAXATION. Régimen fiscal.

TAXES. CRIPPLING TAXES. s. Impuestos demasiado altos que desaniman a las empresas a correr riesgos por miedo al fracaso.

TAXES. STEALTH TAXES. Impuestos encubiertos.

TAXES. TO UP TAXES. Aumentar los impuestos.

TAXI. THE TAXI IS CLOCKING UP THE HELL OF A BILL. El taxímetro está acumulando una cuenta de mil demonios.

TEA BREAK. s. Descaso para tomar un té.

TEAM. s. Equipo. To work as a team. Trabajar en equipo.

TEAM LEADER. s. Jefe de equipo.

TEAMWORK. s. Trabajo en equipo. To work as part of a team. Trabajar en equipo. To encourage teamwork. Fomentar el trabajo en equipo.

TEAR INTO, TO. Criticar severamente el trabajo de alguien.

TEAR OFF SLIP. PLEASE COMPLETE THE TEAR OFF SLIP BELOW AND RETURN IT TO ME. Por favor, rellene la parte recortable de la planilla y envíemela.

TEAPOT. s. Tetera. As useless as a chocolate teapot. Tan útil como una campana de goma.

TECH. A TECH SAVVY PERSON. s. Experto en tecnologías.

TECH SHOW. s. Feria tecnológica

TECHIE. s. Experto en informática.

TECHNICAL COMMITTEE. s. Comité técnico.

TECHNICAL EXPERT. s. Técnico.

TECHNICAL EXPERTISE. s. Pericia, técnica.

TECHNICAL GLITCH, A. Fallo técnico.

TECHNICAL. AT TECHNICAL LEVEL. En sus aspectos técnicos.

TECHNICAL REPORT. s. Informe técnico.

TECHNICAL STANDARDS AND REGULATIONS. s. Normas y reglamentaciones técnicas.

TECHNOBABBLE. s. El idioma incomprensible de las nuevas tecnologías, para algunos.

TECHNOFEAR. s. El miedo a los efectos nocivos que producen las nuevas tecnologías.

TECHNOLOGICAL BREAKTHROUGH. Avances tecnológicos.

TECHNOLOGICAL EDGE. TO HAVE THE TECHNOLOGICAL EDGE. Llevar la delantera en materia de tecnología.

TECHNOLOGICAL GAP. s. Retraso.

TECHNOJUNKIE. s. Persona adicta a los ordenadores.

TECHNOLOGY. WITH MODERN TECHNOLOGY THE OFFICE IS EVERYWHERE. Con las nuevas tecnologías la oficina está en cualquier parte.

TECHNO - NERD. s. Experto en informática.

TECHNOWIZARD. s. Experto en el manejo de ordenadores.

TECHNOPHOBIA. s. Fobia a las nuevas tecnologías.

TECHNOSTRESS. s. Nueva enfermedad psíquica que ha surgido, a causa del trabajo agobiante de las nuevas tecnologías.

TEETH. TO BE FED UP TO THE BACK TEETH. Estar muy harto, estar hasta la coronilla, estar hasta los mismísimos, estar hasta el moño.

TEETH. TO BE SICK TO THE BACK TEETH. Estar hasta las narices.

TEETH. TO CAST SOMETHING IN SOMEONE'S TEETH. Mod. Reprochar, reprobar, reprender.

TEETH. TO CUT ONE'S TEETH ON. Haberle salido a uno los dientes en un trabajo. Sid cut his teeth on as a journalist with the BBC. A Sid le salieron los dientes como periodista en la BBC.

TEETH. TO GET ONE'S TEETH INTO SOMETHING. Mod. Acometer una tarea.

TEETER ON THE BRINK, TO. Mod. Tambalearse, estar al borde del desastre. Jeremy's career is teetering on the brink of ruin. La carrera de Jeremy está al borde de la ruina. Thousands of workers look set to be axed as the company teeters on the brink of total collapse. Miles de trabajadores están destinados a perder el trabajo, al encontrarse la compañía al borde de la bancarrota.

TELEPHONE. Whenever you are on the telephone, it is essential that you portray a professional and confident image of the organization. Cuandoquiera que haga uso del teléfono, es fundamental que transmita una imagen profesional y de confianza de la empresa.

TELEPHONE ADDRESS BOOK. s. Listín telefónico.

TELEPHONE BOOTH. s. Cabina telefónica.

TELEPHONE DIRECTORY. s. Guía telefónica.

TELEPHONE. THE TELEPHONE IS PLAYING UP. El teléfono no funciona bien.

TELEPHONE LIST. s. Lista de teléfonos. An updated telephone list. Lista de teléfonos puesta al día o actualizada. Please find attached an updated telephone list, following recent staff changes and office moves. Adjunto una lista de teléfonos actualizada, tras los últimos cambios de personal y cambios de despachos. An internal telephone list. Listín de teléfonos interno.

TELEPHONE NUMBER. s. Número de teléfono. You wouldn't happen to have the telephone number of Edwin? ¿No tendrías por casualidad el número de teléfono de Edwin?

TELEPHONE. TO PUT THE TELEPHONE DOWN ON SOMEONE. Colgarle a uno. Andy put the telephone down on me just like that. Andy me colgó el teléfono así como así.

TELEPHONE SYSTEM. s. Sistema telefónico. The telephone system will be going down at 5.45 pm for software upgrade; it's expected to be back up and running around 7.00 pm this evening. A las 5.45 de la tarde, el sistema telefónico dejará de funcionar, para mejorar el programa informático; se espera que esté restablecido y funcionando otra vez alrededor de la siete de esta tarde.

TELEPHONE. TO LEAVE THE TELEPHONE OFF THE HOOK. Dejar el teléfono descolgado.

TELESCOPIC DRAWING TUBE. s. Embalaje telescópico para planos.

TELESCOPIC POINTER PEN. s. Puntero telescópico de bolsillo.

TELLING OFF. TO GIVE SOMEONE A GOOD TELLING OFF. Mod. Reprender a alguien. We will get a telling off for doing that. Nos echarán una bronca por hacer eso.

TELLTALE. s. Arg. Chivato.

TEMP. s. Temporary employee. Empleado temporal. I am only a temp. Sólo soy eventual. A temp can be hired and fired at an hours notice. A un trabajador temporal se le puede contratar y despedir con tan solo una hora de aviso. Five temps were sacked by DTU with just one hour's notice. Cinco empleados temporales fueron despedidos por DTU con tan solo una hora de aviso.

TEMPER. s. Genio. To have a terrible temper. Tener un genio de mil demonios.

TEMPERAMENT. MERCURIAL TEMPERAMENT. Temperamento inconstante.

TEMPLATES. s. Plantillas.

TEMPORARY POSITION, A. s. Puesto temporal de trabajo.

TEMPORARY STAFF. s. Empleados temporales. To cut temporary staff. Reducir empleados temporales.

TEN YEARS ON. Diez años después.

TENANCY AGREEMENT. s. Contrato de arrendamiento.

TEND, TO. v. Soler ser.

TENDER. TO PUT OUT TO TENDER. Sacar a contrata.

TENDER. SALE BY TENDER. Venta mediante procedimiento de licitación.

TENDER ONE'S RESIGNATION, TO. Presentar la dimisión.

TEND TO DIMINISH. Disminuir un tanto.

TENNER. s. Arg. Billete de £10. Here are the tenner that I owe you. Aquí tienes las diez libras que te debo.

TENTERHOOKS. TO BE ON TENTERHOOKS. Mod. Estar en ascuas, estar en vilo.

TERMINATION OF EMPLOYMENT. Terminación de empleo.

TERMS. A PERSON NOT ON MY TERMS. No congeniar con alguien.

TERMS AND CONDITIONS OF CONTRACT. Términos y condiciones de contrato.

TERMS AND CONDITIONS OF EMPLOYMENT. Términos y condiciones de empleo.

TERMS. HARD TERMS. Condiciones de mercado.

TERMS. IN WIDER TERMS. En términos más generales.

TERMS. TO BE IN GOOD TERMS WITH SOMEONE. Mod. Llevarse bien con alguien.

TERMS. TO LAY THE TERMS FOR SOMETHING. Dictar las bases para algo.

TEXTBOOK EXAMPLE, A. Un ejemplo de manual.

TEXT MESSAGES. TO SEND A TEXT MESSAGE. Enviar un mensaje de texto. To be sacked by text message. Ser despedido por medio de un mensaje de texto.

THANK GOODNESS! ¡Menos mal!

THAT. AND THAT'S THAT. Y eso es todo.

THAT IT SHOULD COME TO THIS! ¡Qué tenga que llegar a esto!

THAT'S JUST LIKE HIM! ¡Eso es muy de él!

THERE AND THEN. TO DO SOMETHING THERE AND THEN. Mod. Hacer algo inmediatamente.

THERE IS MORE TO IT THAN THAT. Las cosas van más allá.

THERE NOW! WHAT DID I TELL YOU? ¡Y ahora qué! ¿Qué te decía?

THERE YOU ARE/ THERE YOU GO. Así son las cosas. Así es la vida.

THERMAL BINDER. s. Encuadernadora térmica.

THICK. THE THICK OF IT. El meollo del asunto.

THICK. TO BE IN THE THICK OF IT. Mod. Estar en el ojo del huracán, estar en el punto de mira, estar en el medio del fregado, estar en el centro de las activities. Peter will be thrown into the thick of it when he formally takes up his position as the company chairman today. Cuando Peter asuma hoy oficialmente el cargo como presidente de la empresa, aterrizará en el medio del fregado.

THICK. TO BE AS THICK AS THIEVES. Mod. Ser

uña y carne, hacer buenas migas. They were as thick as thieves at one time, they say. Dicen, que en cierta época, hacían buenas migas.

THICK. TO BE AS THICK AS TWO SHORT PLANKS OF WOOD. Arg. Ser un zoquete, ser más torpe que un cerrojo.

THICK. TO BE THICK ON THE GROUND. Mod. Abundar, no escasear.

THICK. TO LAY IT ON THICK. Exagerar.

THICK. TO STICK WITH SOMEONE THROUGH THICK AND THIN. No dejar a alguien en la estacada en los momentos difíciles.

THICKO. s. Tonto.

THIN. TO BE THIN ON THE GROUND. Mod. Escasear, haber pocos, poco abundante. We are thin on the ground today. Hoy estamos pocos.

THIN. TO SPREAD ONESELF TOO THIN. Mod. Querer abarcar demasiado. Muchos ajos en un mortero, mal los maja el majadero. Quien mucho abarca, poco aprieta.

THING. TO DO THE RIGHT THING. Cumplir con las formalidades, hacer las cosas como es debido, hacer las cosas como Dios manda.

THING. TO HAVE ANOTHER THING COMING. Equivocarse, hacerse ilusiones.

THINGS. ALL THINGS BEING EQUAL. Mod. En igualdad de circunstancias.

THINGS. AND THINGS LIKE THAT. Etcétera.

THINGS ARE LOOKING UP. Esto promete.

THINGS. TO BE ON TOP OF THINGS. Estar al día. Estar en control.

THINK BIG, TO. Tener grandes ambiciones.

THINK HARD, TO. Devanarse los sesos.

THINK SOMETHING UP, TO. Idear algo.

THINK TANK. s. Grupo de expertos. Almost by definition, think tanks tend to employ quite young people, she says. They are very bright, very ambitious, and they are doing blue - sky thinking. They have got to - that's what they are being paid to do. Casi por definición, los grupos de expertos, tienden a emplear a personas bastante jóvenes, dice ella. Son muy inteligentes, muy ambiciosas, y aportan ideas innovadoras. Tienen que aportarlas; para eso les pagan.

THINK TWICE, TO. Md. Pensarlo dos veces.

THINKER. s. La chola.

THINKING. BLUE - SKY THINKING. s. Ideas innovadoras. What is wrong with 'blue skies' thinking? ¡Qué tienen de malo las ideas innovadoras? A blue - skies thinker. Persona que tiene ideas innovadoras.

THIRD SECTOR, THE. s. Las instituciones benéficas.

THIRD TIME LUCKY. A la tercera va la vencida.

THIS IS MORGAN. Le presento a Morgan.

THOUGHTS. TO HAVE SECOND THOUGHTS. Mod. Cambiar de parecer, cambiar de opinión, reconsiderar.

THOUGHTS. WHAT ARE YOUR THOUGHTS ON THIS. Qué piensa de esto.

THRASH SOMETHING OUT, TO. Mod. Deliberar un problema a fondo, y resolverlo.

THREAD OF THOUGHT. Hilo de pensamiento. I lost my thread of thought. He perdido el hilo de pensaniento.

THREAD. TO HANG BY A THREAD. Mod. Pender de un hilo.

THREAD. THE COMPANY IS HANGING BY A THREAD. La empresa está al borde de la ruina.

THREADS. TO PICK UP THE THREADS. Mod. Resumir una actividad.

THROAT. I'VE GOT A SOAR THROAT TODAY. Hoy tengo dolor de garganta.

THROAT. TO JUMP DOWN SOMEBODY'S THROAT. Ponerse como un basilisco. Atacar a alguien verbalmente. I trod on his foot and he jumped down my throat before I had a chance to aplogize. Le pisé el pie, y empezó a insultarme antes de darme tiempo para disculparme.

THROAT. TO RAM SOMETHING DOWN SOMEONE'S THROAT. Mod. Querer uno imponer sus ideas a alguien. Querer hacer comulgar con ruedas de molino.

THROAT. TO SLIT ONE'S THROAT. Mod. Hacer algo en detrimento propio.

THROATS. TO BE AT EACH OTHER'S THROATS. Mod. Estar a la greña, estar a matar.

THROW ONE'S WEIGHT ABOUT, TO. Mod. Mandar. Ser un dominante, ser autoritario, ser un mandón.

THROW ONE'S WEIGHT BEHIND SOMEONE, TO.

Mod. Apoyar, cooperar, arrimar el hombro.

THROW A SPANNER IN THE WORKS, TO. Mod. Sabotear el trabajo, hacer una mala faena, poner piedras en el camino.

THUMB. TO BE UNDER SOMEONE'S THUMB. Mod. Estar dominado por alguien.

THUMB. TO HAVE UNDER ONE'S THUMB. Mod. Dominar, controlar a alguien.

THUMB. TO STICK OUT LIKE A SORE THUMB. Mod. Ser evidente, ser conspicuo, saltar a la vista, ser muy vistoso.

THUMBS. TO GIVE THE THUMBS DOWN. Mod. Rechazar algo.

THUMBS. TO GIVE THE THUMBS UP. Mod. Aprobar algo.

THUMBS. TO TWIDDLE ONE'S THUMBS. Mod. Rotar los pulgares. No hacer nada, no tener nada que hacer, hilar la baba.

THUNDER. TO STEAL SOMEONE'S THUNDER. Mod. Arrebatar una idea a una persona, y utilizarla como si fuera propia.

TIBIT. s. Noticia, chisme.

TICK - BOX. s. Casilla.

TICK IN THE BOX, A. Visto bueno.

TICK. TO BUY ON TICK. Mod. Comprar a plazos.

TICK. TO MAKE SOMEONE TICK. Mover, impulsar. I wonder what makes that man tick. Me pregunto qué es lo que mueve a ese hombre.

TICKING OFF. s. Reprimenda.

TICK OVER WELL, TO. Arg. Funcionar a la perfección, ir como la seda, marchar bien.

TICK. TO TICK SOMEONE OFF. Mod. Reprender a alguien. To give someone a severe ticking off. Reprender a alguien severamente.

TICKS. HOW A COMPANY TICKS. Como funciona una empresa.

TIDY AND ORGANISED. TO KEEP THE OFFICE TIDY AND WELL ORGANISED. Mantener el despacho, ordenado y bien organizado.

TIED UP. TO BE TIED UP. Estar muy ocupado.

TIGER. TO RIDE A TIGER. Mod. Descubrir que a la persona a quien uno trata de mandar, resulta ser su jefe.

TILLER. TO HAVE A STEADY HAND ON THE

TILLER. Mod. Estar en control de la situación. The firm needs a steady hand on the tiller. La empresa necesita una mano firme al timón para enderezarla.

TIME. ANYTIME SOON. En cualquier momento.

TIME. AT ANY ONE TIME. En un momento dado.

TIME. AT THAT TIME. En ese momento.

TIME. AT WHAT TIME ARE YOU OFF TODAY? AT FOUR O'CLOCK. ¿A qué hora te vas hoy? A las cuatro en punto.

TIME - CONSUMING JOB, A. Trabajo que requiere mucho tiempo. A time - consuming project. Proyecto que requiere mucho tiempo.

TIME. DEAD ON TIME. Mod. Muy puntual.

TIME. DOUBLE TIME. Las horas trabajadas fuera del horario establecido, se pagan doble.

TIME. EMPTY TIME. Mod. El tiempo que trascurre entre reuniones.

TIME. HOW TIME DRAGS! ¡Qué despacio pasa el tiempo! ¡Qué aburrimiento!

TIME. I HAVE NO TIME FOR THE LIKE OF YOU. No tengo tiempo para los tipos como tu.

TIME. IN GOOD TIME. Mod. A tiempo.

TIME. IN NO TIME AT ALL. En menos que canta un gallo. En un plisplás. To do something in no time at all. Hacer algo en un plisplás.

TIME. IN TIME. Mod. A tiempo. I have finished this job in time. He terminado este trabajo a tiempo

TIME IS PRESSING. El tiempo apremia.

TIME IS RUNNING OUT. Se agota el tiempo.

TIMEKEEPER. A BAD TIMEKEEPER. s. Persona que llega siempre tarde al trabajo. Merlin has been sacked for being a bad timekeeper. Han echado a Merlin del trabajo por llegar siempre tarde.

TIMEKEEPER. A GOOD TIMEKEEPER. s. Dícese de la persona que llega siempre puntual al trabajo.

TIME KEEPING. s. Puntualidad.

TIMEKEEPING AT MEETINGS. Puntualidad en las reuniones.

TIME LIMITS. EXTENSION OF TIME LIMITS. Prórroga de plazos.

TIME LIMITS. WITHIN THE TIME LIMITS. Dentro de los plazos prescritos.

TIME. TO HAVE A ROUGH TIME. Pasarlo mal.

TIME. TO HIT THE BIG TIME. Mod. Triunfar, hacerse famoso.

TIME. TO KEEP GOOD TIME. Mod. 1. Ser puntual en el trabajo. 2. Andar bien. (reloj)

TIME. TO KILL TIME. Hacer tiempo.

TIME OF MY LIFE, THE. Los mejores años de mi vida.

TIME MANAGEMENT AT WORK. Gestión del tiempo en el trabajo.

TIME. TO MAKE UP FOR LOST TIME. Trabajar con tesón para recuperar el tiempo perdido. Today we will have to make up for lost time. Hoy tendremos que trabajar con tesón para recuperar el tiempo perdido.

TIME. TO MARK TIME. Mod. Pasar el tiempo sin hacer nada, no cubicar en el trabajo, hacer tiempo.

TIME OFF. TO TAKE SOME TIME OFF. Cogerse días libres en el trabajo. Who said that you could take time off? You didn't ask me! ¿Quién ha dicho que podías cogerte días libres? ¡No me lo preguntaste a mí!

TIME OFF. TO TAKE TIME OFF TO HAVE CHILDREN. Tomarse un excedencia en el trabajo para tener hijos.

TIME OUT OF NUMBER. Mod. Innumerables veces.

TIME POOR. No tener uno tiempo para el ocio.

TIME. POOR TIME - KEEPING. Mala puntualidad en el trabajo.

TIME RICH. Tener tiempo para el ocio.

TIME - SAVING. Ahorro de tiempo.

TIME. THE DIRCTOR IS LIVING ON BORROWED TIME. The director tiene fecha de caducidad. Al director le quedan cuatro telediarios.

TIME. TO SET ASIDE MORE TIME FOR SOMETHING. Dedicar más tiempo a algo.

TIMELY AND ACCURATE. Actualizado y exacto.

TIMER. A FULL - TIMER. Empleado a tiempo completo.

TIMER. AN OLD TIMER. s. Veterano en una empresa.

TIMESCALE FOR ACTION, A. s. Programa de actuación.

TIMETABLE. s. Horario.

TIMETABLE FOR COMPLITION. Calendario de ejecución.

TIME. THROUGH THE PASSAGE OF TIME. Por el transcurso del tiempo.

TIMETABLE. SPECIFIC TIMETABLE. Calendario concreto.

TIME - WASTER. s. Empleado que no rinde en el trabajo, y, encima, hace perder el tiempo a sus compañeros.

TIME. WHAT TIME DO YOUR CALL THIS? ¿Qué horas de llegar son estas?

TIME WORK. s. Trabajo a destajo.

TIMELY. Adj. Oportuno.

TIMES. A SIGN OF THE TIMES. Una señal de los tiempos.

TIMES WITHOUT NUMBER. Mod. Muchas veces.

TIN PARACHUTE. s. Cantidad de dinero que recibe un empleado al ser despedido de un empresa, debido al cambio de propietario.

TINKER'S CUSS. NOT TO GIVE A TINKER'S CUSS FOR SOMETHING. Mod. Importarle a alguien algo tres pepinos.

TINKER WITH SOMETHING, TO. Tratar un asunto ligeramente.

TINKLE. TO GIVE SOMEONE A TINCKLE. Darle un telefonazo a alguien.

TIPPLE. s. Bebida. What's your tipple? ¿Qué bebes? ¿A qué le pegas? The lunch time tipple. La bebida de la hora del almuerzo. Peter, Jeremy and Rose are coming to the pub for the lunch time tipple. The more, the merrier. Peter, Jeremy y Rose vienen al bar, para echar copa a la hora del almuerzo. Cuantos más, mejor.

TIRED. I AM TIRED AND I DON'T FEEL WELL ENOUGH. Estoy cansado y no me siento muy bien.

TISSUE OF LIES, A. Una sarta de mentiras.

TITANIC. REARRANGING THE DECKCHAIRS ON THE TITANIC. No tiene ningún sentido hacer cambios en una empresa cuando se encuentra al borde de la ruina.

TITS. TO GET ON SOMEONE'S TITS. Arg. Irritar,

dar la brasa, enojar.

TITS - UP. THE BANKS HAVE GONE TITS - UP. Los bancos se han ido al garete.

TITTLE - TATTLE. s. Cháchara, palique, conversaciones de patio de vecinos. Tema de conversación intrascendente. No tittle - tattle now, please! ¡Por favor, ahora no es el momento de estar de palique! Any tittle - tattle today? No, we rely on you for that. ¿Hoy no tenemos nada para ejercitar a la sinhuso? No, contábamos con tí para eso.

TITTLE - TATTLE. TO PEDDLE TITTLE - TATTLE. Chismorrear. Andar de chismorreo.

TO DATE. Hasta la fecha.

TO THIS END. En este contexto.

TO WIND DOWN. Disminuir, reducir. The company has announced to wind down its operations abroad. La empresa ha anunciado la reducción de sus operaciones en el extranjero.

TO WHOM IT MAY CONCERN. A quien corresponda.

TOAD, A. s. Arg. Embustero.

TOAD EATER, A. s. Arg. Pelotillero.

TOADY. s. Arg. Pelotillero, cobista, lisonjero, adulador.

TOE - RAG. TO TREAT SOMEONE LIKE A TOE - RAG. Tratar a alguien con desprecio.

TOES. TO BE ON ONE'S TOES. Mod. Estar atento.

TOES. TO TREAD ON SOMEONE'S TOES. Mod. Ofender a alguien. Pisar el callo a alguien.

TOFFEE. I CAN'T USE THE COMPUTER FOR TOFFEE. No soy muy ducho con el ordenador. No soy muy diestro con el ordenador.

TOFEE NOSE, A. s. Engreído, estirado.

TOIL UP, TO. Trabajar. I toil up 40 hours a week. Trabajo cuarnta horas a la semana.

TOILET. ADDITIONAL TOILET FACILITIES AVAILABLE ON THE FOURTH AND SIXTH FLOORS. Aseos suplementarios disponibles en las plantas, cuarta y sexta.

TOILET TISSUE DISPENSER. s. Dispensador de papel higiénico.

TOILET TISSUE SYSTEM. s. Dispensador secamanos.

TOILET. THAT TOILET STINKS LIKE YOUR STINKING FARTS. Ese aseo apesta lo mismo que tus apestosas ventosidades.

TOILETS. THE TOILETS ON THIS FLOOR ARE BEING DECORATED. PLEASE USE THE TOILETS DOWNSTAIRS. Están pintando los aseos en este piso. Por favor, usen los aseos del piso de abajo.

TO - ING AND FRO - ING. To and fro. Ir y venir.

TOKEN. s. Prueba, muestra, señal, prenda, detalle, vale.

TOKEN. BY THE SAME TOKEN. Con el mismo motivo, del mismo modo, por la misma razón, en justa correspondencia.

TOKEN CHARGE. Precio simbólico.

TOKEN IMPORTS. Importaciones en cantidad mínima.

TOKEN. IN TOKEN OF. En señal de, como prueba de.

TOKEN OF AGREEMENT. THE TWO HANDS CLAPS IN TOKEN OF AGREEMENT. Las dos manos se estrecharon en señal de acuerdo.

TOKEN PAYMENT, A. Pago simbólico o nominal.

TOKEN RENT. s. Alquiler simbólico.

TOKEN STRIKE. Huelga simbólica.

TOLL. s. Tarifa, gravamen.

TOM, DICK AND HARRY = SMITH, JONES AND ROBINSON. Fulano, Mengano, Zutano y Perengano.

TOMFOOLERY. s. Tonterías, memeces.

TOMORROW IS ANOTHER DAY. Mañana será otro día y verá el tuerto los espárragos.

TONER CARTRIDGE. s. Cartucho de toner.

TONGUE. A SLIP OF THE TONGUE. Freudian slip. Lapsus linguae. Desliz freudiano.

TONGUE. TO BE ON THE TIP OF ONE'S TONGUE. Mod. Tener en la punta de la lengua.

TONGUE. TO GIVE SOMEONE THE ROUGH EDGE OF ONE'S TONGUE. Mod. Echarle una buena bronca a alguien.

TONGUE. TO HOLD ONE'S TONGUE. Mod. Callarse, mantener la boca cerrada, morderse la lengua. Hold your tongue! ¡Cállate la boca!

TONGUE. TO WAG ONE'S TONGUE. Chismorrear, cotillear. Hablar a espaldas de alguien.

TONGUES. TO SET TONGUES WAGGING. Dar pie

para que murmure la gente. Dar que hablar.

TOO GOOD TO BE TRUE. Demasiado bueno para ser verdad.

TOOL. NOT THE SHARPEST TOOL IN THE SHED. Mod. Un tonto.

TOOLS. GIVE US THE TOOLS, AND WE´LL FINISH THE JOB. Dadnos las herramientas y nosotros haremos el resto. Si no tenemos, ni tela ni hilo, ¿cómo podemos hacer el traje?

TOOLS. TO HANG ONE´S TOOLS. Acabar la jornada de trabajo.

TOOTH. TO BE LONG IN THE TOOTH. Peinar canas, ser viejo.

TOOTHACHE. TO IRRITATE LIKE A RELENTLESS TOOTACHE. Irritar como un dolor de muelas.

TOP BANANA. s. 1. La persona más importante en una organización. 2. Algo excelente.

TOP GUN. s. La persona más importante en una organización.

TOP. TO KEEP ON TOP OF THINGS. Mod. Estar en control.

TOP MANAGEMENT. s. Alta dirección.

TOP NOTCH. s. Excelente. De primera categoría.

TOP NOTCH HOTEL, A. s. Hotel de primera categoría.

TOP. TO REACH THE TOP OF SOMETHING. Ex. Triunfar.

TOPIC. A HOT TOPIC. Un tema candente.

TOPICAL SUBJECT, A. s. Tema de actualidad.

TOPIC. A TRENDY TOPIC. Asunto de actualidad.

TOPICS. s. Asuntos.

TORCH. s. Linterna. Have you got a torch that I can borrow for a few minutes? ¿No tendrás una linterna que me puedas prestar por unos minutos?

TOSS, TO. v. Tirar a la papelera.

TOSS. TO WIN THE TOSS. Ex. Acertar una cosa.

TOT UP, TO. Sumar.

TOUCH AND GO. Incierto. Situación delicada. A touch and go decision. Una decisión delicada.

TOUCH. TO BE OUT OF TOUCH. Mod. No estar al corriente de la situación.

TOUCH. TO LOSE ONE´S TOUCH. Mod. Cometer errores.

TOUCH TYPING. s. Mecanografía al tacto.

TOUCHY. Adj. Quisquilloso, puñetero. You are so touchy! ¡Qué quisquilloso eres! ¡Qué puñetero eres!

TOUGH TO SWALLOW. Un mal trago, difícil de aceptar.

TOWERING FIGURE, A. s. Un gigante, una persona influyente. He was a towering figure of the world of publicity. Era un gigante en el mundo de la publicidad.

TOXIC ASSETS. s. Activos tóxicos.

TOXIC MANAGER s. Un mal jefe.

TOYS. TO THROW THE TOYS OUT OF THE PRAM. Arg. Darle a uno una pataleta.

TRACK. ON THE RIGHT TRACK. Mod. En el buen camino.

TRACK. ON THE WRONG TRACK. Mod. En el camino equivocado.

TRACK RECORD. s. Antecedentes, historial, experiencia de trabajo, trayectoria. To have a good track record. Tener un buen historial, buena trayectoria.

TRACKS. TO STOP SOMEONE DEAD IN HIS TRACKS. Mod. Parar a alguien en seco.

TRADE ASSOCIATION. s. Asociación profesional.

TRADE DAY. s. Día hábil.

TRADE DEAL. s. Acuerdo comercial.

TRADE. TO TRADE DOWN ONE´S SKILLS TO STAY IN WORK. Hacer un trabajo de categoría inferior para que no lo despidan a uno.

TRADE FAIR, A. s. Exposición.

TRADE. HE THAT LEARNS A TRADE HAS A PURCHASE MADE, Rfr. En casa del oficial, asoma el hambre, mas no osa entrar.

TRADE INSULTS, TO. Intercambiar insultos.

TRADE IS THE MOTHER OF MONEY. Rfr. Quien ha oficio, ha beneficio.

TRADE. TO HAVE A GOOD TRADE. Ir el negocio viento en popa.

TRADEMARK. REGISTERED TRADEMARK. s. Marca registrada.

TRADE UNIONS. s. Sindicatos.

TRADE UNION MEMBERSHIP. s. Afiliación sindical.

TRADER. s. Comerciante.

TRADERS. s. Operadores financieros.

TRADING. TERMS OF TRADING ARE 21 DAYS. Pago a 21 días.

TRAIL. TO BLAZE A TRAIL. Ser pionero en algo.

TRAILBLAZER. s. Innovador.

TRAIL IN THE WAKE, TO. Quedarse a la zaga.

TRAINEE ACCOUNTANT. s. Aprendiz de contabilidad.

TRAIN OF THOUGHT. s. Hilo de pensamiento.

TRAIN TICKET. s. Billete de tren. The company provides free - one - way tickets to new employees. La empresa proporciona billetes de tren de ida gratuitos a los nuevos empleados. The trains were dead on time this morning. Los trenes no podrían haber sido más puntuales esta mañana.

TRAIN, TO. v. Formar, capacitar, adiestrar. As a manager it is your job to ensure that your staff are properly trained and developed. Como director, es su deber hacer que el personal que está a su cargo esté debidamente capacitado y desarrollado.

TRAIN FOR A JOB, TO. Formarse para un trabajo.

TRAINING. s. Capacitación, formación. To undertake training. Hacer un curso de formación. Training course leading nowhere. Curso de capacitación sin salida. Curso de capacitación que no lleva a ninguna parte. Evaluation of training courses. Evaluacion de cursos de capacitación

TRAINING. ADULT TRAINING. Formación para adultos.

TRAINING AND DEVELOPMENT OPPORTUNITIES. s. Oportunidades de formación y desarrollo.

TRAINING AND DEVELOPMENT STRATEGY. Estrategia de formación y desarrollo.

TRAINING. IN - HOUSE TRAINING. Formación profesional en el empleo. Cost effective and innovative in - house training. Formación profesional en el empleo, rentable e innovadora.

TRAINING. LACK OF TRAINING. Falta de formación profesional.

TRAINING MANAGER. s. Director de capacitación.

TRAINING OF QUALITY. Formación de calidad.

TRAINING SCHEME. s. Programa de formación.

TRAINING THE TRAINERS. Formación de formadores.

TRAINING. VOCATIONAL TRAINING. Formación profesional.

TRANCH. s. Tramo. In two tranches. En dos tramos.

TRANSFER CASES. s. Cajas de transferencias.

TRANSFER OF PROPERTY. s. Transferencia de propiedad.

TRANSNATIONAL CORPORATIONS. s. Empresas multinacionales.

TRANSPARENCY PROTECTORS. s. Marcos protectores de transpariencias.

TRAVEL AGENT. s. Minorista.

TRAVEL BUG. TO HAVE GOT THE TRAVEL BUG. Tener la viva comezón de viajar. Tener ganas de viajar.

TRAVEL INSURANCE. s. Seguro de viajes.

TRAVEL. TO MINIMISE TRAVEL. Reducir los desplazamientos.

TREADMILL. TO BE ON A TREADMIL. Mod. Hacer muchas horas un trabajo penoso. Trabajar como un burro. Hacer un trabajo agotador y aburrido.

TREASURY BILLS. s. Pagaré del Tesoro.

TREND. s. Tendencia. Underlying trend. Tendencia subyacente.

TRIAL. TO BE ON A MONTH TRIAL. Estar en un periodo de prueba de un mes.

TRIAL RUN. Prueba.

TRIBUNAL. s. Juzgado.

TRICK OF THE TRADE. Mod. Trucos del oficio. To know the tricks of the trade. Conocer los trucos del oficio.

TRICK. THAT WILL DO THE TRICK. Servir para resolver un problema. This stapler will do the trick. Esta grapadora resolverá el problema.

TRICK. TO MISS THE TRICK. Dejar escapar una oportunidad.

TRICK. TO USE EVERY TRICK IN THE BOOK. Mod. Intentar todas las artimañas habidas y por haber. As usual, every trick in the book was thrown at me to persuade me to stay but they gave up once they realised that I was determined to leave. Como de costumbre, intentaron todas las artimañas habidas y por haber, para que no me fuera, pero cuando se percataron de que estaba empeñado en marcharme, desistieron en el empeño.

TRICKY. Adj. Difícil. It has been a tricky week. Ha sido una semana difícil.

TRIENNIEL CONFERENCE, A. s. Conferencia trienal.

TRIGGER, TO. v. Desencadenar, provocar.

TRILLON. s. Billón.

TRIMMER. s. Guillotina.

TRIPE. TO TALK TRIPE. Hablar sandeces. Hablar chorradas.

TRIPOD PROJECTION SCREEN. s. Pantalla trípode.

TROLL, A. s. Alborotador en los foros de la Red.

TROLLEY. TO BE OFF ONE'S TROLLEY. Estar majareta, estar para atar.

TROT. TO BE ON THE TROT. Estar siempre ocupado.

TROUBLEMAKER. s. Revoltoso.

TROUBLE. TO GET INTO TROUBLE. Expr. Meterse en líos, meterse en problemas.

TROUBLE. TO STIR UP TROUBLE. Armar camorra, revolver el gallinero, revolver el cotarro, crear problemas.

TROUBLES. FOR YOUR TROUBLES. Por las molestias.

TROUBLES NEVER COME SINGLY. Rfr. Las desgracias nunca vienen solas.

TROUBLESHOOTER. s. 1. Especialista en averías mecánicas. 2. Mediador en negociaciones. 3. El hombre que arregla los problemas en una compañía. Gerard is a kind of troubleshooter when problems blow up. Cuando surgen los problemas, Gerard es la persona a quien hay que recurrir para que los resuelva.

TROUBLESHOOTING. s. Indicaciones en caso de avería.

TROUBLESHOOTING MEETING. Reunión creativa, mediante un debate espóntaneo, para aportar ideas con el fin de resolver algún problema urgente.

TROUSER A GOOD SALARY, TO. Arg. Embolsarse un buen sueldo.

TROWEL. TO LAY IT ON WITH A TROWEL. Mod. Adular excesivamente.

TROYAN, A. s. Virus troyano.

TROYAN WORKER, A. s. Empleado infatigable.

TRUCK. STUCKING TRUCK. s. Carretilla con pala fijada.

TRUCK. TO HAVE NO TRUCK WITH SOMEONE. No querer tratos con una determinada persona.

TRUE BLUE PERSON, A. s. Persona fiel y de confianza.

TRUE TO YOUR SALT. TO BE TRUE TO YOUR SALT. Dícese de la persona que es leal a sus empleadores.

TRUMPET. TO BLOW ONE'S OWN TRUMPET. Mod. Alabarse uno mismo.

TRUMPS. TO TURN UP TRUMPS. Mod. Venir de perillas, venir de maravilla.

TRUST. s. Fideicomiso, patronato. The Trust's Annual General Meeting. La Junta General Anual del Fideicomiso. The Trust's Management Committee. El comité de gestión del fideicomiso. Trust's activities. Actividades del Patronato. The Trust Auditor's Report. Informe de los Auditores del Patronato. I enclose an agenda for the Trust's Annual General Meeting. Le envío una agenda Para la Junta General Anual del Patronato.

TRUST COMPANY. s. Sociedad fiduciaria.

TRUST FUND. s. Fondo especial.

TRUST PROPERTY. s. Propidad fiduciaria.

TRUST. TO ABUSE THE POSITION OF TRUST. Abuso de confianza.

TRUST. TO TAKE ON TRUST. Aceptar como cuestión de buena fe.

TRUST SOMEONE AS FAR AS ONE CAN KICK, TO. No confiar en alguien en absoluto.

TRUSTEE. s. Administrador fiduciario.

TRUSTEES. THE CHAIRMAN OF THE TRUSTEES. s. Presidente del consejo de administración. Trustees' Annual Report. Informe anual del consejo de administración.

TRUSTMARKS. s. Marcas de confianza.

TRUSTEESHIP. s. Fideicomiso. Síndico.

TRUSTING THAT. No dudando que.

TRUSTWORTHY PERSON, A. s. Persona de confianza.

TRUSTWORTHY AND PROFESSIONAL SERVICE, A. s. Servicio profesional y digno de confianza.

TRUTH. A HARSH TRUTH. Una verdad cruda.

TRUTH. AN INCONVENIENT TRUTH. Una verdad incómoda.

TRUTH. TO BEND THE TRUTH. Tergiversar la verad.

TRUTH. TO LEAVE THE TRUTH ATHOME. Mentir como un bellaco.

TRY. DON'T TRY ME! ¡No me pongas a prueba!

TRY IT ON SOMEONE, TO. 1. Intentar engañar a alguien, tratar de pegársela a alguien. 2. Tratar de seducir a alguien, intentar ligar. 3. Tratar de provocar a alguien.

TRYING DAY. IT HAS BEEN A TRYING DAY. Ha sido un día complicado.

TRYING WEEK, A. Una semana complicada. It has been a trying week, one damn crisis after another. Ha sido una semana complicada, una condenada crisis tras otra.

TRYING TIME. TO HAVE A TRYING TIME. Pasar unos momentos penosos. It has been a very trying day. Ha sido un día de aúpa.

TUBE. s. Metro. Tube strike. Huelga de Metro. To be subjected to the vagaries of the Tube strike. Estar sujeto a los caprichos de la huelga de Metro.

TUBES. TO GO DOWN THE TUBES. Arg. Fracasar estrepitosamente. The project has gone down the tubes. El proyect ha sido un fracaso estrepitoso. Un fracaso clamoroso.

TUNE SERVER, A. s. Dícese de la persona que adopta los principios de sus superiores para medrar.

TUNE. TO CHANGE ONE'S TUNE. Cambiar de parecer, cambiar de opinión.

TUNE. TO THE TUNE OF. Mod. Por la friolera de.

TUNE UP, TO. Poner a punto.

TUNNEL. THE ECONOMY IS RECOVERING, I CAN SEE THE LIGHT AT THE END OF THE TUNNEL NOW. La economía se recupera, ya veo la luz al final del túnel. THE LIGHT AT THE END OF THE TUNNEL IS A FAST APPROACHING TRAIN. La luz al final del túnel, es un tren que se nos echa encima a toda pastilla.

TUNNEL VISION. Estrechez de miras, cortedad de miras.

TUNNING. Puesta a punto.

TURF ACCOUNTANT. s. Tenedor de libros.

TURF OUT, TO. Despedir. The company turfed out 80 employees. La empresa despidió a ochenta empleados.

TURKEYS. LIKE TURKEYS VOTING FOR CHRISTMAS. Hacer algo en detrimento propio. Suicidarse.

TURNKEY SYSTEM. s. Sistema que está listo para funcionar.

TURN OUT, TO. Resultar. But it now turns out. Pero ahora resulta que.

TURNING POINT. Punto de inflexión.

TURN OFF A COMPUTER, TO. Apagar un ordenador.

TURN ON A COMPUTER, TO. Encender un ordenador.

TURNOVER. s. Volumen de ventas, cifra de negocios, facturación. The company's turnover has rocketed to £60 million. El volumen de ventas de la empresa se ha disparado a £60 millones.

TURN. TO DO SOMEONE A GOOD TURN. Hacerle un favor a alguien, ayudar a alguien.

TURN. TO DO SOMEONE A BAD TURN. Hacerle una jugada a alguien.

TURN UP, TO. s. Presentarse, hacer acto de presencia, aparecer. Bob hasn't turned up yet. Bob todavía no ha hecho acto de presencia.

TURN UPSIDE DOWN, TO. Volver cabeza abajo, al revés, invertir.

TWADDLE. s. Sandeces. To be utter twaddle. Ser puras sandeces.

TWISTS AND TURNS. s. Giros y sorpresas.

TWIST. TO DRIVE SOMEONE ROUND THE TWIST. Volver a alguien loco.

TWISTED MIND. De mente retorcida. Ser más retorcido que el gancho del fuego, más retorcido que un sacacorchos.

TWO - HOLE PUNCH. s. Taladro con dos punzones.

TWO OF A TRADE NEVER AGREE. Rfr. Araña, ¿Quién te arañó? Otra araña como yo.

TWO - PENCE. I DON'T CARE TWO - PENCE. Me importa un bledo.

TYPEFACE. s. Tipografía.

TYPE. IN BOLD TYPE. En negrita. To print in light type. Imprimir en caracteres finos.

TYPICALLY. Adv. De modo característico, suele ser, lo propio de algo, por regla general, como norma.

TYPIST CHAIR. s. Silla de mecanógrafa.

TYRE KICKER, A. Arg. Persona que pierde mucho el tiempo.

U

ULTIMATE GOAL. s. La finalidad esencial.

ULTIMATELY. Adv. En último término, en última instancia.

UMBRAGE. TO TAKE UMBRAGE. Mod. Ofenderse, molestarse.

UMBRELLA STAND. s. Paraguero.

UNBUNDLING. Euf. Liquidación de activos. Véase, *asset stripping*.

UNBUSINESSLIKE. Adj. Poco profesional.

UNCHARTED GROUNDS. Territorios inexplorados. Caminos inciertos. Territorio desconocido.

UNDERACHIEVEMENT. s. Logros decepcionantes.

UNDERACHIEVER. s. Empleado que no rinde lo suficiente.

UNDEREMPLOYED. Adj. Subempleado.

UNDEREMPLOYMENT. s. Subempleo.

UNDERHAND TACTICS. TO USE UNDERHAND TACTICS. Mod. Actuar bajo mano, bajo cuerda.

UNDER - HANDED. TO BE UNDER - HANDED. Mod. Ser injusto.

UNDERLINE, TO. v. Subrayar, hacer hincapié, resaltar.

UNDERLING. s. Subordinado. Vocablo despectivo.

UNDERPAID. TO BE GROSSLY UNDERPAID AND OVERWORKED. Trabajar demasiado por poco dinero.

UNDERPERFORM, TO. v. No rendir lo suficiente en el trabajo.

UNDERRATE, TO. v. Subestimar, infravalorar.

UNDERSTANDING. TO BE KEY TO UNDERSTANDING. Ser clave para entender.

UNDERSTANDING. TO BE OF TOUGH UNDERSTANDING. Ser duro de mollera.

UNDERSTOOD. TO MAKE ONESELF UNDERSTOOD. Hacerse entender. Hacerse comprender.

UNDERTAKE, TO. v. Emprender. To undertake additional work. Emprender trabajo extra.

UNDERTAKING, AN. s. Empresa. A recipient undertaking. Empresa beneficiaria.

UNDERWRITER. s. Asegurador.

UNDERWRITING AGENCY. s. Agencia de seguros.

UNEMPLOYABLE. TO BE UNEMPLOYABLE. No servir para un trabajo, no dar la talla, no estar a la altura, no reunir las cualificaciones necesarias para un trabajo.

UNEMPLOYMENT. s. Desempleo. High unemployment. Tasa de desempleo elevada. Mass unemployment. Desempleo masivo.

UNEMPLOYMENT BENEFIT. s. Subsidio de paro.

UNEMPLOYMENT IS ROCKETING. La tasa de desempleo se ha disparado.

UNEMPLOYMENT. LONG TERM UNEMPLOYMENT. s. Paro de larga duración, desempleo crónico.

UNEMPLOYMENT RATE. s. Tasa de paro.

UNEMPLOYMENT. SEASONAL UNEMPLOYMENT. Desempleo estacional.

UNEMPLOYMENT. THE SCOURGE OF UNEMPLOYMENT. La lacra del desempleo.

UNEMPLOYMENT. TO KEEP UNEMPLOYMENT FIGURES DOWN. Mantener la tasa de desempleo baja.

UNEMPLOYMENT. YOUTH UNEMPLOYMENT. Desempleo juvenil.

UNENDURABLE. Adj. Insoportable.

UNFIT. TO BE UNFIT FOR A JOB. No ser la persona idónea par un trabajo.

UNION. s. Sindicato. To have a bust up with the unions. Tener un enfrentamiento con los sindicatos. Anti - union laws. Leyes antisindicales.

UNION BASHING. Despotricar contra los sindicatos.

UNION BUSINESS. Asuntos sindicales.

UNION BUSTING. Política antisindical de una empresa.

UNION - MAN THROUGH AND THROUGH. Sindicalista hasta la médula.

UNION NEGOTIATOR. s. Negociador sindical.

UNION. TO JOIN A UNION. Afiliarse a un sindicato.

UNION OFFICIAL. s. Cargo sindical.

UNIONISED WORKFORCE. Trabajadores sindicados, sindicalismo organizado. Non - unionised workforce. Trabajadores no sindicados.

UNION RIGHTS. s. Derechos sindicales.

UNIRONIC MANAGER, AN. s. Un gerente ejemplar, un gerente concienzudo.

UNITED WE STAND, DIVIDED, WE FALL. Rfr. Nación dividida, nación destruída. División y destrucción, hermanas gemelas son.

UNKNOWN AT THIS ADDRESS. Destinatario desconocido.

UNKNOWN QUANTITY, AN. s. Dícese de la persona cuyas habilidades se desconocen. Un enigma, un misterio.

UNLIKELY. Adj. Poco probable. Is Jarvis coming in today? Unlikely. ¿Viene Jarvis al trabajo hoy ? Es muy poco probable de que venga.

UNOFFICIAL STRIKE, AN. s. Huelga que no ha sido sancionada por un sindicato.

UNPAID LEAVE. Permiso sin remuneración. To take unpaid leave. Coger permiso sin remuneración.

UNPAID WORK. TO TAKE UNPAID WORK. Trabajar sin ser remunerado.

UNPREDICTABLY. Adv. De manera imprevisible.

UNPUBLISHED WORK. Inédito.

UNSKILFULNESS. s. Impericia.

UNSKILLED. Adj. Sin cualificar. Unskilled worker. Empleado sin cualificar. To employ unskilled minimun wage workers. Emplear a trabajadores sin cualificar por el salario minimo.

UNSOCIABLE WORKING HOURS. s. Trabajo fuera del horario normal.

UNTIDY EMPLOYEE, AN. s. Empleado desordenado.

UNSTUCK. TO COME UNSTUCK. Arg. Fracasar. Our plan came unstuck. Nuestro plan fracasó. Nuestro plan quedó en agua de borrajas.

UNTYPICAL OF. Impropio de.

UNWAGED PERSON, AN. s. Desempleado, parado.

UNWELL. Adj. Mal, estar enfermo. Sorry to hear you´ve been unwell. Hope you make a quick and complete recovery. Siento que estés enfermo. Espero que te recuperes completamente y pronto. Best wishes for a speedy recovery. Mis mejores deseos para que hagas una pronta recuperación.

UNWILLINGLLY. TO DO SOMETHING UNWILLINGLLY. Hacer algo a regañadientes, de mala gana.

UNWIND, TO. v. Relajarse. To unwind in the pub after work with a pint of beer before going home. Relajarse en el bar después del trabajo con una jarra de cerveza antes de volver a casa.

UNWISE. Adj. Imprudente.

UP A GUM TREE. TO BE UP A GUM TREE. Estar en un brete, estar en un apuro.

UP AND RUNNING. TO BE UP AND RUNNING. Estar establecido y funcionando. The system is up and running. El sistema está establecido y funcionando.

UPDATE. Puesta al día y actualización.

UPGRADE SOMEONE, TO. Asignar a alguien un grado más alto.

UPKEEP COSTS. s. Gastos de mantenimiento.

UPKEEP OF A COMPANY, THE. El mantenimiento de una empresa.

UP ONSELF. TO BE UP ONESELF. Ser un arrogante, ser un engreído, ser un estirado.

UP AND UP. TO BE ON THE UP AND UP. Ascender.

UPSCALE, TO. v. Aumentar recursos.

UPSIDE, AN. s. Una mejoría.

UPSTAIRS. TO BE A BIT SLOW UPSTAIRS. Arg. Faltarle a uno un hervor.

UPSTAIRS. TO MOVE UPSTAIRS. Ascender.

UPSTART, AN. s. Trepa, arribista, advenedizo, opurtunista.

UPSWING. s. Alza, auge.

UPTIGHT. TO GET SOMEONE UPTIGHT. Poner a alguien nervioso.

UPTITLING. Política de determinadas compañías que consiste en ascender de título a los empleados, pero sin aumento de sueldo.

UP TO SNUFF. TO BE UP TO SNUFF. Arg. Estar a la altura de las circunstancias, dar la talla.

URGENT. Adj. Urgente. This work is dire urgent. Este trabajo es muy urgente.

USEFUL IDIOT. s. Tonto útil.

USER'S GUIDE. s. Manual del usario. Manual de instrucciones de uso.

USUALLY, I AM IN BEFORE 8 O'CLOCK. Por lo general, llego a la oficina antes de las ocho.

UTILITIES. PUBLIC UTILITIES. s. Servicios públicos.

UTILITY BILLS. s. Facturas de gas, agua, electricidad, etc.

UTILITY PROVIDERS. s. Proveedores de sevicios públicos.

UTMOST. TO THE UTMOST. Hasta más no poder.

U - TURN, A. s. Un cambio radical, un giro copernicano. Un cambio de parecer total.

V

VACANT PLACE. TO FILL A VACANT PLACE. Cubrir una plaza.

VACANCIES. s. Ofertas de empleo. Temporary jobs vacancies. Ofertas de empleo a tiempo parcial. Unfilled vacancies. Empleos vacantes. Puestos de trabajo sin cubrir.

VACANCY. s. Plaza. A vacancy is coming up soon. Pronto habrá una plaza. Vacancy for Keith Webber's secretary. Plaza de secretaria para Keith Webber. A part - time vacancy. Plaza vacante a tiempo parcial.

VAIN. TO STRUGGLE IN VAIN. Esforzarse en vano.

VALEDICTORY SPEECH. s. Discurso de despedida. A valedictory letter. Una carta de despedida oficial.

VALUE - ADDED. Adj. Valor añadido.

VALUE JUDGEMENT. s. Juicio de valor.

VALUES. DISTINCT VALUES. Valores definidos.

VANITY PUBLISHER, A. s. Editorial que publica libros cuyo coste lo sufraga el autor.

VARIETY OF, A. Una serie de, una gama.

VALUE ADDED TAX. V A T. s. I V A. Impuesto sobre el valor añadido. To crank up V A T. Aumentar el I V A. To hike up V A T. Aumentar el I V A.

V A T DECLARATION. s. Declaración del I V A.

V A T HIKE, A. Una subida del I V A.

V A T RELIEF. Desgravación del I V A.

VEHICLE LOG RECORD BOOK. s. Hoja de ruta y gastos.

VEIL. TO DRAW A VEIL OVER. Mod. Ocultar un suceso.

VENDING MACHINE OR VENDING DISPENSER. s. Máquina expendedora.

VENGEANGE. WITH A VENGEANGE. Con creces.

VENTURE CAPITAL. s. Capital de riesgo.

VENTURE CAPITALIST. s. Dícese de la persona que arriesga su dinero invirtiéndolo en una empresa.

VERBAL ALTERCATION, A. s. Un intercambio de insultos.

VERBAL BLOWS. TO EXCHANGE VERBAL BLOWS. Intercambiar insultos.

VERBAL FISTICUFFS, A. Una lluvia de insultos.

VERBAL SPANKING. TO GIVE SOMEONE A VERBAL SPANKING. Echarle a alguien una buena bronca.

VERBAL SWIPE. Agresión verbal.

VERBAL VOLLEY, A. Una lluvia de insultos.

VERBALS. TO GIVE SOMEONE THE VERBALS. Insultar a alguien.

VERSED. Adj. Cualificado, especialazado. I am well versed in that. Estoy bien cualificado en esa materia.

VERSION. AN UP - TO DATE VERSION. s. Una versión actualizada.

VERSION. THE CORRECT VERSION. La versión rectificada.

VERTICAL LIVING. Vivir en edificios de pisos.

VET AN EMPLYEE, TO. Investigar rigurosamente a un empleado antes de contratarlo.

VIABILITY. s. Viabilidad. A firm's viability. La viabilidad de una empresa.

VICE - CHAIR. s. Vicepresidencia.

VICE - CHAIRMAN. s. Vicepresidente.

VICE - PRESIDENT. s. Vicepresidente.

VICTIMIZATION. s. Represalias.

VIDEO - CONFERENCE. s. Videoconferencia. Video - conference room. Sala de videoconferencias.

VIDEOLINK. s. Videoconference.

VIEW. TO TAKE A DIM VIEW OF SOMETHING. No tener buena opinión de algo.

VIEWS. TO HOLD AN EXCHANGE OF VIEWS. Celebrar un intercambio de impresiones

VIEWS. TO TAKE SOMEBODY'S VIEWS INTO ACCOUNT. Mod. Tener en cuenta la opinión de alguien.

VIEWS. TO BE ENTITLED TO ONE'S VIEWS. Tener derecho uno a expresar su opinión.

VIRAL. TO GO VIRAL ON SOCIAL MEDIA NETWORKS. Incendiar las redes sociales. Correr como la pólvora por la red.

VISION. s. Visión. The director yesterday set out

his visión for the company in a 10 - point plan. Ayer, el director impulsó, en un plan de diez puntos, lo que será la compañía en el futuro.

VISIT. A FLYING VISIT. s. Una visita de médico, una visita relámpago.

VISITOR. s. Visitante, visita. Jane, could you inform reception that I am expecting a visitor. Jane, ¿podrías informar a la recepción de que espero una visita?

VISITORS' BOOK. s. Libro de visitas.

VOICE. s. Voz. Don't raise your voice to me! ¡No me levantes la voz!

VOICE. A PONCEY VOICE. Una voz pomposa, empalagosa, ostentosa, remilgada.

VOICEMAIL. s. Buzón de voz. To leave a message on the voicemail. Dejar un mensaje en el buzón de voz. I have left him voicemail messages but had no reply. Le he dejado mensajes en el buzón de voz, pero no me ha respondido. My voicemail is clogged up with messages. Mi buzón de voz está atascado de mensajes. When leaving in the evening phones should be forwarded to voicemail. Al terminar la jornada, los teléfonos deberían desviarse al buzón de voz.

VOLUME IN THE BUSINESS IS GROWING, THE. El volumen de negocios va en aumento.

VOLUNTARY ORGANISATION. s. Organización voluntaria.

VOLUNTARY REDUNDANCY. s. Baja voluntaria con derecho a indemnización.

VOLUNTARY SECTOR. s. El sector voluntario.

VOUCH FOR SOMEONE, TO. Responder de alguien.

W

WACKY - IDEA, A. s. Una idea descabellada.

WACKY PERSONALITY, A. Una personalidad peculiar, una personalidad extravagante, una personalidad interesante.

WAFFLE AND FUDGE. La palabrería y los rodeos.

WAFFLE ON, TO. 1. Hablar banalidades sin cesar. 2. Meter paja.

WAG, A. s. Bromista.

WAGE BILL. s. El coste de los salarios.

WAGE CLAIMS. Reivindicaciones salariales.

WAGE CAP. Tope salarial.

WAGE CONSTRAINT. Moderación salarial.

WAGE DIFFERENTIAL. Horquilla salarial, diferencia salarial.

WAGE DIVIDEND. s. Prima.

WAGE - EARNER. s. Asalariado.

WAGE FREEZE. Congelación de salarios.

WAGE GROWTH. Crecimiento salarial.

WAGE. INTER - TRADE MINIMUM WAGE. Salario mínimo interprofesional.

WAGE. MINIMUM WAGE. s. Salario mínimo. To increase the minimun wage. Aumentar el salario mínimo. To raise the minimum wage. Aumentar el salario mínimo. To be on the minimun wage. Cobrar el salario mínimo. To boost the minimun wage. Aumentar el salario mínimo. A £2.00 pound an hour hike in the minimun wage. Un aumento del salario mínimo de dos libras. To be on minimum wage. Cobrar el salario mínimo. To pay employees below the minimum wage. Pagar a los empleados por debajo del salario mínimo.

WAGE. A LIVING WAGE. Salario mínimo vital. Salario que requiere uno para mantener su nivel de vida. To pay staff a living wage. Pagar a los empleados el salario mínimo vital.

WAGE STAGNATION. Estancamiento salarial.

WAGED WORK. Trabajo remunerado.

WAGES ARE MEASLY THESE DAYS. En la actualidad, los salarios son de miseria. De hambre.

WAGES. BLOATED WAGES. Salarios abutados. Remuneración estratósferica.

WAGES. DECENT WAGES. s. Un salario decente.

WAGES. TO DRIVE WAGES DOWN. Bajar los salarios.

WAGES. FLATLINING WAGES. Estancamiento salarial.

WAGES. A GENERAL INCREASE IN WAGES. Un aumento de salarios con carácter general.

WAGES. EMPLOYEES' WAGES HAVE STAGNATED. Los salarios de los empleados se han estancado.

WAGES. HIGH WAGES. Salarios elevados.

WAGES. HUNGER WAGES. Salarios de miseria.

WAGES. IT IS NOT THE EMPLOYER WHO PAYS THE WAGES, HE ONLY HANDLES THE MONEY. IT IS THE PRODUCT THAT PAYS THE WAGES. No es el empleador quien paga los salarios, él sólo maneja el dinero. Es le producto el que los paga. B. Franklin.

WAGES POLICY. s. Política salarial.

WAGES. POVERTY WAGES. s. Salarios de miseria. Salarios míseros. Salarios de hambre.

WAGES. SLAVE WAGES. Salarios de esclavo.

WAGES. STARVATION WAGES. Sueldos de hambre, sueldos ínfimos.

WAGES. THE WAGES AREN'T REPRESENTATIVE OF THE AMOUNT OF WORK YOU PUT IN. Los salarios no reflejan la cantidad de trabajo que haces.

WAGES. TO FORGO ONE'S WAGES. Renunciar al salario.

WAGES. TO KEEP WAGES DOWN. Mantener los salarios bajos.

WAGES. TO UNDERCUT WAGES. Trabajar por un sueldo más bajo que el de los compañeros.

WAGES. WEEKLY WAGES. s. Paga semanal que se efecúa en metálico a los obreros que trabajan a tiempo parcial.

WAGGING TONGUE, A. s. Chismoso, cotilla, murmurador, malicioso. Some wagging tongues said that Denise was pregnant with Derek's son. Algunos murmuradores iban diciendo por ahí, que Denise, estaba preñada de Derek.

WAIT HAND AND FOOT ON SOMEONE, TO. Mod. Estar a disposición de alguien.

WAITING ROOM. s. Sala de espera. No smoking

in this waiting room. Prohibido fumar en la sala de espera.

WAKE OF THE. IN THE WAKE OF THE. A raíz de.

WAKE - UP CALL, A. Un toque de atención.

WAKE UP, TO. Despertarse. I couldn´t wake up this morning. I had a late night. Was it worthy? I think so! No me podía despertar esta mañana. Me acosté tarde. ¿Mereció la pena? ¡Claro que sí!

WALK AWAY FROM SOMEONE, TO. Abandonar a alguien.

WALK OFF, TO. Declararse en huelga. Employees walked off the job yesterday after management docked a day´s pay for a meeting which lasted ten minutes. Los empleados se declararon en huelga, al descontarles la dirección un día de paga, debido a que una reunión solo duró diez minutos.

WALK THE WALK, TO. Predicar con el ejemplo.

WALKOUT, A. s. Huelga.

WALK OUT ON SOMEONE, TO. Dejar plantado. Ian tells me that you walked out on Carol this morning. Me dice Ian que dejaste plantada a Carol esta mañana.

WALK OVER SOMEONE, TO. Tratar sin ninguna consideración a alguien, llevar a rajatabla.

WALKING WOUNDED. Empleados que quedan en una empresa tras despidos en masa.

WALL CALENDAR. s. Calendario de pared.

WALL CLOCK. s. Reloj de pared. That clock is fast. Ese reloj va adelantado.

WALL. THE COMPANY HAS GONE TO THE WALL. Irse al traste. La compañía ha ido a la ruina, la compañía ha ido a pique, la empresa se ha ido al garete. An awful lot of people went to the wall when the company closed. Muchos empleados perdieron el trabajo cuando cerró la empresa.

WALL COAT PEGS. s. Perchero pared.

WALL. TO HAVE ONE´S BACK TO THE WALL. Mod. Estar entre la espada y la pared.

WALL LITERATURE HOLDER. s. Expositor mural.

WALL - MOUNT CIGARETTE LITTER BIN. s. Papelera cenicero metálica de pared. Se encuentran al lado de la puerta de edificios.

WALLOP. TO GET THE WALLOP. Arg. Ser despedido del trabajo. Eugene has got the wallop for swearing at the line manager. A Eugene lo han echado del trabajo por insultar al jefe de sección.

WALL PROJECTION SCREEN. s. Pantalla mural.

WALLS HAVE EARS. Rfr. Las paredes oyen.

WALLS. WITHIN THESE FOUR WALLS. Mod. Entre nosotros. En confianza.

WALK - IN - THIEF, A. s. Ladrón que entra a robar en oficinas. Suele colarse en un edificio, siguiendo a los empleados cuando entran en el edificio.

WALK OF LIFE, A. s. Profesión, forma de ganarse uno la vida.

WALK OVER. s. Fácil, pan comido. This job is no walkover. Este trabajo no es nada fácil. WALK. TO WALK ALL OVER SOMEONE. Avasallar, llevar a rajatabla, tratar de malas maneras a las personas, no tener ninguna consideración por los demás. Mavis did not like her boss very much, by her way of thinking, he just came in and walked all over everyone. A Mavis no le gustaba su jefe mucho, para su manera de pensar, tan pronto como llegaba al trabajo, llevaba a todo el mundo a patadas.

WALKS OF LIFE. FROM ALL WALKS OF LIFE. De todas las condiciones sociales.

WALLY, A. s. Imbécil, inepto.

WANDER OFF, TO. Don´t wander off before telling me. No te vayas por ahí antes de decírmelo a mí. Don´t wander off! ¡No desaparezcas! ¡No te vayas por ahí!

WARNING. s. Advertencia. To give someone a proper warning. Advertir a alguien como es debido. To issue a verbal warning. Advertir verbalmente. A written warning. Una advertencia por escrito. A formal warning. Advertencia oficial. An informal warning. Advertencia oficiosa. To give someone a formal written warning. Advertir a alguien oficialmente por escrito.

WARNING. TO GIVE AN EMPLOYEE ADVANCE WARNING OF DISMISSAL. Despedir a un empleado.

WAS HE PUSHED OR DID HE JUMP? ¿Lo echaron o se marchó por voluntad propia? Although nobody was going to push me, there would be considerable relief if I chose to jump. A pesar de que nadie me iba a echar, sería un alivio considerable si me marchase por mi cuenta.

WASH. THAT WON'T WASH! ¡Eso no se lo cree nadie!

WASH. TO COME OUT IN THE WASH. Mod. Resolver un problema.

WASH - OUT. s. Arg. Fracaso. The whole business was a complete wash - out. El negocio fue un fracaso estrepitoso.

WASTE. s. Desechos, residuos.

WASTE BIN. s. Cubo de la basura.

WASTE MANAGEMENT. Gestión de residuos.

WASTE - PAPER BASKET. s. Papelera. To confine to the basket. Tirar a la basura

WASTE OF SPACE, A. s. Bulto, florero, persona que no es competente en el trabajo. Persona que no pinta nada. Un estorbo con plaza fija.

WASTE TONER BOX KIT. s. Kit de bote de toner residual.

WASTED. Adj. Arg. Agotado, hecho polvo.

WASTED. I AM WASTED HERE. Estoy desperdiciando mi talento aquí.

WATCHDOG. s. Censor.

WATCHWORD. s. Lema.

WATCH YOUR MOUTH! ¡Ten cuidado con lo que dices!

WATER COOLER MACHINE, A. s. Máquina de agua fría. The water cooler machine is acting up. La máquina de agua fría no funciona bien. The water cooler machine is currently out of action. Actualmente, la máquina de agua fría está averiada. The water machine is still leaking. La máquina de agua fría todavía gotea.

WATER CUPS. s. Vasos de plástico.

WATER DOWN, TO. s. Suavizar.

WATER - TIGHT. Adj. Irrefutable, indiscutible, innegable.

WATER. TO BE IN DEEP WATER. Estar metido en un buen lío.

WATER. TO TREAD WATER. Mod. No pegar ni pique, no pegarle un palo al agua. Estar de brazos cruzados. Trabajar menos que el sastre de Tarzán.

WATERS. TO MUDDY THE WATERS. Mod. Enturbiar las cosas, enmarañar las cosas, liar las cosas.

WATERS. STILL WATERS RUN DEEP. Mod. 1. Del agua mansa me libre Dios, que de la brava me libro yo. Del toro manso me libre Dios, que del bravo me libro yo. Donde va más hondo el río, hace menos ruido. 2. La procesión va por dentro. And murky waters run even deeper. Y las pantanosas todavía hacen menos ruido.

WATERS. TO HEAD INTO UNCHARTERED WATERS. Mod. Moverse en un terreno completamente desconocido.

WAVELENGTH. ON THE SAME WAVELENGTH. Mod. Estar en la misma onda. Entenderse bien con alguien, hacer buenas migas con alguien. Estar en la misma sintonía.

WAVES. TO MAKE WAVES. Mod. Crear problemas.

WAY. IN MY WAY. A mi manera.

WAY OFF. TO BE WAY OFF. Estar completamente equivocado.

WAY. ONE WAY OR THE OTHER. En mayor o menor medida.

WAY. PUT IT THIS WAY. En otras palabras.

WAY. THERE IS ONLY ONE WAY TO PROCEED. Mod. No tiene vuelta de hoja.

WAY. THE WAY FORWARD TO. Manera de proseguir.

WAY UP. TO BE ON THE WAY UP. Ascender.

WAY. TO GET ONE'S OWN WAY. Mod. Salirse con la suya, conseguir lo que se propone uno.

WAY. TO GO OUT OF ONE'S WAY. Mod. Esforzarse, no escatimar esfuerzos.

WAY. TO MAKE ONE'S WAY IN THE WORLD. Progresar en el trabajo. Triunfar.

WAY. TO PAY ONE'S OWN WAY. Pagarse uno sus propios costes.

WAYS AND MEANS. s. Medios.

WAYS, TO HAVE IT BOTH WAYS. Mod. Quererlo todo, repicar e ir en la procesión, nadar y guardar la ropa. Soplar y sorber no puede ser.

WAYS. THERE ARE NO TWO WAYS ABOUT IT. Mod. No tener vuelta de hoja. No cabe otra posibilidad.

WAYSIDE. TO FALL BY THE WAYSIDE. Fracasar, quedarse en la cuneta. Quedarse en el camino. The firm has fallen by the wayside. La empresa ha fracasado.

WEAKNESSES. s. Deficiencias.

WEAR THIN, TO. Agotarse.

WORKING, ENTREPRENEURIAL AND ACTIVE RETIREES. W E A R I E S. Pensionistas que quieren trabajar a tiempo parcial.

WEASEL, A. s. Dícese de la persona que no tiene ninguna clase de principios.

WEASEL OUT, TO. v. Tratar de no cumplir lo acordado.

WEASEL. A SNEAKY WEASEL. s. Ser más astuto que un zorro. Ser más cuco que una loma.

WEASEL WORDS. s. Palabras ambiguas.

WEASELS. TO BE MORE CUNNING THAN A BOX OF WEASELS. Ser más astuto que un zorro.

WEATHER OR NOT. Independientemente de que.

WEATHER. TO MAKE HEAVY WEATHER OF SOMETHING. Mod. Encontrar dificultades donde no las hay.

WEATHER. TO BE UNDER THE WEATHER. Mod. No estar muy católico, no encontrarse bien, indispuesto. James isn't coming in. He's a bit under the weather. James no viene hoy. No se encuentra muy bien. I feel under the weather today. Hoy no estoy muy católico.

WEATHERVANE. s. Veleta. He is a weathervane who points in a diferent direction every time the wind blows. Es como una veleta que cambia de opinión según la dirección que sople el viento.

WEAVING. TO GET WEAVING. Arg. Darse prisa, ponerse a currar, trabajar sin descanso, bregar.

WEBINAR. s. Seminario en la web.

WEB SECURITY FIRM. s. Empresa de seguridad de informática.

WEBSITE, A. s. Página web. A video - clip posted on a website. Un video colgado en una página web.

WEBSITE DESIGNER. s. Diseñador de páginas web.

WITH BEST WISHES. W B W. Con los mejores deseos.

WEDGE. s. Arg. Dinero, guita, pasta, parné.

WEED SOMEONE/SOMETHING OUT, TO. Suprimir, quitar lo que sobra, deshacerse de algo. The director said that they had to weed out the bad employees. El director dijo que tenían que deshacerse de los malos empleados.

WEEK. A WEEK ON MONDAY. El lunes que viene no, el siguiente. See you a week on Monday. Hasta el lunes que viene no, el siguiente.

WEEK. IT'S HAVE BEEN A ROUGH WEEK. Ha sido una semana de aúpa. ¡Vaya semanita!

WEEK. A SOLID WEEK. s. Una semana completa. I would like to have a solid week off. Me gustaría cogerme una semana entera de vacaciones.

WEEK IN WEEK OUT. Semana tras semana.

WEEKEND. HOW DID YOU GET ON AT THE WEEKEND? ¿Qué tal te fue el fin de semana?

WEEKEND. HOW WAS YOUR WEEKED? ¿Qué tal el fin de semana?

WEEKEND. I AM WORKING OVER THE WEEKEND. Trabajo el sábado y el domingo.

WEEKEND. NEARLY THE WEEKEND. Casi estamos a viernes.

WEEKEND. TO TAKE A WEEKEND AWAY. Irse de fin de semana.

WEEKLY. ON A WEEKLY BASIS. Semanal.

WEEKLY PLANNER. s. Pizarra planificación semanal.

WEIGH IN, TO. Intervenir en una conversación.

WEIGH UP, TO. v. Sopesar, considerar.

WEIGHT. HE CARRIES NO WEIGHT. Sus opiniones no cuentan. No pinta nada.

WEIGHT LIFTED OFF SOMEONE'S SHOULDERS, A. Haberse quitado uno un peso de encima.

WEIGHT. TO MAKE THE WEIGHT. Arg. Ser competente, dar la talla, estar a la altura de las circunstancias, ser la persona idónea para un trabajo.

WEIGHT. TO PULL ONE'S WEIGHT. Mod. Colaborar, arrimar el hombro. Enoch has been sacked for not pulling his weight. Le han dado la patada a Enoch por no arrimar el hombro. Por rácano.

WEIGHT. TO PUNCH FAR BELOW ONE'S WEIGHT. Mod. No utilizar uno todas sus energías haciendo algo. No hacer uso de tododos los conocimientos a disposición de uno.

WEIGHT. TO THROW ONE'S WEIGHT ABOUT. Mostrar uno su autoridad. Comportarse de forma autoritaria. Dar órdenes a diestro y siniestro. Llevar a rajatabla.

WEIGHTED AVERAGE. Medida ponderado.

WEIGHTED SALARY. Salario ponderado.

WEIGHTING. s. Ponderación. Weighting coefficients. Coeficientes de ponderación.

WELCOME COCKTAIL. Cocktail de bienvenida.

WELCOME LETTER BOARDS. s. Carteleras de texto variable.

WELCOME LOBBY BOARDS. s. Paneles de información.

WELCOME TO DELEGATES. Saludo de bienvenida.

WELCOME SOMEONE TO DO SOMETHING, TO. Mod. Dar permiso a alguien para hacer algo.

WELCOME. WE WOULD LIKE TO WELCOME THREE MEMBERS OF STAFF WHO STARTED THIS WEEK. Nos gustaría dar la bienvenida a los tres empleados que se han incorporado al trabajo esta semana. I would like, on behalf of Council and staff, to welcome Glenda to the company. Me gustaría, en nombre del Consejo y el personal, dar la bienvenida a Glenda a la empresa.

WELFARE BENEFITS. s. Prestaciones sociales.

WELFARE HANDOUTS. s. Prestaciones sociales.

WELFARE STATE. s. Estado Asistencial. El Estado de Bienestar. The dismantling of the Welfare State. El desmantelamiento del Estado Asistencial. The reform of the Welfare State. La reforma del Estado Asistencial. Welfare cuts. Recortes en el Estado de Bienestar.

WELFARE. TO BE ON WELFARE. Depender de la asistencia del Estado.

WELL EDUCATED. Muy culto.

WELL - GROOMED. Bien arreglado.

WELL, WHATEVER. Bueno, lo que sea.

WELLIE. TO GET THE WELLIE. Arg. Ser despedido del trabajo.

WET BLANKET, A. s. Arg. Aguafiestas.

WET - RAG. TO FEEL LIKE A WET RAG. Estar para el arrastre, estar agotado.

WHACK. TO PAY THE FULL WHACK. Mod. Pagar el precio máximo.

WHACKED. TO BE WHACKED. Estar agotado, estar para el arrastre, estar hecho polvo.

WHACKING LIE, A. s. Una mentira como una catedral.

WHAMMY. s. Revés. A double whammy. Dos reveses.

WHAT A HASSLE! ¡Qué agobio!

WHAT A PROSPECT! ¡Qué perspectiva!

WHAT ARE YOU GETTING AT? ¿Qué estás sugeriendo?

WHAT ARE YOU IN? ¿A qué te dedicas?

WHAT CAN I DO FOR YOU? ¿Qué desea? ¿Qué quería? ¿En qué puedo servirle?

WHATEVER. WELL, WHATEVER. Bueno, lo que sea.

WHAT FOR. TO GIVE WHAT FOR. Echar una buena bronca.

WHAT GETS ME. Lo que me cabrea.

WHAT'S IT ABOUT? ¿De qué se trata?

WHAT'S IT TO YOU? ¿A tí que te importa?

WHAT IS YOUR LINE? ¿ A qué te dedicas?

WHAT KEPT YOU? ¿Por qué te has retrasado?

WHAT'S UP? ¿Qué pasa?

WHAT'S WHAT. TO KNOW WHAT'S WHAT. Estar en el ajo, estar enterado, estar bien informado, estar al corriente, estar al tanto, saber de que va el asunto.

WHAT YOU SEE IS WHAT YOU GET. No hay más cera que la que arde. No hay más que lo que hay.

WHAT'S YOUR TAKE ON THIS? What's your opinion? ¿Qué opinas de esto?

WHAT WAS INTENDED. Lo que se pretendía.

WHEEL. TO BE ASLEEP AT THE WHEEL. Mod. Andar despistado, no prestar atención, no estar uno en lo que celebra, estar uno en su mundo, estar en Babia. Larry has made another cock - up. He's sleep at the wheel again. Larry la ha cagado otra vez. No está en lo que celebra.

WHEELED PILOT CASE. s. Maletín trolley.

WHEELER - DEALER, A. s. Arg. Un hombre de negocios poco honrado.

WHEELS. s. Arg. Coche, buga.

WHELK. NOT TO BE ABLE EVEN TO RUN A WHELK STALL. Mod. Ser un incompetente, no ser capaz de organizar una borrachera en una bodega.

WHEN ALL IS SAID AND DONE. Al fin y al cabo.

WHEN PUSH COMES TO SHOVE. Mod. A la hora de la verdad.

WHEN THE CHIPS ARE DOWN. Mod. A la hora de la verdad.

WHEN THE LEFT HAND DOESN'T KNOW WHAT THE RIGHT HAND IS DOING. Falta de coordinación en una empresa.

WHEN YOU ARE IN A HOLE STOP DIGGING. No empeorar las cosas más de lo que están.

WHERE APPROPRIATE. En su caso.

WHINE. TO BE ON THE WHINE. Estar quejándose continuamente.

WHINER. s. Quejica, llorón, quejumbroso.

WHINGEING. Adj. Estar quejándose siempre.

WHIP. TO CRACK THE WHIP. Mod. Llevar la batuta, ser quien dirige el cotarro, ser quien parte el bacalao.

WHIP HAND. TO HOLD THE WHIP HAND. Ser quien maneja la tralla, ser quien parte el bacalao, ser quien dirige el cotarro.

WHIPPING BOY, A. s. Un chivo expiatorio.

WHISKY. TO BE INTO ONE'S WHISKY. Mod. Estar uno en su salsa.

WHISTLE. TO BLOW THE WHISTLE ON SOMEONE. Chivarse de alguien.

WHISTLE FOR SOMETHING, TO. Mod. Esperar en vano.

WHITE BOARD. s. Pizarra blanca.

WHITE COLLAR CRIME. s. Delito de guante blanco.

WHITE COLLAR WORKER. s. Oficinista.

WHITE KNIGHT, A. s. Persona que ayuda económicamente a una empresa que se encuentra en apuros.

WHITE RECORD CARDS. s. Fichas blancas.

WHITEBOARD MARKER. s. Rotulador Vellada.

WHITE WALLET WINDOW ENVELOPE. s. Sobre blanco normalizado y para tarjetas.

WHITEWASH, A. s. Encubrimiento

WHISTLE. TO BLOW THE WHISTLE ON SOMEONE. Mod. Chivarse de alguien.

WHIZZKID. s. Joven de gran talento que triunfa.

WHO HATH A GOOD TRADE, THROUGH ALL WATERS MAY WADE. Rfr. El buen piloto, en todas aguas sabe navegar. El buen calamar en todos los mares sabe nadar.

WHOLE. AS A WHOLE. En su conjunto.

WHOPPER. s. Una mentira como una catedral. To tell whoppers. Contar mentiras como catedrales.

WHO'S WHO. Quien es quien.

WHYS AND WHEREFORES, THE. Los pormenores, los detalles.

WICK. TO GET ON SOMEONE'S WICK. Irritar a alguien, cabrear a alguien.

WICKED. NO REST FOR THE WICKED. Expresión jocosa que se utiliza para indicar que uno debe seguir tabajando aunque esté muy cansado.

WIDE BERTH. TO GIVE SOMEONE A WIDE BERTH. Mod. Evitar la compañía de alguien.

WIG. TO FLIP ONE'S WIG. Arg. Ponerse como una fiera, perder los estribos, subirse por las paredes.

WILDCAT STRIKE, A. s. Huelga espontánea, huelga salvaje. Police have been called to a series of wildcat strikes by energy workers as a protest about jobs being given to foreign workers spreads. La policía ha tenído que hacer acto de presencia en varias huelgas salvajes de los trabajadores del sector energético, por una protesta que se extiende, debido a la asignación de trabajos a obreros extranjeros.

WILLING. Dispuesto.

WIN. IN IT TO WIN IT. La cultura del esfuerzo.

WIN. NO WIN SITUATION. s. Un fracaso garantizado.

WIN WIN SITUATION, A. s. Ganancia basada en el provecho de las dos partes. Acuerdo, según el cual, ambas partes se benefician de forma equitativa.

WIND DOWN, TO. Relajarse. A couple of drinks after work winding down with friends. Relajarse con los compañeros después del trabajo echando unas copas.

WIND DOWN. THE COMPANY HAS ANNOUNCED TO WIND DOWN ITS OPERATIONS ABROAD. La empresa ha anunciado que reduce sus operaciones en el extranjero.

WINDFALL PROFITS TAX. s. Impuesto sobre los beneficios extraordinarios de una compañía.

WIND - MERCHANT, A. s. Liante, cuentero, embrollador. Montalios.

WIND. TO GET WIND OF SOMETHIMNG. Mod. Enterarse de algún asunto.

WIND. TO RAISE THE WIND. Conseguir fondos.

WIND. TO SEE WHICH WAY THE WIND BLOWS/ TO SEE WHICH WAY THE CAT JUMPS.Esperar para ver que cariz toman las cosas, ver como se tercian las cosas, ver de que parte vienen los tiros, asegurarse de como está la situación antes de tomar una decisión. He wanted to see which way the wind blew before putting pen to paper. Quería ver como se terciaban las cosas antes de ponerse a escribir.

WIND - UP, TO. Cachondearse, tocar las narices. Don't wind me up! ¡No me vengas tocándome las narices!

WIND - UP. TO BE ON THE WIND - UP. Arg. Estar de cachondeo. Estar de guasa.

WIND - UP CALL, A. s. Una novatada por teléfono. Una tomadura de pelo por teléfono.

WIND UP A BUSINESS/WIND DOWN A BUSINESS, TO. Reducir la actividad de una empresa antes de cerrarla definitivamente.

WIND - UP or DOWN A MEETING, TO. Acabar una reunión.

WINDING - UP ORDER, A. s. Una orden de liquidación.

WINDING - UP PROCEEDINGS. s. Procedimiento de liquidación.

WINGS. TO CLIP SOMEONE'S WINGS. Mod. Bajarle a alguien los humos, recortarle a alguien las alas

WINTER FLYING. Vuelos en invierno.

WIPER. s. Borrador.

WIRE BINDING MACHINE, A. s. Encuadernadora de espiral metálico.

WIREBOUND BOOK, A. s. Cuaderno espiral.

WIREBOUND PAD, A. s. Bloc espiral.

WIRE DESK SET LETTER TRAYS. s. Bandejas opacas jumbo.

WIRE MESH WASTE BIN. s. Papelera metálica perforada.

WIRED. Adj. Conectado a la Red. To get oneself wired. Conectarse a la Red.

WIRES. TO GET ONE'S WIRES CROSSED. Mod. Cruzársele a uno los cables.

WIRING. s. Hard wiring. Cableado fijo, cableado rígido.

WISDOM. s. Sabiduría, opinión. Conventional wisdom. Opinión ortodoxa. Popular wisdom. Sabiduría popular. The received wisdom. Lo que se supone.

WISE. Adj. Juicioso.

WISE. IT IS EASY TO BE WISE AFTER THE EVENT. Rfr. Ciertas son las trazas después de las desgracias.

WISE. TO BE WISE TO SOMETHING. Mod. Estar al corriente de algo, estar al tanto. Estar en el ajo.

WISE. TO PUT SOMEONE WISE. Mod. Poner a alguien al corriente.

WISER. AFTER READING THIS DOCUMENT STILL NONE THE WISER. Después de leer este documento sigo igual que antes.

WISH IT WAS FIVE O'CLOCK, I. Ojalá fueran las cinco en punto.

WISHFUL THINKING. Adj. Ilusión.

WITH AN AIR. Con aire chulesco.

WITHIN THREE MONTHS. Dentro del plazo de tres meses.

WITH IT. TO BE WITH IT. Estar espabilado. He is not with it lately. Últimamente no está muy espabilado.

WITH SOMEONE. TO BE WITH SOMEONE. Mod. Comprender a alguien. Are you with me? ¿Me entiendes?

WITHOUT RHYME OR REASON. Mod. Sin orden ni concierto.

WITS. TO GATHER ONE'S WITS. Mod. Reflexionar con calma, recomponer las ideas.

WOLF. TO HOLD THE WOLF BY THE EARS. Encontrarse en una situación precaria o desesperada.

WOLF. s. Lobo. To throw to the wolves. Echar a los pies de los caballos. Dejar en la estacada. Dejar en las astas del toro.

WOMEN'S BOOKS. s. Libros sobre mujeres.

WONGA. s. Arg. Pasta, guita, parné, dinero.

WONK. s. Persona muy laboriosa.

WOOD. NOT TO SEE THE WOOD FOR THE TREES. Mod. Los árboles no dejan ver el bosque.

WOODEN SHELVING. s. Estanterías de madera.

WOODS. OUT OF THE WOODS. Mod. Libre de problemas. As far as the matter is concerned, you are not out of the woods yet. En lo que respecta al asunto, todavía no se te han acabado los problemas.

WOOL GATHERING. Estar en Babia.

WOOLLY ANSWER, A. s. Una respuesta poco clara.

WOOLLY THINKING. Adj. Explicación poco clara. Ideas confusas, ideas imprecisas.

WORD. s. Palabra. In the broadest sense of the word. En el sentido más amplio de la palabra.

WORD. AN UPBEAT FEELGOOD WORD. Una palabra optimista y animosa.

WORD. TO BE AS GOOD AS ONE'S WORD. Mod. Cumplir lo prometido.

WORD. TO BE TRUE TO ONE'S WORD. Mod. Ser fiel a su palabra.

WORD. TO BREAK ONE'S WORD. Mod. Incumplir lo convenido, faltar a su palabra, incumplir lo prometido.

WORD. A DIRTY WORD. s. Palabra soez, palabra oscena, palabra malsonante.

WORD. A FOUR LETTER WORD. Una palabra soez, un taco, juramento.

WORD. FROM THE WORD GO. Mod. Desde el principio. I was clear from the word go that this company was a different kettle of fish from anywhere I'd worked before. Lo tenía claro desde el principio, que esta empresa era muy diferente de cualquier otro lugar que había trabajado antes.

WORD. TO GIVE ONE'S WORD. Mod. Dar su palabra.

WORD. TO GO BACK ON ONE'S WORD. Mod. Retractarse, desdecirse, echarse atrás.

WORD. TO HAVE A PRIVATE WORD WITH SOMEONE. Hablar con alguien en privado.

WORD. TO HAVE A WORD IN SOMEONE'S EAR. Mod. Hablar con alguien en privado.

WORD. TO KEEP ONE'S WORD. Mod. Cumplir lo prometido. Mantener alguien su palabra.

WORD OF HONOUR. s. Palabra de honor. To give one's word of honour. Dar su palabra de honor.

WORD. NOT THE WORD FOR SOMETHING. Mod. No ser la palabra apropiada.

WORD ON THE STREET. Noticias de última hora.

WORD - PROCESSOR. s. Procesador de textos. Have word processor will travel. Cuenta con procesador de textos, está dispuesto a viajar.

WORD. TO LEAVE WORD. Mod. Dejar un mensaje, dejar recado.

WORD. A RUDE WORD. Una palabra soez.

WORD. TO PUT IN A GOOD WORD FOR SOMEONE. Mod. Recomendar a alguien.

WORD SPLITTING. Rizar el rizo. Hilar muy fino. Hilvanar muy fino

WORD. TO SAY THE WORD. Mod. Dar la orden.

WORD. TO SEND WORD. Mod. Enviar un mensaje.

WORD. TO STAND BY ONE'S WORD. Mod. Cumplir lo convenido, cumplir lo prometido.

WORD. TO TAKE SOMEONE AT HIS WORD. Confiar en la palabra de alguien

WORD. I WOULD LIKE A WORD WITH YOU. Quería hablar con usted.

WORDS. A MAN OF MANY WORDS AND VERY LITTLE DELIVERY. Hombre de muchas palabras y pocos hechos.

WORDS CUT MORE THAN SWORDS. Rfr. Sanan cuchilladas y no malas palabras.

WORDS. EMPTY WORDS. Palabrería.

WORDS FAIL ME. No tengo palabras.

WORDS FLY, WRITINGS REMAIN. Rfr. Las palabras se las lleva el viento, los escritos quedan.

WORDS HAVE WINGS, AND CANNOT BE RECALLED. Rfr. Palabra y piedra suelta no tiene vuelta.

WORDS. SCATHING WORDS. Palabras mordaces.

WORDS. TO BANDY WORDS WITH SOMEONE. Mod. Discutir, pleitear, porfiar. I am not prepared to bandy any more words with you about it. No estoy dispuesto a seguir discutiendo más del asunto contigo. Peter was bandying words with Henry. Peter y Henry estaban pleiteando.

WORDS. TO EAT ONE'S WORDS. Retractarse, desdecirse.

WORDS. TO HAVE WORDS WITH SOMEONE. Discutir con alguien, tener unas palabras con alguien.

WORDS. IN WORDS. s. Palabras en boga.

WORDS. NOT TO MINCE WORDS. Mod. No tener pelos en la lengua. No andarse con rodeos.

WORDS. THE OPERATIVE WORDS. s. Las palabras o frases clave de un documento.

WORDS. TO BE LOST FOR WORDS. Quedarse uno sin palabras, quedarse uno sin habla.

WORDS. MARK MY WORDS. Presta mucha atención a lo que te digo.

WORDS PRINTED IN LARGE TYPE. Palabras impresas en gran tamaño.

WORDS. TO PUT WORDS INTO SOMEONE'S MOUTH. Mod. Atribuir a alguien algo que no ha dicho.

WORDS. TO STICK TO ONE'S OWN WORDS. Atenerse a sus palabras.

WORDS. TO TAKE THE WORDS OUT OF ONE'S MOUTH. Mod. Quitar las palabras a uno de la boca.

WORDS. TO TWIST SOMEBODY'S WORDS. Tergiversar las palabras de alguien.

WORDS. TO WASTE WORDS ON SOMEONE. Mod. Perder el tiempo hablando con alguien.

WORDS. TO WEIGH ONE'S WORDS. Mod. Medir las palabras.

WORK. ABLE TO WORK. Apto para trabajar.

WORK. ALL WORK AND NO PLAY MAKES JACK A DULL BOY. Entre negocio y negocio, mete algún ocio. Entre col y col, lechuga.

WORKAHOLIC. s. Adicto al trabajo. Persona que sólo vive para trabajar.

WORK AHEAD, THE. Los futuros trabajos.

WORK. TO AVOID WORK. Racanear, no hacer nada, gandulear. Ser alérgico al trabajo.

WORK. THE QUIET DAYS AT WORK ARE COMING TO AN END. La tranquilidad en el trabajo está llegando as u fin.

WORK. TO BE ACTIVELY SEEKING WORK. Moverse para encontrar trabajo.

WORK. TO BE OFF TO WORK. Ir al trabajo.

WORK. TO BE UP TO ONE'S EARS IN WORK. Estar agobiado de trabajo.

WORK. TO BE VERY BUSY AT WORK. Tener mucho trabajo

WORK CAPABILITY ASSESSMENT. Evaluación de capacidad laboral.

WORK. TO CATCH UP ON WORK. Ponerse al día con el trabajo.

WORK. TO DISCUSS WORK. Hablar de trabajo.

WORK. TO DODGE OFF WORK. Racanear, gandulear, no pegar golpe.

WORK. TO WORK ALL THE HOURS GOD SENDS. Mod. Trabajar más horas que un reloj.

WORK AT ONE'S OWN PACE, TO. Trabajar uno a su ritmo. Seguir uno su ritmo de trabajo.

WORK. TO BE AT WORK. 1. Estar en el trabajo. 2. Estar trabajando.

WORK. TO BE FIT FOR WORK. Ser apto para el trabajo.

WORK. TO BE IN WORK. Trabajar, tener trabajo, tener tabajo remunerado. We are still in work. Todavía tenemos trabajo.

WORK. TO BE THROWN OUT OF WORK. Echar a uno del trabajo.

WORK. CAN YOU WORK LATE THIS WEEK? ¿Puedes hacer horas extra esta semana?

WORK. TO CARRY OUT WORK METICULOUSLY. Hacer un trabajo de manera meticulosa.

WORK. CONDITIONS OF WORK AND EMPLOYMENT. Condiciones de empleo y trabajo.

WORK DONE ANY OLD HOW. Un trabajo hecho de cualquier manera.

WORK. DIRTY WORK. s. Trabajo sucio. Tarea desagradable.

WORKER. s. Trabajador. Own worker. Trabajador por cuenta propia, autónomo.

WORK ETHIC. s. Etica laboral. The bourgeois protestant work ethic on personal responsibility. La ética burguesa protestante del trabajo. The idea that hard work in the service of an employer has a moral value. La idea de que el trabajar con tesón para un empleador tiene un valor moral.

WORK EXPERIENCE. s. Experiencia de trabajo.

WORK. TO ACHIEVE EXCELLENCE IN ONE'S FIELD OF WORK. Sobresalir uno en su ramo.

WORK. FINDING WORK CAN BE A FULL TIME JOB. Encontrar empleo puede ser un trabajo a tiempo completo.

WORK FLAT OUT, TO. Mod. Trabajar a toda máquina, trabajar a todo tren, trabajar como un descosido, trabajar como un hurón, trabajar a toda pastilla.

WORK. A GLUTTON FOR WORK. Adicto al trabajo, empleado que trabaja más horas que un reloj, persona que solo vive para trabajar.

WORKFLOW. Flujo de trabajo.

WORK FOR DEAR LIFE, TO. Trabajar para sobrevivir.

WORK. TO WORK FOR NOTHING. Trabajar por una miseria.

WORK FOR PEANUTS, TO. Trabajar por la paja.

WORK FOR, TO. Trabajar para. Jim works for a publishing company. Jim trabaja para una editorial.

WORK FROM HOME, TO. Trabajar desde casa. Trabajo a distancia. Just to remind you that I am working from home tomorrow. Les recuerdo, que mañana me quedaré a trabajar en casa. Due to severe travel disruption Mark is working from home today. Hoy, debido a la situación caótica de la circulación, Mark trabaja desde casa.

WORKFORCE. s. Plantilla. Workforce planning. Planificación de la plantilla. A well - educated workforce. Una plantilla bien preparada.

WORK. TO GET TO WORK ON TIME. Llegar al trabajo a la hora.

WORK. TO GO BACK TO WORK. Volver al trabajo.

WORK. TO GO TO WORK BY CAR. Ir al curro en coche.

WORK HARD,TO. Trabajar con afán, trabajar con tesón, bregar.

WORK. HARD AND BADLY PAID WORK. Trabajo laborioso y mal pagado.

WORK. I HAVEN'T BEEN ABLE TO FIND WORK LATELY. No he podido encontrar trabajo últimamente.

WORK. TO HAVE ONE'S WORK CUT OUT. Mod. Enfrentarse a una tarea difícil. Tener un tabajajo difícil por delante.

WORK. TO HAVE SERIOUS WORK TO DO. Tener trabajo importante que hacer.

WORK. IN ORDER TO FACILITATE FURTHER THIS WORK. Para facilitar en mayor medida este trabajo.

WORK. TO WORK IRREGULAR HOURS. Trabajar en horarios irregulares.

WORK. THERE'S MORE WORK TO BE DONE. Queda más trabajo por hacer.

WORK. TO MAKE LIGHT WORK OF. Mod. Llevar a cabo una tarea fácilmente.

WORK. TO PRESS AHEAD WITH ONE'S WORK. Seguir activamente con el trabajo.

WORK UPON SOMEBODY, TO. Hacer efecto.

WORK. WE HAVE TO WORK WITH WHAT'S THERE. Tenemos que trabajar con lo que hay.

WORK - IN. Ocupación de una empresa por los empleados, que va a cerrar, y seguir trabajando.

WORK IN HAND. Trabajo en curso.

WORK IN PROGRESS. Trabajo en curso.

WORK IN SPASMS, TO. Trabajar unos días muchas horas, y otros ninguna.

WORK. TO WORK LIKE MAGIC. Funcionar de maravilla.

WORK. MESSY WORK. Trabajo descuidado. Chapuza.

WORK. TO WORK LIKE A DREAM. Funcionar de maravilla. My computer works like a dream. Mi ordenador funciona de maravilla. Funciona que da gusto.

WORK. TO WORK ONE'S BACK OFF. Deslomarse de trabajar. Trabajar hasta la extenuación.

WORK ONESELF INTO THE GROUND, TO. Matarse de trabajar.

WORK. TO WORK ON THE MOVE. Trabajar en

cualquier parte con el teléfono móvil

WORK. OVERLOADED WITH WORK. Agobiado de trabajo. Sobrecargado de trabajo.

WORK. TO SET TO WORK. Comenzar a trabajar, emprender la tarea.

WORK. TO TAKE PRIDE IN ONE'S WORK. Tomarse en serio el trabajo.

WORK. TO WORK REMOTELY FROM THE OFFICE. Trabajar desde casa u otro lugar que no sea la sede de una empresa.

WORK OUT, TO. Elaborar, idear, concebir. To have a plan meticulously worked out. Tener un plan meticulosamente elaborado.

WORK. TO WORK SOMETHING OUT. Resolver, solucionar, averiguar. To work a problem out. Solucionar un problema.

WORK. TO WORK UNSOCIAL HOURS. Trabajar fuera de horas normales.

WORKERS SELF - MANAGEMENT. Autogestión.

WORK TO LIVE. Muchos de nosotros vivimos para trabajar, en vez de trabajar para vivir.

WORK. NIGHT SHIFT WORK. Turno de trabajo de noche.

WORK. A SPELL OFF WORK. Una temporada sin trabajar.

WORKMAN. A BAD WORKMAN ALWAYS BLAMES HIS TOOLS. Rfr. La mala hilandera, la rueca le hace dentera.

WORKMATE. s. Colega.

WORK ONE'S ARSE OFF, TO. Arg. Partirse uno el culo trabajando.

WORK. TO BE OUT OF WORK. Estar en el paro, estar desempleado. James has been out of work for five months. James lleva en el paro cinco meses. Gordon has been out of work since he was sacked by the company. Gordon lleva sin trabajo desde que lo despidió la empresa.

WORK OUTPUT. Rendimiento de trabajo.

WORK TO RULE, TO. Hacer huelga de celo, trabajar a reglamento.

WORK ONE'S SOCKS OFF, TO. Arg. Trabajar como un troyano.

WORK PERFORMANCE. s. Rendimiento en el trabajo.

WORK PERMIT. s. Permiso de trabajo.

WORKPLACE. s. Lugar de trabajo. Workplace safety. Seguridad en el lugar de trabajo.

WORKPLACE BULLYING. Acoso laboral.

WORKPLACES. WE SPEND, NOWADAYS, MORE TIME HOLED UP IN OUR WORKPLACES. En la actualidad, pasamos más tiempo enjaulados en nuestros sitios de trabajo.

WORK. POVERTY IN WORK. Pobreza laboral. Tener empleo y no poder llegar a fin de mes. To ward off poverty. Ir tirando, evitar la pobreza.

WORK - RATE. s. Tasa de producción.

WORK - RELATED ILLNESS. Enfermedades relacionadas con el trabajo. Work - related illness is one of the biggest causes of sick leave. Las enfermedades relacionadas con el trabajo es una de las mayores causas de baja laboral.

WORK - RELATED STRESS. Tensión nerviosa relacionada con el trabajo.

WORK. REPETITIVE WORK. Trabajo monótono.

WORK SET HOURS, TO. Trabajar horas fijas.

WORK. SHODDY WORK. Una chapuza de trabajo.

WORK - SHY IDLER, A. s. Zángano, gandul, vago, vagoneta, malpica.Vago de oficio.

WORK - SHY RUMP, A. s. Un vago.

WORK. SLOPPY WORK. Trabajo descuidado. Chapuza. What a sloppy piece of work! ¡Qué chapuza de trabajo!

WORK. TO BE PRESSURED BY WORK. Estar agobiado por el trabajo.

WORK. TO LAND SOMEONE WITH WORK. Cargar alguien con exceso de trabajo.

WORK. TO LUMBER SOMEONE WITH WORK. Cargar a alguien con exceso de trabajo.

WORK. TO SADDLE SOMEONE WITH WORK. Cargar a alguien con exceso de trabajo.

WORK. TO TAKE ON INFORMAL WORK. Hacer trabajos sin declarar. De tapadillo.

WORK. TO TURN UP AT WORK WHEN YOU AREN'T WELL. Ir al trabajo cuando uno no se encuentra bien

WORK. TO TURN UP FOR WORK. Ir a trabajar, aparecer por el trabajo, hacer acto de presencia en el trabajo. Where is Stan? He hasn't turned up for work, replied Mrs. Lloyd. ¿Dónde está Stan? No ha aparecido por el trabajo, respondió la señora Lloyd.

WORK ON, TO. Seguir trabajando.

WORK ON THE MOVE, TO. Trabajar en el tren, Metro, desde un café, etc.

WORK. TO WORK UNIMAGINABLE LONG HOURS FOR SCANT REWARD. Trabajar muchas horas por una miseria.

WORK UP TO THE COLLAR, TO. Mod. Trabajar con tesón.

WORK ONE'S WAY UP, TO. Ascender.

WORK TELEPHONE NUMBER. s. Número de teléfono del trabajo.

WORK TILL YOU DROP. Trabajar hasta que no puedas más.

WORK. TO WORK LIKE A DOG ALL DAY. Trabajar como un esclavo toda la jornada.

WORK. TO WORK ON THE BLACK. Trabajar en negro.

WORK. TO WORK ROUND THE CLOCK. Mod. Trabajar sin parar hasta terminar una tarea.

WORKED UP. TO GET ALL WORKED - UP. Mod. Ponerse nervioso, acalorarse, exaltarse. Don't get yourself all worked- up. There is no need for it. No hay necesidad para que te acalores así.

WORKER. s. Trabajador. A cheerful worker. Trabajador feliz.

bajo.

WORK - LIFE BALANCE. s. Estilo de vida equilibrado.

WORK LIKE A DOG, TO. Trabajar como un esclavo.

WORK LIKE MAGIC, TO. Funcionar que es una maravilla.

WORK LIKE A TROYAN, TO. Trabajar como un troyano.

WORKLOAD. s. Volumen de trabajo, carga de trabajo. Extra workload. Volumen de trabajo extra. To increase the workload. Aumentar el volumen de trabajo. Soaring workloads. Aumento de la carga de trabajo. To double the workload. Doblar el volumen de trabajo.

WORKMAN IS KNOWN BY HIS WORK, A. Rfr. Obra bien terminada a su autor alaba.

WORK. MANY OF US LIVE TO WORK RATHER THAN

WORKING. A CRAMPED WORKING ENVIRONMENT. Un entorno de trabajo sofocante.

WORKING AGE. I AM WELL WITHIN THE WORKING AGE. Me falta mucho para la jubilación.

WORKING CONDITIONS. s. Condiciones laborales.

WORKING DAY. s. Día hábil. Five working days. Cinco días hábiles.

WORKING ENVIRONMENT. s. Entorno de trabajo.

WORKING GROUP. s. Grupo de trabajo.

WORKING. TO BE WORKING ON IT. Estar en ello.

WORKING. HARD WORKING PEOPLE. Personas muy trabajadoras.

WORKING. HE IS FOR EVER WORKING. Está eternamente trabajando.

WORKING. IN WORKING ORDER. En estado de funcionamiento.

WORKING. WE HAVE GOT EVERYTHING IN GOOD WORKING ORDER. Todo va sobre ruedas, todo va de maravilla.

WORKING LADDER. TO GET A STEP ON THE WORKING LADDER. Encontrar trabajo.

WORKING LIFE. Vida laboral.

WORKING LIFE. EXPECTATION OF WORKING LIFE. Esperanza de vida activa.

WORKING LUNCH. s. Almuerzo - trabajo.

WORKING PAPERS. s. Documentos de trabajo.

WORKING PARTY. s. Grupo de trabajo. An informal working party. Un grupo de trabajo oficioso.

WORKING PROCEDURES. s. Método de trabajo.

WORKING PRACTICES. CHANGES TO WORKING PRACTICES. Cambios en los métodos de trabajo. Unsafe working practices. Métodos de trabajo peligrosos.

WORKING RELATIONSHIPS. s. Relaciones laborales.

WORKING RIGHTS. Derechos laborales.

WORKING TIME. s. Tiempo de trabajo.

WORKING TOGETHER IS THE KEY TO SUCCESS. El trabajo en equipo es la clave del éxito.

WORKING. WE ARE WORKING ON IT. Estamos en ello.

WORKING WEEK. s. Semana laboral.

WORKMANSHIP. s. Pericia, destreza, habilidad, maestría. Careless workmanship. Trabajo descuidado. Shabby workmanship. Falta de habilidad en ejecutar un trabajo.

WORKS. A QUICK WHISTLE ROUND THE WORKS. Un vistazo rápido a la oficina.

WORKSHOP. s. Taller. To attend a workshop. Asistir a un taller.

WORK - SHY. Adj. Vago, malpica. A work - shy unemployed. Un alérgico al trabajo.

WORKSTATION. s. Puesto de trabajo en la oficina.

WORKSTATION. MOBILE P C WORKSTATION. Estación de trabajo móvil para ordenador.

WORLD. I WOULDN'T MISS FOR THE WORLD. No me lo perdería por nada del mundo.

WORLD LEADER. OUR COMPANY IS WORLD LEADER IN INFORMATION TECHNOLOGY. Nuestra empresa es lider mundial en informática.

WORLD. NOT TO BE LONG FOR THIS WORLD. Arg. Quedarle a uno tres telediarios. Quedarle a uno tres padrenuestros.

WORLD. TO RISE UP IN THE WORLD. Mod. Ascender, prosperar, irle a uno bien, triunfar.

WORLD. TO SET THE WORLD ALIGHT. Mod. Hacer algo extraordinario, hacer algo fuera de lo común.

WORLD WIDE WEB, A. s. Red mundial.

WORM OUT INFORMATION, TO. Sonsacar información.

WORMS. TO CHEAT THE WORMS. Recuperarse de una grave enfermedad.

WORMS. TO OPEN A CAN OF WORMS. Mod. Abrir la caja de los truenos. Abrir la caja de Pandora.

WORN OUT. TO BE WORN OUT. Estar hecho polvo. Estar agotado. Estar para el arrastre.

WORST. AT WORST. En el peor de los casos.

WORST. IN THE WORST CASE. En el peor caso.

WORST. THE WORST IS YET TO COME. Lo peor está aún por venir.

WORTHLESS OR INCOMPETENT INDIVIDUAL. s. Un inútil.

WRAP A MEETING UP, TO. Concluir una reunión.

WRAP SOMETHING UP, TO. Acabar algo completamente.

WRAPS. TO KEEP SOMETHING UNDER WRAPS. Guardar un secreto. The firm is keeping the new design under wraps until next month. La empresa guarda en secreto el nuevo modelo hasta el mes próximo.

WRESTLE WITH A PROBLEM, TO. Batallar con un problema.

WRIST REST. s. Reposamuñecas.

WRIST. TO SLAP SOMBODY'S WRIST. Mod. Reprender a alguien.

WRITE OFF, A. s. Anulación. perdida. To write off a debt. Cancelar una deuda.

WRITING ON THE WALL, THE. Mod. Una clara advertencia. I saw the writing on the wall and that my exit was simply the result of a carefully analysis of the upcoming crisis. Era una clara advertencia, y mi destitución, era simplemente, el resultado de un minucioso estudio de la crisis que se avecinaba. The writing was in the wall as far as Lee's job was concerned, either she came earlier in the mornings or she would lose her job. La advertencia era clara, en lo que concernía al trabajo de Lee, o bien llegaba más temprano por las mañanas, o de lo contrario, perdería el trabajo.

WRITING PAD. s. Bloc.

WRITING SKILLS. s. Técnicas de redacción.

WRITTEN PHRASE. Frase escrita.

WRONG. TO BE COMPLETELY WRONG. Estar totalmente equivocado.

WRONG. TO BE PROVED WRONG. Demostrarse que uno no tiene razón.

WRONG. IF ANYTHING CAN GO WRONG, IT WILL. Si algo puede salir mal, saldrá mal. La tendencia natural hacia el error.

WRONG. IN THE WRONG. Equivocado. I will prove you wrong! ¡Te voy a demostrar que estás equivocado!

WRONG SIDE. TO GET ON THE WRONG SIDE OF SOMEONE. Hacer que alguien se enemiste con uno.

X

XMAS CARDS. s. Tarjetas de Navidad. If you wish to recycle your office Xmas cards, please put them in the box on the table next to the photocopier. Si desea reciclar las tarjetas de Navidad de la oficina, por favor, deposítelas en la caja que se encuentra en la mesa al lado de la fotocopiadora.

Y

YAP, TO. v. Arg. Darle a la sinhueso, charlar, estar de palique. The new employee passes the day yapping. El empleado nuevo se pasa el día dándole a la sinhueso.

YARDSTICK. s. Medida, criterio.

YARN. TO SPIN A YARN. Disculparse por llegar tarde al trabajo. Contar un cuento.

YEAR. BY THE END OF THIS YEAR. Ex. De aquí a que acabe el año, a finales de este año.

YEAR. BY THE TURN OF THE YEAR. A finales de año.

YEAR. THE YEAR DOT. Mod. El año de la pera.

YEAR IN, YEAR OUT. Mod. Año tras año.

YEAR. OVER THE LAST YEAR. Mod. En el pasado año.

YEAR PLANNER. s. Pizarra planificación anual.

YEAR - TO - YEAR. De año en año.

YEARS. s. Años. Over the last few years. Estos últimos años, en los últimos años. In about a year's time. Durante el curso del año. For the first time in five years. Por primera vez en estos cinco años. This is to take a number of years. Esto va a llevar un cierto número de años.

YEARS. s. Años. Middle years. Años maduros. Años de nuestra madurez.

YEARS. I HAVE BEEN WORKING HERE FOR THIRTY ODD YEARS. Llevo trabajando aquí treinta y tantos años.

YES - MAN, A. s. Cobista, lisonjero, sumiso, persona que dice sí a todo lo que dicen sus superiores.

YIELD. s. Rendimiento. A high yield low cost operation. Operación de bajo costo y alto rendimiento.

YOU AIN'T SEEN NOTHING YET. Esto acaba de comenzar.

YOU CAN'T MEND YOUR CAR WHILE YOU ARE DRIVING IT. Mod. No se puede nadar y guardar la ropa. No se puede conducir, comer pipas, y hablar por teléfono al mismo tiempo.

YOU DON'T SAY! ¡No me digas!

YOU NEVER CAN TELL. Nunca se puede decir.

YOU SHOULDN'T HAVE. No tenías que haberte molestado.

YOURS TRULY. Su servidor.

Z

Z - FOLD HAND TOWELS DISPENSER, A. Dispenserador de toallas en z.

ZILCH. s. Nada. He knows zilch about the matter. No sabe nada del asunto.

ZILLION. s. Un número incalculable de personas o cosas.

ZIP THROUGH, TO. Acabar rápidamente algo, en un plis plas, en menos que canta un gallo, en un abrir y cerrar de ojos.Andrew was so good at his job now that he could zip through in no time. Andrew dominaba ya también su trabajo, que lo podía terminar en un santiamén.

ZOMBIE. s. Dícese del ordenador que puede ser controlado por un pirata informático.

ZOMBIE COMPANY, A. s. Empresa insolvente que sigue funcionando como si no pasara nada.

BIBLIOGRAFÍA

AGENCIA EFE. Manual de Español Urgente. Cátedra.

ANDERSON. GERAINT. Cityboy. Headline. 2009.

CHAMBERS. ENGLISH IDIOMS. Edited by E M Kirkpatrick and C M Schwarz.

COLLINS COBUILD. Dictionary of Phrasal Verbs. 1990.

CONCISE OXFORD DICTIONARY. Tenth Edition, revised. Oxford University Press.

CORRIPIO. FERNANDO. Diccionario de Ideas Afines. Editorial Herder. 1991.

DIAZ. JOAQUIN. Refranero del Ahorro. Castilla Ediciones. Raices. 2000.

DICCIONARIO DE LA LENGUA ESPAÑOLA. REAL ACADEMIA ESPAÑOLA. 1992.

DICCIONARIO GENERAL ILUSTRADO DE LA LENGUA ESPAÑOLA. Vox. 1986.

FREGUSSON. ROSALIND. Cassell's Dictionary of English Idioms. 1999.

GARCIA. YEBRA. VALENTÍN. El Buen Uso de las Palabras. Gredos. 2003.

GRIJELMO. ALEX. La Punta de la Lengua. Santillana. Ediciones Generales, Sl. 2005.

IRIBARREN. J. MARIA. El Porqué de los Dichos. Suma de Letras. S. L. 2002.

LAROUSSE. Spanish - English. / English - Spanish. 1996.

LAZARO. CARRETER. FERNANDO. El Dardo en la Palabra. Círculo de Lectores. 1997.

El Nuevo Dardo en la Palabra. Aguilar. 2003.

PRADO. MARCIAL. NTC's Dictionary of Spanish False Cognates. National Text Book Company. 1993.

REES. NIGEL. A Word in your Shell. Harper Collins. Publishers. 2004.

ROGET'S Thesaurus of English Words and Phrases. Longman. 1990.

ROWAN. DAVID. A Glossary for the 90s Prion. 1998.

SECO. MANUEL. Diccionario de Dudas y Dificultades de la Lengua Española. Espasa Calpe. 1992.

SECO. MANUEL. OLIMPIA. ANDRÉS. GABINO RAMOS. Diccionario Fraseológico Documentado del Español Actual. Locuciones y Modismos Españoles. Aguilar. 2005.

SWAN. MICHAEL. Practical English Usage. Oxford. 1995.

The New Fowler's Modern English Usage. R. W. Burchfield. Oxford. 1998.

The Oxford Dictionary of New Words. 1998.

The Oxford Spanish Dictionary. Spanish - English / English - Spanish. Oxford University Press. 1994.

PRENSA INGLESA Y ESPAÑOLA.

RADIO Y TELEVISION. INGLESA Y ESPAÑOLA.

www.ingramcontent.com/pod-product-compliance
Lightning Source LLC
Chambersburg PA
CBHW030614220526
45463CB00004B/1291